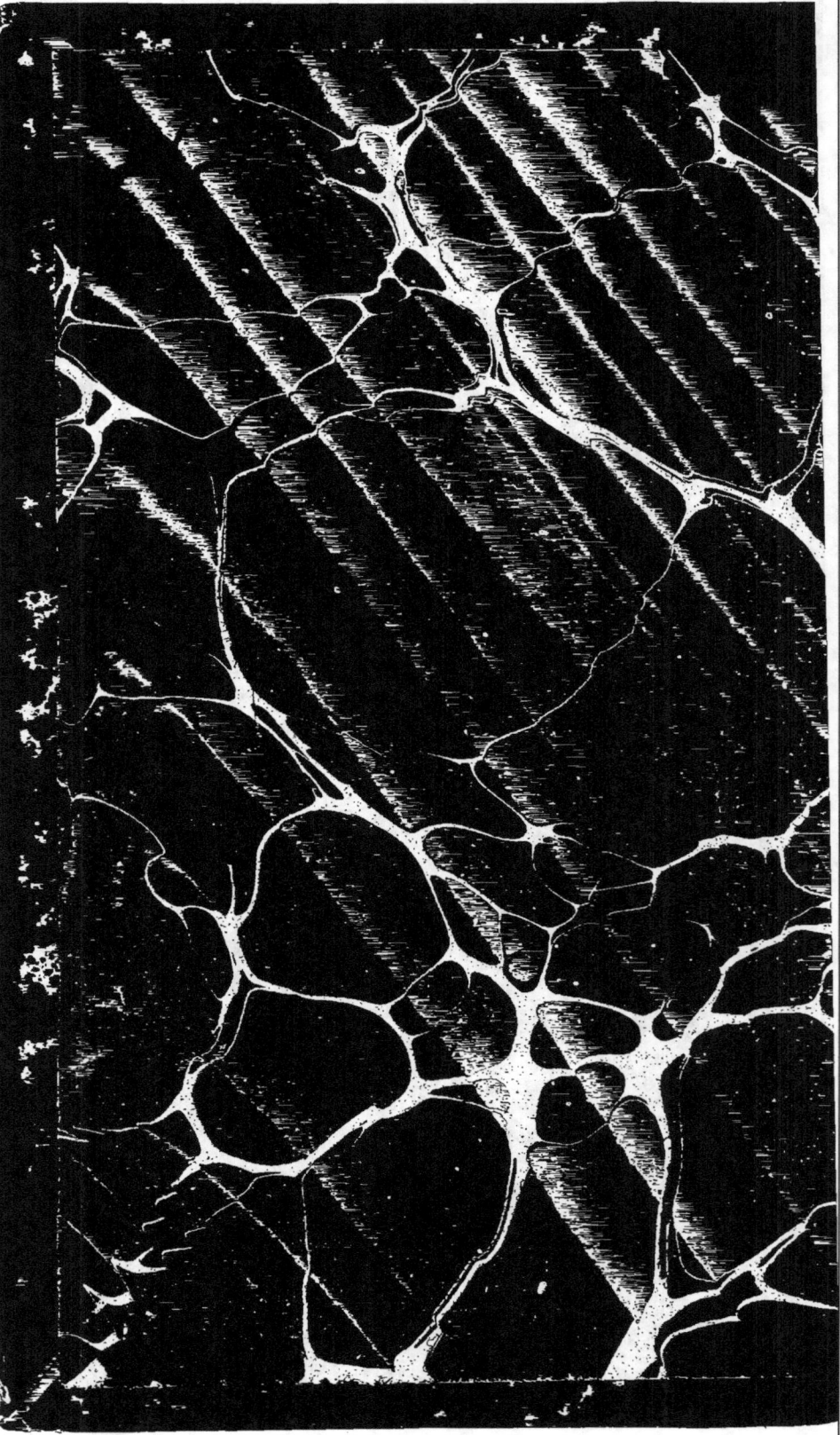

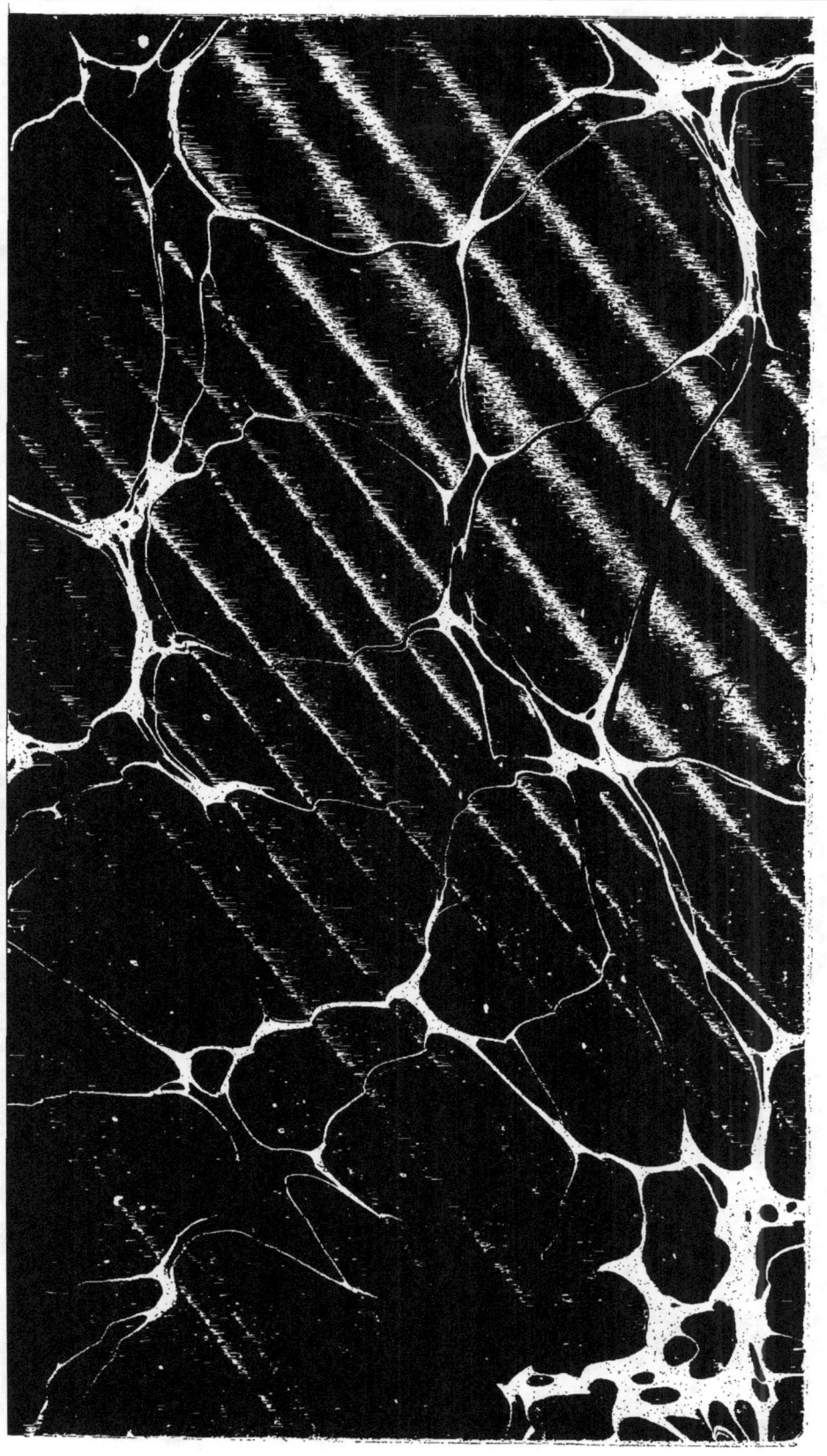

HISTOIRE

DE LA VILLE

DE FAYL-BILLOT.

Besançon, imprimerie d'Outhenin-Chalandre fils.

HISTOIRE

DE LA VILLE

DE FAYL-BILLOT

ET

NOTICES SUR LES VILLAGES DU CANTON

PAR M. L'ABBÉ BRIFFAUT

VICAIRE DE FAYL-BILLOT

MEMBRE CORRESPONDANT DE LA SOCIÉTÉ HISTORIQUE ET ARCHÉOLOGIQUE

DE LANGRES.

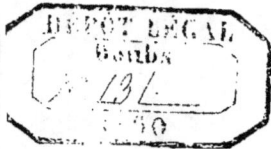

BESANÇON

IMPRIMERIE D'OUTHENIN-CHALANDRE FILS

RUE DES GRANGES, 23

1860.

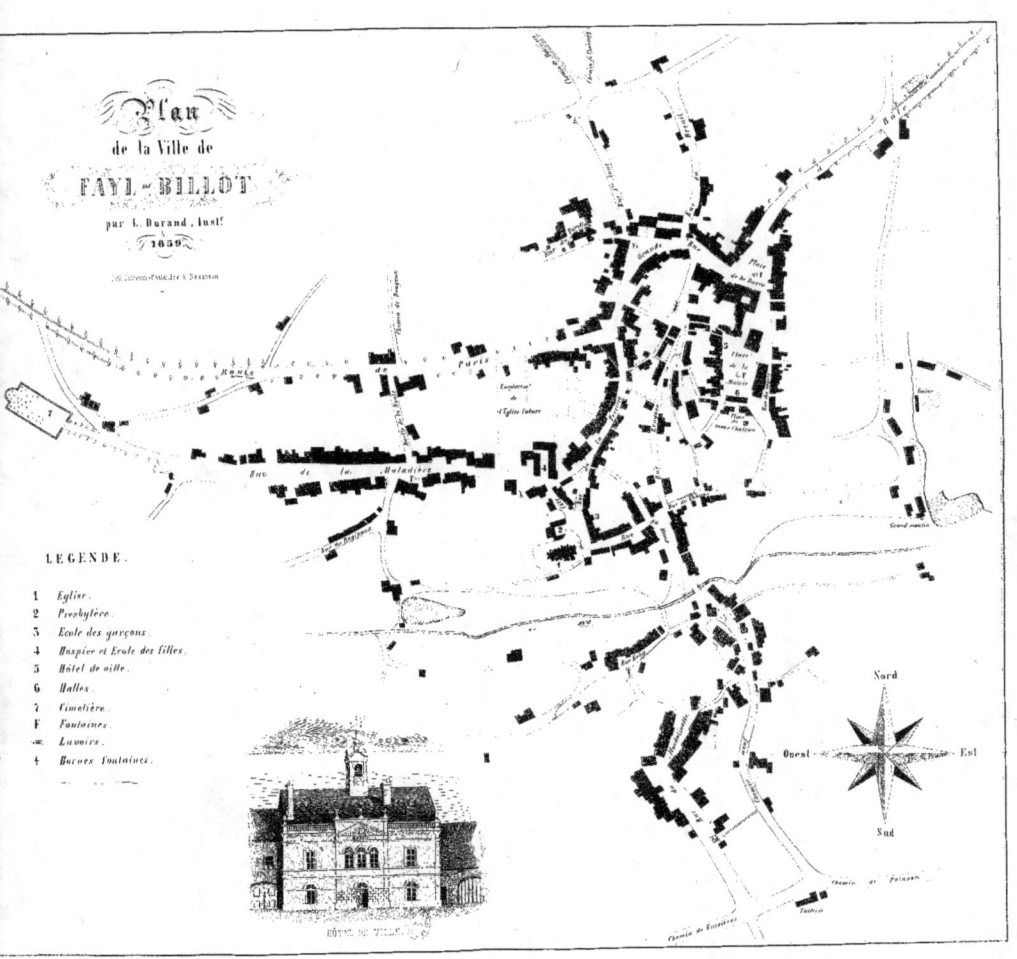

PRÉFACE.

Notre siècle est, comme on l'a dit avec raison, le siècle de l'histoire, et ses tendances sous ce rapport ont déjà produit d'heureux résultats. En étudiant sérieusement le passé, l'homme perfectionne son esprit et son cœur ; il apprend à mieux connaître sa nature et ses destinées, à aimer la vertu et à détester le vice.

L'histoire est indispensable à la société. Elle remplit à son égard le même rôle que la mémoire par rapport à l'intelligence. Elle unit la génération actuelle aux générations anciennes. Sans elle il n'y aurait pas de progrès possible ; car les peuples vivent de traditions.

De nombreux et savants ouvrages ont été publiés sur la France en général et sur la Haute-Marne en particulier. Cependant il reste encore bien des recherches à faire, bien des points à éclaircir. Or le seul moyen de rendre exacte et complète l'histoire d'un empire ou d'un département, c'est d'étudier celle de chacun des cantons et même des villages renfermés dans sa circonscription. La vie d'un homme, quel qu'il soit, ne saurait suffire à un pareil travail : il est réservé aux habitants des localités, qui peuvent examiner les titres, consulter la tradition, interroger les monuments et réunir des matériaux plus ou moins précieux. C'est dans cette vue que j'ai composé l'histoire de Fayl-Billot.

Cette petite ville n'a pas été le théâtre d'événements bien remarquables. Mais, à cause de sa position sur la grande route de l'Allemagne et la frontière de France, elle eut beaucoup à souffrir des invasions et des guerres. Enclavée dans la Champagne, elle faisait néanmoins partie du duché de Bourgogne. D'abord simple seigneurie, elle fut érigée en baronie, vers l'an 1518, et possédée successivement par les illustres maisons de Fouvent, de Vergy, de Vaudémont, de Châtillon, de Montbéliard, de Neuchâtel, de la Baume-Montrevel, d'Argouges, de Custine de Wiltz, et d'Attricourt de Froment.

Il y avait autrefois un prieuré de Bénédictins, un château-fort, un bailliage seigneurial, un bureau de traites-foraines, un bureau de contrôle, etc. Après avoir été jusqu'en 1789 chef-lieu d'une subdélégation de l'intendance de Bourgogne, Fayl-Billot est devenu un chef-lieu de canton du département de la Haute-Marne dans l'arrondissement de Langres.

Dérouler l'origine primitive de la population; assigner les causes de l'accroissement et du décroissement des habitants; décrire les faits qui se sont accomplis sur le territoire; parler de la paroisse et des établissements religieux; montrer la commune dans sa constitution et dans ses rapports avec ses seigneurs et avec les villages voisins; redire la puissance et les gestes des barons; signaler les individus et les familles distingués; enfin présenter le tableau de l'agriculture, de l'industrie et du commerce aux différentes époques; tel était le cadre que j'avais à remplir. J'y ajoute, pour le compléter, une notice historique sur chacun des villages du canton. N'ayant d'ambition que celle de m'instruire et d'être utile à d'autres, je suis consciencieux dans mes recherches, simple dans mon style.

J'offre donc ce travail aux habitants de la ville et du canton de Fayl-Billot, non point avec la noble hardiesse que le talent inspire, mais avec une confiance pleine d'abandon, produite par les encouragements qui m'ont été donnés. Ma tâche était ingrate et difficile; j'espère que les lecteurs seront indulgents.

HISTOIRE

DE LA VILLE

DE FAYL-BILLOT.

CHAPITRE PREMIER.

DEPUIS L'ORIGINE DE FAYL-BILLOT JUSQU'A L'AFFRANCHISSEMENT
DE LA COMMUNE.

(450 — 1324.)

Dans l'ancienne Gaule, le territoire de Fayl-Billot faisait partie du pays des Lingons. Sous la domination romaine, lors de la division en dix-sept provinces, il fut compris dans la première Lyonnaise, et traversé par quelques-unes de ces nombreuses voies qui sillonnaient cette contrée. C'était d'abord la levée de Langres à Bâle. Sa direction, qui était à peu près celle de la route actuelle, est marquée par les dénominations de *Haut-Chemin* (1), *Vieux-Chemin et Ferrières* (2). Nous pensons que de cette chaussée partait une branche qui, passant au bas du hameau de *Bonnay*, allait, par le vallon de Bussières, rejoindre, à Grenant, celle de Langres à Besançon. A gauche de ce vallon s'élève une petite colline, appelée *Châ-*

---

(1) C'est le nom d'une ferme de Rougeux et l'ancien nom des terres qui confinent au territoire de Pierrefaite.

(2) Ce mot signifie quelquefois un endroit où il y a de la mine de fer.

telet, maintenant couronnée de bois. Au commencement du xvᵉ siècle, il y avait là une maison entourée de fossés formés par des terrassements; on y voit encore des débris de tuiles anciennes. Au nord du territoire, il existait une autre voie romaine venant de Maizières. Dans les forêts communales et près de la fontaine de *Miellet*, on a découvert des restes de constructions, des tuiles à rebord, plusieurs têtes en pierre assez bien sculptées, des fragments de statues, et une pierre de grès représentant en relief un homme et une femme de grandeur presque naturelle. Leur attitude semble dénoter qu'ils offrent des présents aux dieux. Il y a lieu de croire que le nom de *Château-Grillot*, donné à la maison n° 70, rue de la *Maladière*, indique la place d'un retranchement romain. C'est l'opinion d'un savant (1), qui a rencontré maintes fois la même dénomination le long des voies romaines, surtout aux environs de Gray. Enfin il y a, en divers endroits du territoire, des mares ou marchais, d'où l'on a tiré de gros chênes sans écorce, qui furent sciés en planches (2). Tout cela montre évidemment que, dès le temps des Romains, il existait quelques établissements sur ce point que nous habitons. Mais la plus grande partie du territoire était encore couverte de vieilles forêts où dominait le hêtre. De là vient le nom de la petite ville dont nous allons étudier l'histoire.

Le mot *Fayl* dérive du latin *Fagus*, *hêtre*, en patois *foyard*, ou *fagetum*, lieu planté de hêtres et où le bois croît facilement. Au moyen-âge on le traduisait par l'expression

---

(1) M. Edouard Clerc, conseiller à la cour impériale de Besançon, auteur de *La Franche-Comté à l'époque romaine, représentée par ses ruines*.

(2) L'opinion de ceux qui attribuent ces marchais au séjour des Suédois en 1636 nous paraît tout-à-fait dénuée de fondement. La preuve qu'ils remontent à un âge antérieur c'est qu'on y a trouvé, à Savigny, une tête romaine. Voyez Planche 1ʳᵉ, n° 2.

ANTIQUITÉS ROMAINES.

1. Tête trouvée près de la fontaine de Miellet.
2. Tête de Cybèle trouvée à Savigny.
3. Personnages trouvés dans le bois de Fayl-Billot.

Faillum, Faylum, et l'on écrivait en français le *Fahy,* le *Fay,* ou, plus souvent, le *Fayl.* Depuis environ soixante ans, quelques-uns ont substitué un *s* à la lettre *l* et ont écrit *Fays;* c'est un usage particulier qui ne doit pas prévaloir contre la tradition.

Comme il y a en France trente-six localités portant ce nom appellatif de forêts (1), on convint, pour distinguer celle-ci des autres, d'ajouter au mot *Fayl* le terme *Billot,* en latin *Billotus, Billotum,* parce qu'il y avait jadis à Fayl un billot, c'est-à-dire un poteau indicateur des droits de péage que le seigneur percevait sur les étrangers, et des franchises dont jouissaient les habitants (2). C'est en 1603 que nous trouvons pour la première fois *Le Fayl-Billot.* Depuis ce temps on a généralement supprimé l'article, qui pourtant se conserve encore dans le langage populaire (3).

Il semble que l'origine de Fayl-Billot, comme centre de population, ne remonte pas au-delà du ve siècle. Il prit probablement naissance au milieu de la révolution sociale produite par l'invasion des tribus germaniques. Les Burgondes ou Bourguignons,

(1) Une seule est plus considérable que Fayl-Billot, c'est Fay dans le département de la Loire-Inférieure, où l'on compte environ 3,400 habitants. Le Fay, canton de Beaurepaire (Saône-et-Loire), ainsi que Fay-aux-Loges, canton de Châteauneuf-sur-Loire (Loiret), sont des bourgs de douze à quinze cents habitants. Les autres ne sont que des villages ou des hameaux. Fays, canton de Wassy (Haute-Marne), n'a que 156 habitants.

(2) Billot était le nom d'une famille de Fayl qui s'éteignit au xviiie siècle, et d'une ferme située, dit-on, au *Mont-d'Olivotte.* Le mot Billot a aussi pu venir de là. Il y a dans le département du Calvados deux hameaux appelés Billot.

(3) M. Rieusset, secrétaire intime de M. le préfet de Jerphanion, a donné, dans ses Notices historiques sur la Haute-Marne, cette étymologie : Fayl-Billot est formé du celtique *Fay,* hêtre, et *Byl,* roc. Nous ne sommes pas tout-à-fait de son avis. La plupart des *Fayl* étant situés sur des voies romaines, dit un historien, il peut se faire que ce nom, au lieu de venir de *Fagus,* ait une autre signification.

poussés par les autres barbares qui émigraient derrière eux, passèrent le Rhin en 413, et s'établirent dans la partie orientale des Gaules. Au bout de trente ans, malgré les efforts d'Aétius, général romain, ils avaient agrandi leurs conquêtes et fondé le royaume de Bourgogne, qui s'étendait jusqu'au pays de Langres. Leur premier roi fut Gundiock ou Gundeuc, aïeul de Clotilde, laquelle épousa, en 493, Clovis Ier, roi des Francs.

Devenus maîtres de cette portion du sol gallo-romain, les Bourguignons la partagèrent avec le peuple vaincu. Nous pensons que la terre de Fayl échut à un guerrier qui en devint seigneur et la fit défricher et cultiver. Il laissa aux colons qui s'y trouvaient déjà établis, ou qui vinrent s'y fixer, des propriétés et une grande liberté personnelle. Il n'en fit point des esclaves attachés à la glèbe, et ne les obligea pas à lui payer, sans aucune réserve, le fruit de leur travail. Cependant il les assujettit à des tributs qu'il préleva sur eux deux fois l'an. Dans le principe, ces tributs ne furent pas excessifs ; car il lui importait d'attirer des habitants dans son domaine. Mais, plus tard, ses successeurs, avides et capricieux, exigèrent des sommes beaucoup plus considérables, et ruinèrent ainsi la population qu'ils étaient chargés de protéger et de défendre. Ces impôts arbitraires furent appelés *Tailles*, à cause, dit-on, de l'usage où étaient les collecteurs de marquer sur un petit morceau de bois, par un trait ou une taille, ce que les contribuables avaient payé (1).

En 534, les Francs s'emparèrent de la Bourgogne qui fut partagée entre les fils de Clovis. Fayl subit toutes les vicissitudes qu'éprouva dans la suite cette province, dont il ne

---

(1) D'après le dictionnaire de Napoléon-Landais, le mot *taille*, pris en ce sens, vient du latin *talea*, branche d'arbre coupée par les deux bouts pour être plantée ; parce que, dit Caseneuve, comme cette branche est retranchée de l'arbre, de même la taille est retranchée du bien des citoyens.

cessa jamais de faire partie. Néanmoins son territoire, d'après la coutume bourguignonne, fut toujours considéré comme une propriété de franc-alleu (1), c'est-à-dire que celui qui la possédait, était un petit souverain ne devant rien à personne et ne relevant que de Dieu et de son épée. Il jouit de cette prérogative jusqu'au jour où il se plaça sous la protection d'un autre plus riche et plus puissant que lui, ce qui était un avantage considérable dans les temps d'anarchie. Aussi nous le verrons, à l'époque de la féodalité, rendre hommage de sa terre au duc de Bourgogne, dont il se constitua vassal.

Au moment des invasions, le pays Langrois était déjà chrétien. Les Barbares eux-mêmes ne tardèrent pas à se convertir à la foi catholique. La religion devait faire peu à peu des vainqueurs et des vaincus un peuple de frères. Cependant on ne construisit pas tout d'abord une église dans chaque village. Lors de l'établissement du christianisme, on ne célébrait les saints mystères et l'on ne baptisait que dans la cathédrale ou l'église de l'évêque. Plus tard on fut obligé de fonder, dans les diverses parties du diocèse, des églises que l'on nomma *Plèbes*, parce qu'elles étaient destinées au peuple de la campagne. Il y en eut une à Pierrefaite pour toute la contrée environnante. Elle fut, en quelque sorte, la mère des autres églises du canton. Voilà pourquoi le village qui la possédait, resta jusqu'à la révolution de 1789 le siége de l'un des doyennés du Bassigny (2).

(1) *Alleu* signifie *terre tirée au sort*. Un franc-alleu était une terre indépendante et affranchie de toute redevance.

(2) Le doyenné de Pierrefaite (decanatus Petræ fictæ) comprenait, d'après une carte de l'an 1732, les églises paroissiales d'Anrosey, Arbigny, Champigny, Chaumondel ou Pisseloup, Chézeaux, Coiffy-le-Bas, Fayl-Billot, Frettes, Hortes, Laferté, Maizières, Poinson, Pressigny, Rosoy, Savigny, Soyers, Tornay, Varennes, Vicq, Vitrey; les églises succursales ou annexes de Bourguignon, Charmes, Charmoy, Chauvirey, Coiffy-le-Haut, Damrémont, Guyonvelle,

Lorsque la religion catholique eut pris un plus grand développement, on sentit le besoin de multiplier les églises pour faciliter aux fidèles l'exercice du culte. Néanmoins il semble qu'il n'y en eut point à Fayl avant le x⁰ siècle. D'après une tradition accréditée, les habitants allaient alors s'acquitter de leurs devoirs religieux et satisfaire leur dévotion au village de Charmoy, qui était leur paroisse. Ils se trouvaient dans la condition de ceux des hameaux qui ne jouissent pas d'une maison de prière. Il faut en conclure que le chiffre de la population n'était pas considérable.

Vers l'an 900, le seigneur de Fayl donna des bois et des terres à l'abbaye de Montiéramey (1), diocèse de Troyes, pour fonder un prieuré dans son domaine. Quelques moines vinrent s'y établir, et y vécurent sous la règle de saint Benoît. Leur maison occupait le terrain du presbytère actuel. Ils construisirent une église sur l'emplacement même de celle qui existe aujourd'hui. Elle fut dédiée à la très-sainte Vierge en sa Nativité, et le nouvel établissement, ainsi placé sous le patronage de la reine du ciel, prit le nom de *Prieuré de Notre-Dame-du-Fayl*.

Dès le principe, cette église fut à la fois conventuelle et paroissiale. Les religieux y priaient, y chantaient l'office divin et y offraient le très-saint sacrifice. Les habitants s'y réunissaient pour entendre la messe, participer aux sacrements, écouter la parole de Dieu, se reposer des fatigues de la semaine, et puiser au pied de l'autel les consolations de la foi.

Laneuvelle, La Quarte, Lavernoy, Ouge, Rougeux, Velles; les abbayes de Beaulieu et de Vaux-la-Douce.

(1) Cette abbaye, fondée en 837 par un prêtre nommé Arremare, fut appelée de son nom *Monasterium Arremarense*, Monastère ou Montier d'Arremare; et, par corruption, Montiéramey. C'est aujourd'hui un village du canton de Lusigny, arrondissement de Troyes. Il est situé sur la Barse, affluent de

Le prieur, c'est-à-dire le supérieur des religieux, fit, pendant longtemps, les fonctions de curé. Il était nommé par l'abbé de Montiéramey, sous la direction duquel il administrait les biens du prieuré. Nous le voyons, en 1264, lui demander la permission d'échanger avec la commune un bois appelé *Sainte-Marie*, parce que cette propriété avait été donnée à nos Bénédictins en l'honneur de la Bienheureuse Vierge. L'échange eut lieu. La commune fut mise en possession de ce bois, désigné aujourd'hui sous la dénomination de *Réserve-Marie*. En retour les religieux en acceptèrent un autre plus rapproché de leur couvent. On l'appela dorénavant le *Bois-Prieur*, du nom de son nouveau propriétaire. Il fut probablement défriché par ces moines laborieux, dont l'exemple donna au peuple qui les admirait, une heureuse impulsion vers les travaux agricoles.

La vie conventuelle ne subsista pas toujours au prieuré de Notre-Dame. Les religieux l'abandonnèrent, soit à cause du malheur des temps, soit parce que les revenus de l'établissement ne suffisaient plus à leur entretien, soit pour d'autres motifs que nous ignorons. Alors la cure fut confiée à un prêtre séculier. Le premier dont le nom nous soit parvenu s'appelait Pierre, et vivait en 1347; nous le verrons, à cette époque, défendre les intérêts de ses paroissiens, contre les prétentions des officiers de la seigneurie. En 1391, le prieuré fut amodié au curé de Fayl; ce qui montre qu'il n'y avait plus de conventualité. Cependant le titre de prieur fut maintenu et donné à un prêtre qui n'était pas obligé à la résidence, mais qui devait se rendre à Fayl pour y officier les jours de fête. Cet usage rappelait les fonctions curiales que ses prédécesseurs avaient autrefois exercées en cette église. L'abbé de Montiéramey

---

droite de la Seine. Il y a une station, qui est la trentième du chemin de fer de Paris à Mulhouse. On y compte 728 habitants.

conserva, jusqu'en 1789, le droit de nommer le prieur et le curé (1). L'institution canonique était conférée par l'évêque de Langres.

Pendant les ixe et xe siècles, nos contrées eurent beaucoup à souffrir des invasions des Normands et des Hongrois. La terreur que répandirent ces barbares et le besoin de se défendre contre des voisins puissants et ambitieux engagèrent les nobles à se fortifier dans leurs domaines. C'est probablement à cette époque que le Seigneur de Fayl fit construire un château-fort sur une colline élevée qui domine le vallon de trois côtés, et où se trouvait peut-être déjà un châtelet romain : il l'environna d'épaisses murailles et le sépara de la plaine par un fossé large et profond sur lequel il jeta un pont-levis. Il accorda aux habitants de Fayl et à d'autres des villages environnants le droit de se retirer dans ce château en temps de guerre, à condition qu'ils y feraient guet et garde.

L'histoire ne fournit aucun document sur les seigneurs qui possédèrent Fayl avant le xiie siècle. A cette époque, il appartenait aux sires de Fouvent. Quelque temps après la fondation de l'abbaye de Belmont, qui eut lieu en 1127, Guy, fils de Humbert II, chevalier, seigneur de Fouvent, céda à cette maison les dîmes de son labourage au lieu de Louvières (2). Guy eut deux fils, Girard et Thierry. Girard, quatrième du nom, devint seigneur de Fouvent en 1142. Il épousa Clémence, fille de Richard II, seigneur de Montfaucon, et de Sophie de Montbéliard. Il donna à l'abbaye de Belmont tout ce qu'il possédait à

---

(1) Au xiie siècle, Godefroy de Rochetaillée, évêque de Langres, donna à l'abbé de Montiéramey et à tous ses successeurs le droit de pourvoir à toutes les cures de son diocèse qui étaient dans les lieux dépendant de ladite abbaye.

(2) Il s'agit ici de Louvières, ferme considérable du territoire de Fayl. Elle a appartenu à l'abbaye de Belmont depuis cette époque jusqu'en 1790. Le bois qui en dépendait conserve le nom de *Bois-des-Nonnes*.

Louvières (1), du consentement de sa femme et de ses deux enfants, Humbert et Thierry. En 1170, il se croisa, partit pour la terre sainte et ne revint pas de cette expédition.

Humbert IV lui succéda, et laissa lui-même ses possessions et ses titres à son fils Henri. Celui-ci eut d'Agnès, son épouse, de 1190 à 1201, quatre enfants, dont deux moururent avant leur père. Le troisième, nommé Anselme, fut chanoine de Langres, et Clémence, la plus jeune, devint seule héritière de la seigneurie de Fouvent, de celle de Fayl, etc.

Clémence épousa, vers 1203, Guillaume de Vergy, premier du nom, sénéchal de Bourgogne, seigneur de Mirebeau et d'Autrey, fils de Hugues de Vergy et de Gilles de Trainel. C'est par ce mariage que la seigneurie de Fouvent et des lieux qui en dépendaient, passa aux de Vergy, dont les armes étaient : *de gueules à trois quintefeuilles d'or.*

Guillaume Ier mourut au mois de janvier 1240. Son fils, Henri Ier de Vergy, sénéchal de Bourgogne, seigneur de Mirebeau, d'Autrey, de Fontaine (2), de Champlitte, de Fouvent, de Fayl, de Lavoncourt, etc., épousa avant 1248, Elisabeth de Ray. Au mois de septembre 1250, il donna à l'abbaye de Belmont un cens de dix livres de cire qu'il percevait annuellement sur un habitant de Fayl, appelé Duramont. Il mourut le 27 octobre 1258.

Guillaume III de Vergy succéda à son père Henri Ier dans tous ces titres et biens ; mais il ne laissa pas d'enfants. Il eut pour héritier son frère, Jean Ier de Vergy, marié à Marguerite des Noyers. Il reprit de fief du duc Robert II, en 1275, la sénéchaussée de Bourgogne, Mirebeau, Fayl, la garde de Saint-Léger, etc. Il mourut en 1310, laissant quatre enfants, savoir:

(1) *Girardus de Fonte Venna* (source du Vanon), *dedit quicquid habebat apud Louerias.*

(2) Fontaine-Française.

Henri II qui, comme aîné, conserva la seigneurie de Fouvent; Hugues, chanoine de Langres; Guillaume, qui eut pour apanage les seigneuries de Mirebeau, Fontaine, Lavoncourt, etc.; enfin Hélissent ou Alixand, mariée en premières noces à Henri II, comte de Vaudémont, d'où sont sortis les ducs de Vaudémont, de Lorraine, de Guise, de Mayenne, d'Aumale, de Mercœur et d'Elbeuf.

Cette dame avait reçu en dot la seigneurie de Fayl. Au mois d'août de l'an 1300, elle écrivit une lettre dans laquelle elle déclare que, se trouvant à Champlitte, elle a repris du duc de Bourgogne *le château du Fayl*, la châtellenie et ses dépendances, lequel château était jurable et rendable audit prince (1).

Elle épousa en secondes noces Gauthier de Châtillon, comte de Porcien et connétable de France. Elle lui apporta en mariage les châteaux de Fayl et de Morey (2) avec leurs appartenances. Ils eurent un fils, nommé Guy de Châtillon, qui prit le titre de *sire du Fay et de Morey*. Leurs armes étaient : *de gueules à trois pals de vair, au chef d'or chargé d'une merlette de sable sur le premier canton*.

On voit, dans une lettre écrite par Gauthier et Guy, qu'ils avaient la souveraineté de Bourguignon-les-Morey (3). Mais Hue, seigneur de ce village, qui leur devait une somme considérable, ne leur ayant pas rendu à temps l'hommage accou-

---

(1) Au bas de cette lettre on voyait le sceau de ladite comtesse qui y était représentée tenant de sa main droite une espèce de boule ou de rose, et ayant l'autre main nue sur sa poitrine. Au côté droit était un sceau dont les armes étaient trois besants, et au côté gauche, un autre sceau dont les armes étaient trois fasces.

(2) **Morey** (Haute-Saône), dont le château fut, dit-on, bâti vers l'an 1256, par Henri Ier de Vergy.

(3) Ce village a dû recevoir son nom d'une peuplade Bourguignonne, qui s'y établit au ve siècle. Dans tous les temps, jusqu'à la révolution, il a été un fief dépendant de la seigneurie de Fayl.

tumé, ils firent mainmise sur sa terre « tant pour défaut d'homme que pour grande somme de deniers. » Leur cousin, Gauthier de Bayon, ayant épousé Catherine, fille dudit Hue, ils l'investirent, pour ses bons services, et le mirent en possession de Bourguignon et de ses dépendances. Toutefois ils se réservaient l'hommage et la souveraineté de cette seigneurie, qui devait continuer d'être tenue en fief-lige dudit Guy de Châtillon et de ses successeurs.

CHAPITRE II.

DEPUIS L'AFFRANCHISSEMENT DE LA COMMUNE JUSQU'A LA GUERRE DE FRANCHE-COMTÉ.

(1324 — 1636.)

Le défaut de documents sur les huit siècles que nous venons de parcourir, nous a forcé de restreindre notre récit. Nous avons seulement enregistré la formation de la commune, de la seigneurie, de la paroisse et du prieuré. Maintenant les faits se multiplient et sont mieux connus. A l'aide des nombreuses chartes accordées aux habitants, nous allons suivre le développement de la population favorisé par l'exemption des tailles et de la gabelle, par l'établissement des foire et marché et par la possession d'un vaste et riche territoire. Le progrès matériel rencontre deux obstacles principaux : la guerre des Anglais, qui amène le pillage, l'incendie et la mort; et la puissance des seigneurs, qui inquiètent la commune dans la jouissance de ses droits et lui suscitent des procès ruineux. Mais dans l'adversité comme dans la prospérité, le peuple, formé par la religion, suit la voie du progrès moral.

§ I.

Affranchissement de la commune.

Au commencement du xive siècle, les habitants de Fayl étaient encore taillables à volonté deux fois l'an. Leur seigneur prélevait sur eux des sommes arbitraires et excessives. Le territoire, cultivé par des bras découragés, était peu productif; il suffisait à peine à la nourriture de la population. Plusieurs familles, espérant trouver un sort meilleur, abandonnèrent *ladite ville* (1), pour aller se fixer en d'autres lieux, de sorte que le nombre des *manants* fut notablement diminué. Alors ils adressèrent à Guy de Châtillon, sire de Fayl et de Morey, une requête dans laquelle ils se plaignaient de leur pauvreté, et le priaient de les décharger du lourd fardeau des tailles.

Le seigneur, après s'être informé de la valeur du territoire, vit qu'il était de son intérêt de ne pas le laisser dépeupler. Il crut, avec raison, que s'il accordait la franchise qu'on lui demandait, plusieurs *forains* viendraient demeurer à Fayl où il y avait un marché établi. Cette considération le détermina. Par une charte datée du 20 juin 1324, il quitta et affranchit pour toujours la communauté de toutes tailles, de toutes prises et de toutes autres servitudes, pourvu que ceux qui en faisaient partie promissent de ne s'avouer les hommes d'aucun autre seigneur, ni par garde, ni par bourgeoisie, si ce n'est par défaut de droit ou par appel de mauvais jugement.

Il substitua aux tailles arbitraires les droits suivants, qui étaient beaucoup moins onéreux :

« 1º Chaque feu paiera à nous et à nos héritiers, au jour de la fête de la Toussaint, trois sous chaque année;

---

(1) Ce mot a ici le sens de village.

» 2° Chaque bête à cornes traînant la charrue paiera, audit jour de la Toussaint, quatre sous, et chaque cheval traînant la charrue paiera, audit jour, six sous;

» 3° Chaque *aisement* (1) de charrue paiera, audit jour, quatre sous;

» 4° Si un homme, n'ayant point de bêtes traînant la charrue, achetait un journal de terre labourable, il paierait douze deniers. S'il en achetait deux ou trois, il paierait deux sous, et, s'il en achetait plus de trois, il paierait l'eschief (2) d'un bœuf, c'est-à-dire quatre sous;

» 5° Avec tout cela, ils nous paieront nos gelines (3) de carême-prenant, les corvées de la grange, la fourche, le râteau et le charroi, le *lost* et la *chevauchie* (4) grande et petite, et les amendes anciennes à la manière accoutumée. Les clercs ne seront tenus de rien payer, ni gelines, ni corvées, ni aucune servitude, sauf l'impôt des trois sous mentionné plus haut;

» 6° Si quelqu'un recélait les rentes qui nous sont dues, comme nous venons de le dire, il serait soumis à une amende de vingt sous, et paierait ce qu'il aurait recélé. Celui qui ne paierait pas lesdites rentes au jour de la Toussaint, sachant bien qu'il les doit, serait passible d'une amende de trois sous, et ne serait pas pour cela quitte de payer lesdites rentes. Enfin, s'il y en avait qui, par fraude, cessassent de tenir des bêtes à cornes, le seigneur y mettrait remède convenable. »

---

(1) Instrument. Dans le patois actuel, ce mot signifie un instrument quelconque, et particulièrement un vase à manger.

(2) Taxe ou impôt. On disait alors l'eschief d'un bœuf comme on dit aujourd'hui la taxe des chiens.

(3) Du latin *gallina*, poule.

(4) Le lost ou l'ost était le service militaire à pied, et la chevauchie, le service militaire à cheval.

Ces conditions furent acceptées avec joie par les habitants. Se voyant affranchis des tailles écrasantes que les seigneurs exigeaient auparavant, ils ne songèrent plus à déserter leur pays. Ils s'attachèrent à la chaumière qui les avait vus naître et aux champs que leurs pères avaient cultivés. N'était-ce pas un grand bien pour eux d'avoir des lois écrites, quand tout se réglait par la coutume et arbitrairement. Leur liberté était consacrée par la charte que Guy de Châtillon leur donnait et qu'il avait juré d'observer fidèlement, sous peine d'y être contraint par le duc de Bourgogne, son suzerain, ou, à son défaut, par le roi de France. Le principal pour eux était d'en faire respecter les articles par les officiers de la seigneurie.

Comme la terre de Fayl était un fief du duché de Bourgogne, le sire de Châtillon soumit cette charte à l'approbation du duc Eudes. Ce prince, après en avoir pris connaissance, la ratifia dans toute sa teneur et la confirma par une lettre donnée à Villers-le-Duc, le samedi, jour de l'octave de Saint-Martin d'été, au mois de juillet de l'an de grâce 1327.

Douze ans après, le même Guy de Châtillon, chevalier, seigneur de Fère et de Fayl, ordonna à son bailli et à son receveur de garder de point en point et de faire observer à ses autres officiers la charte de franchise qu'il avait accordée « à ses gens de sa ville dou Fayl. » Il voulait que si eux ou leurs prédécesseurs l'avaient violée en quelque chose, ils réparassent leurs torts, et que tous les articles sur lesquels s'élèveraient des doutes, fussent éclaircis en son hôtel par son conseil. Il leur enjoignait aussi de retenir par devers eux copie de sa lettre et d'en donner l'original aux habitants. Elle est datée de Fère, le lundi avant la fête de la nativité de Notre-Dame de septembre, l'an de grâce 1339.

Malgré ses recommandations, les officiers seigneuriaux « oppressoient les habitants en plusieurs et certains cas en venant

contre la charte de leur franchise et le contenu en icelle. »
Ceux-ci en informèrent Guy de Châtillon, qui habitait son château de Fère. Ce noble chevalier se serait volontiers transporté en personne en sa terre de Fayl pour entendre les plaintes et faire respecter les droits de ses sujets; mais il ne le pouvait « quant à présent temps pour cause des guerres et pour plusieurs autres besognes. » En 1347, il y envoya en son nom un commissaire réformateur; c'était son bailli de Fère, Jean de Barbonne, qui arriva le mardi avant la fête de l'Assomption.

Ce jour-là même comparurent devant lui Jean, curé de Morey; Jean de Varennes, bailli de Fayl; Humbert de Poinson, conseiller, et le procureur au bailliage, d'une part; Pierre, curé de Fayl; Jean Girard, Jean de Cintrey, demeurant à Fayl; Girardot dit *Noir,* Villaime Crestiennot dit *des Champs,* Richardot dit *Pastre,* et autres prud'hommes, d'autre part. Les premiers devaient soutenir les droits du seigneur; les seconds étaient chargés de défendre les intérêts de la communauté. Lorsque ceux-ci eurent exposé les griefs dont avaient à se plaindre les habitants, et sollicité l'éclaircissement de certains points de la charte, Jean de Barbonne demanda à Jean, curé de Morey, s'il avait quelques observations à faire sur cette requête. Il répondit qu'il voulait que la chatre fût lue et expliquée. On l'examina attentivement, on en discuta les articles, et, tout en les maintenant dans leur intégrité, l'on s'accorda pour les interpréter et les développer de la manière suivante :

« 1º Si quelqu'un loue sa maison à quelque hôte, celui à qui sera ladite maison n'en sera tenu à payer aucune chose, mais paiera lesdits trois sous celui qui y demeurera et fera le feu tant seulement;

» 2º Si quelqu'un desdits habitants a quelqu'une desdites bêtes ou chevaux de trait qui meure ou qu'il échange ou vende, il y a *eschief* audit jour de la Toussaint tant seulement et non plus, et ledit sire ne leur en peut ni doit plus demander ni avoir de quelque manière que ce soit ;

» 3° Quoique ledit *aisement* de charrue soit de plusieurs pièces et de diverses manières, tout ce qu'il contient et est ne fait qu'un seul *aisement* de charrue et ne doit que quatre sous tant seulement ;

» 4° Celui qui achète journaux en peut acheter tant qu'il lui plaît ; et, s'il en achetait plus de quatre, il ne serait tenu à payer que quatre sous pour l'eschief d'un bœuf tant seulement et non plus. Et, quoique quelqu'un desdits journaux soit labouré deux ou trois fois ou plus, ce n'est qu'un journal tant seulement. Et, si quelqu'un desdits habitants qui tient bêtes ou chevaux de trait, achetait journaux, il serait quitte de payer pour chaque journal douze deniers, de deux journaux deux sous, de trois journaux deux sous, et de quatre journaux et plus l'*échief* d'un bœuf, c'est-à-dire quatre sous. Quant aux journaux qui sont dus en ladite ville au curé, à cause de la cure de ladite ville, s'ils sont vendus, aucune chose n'en sera payée audit seigneur ; mais ils demeurent et sont de ce francs et quittes, quelles que soient les personnes qui les achètent ;

» 5° Les habitants de ladite ville du Fayl charrieront les foins des prés appartenant à la grange au château ; chaque charriot de bœufs une voiture en l'année. — Le seigneur doit avoir chaque année trois fois tout le charroi de chevaux pour amener bûche au château du Fayl des bois du finage du Fayl, à savoir aux fêtes de la Toussaint, de Noël et des Bordes ; quiconque aura cheval, une voiture à chacune desdites trois fêtes ; et ledit sire doit faire couper ladite bûche. Chaque harnais de ladite ville est tenu de conduire chaque année deux voitures pour les édifices, réfections et réparations de l'hôtel dudit seigneur étant en ladite ville du Fayl, à charriot ou à charrette, selon ce que nécessité sera. Si quelqu'un possède charriot et charrette, il doit envoyer celui duquel il sera requis, et l'autre demeurera quitte. Les habitants ne seront tenus à faire ledit charroi plus loin qu'une lieue et demie tant seulement. Ils charrieront les grains de la grange audit château; mais ils ne seront tenus de charrier les blés des moulins, ni faire aucun charroi pour ledit seigneur, si ce n'est de grâce. Quant à ce qui concerne *lost* et la *chevauchie,* il est déclaré que pour cause du guet du château dudit Fayl, chaque feu des habitants paiera chaque année audit seigneur ou à son certain commandement trois deniers au jour de la fête de saint Martin d'hiver, excepté les pauvres femmes veuves qui ne gagnent en terre, blé ou avoine, lesquelles ne doivent rien payer. Ledit sire est tenu à demander ces trois deniers par lui ou par son certain commandement. Et si quelques-uns desdits habitants manquent de payer les trois deniers, ledit jour de saint Martin passé, ledit sire les pourra faire gager afin d'être payé. Aucun d'eux ne sera tenu de payer amende audit seigneur pour défaut de paiement des susdits trois deniers. Et s'il n'y avait guet au château les habitants ne seraient pas tenus à payer les trois deniers. — Item quant à ce que lesdits habitants doutaient que ledit seigneur, d'après le contenu de la charte, ne put faire aucune prise en ladite ville de quelque chose que ce soit, il est déclaré que si ledit sire vient au dépourvu dans ladite ville, et ait besoin de vivres, il pourra prendre des vivres en ladite ville avec le moins de dommage possible, à juste et loyal prix, en faisant paiement et satisfaction à ceux à qui le bien sera, par le gré du vendeur et non autrement. — Item quant à ce que lesdits habitants se plaignaient qu'on leur faisait porter des lettres, chose à laquelle ils n'étaient point tenus, il est déclaré que si ledit seigneur ou ses gens pour lui veulent faire porter des lettres, il les feront porter par gens *gagneurs,* en leur payant salaire compétent et non autrement. »

Les procureurs des deux parties s'engagèrent à maintenir perpétuellement les articles de la charte et l'interprétation qu'ils venaient de leur donner. Ils le promirent « sur l'obligation de tous les biens dudit seigneur du Fay, et sur l'obligation de tous les biens desdits habitants et communauté. » Jean de Barbonne apposa à cet acte le sceau du bailliage de Fère, en présence de Jean Baudier de Fayl; de Moinge, son frère; Heude de Broncourt, prêtre; Pierre, curé de Fayl; Demongin de *Janru* (1), Jean Augremère de Bourbonne; Villemin, fils Huguenin; et Robert de Morey, clerc. Quelques jours après, Guy de Châtillon ratifia tout ce qui avait été fait et conclu dans cette assemblée.

La commutation des impôts arbitraires en redevances clairement déterminées et faciles à acquitter n'était pas le seul avantage de la charte. Elle garantissait encore aux habitants la jouissance de *tous leurs bons usages,* ce qui, d'après l'interprétation qui en fut donnée plus tard, s'entendait des bois dont ils étaient en possession. Nous ne connaissons pas la valeur et l'étendue qu'ils avaient alors; mais c'étaient de véritables bois communaux exploités au profit de tous et de chacun des membres de la communauté. Ils étaient distincts des bois seigneuriaux, qui comprenaient environ huit cents arpents, et dans lesquels nul ne pouvait rien couper sans amende s'il y était trouvé par les gardes forestiers.

Les seigneurs avaient fait construire de grands fours banaux. Les habitants étaient tenus d'y apporter leur bois pour les chauffer, et leurs *pastes leuéez* pour y cuire leur pain; il ne devait exister et il n'y avait en effet aucun four particulier. On payait un pain par fournée, et deux dans le cas où la

---

(1) Genrupt. Il semble que l'étymologie de ce nom soit *Joannis rivus,* ru ou ruisseau de Jean. On lit dans une charte de l'an 1101, concernant les Coiffy : *Usque ad fines Janrivi.*

fournée dépassait quinze pains. Ces fours étaient loués à des fourniers qui percevaient ladite redevance, moyennant une certaine somme payable au seigneur. Cet état de choses fut modifié quelques années après l'affranchissement de la commune. En 1365, Gauthier de Châtillon, par une charte datée du mardi après la chandeleur, consentit, sur la demande des habitants, à fournir désormais le bois nécessaire pour chauffer les fours banaux. Par suite de cette concession, chacun de ceux qui cuisaient de quinze à vingt-quatre pains en devaient un. Ceux qui en cuisaient plus de vingt-quatre ou moins de quinze payaient plus ou moins d'un pain, proportionnellement. Les boulangers n'étaient tenus qu'à la redevance de vingt-cinq l'un.

Par cette même charte, Gauthier accorda à ses sujets, pour en jouir à perpétuité, la permission de couper, sans payer aucune amende, le mort-bois, c'est-à-dire comme il l'expliqua lui-même, toute espèce de bois, sauf le hêtre, le chêne, le pommier et le poirier, qu'on appelait les *quatre-fontes*. Ce droit d'usage s'étendait à toutes les forêts seigneuriales du territoire; il n'y avait d'exception que pour le *Bois banal*, désigné à cette époque sous le nom patois de *Bot bannaul*.

Telles étaient, au XIVe siècle, les franchises des habitants de Fayl. La charte de 1324 et celles qui la suivirent réglaient les rapports de la commune avec le seigneur; mais elles n'organisaient pas l'administration communale. On confia la garde des droits qu'elles consacraient aux plus notables, qu'on appela d'abord procureurs des habitants, et, plus tard, échevins ou syndics. S'ils rencontraient quelques difficultés à résoudre, ils convoquaient tous les membres de la communauté, et, quand ils avaient obtenu l'avis de « la plus grande et saine partie d'iceux, » ils prenaient une délibération.

§ II.

Privilége du sel.

L'affranchissement de la commune favorisait le développement de l'agriculture et l'accroissement de la population. Fayl ne tarda pas à devenir *bonne ville et bien peuplée.* Alors les ducs de Bourgogne lui accordèrent un privilège qui, en y attirant de nouveaux habitants, fut une des causes de l'importance qu'il devait avoir dans la suite.

La communauté était obligée d'aller chercher aux greniers de Dijon, capitale de la province, tout le sel nécessaire à sa consommation. « C'estoit chose très sumptueuse (1) attendu la grant distance d'entre icelle ville du Fayl et la dicte ville de Dijon. » Pour éviter les frais et les difficultés qu'entraînait cette sujétion, il fut convenu entre les officiers du duc et les habitants que, moyennant la somme de douze francs payable, chaque année, à la recette de Dijon, au jour de la Nativité de saint Jean-Baptiste, ils pourraient désormais user de sel gris ou blanc à leur volonté, et le prendre où bon leur semblerait, sans être soumis à aucune espèce d'impôts. Chaque ménage devait contribuer, selon la quantité de sel qu'il recevait, au paiement des douze francs. C'était pour la communauté une somme assez modique; aussi la versa-t-elle exactement entre les mains du receveur de Dijon jusque vers l'an 1430. Alors les malheurs du temps ne lui permirent plus de s'acquitter de cette redevance.

Depuis le milieu du siècle précédent, la France et l'Angleterre se faisaient la guerre avec acharnement pour une querelle de succession. Au lieu de rester unis contre l'ennemi commun, les princes français organisaient des partis et se livraient à des

---

(1) Coûteuse.

dissensions intestines. Sous le règne de Charles VI, qui n'avait que onze ans quand il succéda à son père, et qui à vingt-trois était imbécile, les ducs de Bourgogne et d'Orléans, régents du royaume, se portaient une haine mortelle, parce qu'ils voulaient l'un et l'autre se rendre maîtres du gouvernement. Jean-sans-Peur, duc de Bourgogne, fit assassiner Louis, duc d'Orléans, en 1407. Le comte d'Armagnac, qui avait pour gendre un des fils de la victime, prit alors les armes. De son côté, le roi d'Angleterre, Henri V, profita de ces discordes pour recommencer les hostilités. Ainsi la France souffrait à la fois et de la guerre civile et de la guerre étrangère.

Ce fut pour nos contrées une époque de grandes calamités. Si les documents nous manquent pour en faire un récit détaillé, du moins nous pouvons dire que Fayl fut ravagé dès le commencement du xve siècle. En 1047, on n'y comptait plus que quatre-vingt-dix feux, et, un an après, ce chiffre était réduit à soixante. Plus tard la population fut encore diminuée par les incursions et le brigandage d'une foule d'aventuriers, ramas de toutes les armées, qui faisaient la guerre en partisans. On les appela *Ecorcheurs* et *Retondeurs* à cause des cruautés qu'ils exerçaient. Leur passage était marqué par le viol, le meurtre et l'incendie. A leur approche les habitants de la campagne abandonnaient leurs maisons pour se réfugier dans les bois, les châteaux et les villes fortifiées. Fayl, après avoir été souvent pillé et brûlé, fut de nouveau désolé par le séjour d'une autre compagnie de brigands connus sous le nom de *Routiers,* qui « ont esté logés en ladicte ville par plusieurs foiz et y ont fait maulx et domages irréparables. »

Jean-sans-Peur avait été assassiné, à son tour, sur le pont de Montereau (1), le 10 septembre 1419; c'était le prix du meurtre

(1) Petite ville au confluent de la Seine et de l'Yonne, et à l'embranchement des chemins de fer de Lyon et de Troyes.

que ses gens avaient commis par ses ordres sur la personne du duc d'Orléans. Son fils Philippe, dit le Bon, était alors devenu duc de Bourgogne. En 1448, les habitants de Fayl lui envoyèrent une supplique dans laquelle ils lui exposaient leur malheureux état et l'impossibilité où ils se trouvaient de payer à l'avenir les douze francs dont nous avons parlé. Comme la population était diminuée de moitié, ils le priaient de réduire cette somme à six francs, et de leur quitter les arrérages des dix-huit ans qui venaient de s'écouler, aussi bien que les peines et amendes qu'ils avaient pu encourir par défaut de paiement.

Ce prince ordonna aussitôt une enquête pour constater la vérité des faits allégués et la justesse de la demande qu'on lui adressait. Sur le rapport que lui en firent ses officiers, il donna quittance pour le passé et décida que, pendant dix ans, à partir du lendemain de la Nativité de saint Jean-Baptiste de la présente année, la communauté ne serait tenue à payer que six francs au lieu de douze. Après l'expiration de ce terme, la chose devait reprendre son cours ordinaire. La charte qui renferme cette concession est datée de Hesdin le 6 septembre 1448.

Philippe-le-Bon mourut à Bruges en 1467. Il eut pour successeur son fils Charles, surnommé le Téméraire, qui, après avoir ravagé la France, conquis la Lorraine et perdu les batailles de Granson et de Morat, fut tué, le 5 janvier 1477, sous les murs de Nancy. Il ne laissait qu'une fille nommé Marie. Cette princesse eut pour héritage, entre autres pays, la comté de Bourgogne ou Franche-Comté. Par son mariage avec l'archiduc Maximilien (1477), elle donna cette province à la maison d'Autriche. Maximilien en confia le gouvernement à son fils Philippe-le-Beau, puis à sa sœur Marguerite (1506). Celle-ci eut pour successeur (1530) son neveu Charles-Quint, fils de Philippe-le-Beau et de Jeanne-la-Folle, qui avait été appelé (1516) au trône d'Espagne. Dès lors la Franche-Comté devint une province espagnole. Quant au duché de Bourgogne, qui était un fief masculin, Louis XI s'en empara (1477), et le réunit à la couronne. Depuis cette époque la terre de Fayl releva immédiatement du roi de France, et les seigneurs qui la possédaient reportèrent à celui-ci l'hommage qu'ils avaient rendu jusqu'alors au duc de Bourgogne.

Louis XI laissa les habitants en possession du privilége dont ils jouissaient. Dix ans auparavant (1467), il avait accordé la même faveur au village de Bussières, en l'exemptant du droit de gabelle que Philippe de Valois avait imposé (1345) sur ces sujets, afin de couvrir les frais de la guerre contre les Anglais. Il maintint pareillement les habitants de Bassoncourt, Merrey et Meuvy dans la jouissance de la même immunité que leur avaient concédée les ducs de Bourgogne (1). Tous les rois ses successeurs confirmèrent ces priviléges. Mais quelques-unes de leurs lettres patentes ne nous sont pas parvenues. Les plus anciennes que l'on possède sont de Henri III, qui les donna au mois de juillet 1578, la cinquième année de son règne. Il dit qu'il a créé « des regratiers et revendeurs de sel en chacun ville et village de son royaulme, » mais qu'il n'y en aura point dans ceux que nous venons de nommer. Le 25 septembre 1579, il déclara que, « en considération de la creue (2) et augmentation de la gabelle advenue ès années dernières sur ses aultres subjects, » la redevance ordinaire sera doublée, c'est-à-dire que les habitants de Fayl (ceux de Bussières y compris) paieront chaque année vingt-quatre livres tournois, et ceux de Bassoncourt, Merrey, Meuvy et Vaux (3), vingt livres tournois. En

---

(1) Ces trois villages du Bassigny, enclavés dans la Champagne, appartenaient à la Bourgogne dès l'an 1393. Le duc Philippe-le-Hardi les avait achetés de Simonette de Marey-sur-Tille, pour la somme de quarante francs d'or.

(2) Crûe.

(3) Ce village était situé dans le duché de Bar.

1609 ils obtinrent de Henri IV de nouvelles lettres de confirmation, dans lesquelles il est dit qu'ils continueront « d'user de tel sel que bon leur semblera, sans permission, licence, impost, gabelles ny aucunes charges de greniers à sel de ce royaume ny dudict duché de Bourgoigne, sinon de la somme de douze livres pour le villaige du Fay, et vingt livres pour les villaiges desdicts Marey, Bassoncourt et Meuvy, » laquelle somme doit être payée au grenetier de Dijon. « Et lesdits villages ne seront tenus de souffrir aulcungs regratiers et revendeurs de sel. » Au mois de janvier 1615, Louis XIII, à son tour, approuva cette franchise et voulut qu'elle fût maintenue « nonobstant tous édicts, ordonnances et reiglements contraires. » Louis XIV la confirma de nouveau par des lettres patentes données en 1646, et par l'article 7 du titre XIII de l'ordonnance des gabelles, rendue en mai 1680.

Trente ans après, conformément à la déclaration du 22 décembre 1708, les habitants de Fayl rachetèrent pour cent quarante-quatre livres le droit de douze francs qu'ils payaient chaque année. Ils versèrent cette somme entre les mains du garde du trésor royal, qui les tint déchargés et affranchis à perpétuité de ladite rente, par quittance donnée à Paris, le 1er octobre 1710. Ceux de Meuvy, Merrey et Bassoncourt payèrent deux cent soixante-quatre francs. Enfin lorsque Louis XV fut monté sur le trône, il accorda, comme ses prédécesseurs, des lettres de confirmation; elles sont du mois de février 1716. Ainsi le privilége de sel fut continué jusqu'à la révolution de 1789; l'Assemblée nationale l'abolit dans la nuit du 4 août.

Voici de quelle manière les Fayl-Billotins usaient de cette faveur royale. Chaque année au mois d'octobre, les échevins de la communauté allaient *de huis en huis et de pot en pot*, c'est-à-dire de ménage en ménage, afin de dresser un état des habitants. Ils envoyaient le chiffre de la population aux officiers du grenier à sel, qui venaient eux-mêmes en faire la vérification au mois de décembre. C'est ce qu'on appelait le *dénombrement du sel* (1). Ensuite, dans une assemblée communale annoncée la veille au son du tambour et présidée par les échevins et les notables, on procédait à l'adjudication au rabais des *charroi et collecte du sel* pour l'année qui allait s'ouvrir. D'après le cahier des charges, l'adjudicataire devait :

1° Payer le sel au receveur du grenier et apporter une quittance de sa main à chaque *quartier* ou trimestre. Le prix ordinaire du *minot*, mesure de ce temps-là, était dix livres onze sous environ (2).

2° Fournir une bonne caution agréée par la chambre des notables.

3° Lever à ses frais une grosse du dénombrement, la faire homologuer par les officiers du grenier, et en remettre une copie aux échevins.

4° Se trouver au grenier avec ses voitures à la première délivrance de chaque trimestre, et faire la distribution du sel aux habitants immédiatement après son retour. Ceux qui laissaient passer quinze jours avant d'aller chercher leur sel, étaient obligés de payer quatre deniers d'augmentation par pinte.

5° Se servir des mesures, poids et balances que lui fournissaient les échevins, et les leur remettre à la fin de l'année.

6° Prélever, soit sur chaque cote, soit sur chaque pinte de sel, quelques deniers ou quelques sous que les échevins avaient été autorisés à imposer pour les besoins de la communauté.

Telles étaient les conditions de l'entreprise. On l'adjugeait à celui qui, les acceptant, mettait le sel au plus bas prix. Au

---

(1) On n'y comprenait pas les enfants au-dessous de sept ans. On accordait quatre pintes de sel par personne.

(2) Vers l'an 1750, la communauté en consommait annuellement deux cent quarante-huit minots.

milieu du xviiie siècle, par suite de leur privilége et avec ces enchères au rabais, les habitants ne le payaient que neuf à dix sous la pinte. C'était un avantage important que leur enviaient les villages voisins assujettis, pour cette substance si nécessaire, à un impôt considérable. Mais personne ne pouvait les en rendre participants ; c'eût été abuser du privilége, s'exposer à en être privé et à se voir condamné à des dommages et intérêts envers le fermier des gabelles. On s'approvisionnait ordinairement aux greniers à sel d'Is-sur-Tille et de Saulx-le-Duc.

§ III.

Des seigneurs.

Le Père Vignier, dans sa *Décade historique* du diocèse de Langres, dit, en parlant des membres de la famille de Pointes :
« Ils se tiennent issus d'un Renaud de Pointes, comte ou seigneur du Fay, et d'une fille de la maison de Neufchâtel, lequel mourut en Flandres en 1333, le 12 janvier, laissant trois fils et une fille mariée à N. de Vienne. L'aîné qui eut lignée, seigneur du Fay et autres lieux, allié à N. de Saulx, est mort en 1360, laissant un fils seigneur du Fay, qui épousa N. de Racy, fille du seigneur de Laferté, d'où sortit Jean de Pointes, seigneur du Fay et de Chaudenay, qui fut marié deux fois : 1° avec N. de laquelle il eut deux fils, Etienne et Pierre, Etienne décédé jeune dès l'an 1479. Sa veuve Marguerite de Bétigny, fut obligée d'envoyer, cette année-là, à la convocation de la noblesse du Bassigny un homme armé de *brigandine*, *salade* et *javeline*, et Pierre de Pointes, écuyer, comparut armé de corset, etc. Nous ne savons s'ils eurent postérité, ni comme ils partagèrent la terre du Fay, qui leur demeura. »

D'après ce récit, la maison de Pointes aurait possédé, pendant environ deux cents ans la seigneurie de Fayl, ce qui est contraire à tous les documents que nous avons sous les yeux. Il est certain que ce domaine ne lui a point appartenu en totalité. Si l'on prétend qu'elle en avait au moins une partie, comment se fait-il que nos chartes du xiv⁰ siècle, données par les sires de Châtillon, concernent si évidemment la communauté tout entière ? Comment se fait il que le nom de Pointes ne se trouve pas une fois dans les différentes reprises de fiefs et les dénombrements du xv⁰ siècle ? Est-il possible que cette famille ait eu dans notre pays l'importance que lui donne le Père Vignier, sans en laisser aucune trace ? Se serait-elle maintenue, pendant tant d'années, dans la jouissance d'une portion du territoire à côté des seigneurs dont nous allons parler, sans avoir avec eux quelques rapports d'infériorité, d'égalité ou de supériorité ? Nous pensons donc que, sur ce point, le savant historien a été induit en erreur.

La terre de Fayl appartenait, comme nous l'avons vu, aux sires de Châtillon, qui affranchirent leurs sujets en 1324. Ils étaient vassaux du duc de Bourgogne, et lui rendaient hommage. Dans une lettre du 1ᵉʳ mars 1365, Gauthier de Châtillon, seigneur de Fère et *du Fay*, vicomte de Blaigny, reconnaît tenir en fief de Philippe-le-Hardi (1), à cause du duché de Bourgogne, *le chastel et la chastellenie du Fay*. Le 26 mai 1369, Gauthier vendit cette seigneurie, ainsi que celle de Morey, à Etienne, comte de Montbéliard. Agnès de Montbéliard, fille de Henri, seigneur d'Orbe, et de Marie du

---

(1) Philippe-le Hardi était le quatrième fils de Jean II, roi de France. Il reçut pour apanage le duché de Bourgogne, qu'il posséda jusqu'à sa mort (1363-1404). Il eut pour successeurs ses fils et petits-fils, Jean-sans-Peur (1404-1419), Philippe-le-Bon (1419-1467), et Charles-le-Téméraire (1467-1477). Alors le duché de Bourgogne fut de nouveau et définitivement réuni à la couronne.

Châtelot, l'apporta en mariage, le 14 mai 1398, à Thiébaud VIII, seigneur de Neuchâtel au comté de Bourgogne (1).

Thiébaud en fit reprise et en donna un dénombrement très-détaillé le 7 avril avant Pâques de l'an 1407, et le 24 novembre 1408. « A tous ceux, dit-il, qui ces présentes lettres verront et orront (entendront), Thiébaud, seigneur de Neufchâtel et du Fayl, salut. Saichent tuit (sachent tous) que je tiens et avoue à tenir en foy et hommaige à cause de ma chère et bien-aimée compaingne, Agnès de Montbéliard, ma femme, de très excellent et puissant prince mon très redouté seigneur mons le duc de Bourgoigne, le chastel du Fay et le pourpris (2) d'icelui, item la ville dudict Fay. »

Après ce début vient l'énumération des divers droits que le seigneur percevait sur les habitants depuis leur affranchissement. Chaque ménage devait payer trois sous d'*eschief* à la Toussaint, et une *geline* au jour de carême-prenant. Tous ceux qui n'étaient pas clercs devaient trois corvées, une de la fourche et deux de moissons. Ceux qui *mettaient bêtes à charrue* payaient pour chaque bœuf quatre sous, pour chaque cheval six sous, et pour chaque charrue quatre sous. Ceux qui achetaient plus de trois journaux de terre payaient quatre sous. Les laboureurs étaient tenus à trois jours de corvée de charrue pour le *tramoie*, le *sombre* et le *vayn*. Chaque paire de bœufs allait chercher une voiture de foin au pré sous Maizières. Les chevaux amenaient trois fois l'an, à Noël, à la Toussaint et aux Bordes, une charretée de bois et trois autres voitures de matériaux pour la *réfection du chastel*.

Le seigneur était haut, moyen et bas justicier. Il rendait la

---

(1) La forteresse de Neuchâtel, dont on voit encore les ruines, était située à droite de la route de Moulins à Bâle, dans le canton de Pont-de-Roide, arrondissement de Montbéliard (Doubs).

(2) Enceinte, habitation.

justice à tous les habitants, non par lui-même, mais par l'intermédiaire d'un bailli et d'un prévôt qu'il choisissait pour remplir cette fonction. Nous ne savons pas à quelle époque remontait cette organisation judiciaire ; elle était probablement aussi ancienne que la seigneurie.

Il n'y avait alors à Fayl qu'une foire dans l'année, le jour de la saint Clément. Le marché, qu'on a vu déjà établi en 1324, continuait d'exister et se tenait, comme aujourd'hui, le jeudi de chaque semaine. Le seigneur avait droit de vente et prélevait quelques deniers sur tous les objets achetés ou échangés. C'était pour lui un faible revenu, car le commerce n'avait pas alors l'importance qu'il devait acquérir plus tard.

Thiébaud nous apprend encore dans sa déclaration qu'il possédait plusieurs pièces de prés et de terres arables au finage de Maizières, et qu'il avait à Fayl deux moulins non banaux, quatre étangs, un *envers la ville,* le grand étang, l'étang neuf et l'étang des *Tillots* (1), le bois de *Bonnain* (Bonnay), le bois des *Noues* et des *Ferrières,* le bois banal, les *Côtes* et les *Tillots,* et sur ces bois la totale justice.

Au château de Fayl appartenait la garde d'Arbigny-sous-Varennes. Pour cela les habitants de ce village devaient chaque année au seigneur vingt-cinq émines d'avoine, mesure de Langres. Mais, parce que ledit lieu était « pauvre et désert tant pour faict de guerre comme de mortalité, » cette redevance avait été réduite à douze émines et demie. Il avait pareillement la garde de Montlandon pour laquelle les habitants payaient trente-cinq sous à la saint Remy.

Le seigneur étendait sa suzeraineté sur plusieurs vassaux. De lui relevaient :

---

(1) Cet étang fut, plus tard, donné en fief à la maison de Montarby, et prit le nom d'étang Montarby.

1° Le fief de Bourguignon consistant en une maison forte, etc. Il appartenait à Jacquot de Voitonvelle, écuyer, fils et unique héritier de Jean de Voitonvelle, et était occupé par Jean de Vergy, chevalier;

2° Les fiefs que tenaient à Bussières Perceval de Verdot ou Vidot, écuyer, comme administrateur des biens des enfants de feu Jean de Grenant, Jacquote de Grenant, tante desdits enfants; Jean de Charie, écuyer, et les héritiers de feu Guy de Lassoncourt, dit le *Pors*, chevalier, lesquels relevaient, sous ce rapport, des héritiers de Jean de Grenant;

3° Ce que Jean de Bussières, écuyer, tenait audit Fayl, à cause des héritiers de feu Regnier de Marey, c'est-à-dire une maison avec *terrement* autour, appelée *Châtelet*, plus le tiers d'un four banal. Les deux autres tiers appartenaient à Thiébaud de Neuchâtel, sauf trois livres que le chapitre de Langres prélevait, chaque année, sur ses deux parts;

4° Le fief que tenait Jean de Quincey, écuyer, à cause de sa femme, fille de feu Jean de Tornay, écuyer, savoir : « sa tour, séant en la ville de Tournay, et dépendances jusqu'à la roche et devant jusqu'à la porte de la court, » le droit de justice et seigneurie que Jacquot, écuyer, et les Viard pouvaient avoir au bois du Fay, et une partie de la justice et autres choses en la paroisse de Genevrières et à Belfond, « où souloit avoir une maison forte; »

5° Le fief que Guy de Senoncourt, chevalier, tenait de Henri de Grenant, au village et territoire de Bussières;

6° Le fief que tenait Jean de Molain, écuyer, en la ville du *Fay*, lequel consistait en plusieurs héritages;

7° Le fief que tenait, au même lieu, Philippe de Montarby, écuyer, conjointement avec sa mère, Marguerite de Jussey;

8° Le fief que tenait, au village et territoire de Saint-Maurice près Langres, Poinssart, fils de feu Emonin, écuyer, à cause de

Jeannette, sa femme, fille de feu Thibaut de Charie. Il s'agissait, entre autres choses, d'une maison avec ses dépendances, située entre l'église Saint-Maurice et la voie commune;

9° Enfin le fief que tenait, à Tornay, Béatrix, fille de feu Emonin de Betoncourt, écuyer, savoir : une *haute maison* sise audit Tornay, près de la maison nommée Beullon, qui appartenait à *Guiot de Cicons*. Tous ces possesseurs de fiefs rendaient hommage à Thiébaud; ces droits de suzeraineté faisaient de la châtellenie de Fayl une des plus considérables de la contrée.

A cette époque on nourrissait beaucoup de bœufs, de vaches et de porcs, qui avaient les forêts pour pâturage. En 1413, les habitants conduisirent, comme auparavant, deux cent cinquante de leurs porcs dans les *Plains-Bois*, notamment dans la partie appelée *Vaulbonche*. Ceux de Bussières prétendirent que c'était une violation de leur droit, et « par grande hostilité et par manière d'entreprinse dampnable prinsdrent lesdis porceaux et iceux emmenèrent audit Buxières ou là où bon leur sembla hors de la justice dudit Fay, en tuèrent plusieurs et les appliquèrent à leur proffit. » On leur fit plusieurs fois sommation de les rendre; mais ils s'y refusèrent complètement. Alors la communauté de Fayl obtint du bailli de Sens des lettres qui la maintenaient dans la jouissance de ce bois. Les Bussiérois s'opposèrent à l'exécution des ordres du bailli; il fallut plaider à Sens. Thiébaud de Neuchâtel et Jean de Rougemont, seigneur de Bussières, prirent en main la cause de leurs sujets respectifs. Pour mettre fin au procès et nourrir entre eux paix et amour, ils nommèrent des arbitres. Thiébaud choisit Pierre Malmissert, licencié en droit, citoyen de Besançon, et Gauthier de Marsois, écuyer; Jean, de son côté, désigna Girard d'Isômes, licencié en lois, et Barthélemy d'Ageville, citoyen de Langres. Ces quatre experts firent serment sur les saints Evangiles de Dieu de s'acquitter loyalement de leur commission. Leur pouvoir fut prorogé plusieurs fois, et l'affaire traînée en longueur. Dans les divers traités que les deux seigneurs firent entre eux à ce sujet, on voit figurer comme témoins : Bernard, seigneur de Ray; Jean, seigneur de Belvoir; Gauthier, seigneur d'Essoyes; Jean, seigneur de Flagey; Robert de Maligny, chevalier; Humbert de Poinson, écuyer; comme procureurs : Jean Marquis, curé de Fayl et receveur de la seigneurie; Jean Delaule, Jean Gernoul, châtelain de Fayl; Vuillot Capeline de Grenant, Regnault Rolant de Bussières, Raillard de Frettes, etc.; enfin comme notaires : Jean de Chevilley, Simon Benoît d'*Ourtes* (1) et Prévot Capitan de Fayl, tous trois clercs tabellions jurés de l'officialité de Langres. Jean de Rougemont étant mort en 1417, le différend fut terminé, l'année suivante, avec sa veuve, Marguerite de Chauvirey, dame de Bussières. Les arbitres décidèrent que les deux communautés feraient paître leurs bestiaux dans toute l'étendue des *Plains-Bois*.

Thiébaud reçut, le 2 août 1420, de Jacquot de Voitonvelle, le dénombrement de la seigneurie de Bourguignon, comprenant la maison-forte, le village, le territoire et dépendances. Il y avait alors en ce lieu cinquante *maignies* (2) d'hommes encore taillables à volonté deux fois l'an, et sur lesquels le seigneur de Bourguignon avait la totale justice.

Le 1er mars 1423, Thiébaud donna au duc de Bourgogne un nouveau dénombrement à peu près semblable à celui de 1408. Il déclara que son château était jurable et rendable audit duc; qu'il existait à Fayl quatre-vingt *maignies d'hommes*; qu'il avait la garde, non-seulement d'Arbigny et de Montlandon, mais encore de Celsoy, qui lui valait environ vingt-six sous par an, et de Culmont, qui lui rapportait cent cinquante penaux d'avoine.

(1) Hortes.
(2) Ménages.

Il indiqua les seigneurs qui, lui faisant devoir de fief, étaient, par conséquent, les arrière-vassaux du duc. Voici les principaux : Jacquot de Voitonvelle, pour la terre de Bourguignon; Philippe de Montarby et Humbert de Poinson, pour leurs possessions à Fayl; Jean de Bussières, pour le Châtelet et le tiers d'un four banal; Pierre de Grenant, pour la moitié d'un four, quatre maignies taillables et mainmortables (1), le quart du bois de la Bouloye et la justice sur tout cela au village de Bussières; Jeanne de Tornay, veuve de Jean de Quincey, pour deux maisons et une grange à Tornay, et pour quelques droits à Genevrières et à Belfond; Philippe de Betoncourt, pour ses possessions à Tornay; Ferry de la Rochette, pour maisons, curtils et environ cent vingt-six journaux de terre au finage de Saint-Maurice, vingt journaux à Orbigny et trente à Perrancey; enfin un autre seigneur, à cause de sa femme, Catherine de Charmoille, pour environ douze *maignies* d'hommes à Bussières, lesquels étaient taillables et mainmortables.

Outre la seigneurie de Fayl, Thiébaud possédait celles de Château-sur-Moselle et de Neuchâtel, qui comprenaient plusieurs fiefs importants. Fait conseiller et grand-maître de la maison du roi, en 1420, il devint chevalier de la Toison d'or en 1433, et obtint de Henri, roi de France et d'Angleterre, la seigneurie de la Fère-en-Tardenois. Ses titres et ses possessions lui donnaient du crédit et de la puissance. Il s'en servit, pendant les troubles du royaume, pour défendre le parti des Anglais et des Bourguignons qu'avait embrassé la noblesse franc-comtoise. Son oncle, Jean Ier de Neuchâtel-Montaigu, se trouvait avec le duc de Bourgogne sur le pont de Montereau,

---

(1) Les taillables étaient ceux qui payaient une ou plusieurs fois par an, des tailles ou impôts. Les mainmortables étaient les sujets dont les biens revenaient au seigneur lorsqu'ils mouraient sans enfants légitimes demeurant avec eux.

lorsque celui-ci y fut assassiné en 1419. Plus tard, il reprit les villes de Champagne que Lahire avait soumises au nom du dauphin.

Agnès de Montbéliard, épouse de Thiébaud VIII, mourut en 1439. Ses deux fils Thiébaud IX et Jean II de Neuchâtel-Montaigu, qui vécurent en mauvaise intelligence, partagèrent sa succession, le 31 octobre 1447. Le premier eut la seigneurie de Fayl.

« Thiébaud VIII se remaria le 18 novembre 1440, à Guillemette de Vienne, veuve d'Antoine de Vergy, dame de Bussières et de Port-sur-Saône. Il en eut trois enfants : 1° Antoine, seigneur de Clémont et de l'Isle-sur-le-Doubs, à qui sa mère fit, en 1459, donation des terres de Pesmes et de Valay; il testa en 1461, et fit héritière sa sœur Bonne de Vergy, en lui substituant Marguerite, fille de celle-ci ; 2° Henri, curé de Gy depuis 1452 jusqu'à 1468, ensuite chanoine et chambrier à Besançon ; il fut le chef de la députation qui porta, en 1479, à Louis XI la soumission de cette ville ; 3° Bonne, épouse en premières noces d'Antoine de Vergy, seigneur de Montferrand. Le duc de Bourgogne assistait à ce mariage, qui eut lieu en 1454. Olivier de la Marche dit que de cette alliance fut faite grande estime en Bourgogne, parce que les époux étaient de deux grandes maisons. Antoine de Vergy mourut, sans enfant, avant 1461 ; sa veuve se remaria, en 1467, à Jean de la Baume-Montrevel, troisième du nom, seigneur de Vallefin, Saint-Sorlin, etc. Elle lui porta la terre de Montferrand qu'elle avait reçue en paiement de ses droits matrimoniaux. De ce mariage sortit Bonne de la Baume, mariée à Marc de la Baume, son cousin-germain, afin d'éviter un procès (1). »

---

(1) Recherches sur Neuchâtel, par M. l'abbé Richard, curé de Dambelin, p. 196.

Thiébaud IX, né vers 1412, et nommé chevalier de la Toison d'or en 1433, épousa, l'an 1437, Bonne, fille de Bernard de Châteauvillain, dont il eut onze enfants. Dès l'année 1444, il devint maréchal de Bourgogne. En 1457, il réconcilia le duc Philippe-le-Bon avec son épouse et son fils Charles, qui ne voulait point d'un chambellan qu'on lui avait assigné. Deux ans après, il reprit de son suzerain la seigneurie de Fayl. Louis XI, roi de France, lui donna, en 1463, la ville d'Epinal en récompense de ses bons services, et excita en secret les habitants à refuser de le reconnaître pour leur seigneur. Thiébaud leur intenta un procès et assiégea leur ville; mais il échoua dans son entreprise. Commandant les troupes du duc de Bourgogne à la bataille de Grave, il concourut puissamment, avec son frère Jean de Montaigu, au succès de cette journée. Il participa d'une manière non moins efficace à la victoire de Montlhéri, le 16 juillet 1465. Charles-le-Téméraire, devenu duc de Bourgogne, l'investit de toute sa confiance et le confirma dans la dignité importante de maréchal. Quand ce prince apprit la révolte des Liégeois, qui s'étaient soulevés à l'instigation des agents du roi de France, il envoya contre eux Thiébaud avec les troupes que lui amena son frère, Jean. Enfin il lui donna commission de garder Louis XI, arrêté lors de l'entrevue de Péronne, et de le conduire sous les murs de Liége pour le rendre témoin du sac et de la destruction de cette malheureuse ville, causés par sa fourberie et sa méchanceté.

Dès le mois d'octobre 1463, Thiébaud avait fait son testament. A défaut de ses enfants, il choisit pour héritiers les mâles de la branche de Montaigu, ensuite les femmes de la branche aînée de Neuchâtel, puis les maisons de Cuisance, de Virtemberg, de Châlons-Auxerre et de Vaudémont, dans cet ordre successif. Il mourut le 4 décembre 1469, et fut inhumé dans une chapelle de famille à l'abbaye des Trois-Rois.

La seigneurie de Fayl échut à son fils Claude, qui avait épousé, en 1465, Bonne de Boulay, dont il eut trois filles, savoir : Bonne, Elisabeth et Marguerite. En 1474, Claude de Neuchâtel était gouverneur du Luxembourg. Il guerroya, pour le duc Charles-le-Téméraire, au comté de Montbéliard, au pays de Porentruy et dans la haute Alsace. Il assista au mariage de la princesse Marie de Bourgogne, à Gand, en août 1477, et mourut dans les premiers mois de 1505.

La substitution établie par le testament de Thiébaud IX était ouverte en faveur de Ferdinand, second fils de Jean II de Neuchâtel-Montaigu. Le 4 décembre de la même année 1505, se trouvant à Blois, il reprit du roi Louis XII les terres et seigneuries de Fayl, Selongey, Gémeaux et Pichange « à lui depuis naguères échues. »

Mais les diverses maisons, qui prétendaient à la succession de Thiébaud, suscitèrent des difficultés et inquiétèrent Ferdinand dans ses nouvelles possessions. L'affaire fut portée devant le parlement de Dijon qui fit, de par le roi, mainmise sur lesdites seigneuries et en confia l'administration à Guyard de Diée, seigneur d'Aiscy, en attendant qu'il fût jugé à qui elles appartiendraient. Le procès dura treize ans.

Il paraît que celle de Fayl fut dévolue à Elisabeth de Neuchâtel, fille de Claude de Neuchâtel, mariée à Félix, comte de Verdemberg. Ils la vendirent, le 19 avril 1518, à Marc de la Baume et à son épouse, Anne de Châteauvillain, au profit desquels le séquestre fut levé. Marc de la Baume est qualifié, dans les actes du temps, chevalier, chambellan du roi, seigneur de Bussy et de Châteauvillain, comte de Montrevel et *baron du Fayl*. On ne voit nulle part que ses prédécesseurs aient porté ce titre de noblesse. C'est donc en sa faveur que Fayl fut érigé en baronie, l'an 1518. Depuis cette époque, le seigneur se nomma baron, et, comme tel, prit rang, dans la hiérarchie sociale, entre les gentils-hommes et les comtes.

Lorsque Marc fut entré en jouissance de son nouveau domaine, il prétendit que les habitants n'avaient d'autres droits que ceux qui étaient mentionnés formellement dans leurs chartes, et que tous les bois, broussailles et buissons du territoire lui appartenaient, s'il n'y avait pas de titres prouvant le contraire. Il disait que, pendant le séquestre de la seigneurie, la commune s'était emparée injustement de plusieurs propriétés et avait essarté et labouré une partie des bois nommés les *Ronchots*, les *Côtes*, les *Tillots*, *Bonnay*, les *Noues* et les *Ferrières*, dans lesquels elle n'avait qu'un droit d'usage. Ses officiers troublèrent les habitants dans la possession de leurs biens communaux et allèrent même jusqu'à saisir leurs récoltes. Ceux-ci, pour conserver leurs droits, impétrèrent du bailli de Dijon des lettres de complainte et de nouvelleté en date du 10 juin 1520. Alors commença un procès qui devait durer un demi-siècle.

Le bailliage députa Chrétien Macheco, licencié ès-droits, accompagné de Philippe Conthenot, clerc juré au greffe de ladite cour, afin de prendre des informations sur les lieux contentieux. Barthélemy Jennivel, sergent royal, ajourna les parties au 23 juin. Les habitants avaient donné procuration à Hugues Singlères, secrétaire du roi, et Marc de la Baume était représenté par Jacques Belgrant. On visita les divers endroits du finage sur lesquels tombait la contestation. L'enquête eut pour résultat de maintenir la commune dans la jouissance de tout ce qu'elle possédait. C'est ce qui fut indiqué « par la rupture et fraction d'une verge blanche et tradition de la moitié d'icelle audit Singlères (1). » Chrétien Macheco défendit

---

(1) Cet usage, qui n'existe plus, était très-ancien. On le trouve chez les Francs et chez les Romains. Les contractants rompaient une baguette ou une paille et en prenaient chacun une partie. De là vient le sens des mots *contrac-*

expressément aux officiers de la baronie de troubler désormais les habitants dans leurs possessions. Et, pour donner à sa décision une plus grande autorité, il fit dresser, aux *Tillots*, une perche de bois sec à laquelle on attacha le panonceau du roi. Le procès-verbal de ce jugement fut rédigé, à Fayl, *en l'hôtel de Jean Viennot*, en présence de Jean Pingot de Poinson, Pierre Parisot de Charmoy, Guillaume Lallement de Maizières, Jean Monin de Rosoy et plusieurs autres témoins appelés à cet effet.

Mais le baron refusa de se soumettre à cette sentence et y forma opposition. Il comparut, le 7 juillet, devant le bailli de Dijon, qui ordonna aux parties de présenter leurs titres et à Chrétien Macheco de procéder à une nouvelle enquête sur les faits par elles articulés. Ce commissaire se transporta une seconde fois à Fayl et fit assigner, le 28 octobre, dix témoins pris dans les villages environnants pour déposer ce qu'ils savaient touchant les propriétés communales de leurs voisins. Il y avait, entre autres, un respectable vieillard. C'était Jean Viennot, de Bussières, tabellion juré de l'official de Langres, âgé d'environ quatre-vingt-seize ans, et se souvenant fort bien de tout ce qui s'était passé depuis quatre-vingt-six. Il avait été jadis serviteur de Thiébaud de Neuchâtel et de son procureur général, Jean Renaut de Bourguignon, et puis prévôt de Fayl. Personne n'était mieux informé que lui. Ces témoins, après avoir juré sur les saints Évangiles de dire la vérité, furent interrogés chacun en particulier. Tous déclarèrent que les forêts appelées les *Plains-Bois*, *Vaubonche*, *Montvaudie*, *Ronbuisson*, la côte de *Coquerille*, les *Chasnées de Varendo*, *Colonjon*, *Montarbœuf*, *Fayl-Armaut* et *Auvergne*, étaient des propriétés communales qui appartenaient entièrement et de

---

ter, en latin *contrahere*, formé de *cum* avec, et de *trahere*, tirer, et *stipuler*, qui a pour racine *stipula*, paille. Molière a dit : Romprons-nous une paille ?

plein droit aux habitants. Ils ajoutèrent qu'il les y avait toujours vus couper du bois pour leur chauffage et leurs bâtiments, et que souvent ils en avaient vendu à des étrangers pour *maisonner ;* cette vente se faisait « par le marguillier, devant l'église, et par les échevins au profit de la communauté. »

Chrétien Macheco prit acte de ces dépositions, et fit au bailli un rapport entièrement favorable aux habitants. Les parties exhibèrent ensuite leurs écritures, et, après mûr examen, le tribunal confirma la commune dans la jouissance de tous les biens et de tous les droits en litige, par sentence provisionnelle du 23 janvier 1521. Le commissaire susdit vint, selon l'usage de ce temps-là, en procurer l'exécution sur les lieux. Il défendit, de par le roi et le bailli, au seigneur et à ses officiers, sous peine de garde enfreinte et de cinq-cents livres tournois, d'inquiéter à l'avenir les habitants. Ceux-ci, de leur côté, promirent par serment de restituer tous les fruits et revenus des bois et des terres dont on leur maintenait la possession, dans le cas où, par un jugement définitif, le baron en serait déclaré propriétaire. Marc de la Baume, malgré son crédit auprès de François Ier, mourut sans avoir pu obtenir ce jugement.

Son fils, Jean de la Baume, qui continua l'instance, ne fut pas plus heureux. Cependant il était, selon l'expression de ce temps, un *haut et puissant seigneur*. Il s'intitulait chevalier de l'ordre du roi, comte de Montrevel, vicomte de Lugny, baron du Fayl et seigneur de Bussy-la-Pesle. Il reprit de fief la baronie, le 24 octobre 1527.

Les habitants lui adressèrent plusieurs requêtes tendant à obtenir la permission de construire des fours particuliers, moyennant une redevance qu'il fixerait lui-même. Ils avaient à se plaindre des amodiateurs des fours banaux, qui les traitaient avec dureté et laissaient dépérir leurs pâtes levées, de sorte qu'ils étaient parfois obligés de les remporter et de les faire cuire à leur détriment et avec beaucoup de difficulté sur l'âtre de leurs maisons. Les fourniers bourrus avaient même, par défaut de précaution, blessé quelques femmes enceintes. D'un autre côté, les *feux et brandons* que l'on portait nuitamment à ces fours offraient un danger d'incendie. Enfin les forêts seigneuriales, dans lesquelles on prenait, depuis l'an 1365, le bois nécessaire à la cuisson du pain, étaient presque ruinées. Tels étaient les motifs de la demande.

En 1550, Jean de la Baume envoya, pour régler les affaires de la baronie, son maître d'hôtel, Oziat de Cadenet, écuyer, seigneur de Nouart, conseiller du roi, maître des comptes en Bresse, etc. Les habitants, au nombre de plus de trois cents chefs de famille, se réunirent (1), le 30 juin, sur la place publique, devant lui et devant Guillaume Tabourot, écuyer, licencié ès-droits, bailli du Fayl et Jean Gaihet de Poinson, notaires du bailliage. Ils firent de nouvelles instances. Oziat de Cadenet, mandataire du baron, traita avec eux. Il fut convenu que chacun pourrait construire un petit four en sa maison, pour son usage particulier, mais qu'il ne serait pas chauffé avec le bois du seigneur, et que chaque ménage serait obligé, pour cette concession, à une redevance annuelle de six sous huit deniers payables au premier janvier, sous peine de trois sous d'amende. Les boulangers et regrattiers étaient tenus de continuer, à moins d'une permission expresse accordée par les receveurs ou commis de la baronie, à cuire le pain qu'ils vendraient aux grands fours banaux, lesquels subsistaient pour

---

(1) La plupart des noms de ceux qui se trouvèrent à cette assemblée n'existent plus aujourd'hui. Il ne reste guère de ces anciennes familles que les suivantes :

Bouquin, Caulet, Larget, Midy, Monfils, Pernot, Petit, Petitot, Royer, Ruaut, Viardot.

eux et pour ceux qui voudraient s'en servir. Mais il leur fallait payer l'ancienne redevance sans être dispensés de la nouvelle; ils devaient six sous huit deniers comme tous les autres sujets *tenant feu et lieu*. Les parties s'engagèrent à maintenir cet accord « par serment pour ce fait et donné corporellement aux saints Evangiles de Dieu étant aux mains des notaires susdits, et sous l'expresse, solennelle et hypothèque obligation de tous leurs biens présents et à venir. » Un acte double en fut dressé par les notaires, en présence de Henri Poncet de Charmoy, Hugues Parisel d'Arbigny et autres témoins requis *ad hoc*. On y apposa le sceau du territoire et tabellionnage de Fayl, représentant les armes de Jean de la Baume (1).

A la mort de ce noble seigneur, sa veuve, Hélène de Tournon, dame du Fayl, se désista des poursuites intentées contre les habitants au sujet des bois. Mais, plus tard, leur fille Françoise, mariée au sieur de Carnevenoy (2), chevalier et conseiller du roi, fit évoquer l'affaire à la *Table de marbre* à Paris, d'où elle fut renvoyée devant le grand-maître des eaux et forêts de France. La commune se pourvut au conseil privé du roi, qui rendit, le 15 octobre 1568, un arrêt ordonnant au Grand-maître de nommer, pour instruire la cause, un lieutenant résidant au duché de Bourgogne. Alors Françoise de la Baume abandonna ses prétentions, et laissa toute sa vigueur à la sentence provisionnelle de 1521.

Cette *haute et puissante dame* qualifiée marquise de Saint-Martin, comtesse de Montrevel, baronne du Fayl, dame de Carnevenoy, etc. (3), favorisa le développement de l'agricul-

---

(1) Il y avait devant le château, sur la place des halles, un pilier portant l'écusson de la maison de la Baume-Montrevel, qui était d'or à la bande d'azur.

(2). On lit dans certains titres, Carnavallet au lieu de Carnevenoy.

(3) Elle demeurait à Paris, rue Sainte-Catherine, paroisse Saint-Paul.

ture en faisant essarter une partie des bois seigneuriaux. En 1603, par un acte du 14 août, « elle baille et délaisse à Claude Chevallier, greffier de la justice du Fayl-Billot, un climat de terre assis au village dudit Fayl, partie duquel souloit être le bois de *Bonney*, contenant en tout environ cent quinze ou cent vingt journaux de terre, à la dite dame appartenant, tenant d'une part aux terres labourables derrière Bonney, autrement *Thibodel*, appartenant à plusieurs particuliers habitants; d'autre à la rivière du côté des prés, aboutissant d'un bout au ruisseau de la *Parigote*, et d'autre bout au communal des habitants, du côté de la *Papeterie* (1). Les présents bail et délaissement faits moyennant trois livres tournois et deux chapons de cens, portant justice, amende, lods, vente, saisine, droits de retenue et autres droits et devoirs seigneuriaux quand le cas y écherra, et en outre à la charge de faire bâtir et édifier de neuf sur lesdites terres, au lieu le plus commode et convenable, dedans le plus brief temps que faire se pourra, une maison manable et habitable avec une grange; et ce pour demeurer quitte envers ledit Chevallier de plusieurs frais et voyages par lui faits pour icelle dame au comté de Bourgogne, comme aussi pour le récompenser de plusieurs autres services qu'il a faits et fait journellement pour ladite dame. » Telle fut l'origine de la ferme de Bonnay dont nous aurons occasion de parler.

§ IV.

Procès et transactions avec les communes voisines.

Pendant la période que nous parcourons, Fayl eut de nombreuses contestations avec les villages d'alentour. Au commencement du XVIe siècle, la commune était en procès avec celle

---

(1) La papeterie appartenait alors à la famille Maillard.

de Rougeux, au sujet des limites de leur territoire respectif et des droits de *vaisnes pastures, champoiaiges et usaiges*, qu'elles prétendaient avoir réciproquement l'une sur l'autre. Pour terminer ce différend, la plus grande et saine partie des habitants de Fayl s'assemblèrent, le 27 février 1507, devant *Jehan Lambelin, prévost-fermier du Fayl* étant en jugement audit Fayl, et Simon Martin, clerc-notaire et tabellion juré au même lieu. Ils y avaient été autorisés par *Philippe-Thierry*, lieutenant du prévôt de Sens, *bailly du Fayl*, commis par noble Guyard de Diée, seigneur d'Aisey, député lui-même par la cour du parlement de Dijon, au regime et gouvernement du séquestre des terres et seigneuries dudit Fayl, de Selongey et de Gémeaux. Ils élurent pour procureurs Huguenin Rousselot, Humbert Carteret, Jehan Viennot et Symon Chevilley, membres de la commune, auxquels ils donnèrent plein pouvoir. En même temps ils votèrent, avec la permission du bailli, un impôt de cinquante livres à répartir entre eux pour subvenir aux frais de cette affaire. Les habitants de Rougeux choisirent, de leur côté, *Odot Delaulle, Millot Drouhin, Mongin Theurel* et *Nicolas Pingot* pour défendre leurs intérêts. Ces huit mandataires, après avoir agité la question qui avait causé depuis plusieurs années entre les deux communes *noises, procès* et *débast*, s'arrêtèrent à la transaction suivante :

« C'est à savoir que lesdits habitants du Fayl et leurs successeurs iront dès la noesse dite la *noue Bertrand*, le long des *Caichères* et dès le bois de Monsieur du Fayl, venant selon le contenu des marques et brisées, tirant par le haut de Fayl-Armault, et dès là tirant à la combe dite une noesse qui est au chemin de Langres, et dès là selon ce que ledit chemin de Langres se comporte jusques au bois appartenant à Monsieur de Bellieu (1), et

---

(1) Beaulieu, Bellus locus, était une abbaye d'hommes, dépendant de

dès ces confins et limites envers ledit Rougeux est et demeure nuement auxdits habitants de Rougeux et à leurs successeurs.

» Item iront aussi lesdits du Fayl et leurs successeurs depuis ladite noesse tirant droit au ru dessous le chemin de Langres dit le ru de Quelonjon jusques au ru qui est au droit de la terre du champ dessous que tient à présent Jehan Viennot dudit Fayl, selon le contenu du ru du Chrétiennot jusques au bois de Monsieur de Bellieu, venant jusques au chemin de Langres, et y auront lesdits de Rougeux comme lesdits du Fayl leurs usages tant pâturages que champoiages, en ce que dessus est écrit.

» Et quand à la vaine pâture lesdits du Fayl iront et pourront aller, eux et leurs successeurs, dès la *Fontaine-au-Larron* par les vernes venant droit à la *Vesvre* (1) qui est au dessus du champ Rolant Theurrel tirant à la fontaine dite la *Fontaine-aux-Porcs*, et dès ladite fontaine tirant à mont le *Champ-du-Chasne* et venant au *Haut-Chemin*, et dès la à *Val-Montigny* jusques au *Champ-de-la-Grange* et puis coupant droit à la rupture.

» Et lesdits de Rougeux iront et pourront aller eux et leurs successeurs jusques au chemin de Maizières tirant à la *Chaume*, ainsi que le chemin *Cramporte* jusques au clocher de l'église dudit Fayl en retirant au chemin de Langres et selon le contenu de la divise jusques au ru de *Fraseney* en retirant au ru de Quelonjon dessous le chemin de Langres. »

Après avoir conclu cet accommodement, les fondés de pouvoir des deux parties en promirent l'observation, par *serment*

Clairvaux. Elle fut fondée vers l'an 1166 par Manassés de Vergy, doyen de la cathédrale, et dotée par les libéralités de Gauthier de Bourgogne, évêque de Langres, de Guy de Vergy, sire de Beaumont, et des seigneurs de Laferté-sur-Amance, d'Hortes et de Rasoy.

(1) **Vesvre** ou **Vaivre**, forêt marécageuse défrichée en prés humides.

donné corporellement èz saintz Evangiles de Dieu, devant messire Etienne Virey d'Hortes, prêtre, et Jean Viennot, demeurant à Bussières, notaires et tabellions jurés de l'Officialité de Langres.

L'acte en fut dressé à Fayl, le 8 mars 1511, en présence des témoins Jehan Joly de Langres, Jehannin Boussard de Bussières, Jehan Clercs de Vauconcourt au diocèse de Besançon, résidant à Bussières, et Bastien Voillard de Puol.

Le 17 septembre de la même année, les habitants de Fayl firent avec ceux de Poinson une autre transaction par laquelle ils réglèrent leurs droits réciproques de parcours et d'usage sur les territoires des deux communes. On convint des articles suivants:

« Les habitants de Poinson pourront faire pâturer leur bétail, gros et menu, en certain endroit finage dudit Fayl, en ce qui est dès le village de Poinson jusqu'au chemin qui vient directement de Pressigny au Fayl, et jusqu'à la *Croix-au-Gros-Girard,* et tirant de ladite croix au bout dessous parmi le *Champ-Pierre Mony de Pessard,* et dès le bout dudit champ tirant parmi l'*Essart-Jean-le-Petit,* et dès là à la fontaine de la Petite-Montvaudie ou la *Fontenotte* tirant à l'*Homme-Mort* entre les fins dudit Fayl et de Poinson.

» Lesdits de Poinson, en temps de grenier (1) pourront mener vain paturer leur bétail, tant gros que menu, audit bois de la Montvaudie, et dès là au bout dessous le *Champ-Guiot-Monin,* etc. Et en iceux lieux avec leurs dites aisances de grenier pourront couper avec ceux du Fayl bois gros et menu pour leur usage, comme ceux dudit Fayl, en tout temps que bon leur semblera, sans préjudice des droits seigneuriaux, et iceux habitants de Poinson n'y pourront essarter ni labourer au préjudice desdits droits seigneuriaux.

(1) Depuis la saint Michel jusqu'à la saint André.

» Et à ce moyen lesdits du Fayl pourront semblablement mener et faire mener leurs bêtes grosses et menues vainpaturer en et partout le finage dudit Poinson, excepté et réservé les bannies (1) seulement. »

L'année suivante, 1512, il s'éleva un différend entre Jeanne de Mont-Saint-Léger, abbesse de Belmont et, en cette qualité, dame de la grange de Louvières, d'une part, et les habitants de Fayl, d'autre part. Il s'agissait des limites de leurs propriétés respectives. L'Official de Langres intervint dans cette affaire. La dame nomma, pour défendre ses droits, frère Guillaume d'Arc, religieux de l'ordre de Cîteaux, et la commune choisit Jean Jachiet et Jean Lambelin, qui devaient traiter « tant en leur nom que comme marguilliers de l'église et avoués des autres habitants. » A ces procureurs spéciaux les parties adjoignirent, comme arbitres et médiateurs, Laurent Marchand, Pierre Gruson de Pressigny, Didier Viennaut de Valleroy, Jean Voillon de Broncourt, Guiot Chalochet, Huguenin Pingot, Nicolas Norrien de Poinson, et Jean Monin de Rosoy. Dans le cas où ils ne pourraient s'accorder, on désigna, pour terminer le différend, noble Nicolas de Mont-Saint-Léger, écuyer, seigneur en partie de Rosières-sur-Amance, pour ladite abbesse, et noble Henri de Montarby, écuyer, seigneur de Combeaufontaine, pour lesdits habitants. Ces mandataires, après avoir juré devant honorable homme Odot Viennot, prévôt-fermier du seigneur de Fayl, de procéder avec justice et loyauté au bornage en question, se transportèrent, le 1er juin 1512, sur les lieux contentieux. Ils firent la séparation et plantèrent des bornes, en présence de Pierre Velnot de Frettes, demeurant à Champlitte, clerc-notaire et tabellion

---

(1) Prés dont la seconde herbe était réservée pour la pâture des bestiaux employés au labourage.

juré de l'Official de la cour de Langres, et décidèrent que chacune des parties paierait moitié des frais. Puis ils promirent « par leur serment pour ce donné corporellement aux saintz Evangilles de Dieu touchés ez mains dudit juré et soubs l'hippothèque et expresse obligation de tous et singuliers leurs biens et des biens de leurs hoirs et successeurs, meubles et immeubles, présens et advenir quelconques, lesquels, quant à ce, ils ont submis et obligés aux cours, juridictions et contraintes de ladite court de Langres et de toutes autres cours tant d'églises que séculières, » de garder et observer perpétuellement le présent accord. Un acte double en fût dressé, à l'endroit même qui était l'objet du différend, par le susdit notaire, en présence d'honorable homme Maurice Rouhin, demeurant à Broncourt, procureur de M. le commandeur de la Romagne, Jacob Thériot de Frettes, Jacob Parisot de Rosières-sur-Amance et plusieurs autres témoins appelés à cet effet. On y apposa le sceau de l'Official de Langres.

Vers le même temps, survint une difficulté à peu près semblable à celle dont nous venons de parler. Les habitants de Pierrefaite prétendaient que ceux de Fayl avaient usurpé et s'étaient appropriés une partie de leurs communaux dits *en Plantemon* et en la *Noue-au-Chet*. Ces derniers, au contraire, soutenaient qu'ils n'avaient essarté et cultivé que ce qui avait toujours appartenu à leurs ancêtres. On résolut de vider la querelle par la voie de l'arbitrage. La plus grande et saine partie des habitants de chacune des deux communautés s'assemblèrent, et, du consentement d'Odot Viennot, procureur de Fayl, ainsi que de Didier Drouaillet et Guillaume Peulcier, procureurs de Pierrefaite, ils élurent huit hommes de part et d'autre. Ces seize fondés de pouvoir firent tous ensemble serment de bien et justement *confiner, limiter* et *séparer* les deux territoires. Après avoir visité et examiné les divers endroits qui faisaient l'objet de la contestation, ils tombèrent d'accord et fixèrent des bornes. Les parties ratifièrent leur opération, et l'on en dressa procès-verbal, le 10 juin 1516, en présence de Pierre Jachiet, prévôt de Fayl, et d'autres honorables hommes.

A peine ce différend était-il terminé, que Fayl entra en procès avec Corgirnon. Il était question de certaines limites finagères sur lesquelles les deux communes ne s'accordaient pas. « Pour mouvoir et entretenir paix, union et amitié les uns avec les autres, » les habitants nommèrent des arbitres, qui procédèrent amiablement au bornage des *Plains-Bois*, le lundi après les Brandons, 12 mars 1527. Dans le procès-verbal qu'ils rédigèrent à cet effet, on voit figurer, comme acteurs, Bertrand de Karendefez, écuyer, seigneur de Rosoy en partie et capitaine du comte de Montrevel au Fayl; Jean du Fayl, écuyer, seigneur du Paulthey et capitaine à Corgirnon, pour le chanoine Jean Benne, seigneur de ce lieu; et, comme témoin, François de Pointes, écuyer, seigneur en partie de Chaudenay.

Quelque temps après, les habitants de Fayl eurent également avec ceux de Bussières et Belmont des difficultés au sujet des *Plains-Bois*. La cause alla même au Grand-Conseil du roi. Enfin, pour assoupir la querelle et vivre en bons voisins, ils partagèrent cette forêt et plantèrent des bornes, afin de fixer aussi de ce côté la limite des deux territoires. Cela n'empêcha ni les uns ni les autres « de faire pasturer, comme d'ancienneté, leurs bestiaux en tous lesdictz boys en tout temps, hormis en temps de grenier, qui est depuis la saint Michel jusques à la saint André, lequel temps de grenier s'entend seulement pour les porcs. » Cet accommodement fut fait le 23 juin 1563.

L'année suivante commença entre les communes de Poinson et de Fayl une division qui devait s'entretenir jusqu'à la fin du XVIIIe siècle. Voici ce qui eut lieu. Un habitant de Poinson, nommé Clément Chalochet, s'avisa de mener pâturer son bétail au-delà du chemin de Pressigny, qui était une des limites indiquées dans la transaction de 1511. Les habitants de Fayl le firent assigner en leur justice. Ceux de Poinson prirent fait et cause pour le délinquant. On employa sept années à plaider cette affaire. Enfin, le 5 novembre 1571, le bailli de Fayl condamna Clément Chalochet à une amende pour avoir outrepassé la limite convenue. Les habitants de Poinson interjetèrent appel au bailliage de Dijon, qui cassa le jugement. Alors la commune de Fayl porta la cause au Parlement de Bourgogne. Un arrêt du 18 juin 1572 ordonna qu'une *vue et descente* serait faite, et qu'un plan des lieux serait dressé en présence des parties. La cour députa à cet effet le conseiller Popon.

D'après son rapport, elle rendit, le 13 janvier 1573, une sentence qui condamnait Clément Chalochet, pour avoir mésusé, à soixante sous d'amende au profit de la dame du Fayl, Françoise de la Baume, et déclarait, « qu'il n'avoit été et n'étoit loisible audit Chalochet et habitans de Poinson de mener vain-pâturer leur bétail sur le finage du Fay, outre ledit chemin. »

Ceux-ci refusèrent de se soumettre à l'exécution de cet arrêt, qui ne leur permettait pas de faire valoir leurs prétentions sur la propriété du bois de la Petite-Montvaudie. Ils prirent le parti de se pourvoir devant le bailli d'Amont, résidant à Gray, sous prétexte qu'ils étaient du ressort des tribunaux de Franche-Comté. Le juge espagnol leur accorda *un mandement de garde* pour se maintenir dans la possession de ce bois, comme étant de leur finage, et leur permit de faire citer à sa barre la partie adverse. Le Parlement de Dijon, en étant informé, rendit, le 14 août 1573, un nouvel arrêt, qui ordonnait que celui du 13 janvier précédent serait exécuté sur les lieux par un commissaire, et qu'on planterait des bornes en prenant pour règle la transaction de 1511. De plus il défendit expressément aux habitants de Fayl « de comparoir, pour le fait mentionné en la commission de garde, par devant le bailli d'Amont, sur peine de deux mille livres d'amende envers le roi. » Enfin, après différentes assignations et de longs débats, le Parlement prononça, le 25 février 1577, qu'il maintenait la commune de Fayl en la jouissance et possession de la Montvaudie, grande et petite, laquelle était située sur son territoire, et que Poinson n'y aurait que le droit d'usage et pâturage, comme il avait été stipulé en 1511 (1). Les Poinsonnais irrités se pourvurent, cette fois, au Parlement de Dole. Ils en obtinrent, le 7 septembre, un arrêt qui, cassant celui du 25 février, les maintenait « en la jouissance et possession d'une place appelée la Montvaudie, scise et située rière le pays et comté de Bourgogne, selon que ladite place s'étend et comporte. » Les habitants de Fayl, qui ne pouvaient reconnaître en aucune façon l'autorité du Parlement de Dole, firent exécuter sur les lieux le jugement rendu par celui de Dijon, auquel ils étaient directement soumis. Ceux de Poinson appelèrent encore de cette exécution d'arrêt à la cour franc-comtoise. Mais ils laissèrent périmer leur appellation, et la commune de Fayl conserva la propriété du bois en question.

Au commencement du xvii siècle, on vit renaître la contestation qui avait eu lieu autrefois avec la commune de Rougeux. Après une procédure de plusieurs années, les habitants firent, le 23 avril 1619, devant M° Balthazard Raffenel, notaire à Charmoy, une seconde transaction. Il fut convenu que celle du 8 mars 1511 sortirait son plein et entier effet, et que les parties jouiraient, comme auparavant, des lieux qui y sont

(1) Ce jugement fut rendu d'après les conclusions du célèbre magistrat, Bénigne Frémiot, alors second avocat général, et plus tard président au Parlement de Bourgogne. C'était le père de sainte Jeanne Françoise Frémiot, baronne de Chantal, fondatrice de l'ordre de la Visitation de Sainte-Marie.

spécifiés. Mais, comme le bois des *Fourneaux* était indivis entre les deux communes, on décida que, quand ceux de Rougeux y prendraient de la marne, ils paieraient, le 8 septembre de chaque année, à la fabrique de Fayl, une torche de cire de la valeur de *vingt sols*.

En 1626, les Poinsonnais dressèrent un rapport contre quelques particuliers de Fayl qui avaient coupé du bois en Montvaudie, et les firent condamner en leur justice. Le baron Claude-François de la Baume-Montrevel, et les échevins prirent en main la cause de ces particuliers, qui était aussi celle de la commune. Ils déclinèrent la compétence du juge de Poinson, et appelèrent de sa sentence au Parlement de Bourgogne. Cette cour permit aux habitants de Poinson de faire procéder, à leurs frais, à une nouvelle *Vue et descente* et à un nouveau plan des lieux. Elle nomma pour commissaire le conseiller d'Esbarres, qui rédigea, à cet effet, un procès-verbal d'une effrayante longueur, en date du 7 novembre 1628 (1). Quand ils virent que le résultat de cette enquête ne leur était pas favorable, ils se réunirent le 19 du même mois, en assemblée générale, et donnèrent procuration à trois d'entre eux pour aller à Dijon, le plus tôt possible, afin de terminer le différend. Mais ces mandataires, qui étaient apparemment les plus entêtés de la commune, ne songèrent qu'à l'éterniser. Ils cherchèrent toute sorte de chicanes, plaidèrent d'abord en leur nom, puis

---

(1) Il y est dit, entre autres choses, que toute borne doit être accompagnée de garants ou témoins ; que les bornes finagères doivent sortir de terre de deux pieds environ et être revêtues des armes des seigneurs des lieux entre les confins desquels elles sont posées ; enfin, que toutes les bornes qui séparent le territoire de Fayl des territoires circonvoisins portent ces marques. Dernièrement nous avons trouvé une de ces pierres entre les bois de Fayl et les terres de Corgirnon. Sur chacune des deux faces sont sculptées grossièrement des armes différentes et difficiles à distinguer. Nous croyons y voir l'écusson de la Baume-Montrevel, qui était d'or à la bande d'azur.

au nom de leur seigneur, demandèrent communication de pièces déjà produites, obtinrent encore une *Vue et descente*, au mois d'octobre 1630, et firent dresser un nouveau plan des lieux par un peintre de Langres, qui leur traça un tableau d'imagination. Malgré tous leurs subterfuges, ils se virent déboutés et obligés de payer les frais du procès. Ils étaient considérables ; car on emprunta pour cela six mille livres en la ville de Dijon. C'est ce que prouve un acte d'assemblée communale, fait à Poinson le 28 décembre 1634.

Fayl jouissait alors d'une certaine prospérité. On y comptait, en 1635, quatre-vingts charrues employées à la culture du territoire, trois mille journaux ensemencés, quatre cents maisons, et dix-huit cents communiants. Ce dernier chiffre montre qu'il y avait à peu près autant d'habitants qu'aujourd'hui, et que tous pratiquaient la religion catholique. Avec leur foi et leur dignité de chrétiens, ils aimaient les joies de la famille ; ils comptaient par le nombre de leurs enfants les bénédictions du ciel. Exempts d'ambition, ils étaient heureux, pourvu qu'ils gagnassent à la sueur de leur front le pain de chaque jour. Ils ne quittaient pas leur pays pour aller chercher fortune ailleurs ; ils voulaient vivre et mourir au lieu qui les avait vus naître, au lieu où avaient vécu et étaient morts leurs pères.

CHAPITRE III.

GUERRE DE FRANCHE-COMTÉ.
(1636 — 1660.)

Voici l'époque la plus lamentable de notre histoire. Fayl-Billot est entièrement ruiné. Les dix-sept dix-huitièmes de la population disparaissent, en quelques années, sous les coups épouvantables de trois grands fléaux : la guerre, la famine et la peste. Les malheureux habitants ont à souffrir à la fois tous les genres de calamités. Mais dans ces rigueurs de la Providence la foi leur montre une pensée miséricordieuse du Seigneur qui veut, en les affligeant ici-bas, les purifier pour l'autre vie. Ils s'humilient sous la main qui les frappe, et c'est de la bonté de Dieu qu'ils attendent le remède au mal.

§ I.

Du commencement de la guerre à la trêve de 1643.

Depuis longues années l'Allemagne était divisée en deux camps. Les protestants luttaient contre les catholiques. Ceux-ci, après des succès mêlés de revers, avaient gagné, dans les derniers jours de 1634, la bataille de Nordlingue, sous les ordres du fils ainé de l'empereur d'Autriche, le jeune archiduc Ferdinand, roi de Hongrie. Cet échec abattit les Suédois, qui étaient à la tête du parti protestant. Les princes allemands se détachèrent de leur alliance, et signèrent, l'année suivante, avec l'empereur, la paix de Prague. Jusqu'alors le gouvernement français s'était contenté d'envoyer aux Suédois des secours pécuniaires. Mais, les voyant dans l'impossibilité de soutenir la lutte, le ministre de Louis XIII, Richelieu, qui voulait abaisser la maison d'Autriche, fit intervenir directement la France dans ces démêlés sanglants. Il recueillit les débris de l'armée suédoise, acheta les places qu'elle avait conquises en Alsace, et s'unit au fameux Bernard, duc de Saxe-Weimar, et au landgrave de Hesse-Cassel. En même temps il traita avec la Hollande et les ducs italiens, afin d'écraser, en Italie et dans les Pays-Bas, l'Espagne dont les intérêts étaient communs avec ceux de l'Autriche. Pour arriver à son but, il mit sur pied quatre armées, et, au commencement de 1636, la guerre fut plus ardente que jamais en Allemagne, en Italie et en France (1).

A cette époque le duché de Bourgogne, dans lequel Fayl-Billot était compris, faisait, comme nous l'avons vu, partie de la France, tandis que la Comté de Bourgogne, appelée Franche-Comté, appartenait à l'Espagne. Ces deux provinces devaient, suivant un traité conclu en 1562 et renouvelé en 1580 et 1610, rester neutres dans les débats entre les couronnes. Mais les Comtois furent infidèles à ces engagements. Les incursions qu'ils firent à Fayl-Billot et aux environs, les ravages qu'ils y exercèrent, et les précautions de défense qu'ils prirent sur

---

(1) Prioux; *Précis de l'Histoire de France*, p. 370.

leur territoire, déterminèrent Louis XIII à leur déclarer la guerre. La Franche-Comté fut donc envahie, au printemps de 1636, par une armée de dix mille fantassins et deux mille cavaliers, sous le commandement du prince de Condé, gouverneur du duché de Bourgogne, qui, à son arrivée, ne trouva aucune résistance.

Le 18 mai, il forma le siége de Dole, capitale de la province. Cette ville, qui possédait des vivres, des canons et des munitions de guerre, se défendit vigoureusement. Néanmoins l'entreprise aurait eu un plein succès, si elle eut été conduite avec plus d'énergie et d'ensemble. A un assaut général, le régiment de Picardie avait franchi les remparts, lorsqu'il fut taillé en pièces pour n'avoir pas été secouru. Le bruit se répandit que le prince de Condé avait commis une indigne lâcheté, en acceptant de la part des assiégés des bouteilles remplies de pistoles (1) et en faisant accroire à ses soldats qu'on lui envoyait du vin. Quoi qu'il en soit, ce siége ne lui fit pas honneur. Il y renonça le 14 août, rentra en France d'après un ordre de la cour, et conduisit ses troupes sur un autre point. Charles, duc de Lorraine, pensait lui couper la retraite avec ses cavaliers; mais il arriva trop tard.

Bientôt les Allemands, les Croates et les Espagnols se joignirent aux Lorrains pour défendre la Franche-Comté. Leurs forces combinées formèrent un effectif d'environ quarante-cinq mille hommes, vaillants soldats, sans y comprendre une foule de volontaires, laquais, pourvoyeurs, femmes, filles, etc., au nombre de plus de trente mille. C'était en somme près de quatre-vingt mille bouches. Cette armée formidable était commandée par le major Lamboy, général en chef, le comte Matthieu Galas (2),

---

(1) La pistole valait dix francs de notre monnaie.
(2) Ce fameux général était né à Trente, en 1589; il mourut à Vienne, en 1647.

général des troupes autrichiennes, le duc de Lorraine, le général Forkatz, chef des Croates, le baron de Mercy et le seigneur de Ville-sur-Illon (1). La Champagne et la Bourgogne tremblèrent à leur approche ; notre malheureuse contrée allait être le théâtre et la victime de la guerre.

Le roi y avait envoyé trente et un mille hommes divisés en trois corps, sous la conduite du cardinal de La Valette, du duc de Saxe-Weimar et du seigneur de Vaubecourt. Un matin, vers la fin d'août, le duc attaqua, près de Coublanc, l'avant-garde de Galas, lui tua plus de huit cents hommes, et lui prit quinze cents chevaux qui furent amenés en France.

Le 8 septembre, il se rendit à Langres, où se trouvait le cardinal de La Valette avec le vicomte de Turenne, et où le prince de Condé était aussi attendu. Après midi, se promenant avec la noblesse, Bernard de Saxe dit dans son impatience : « Le retard que nous faisons icy, couste au roy, mon maistre, plus de cent mille escus par iour. » Enfin dans la soirée arriva le prince de Condé, et, le lendemain, ils se réunirent au palais épiscopal pour ouvrir les lettres du roi et tenir un conseil de guerre. La Valette et le duc de Saxe étaient d'avis de prendre leurs postes et de placer leur avant-garde à Champlitte, Coublanc, Bussières, Fayl-Billot, Poinson et Pressigny. Mais ils n'en eurent pas le temps ; car ces différents points ne tardèrent pas à être envahis par les alliés. Galas était déjà à Champlitte ; Isolany, commandant un corps de Croates se postait à Leffond, Mercy et Forkatz à Poinson. Alors le duc de Saxe-Weimar alla avec ses Suédois occuper Bourbonne, Coiffy, Laferté et les villages circonvoisins. Le cardinal de La Valette cantonna ses troupes dans le Montsaugeonnais, et le prince de Condé retourna à Dijon avec deux cents chevaux.

(1) Charles de Livron, premier officier et gentilhomme du duc de Lorraine.

Après avoir ruiné les villages de Coublanc et de Bussières, et y avoir commis des cruautés inouïes (1), Galas vint établir son quartier-général à Fayl-Billot. Voici ce que nous lisons à ce sujet dans les Archives de la ville : « On n'avoit peu semer que quelques seigles d'aultant que l'advant garde de l'armée du général Gallas entra dans ledict lieu du Fay le xiiie de septembre de l'année 1636. Les corps de l'armée et l'arrière garde suivoient, immédiatement après. Leur séjour fut de six semaines entières, durant lequel temps ne resta qui que ce fust audict lieu qui ne fust tué ou emmené. Les grains et le bestail furent consumez ou enlevez, et de touz les habitans qui estoient sauvez dans les bois, les rochers ou villes voisines, fort peu restèrent en vye. La peste, la dizette et les maladies en firent mourir la pluspart. Ceux qui retournèrent audict Fay, n'y treuvèrent que des restes de bastiments incendiés, des cadavres et charongnes, lesquels infectoient l'air ; de bestail et de grains en aulcune façon. »

Pendant ce temps, le major Lamboy, campé à Jussey, entra en France avec quatre mille chevaux, et s'empara par surprise du château de Pressigny, où il trouva une grande quantité de munitions de guerre et des vivres en abondance. Il parcourut ensuite avec Forkatz le pays que nous habitons mettant les villages à contribution et brûlant ceux où l'on refusait de leur payer rançon. L'on pouvait, disent les historiens, suivre leurs traces à la lueur des incendies. Enhardis par leurs succès, ils

(1) « Environ le vingtiesme de septembre, dit Mâcheret, l'armée ennemie tant impériale que comtoise ou espagnole ayant treuvé résistance aux villages de Coublanc, Bussières et le Fayl-Billot, parce que icelles communautés s'estoient roidies et retranchées contre eux, les pressèrent avec tant de violence qu'ils les contraignirent à tout quitter et en y eut très grande quantité de tués de part et d'autre, l'ennemi ayant bruslé une bonne partie des trois villages et fait de très grandes cruautés que je n'ose rapporter pour l'horreur qu'elles ont. »

s'avancèrent jusqu'à Montsaugeon, où ils furent battus par l'armée du cardinal de La Valette.

Alors ils retournèrent en Franche-Comté, et, vers la fin d'octobre, tous les généraux alliés s'assemblèrent au château de Suaucourt. Il était question de savoir s'il fallait attaquer la Champagne ou la Bourgogne. Le duc de Lorraine et quelques autres étaient d'avis de faire le siége de Langres, et de sacrifier quinze mille hommes, si cela était nécessaire pour prendre cette ville par un assaut général. Mais Galas, après l'avoir considérée avec une lunette d'approche, combattit cette proposition. La majorité du conseil se rangea de son côté, et il fut décidé qu'on dirigerait les forces alliées contre le duché de Bourgogne.

Après avoir ravagé par le fer et par le feu la frontière de cette province, Galas s'avança vers Saint-Jean-de Losne, à l'extrémité sud du diocèse de Langres. Il pensait emporter d'assaut cette petite ville mal fortifiée et sans garnison. Mais les habitants se défendirent avec un courage héroïque. L'armée française vint ensuite à leur secours, et les ennemis, forcés à se retirer dans le plus grand désordre, laissèrent dans la Saône et sur ses bords des cadavres si nombreux que, selon l'expression de Mâcheret, « l'on en eust bien faict un pout pour passer la dicte rivière aux plus grandes eaux de l'hyver. »

Cependant les Comtois venaient toujours inquiéter les paysans français. Pour les réprimer, le duc Bernard (1) se présenta, vers la fin de novembre, avec quelques pièces de canon, devant Jussey et Jonvelle, s'en empara, et les livra en partie au pillage et à la discrétion de ses Suédois ; mais ces deux places ne tardèrent pas à secouer le joug de la France.

---

(1) Il comptait, avec l'appui de la France, se rendre maître de la Lorraine et de l'Alsace, et s'en faire un Etat indépendant. Après quelques succès contre les Impériaux, il mourut de la peste à Brisac, le 18 juillet 1639, et la France s'empara de ses conquêtes et de son armée.

Après cette expédition il revint et prit ses quartiers d'hiver à Torcenay et aux environs, où il demeura jusqu'au 15 décembre. La peste avait infecté son armée, et plusieurs habitants en furent les victimes. Ses soldats commettaient autant d'exactions que les ennemis ; il serait difficile de dire de quelle armée on avait le plus à souffrir.

Les malheureux qui avaient abandonné Fayl-Billot, et que la mort avait épargnés, y retournèrent en 1637, dans l'espérance d'y trouver un asile. Mais de nouveaux désastres les attendaient. « Le dix-huitiesme juillet de la dicte année, les collonels Bornival et Mercy des trouppes impériales qui estoient à Jonvelle, firent course dans le dict lieu du Fayl, y enlevèrent soixante-dix-sept prisonniers avec tout le bestail qui pouvoit estre audict Fay, tuèrent plus de quinze habitans et furent cause que les grains non recueillis demeurèrent en la campagne sans en pouvoir estre enlevez (1). »

Les soldats conduisirent à Jonvelle ces soixante-dix-sept infortunés, parmi lesquels était M. Gaspard Carbollot, curé de la paroisse. Ce vénérable pasteur mourut, quelque temps après, par suite des mauvais traitements qu'il avait éprouvés. La garnison de cette place était cruelle à l'égard de ses prisonniers. Quelquefois on les entassait pêle-mêle dans des cachots où il n'y avait ni air ni lumière, on leur bandait la tête avec une corde nouée, on leur donnait l'estrapade, on leur faisait

---

(1) Archives de la ville, art. 1er, n° 22. — Macheret rapporte le même fait en ces termes : « Le jeudy 9 du présent mois de juillet 1637, le capi-
» taine Bornival assisté de plusieurs Croates, Comtois et Lorrains, se trans-
» portèrent au Fayl-Billot environ une demi heure avant le jour, et ayant
» gaignié l'église du dit lieu sonnèrent le tocsin et alarme, et les peuples du
» dict village pensant se retirer en la dicte église furent prins jusqu'au nombre
» de six-vingt personnes entre lesquelles estoit le sieur curé appelé messire
» Gaspard Carbollot, et furent envoyés à Jonvelle par une partie des sol-
» dats. » (Mss., fol. 22).

manger de l'herbe crue, en un mot on les soumettait à des tortures affreuses, que Mâcheret n'a osé rapporter en français (1).

Après avoir répandu la désolation à Fayl-Billot, les ennemis allèrent à Corgirnon et à Torcenay où ils prirent également plusieurs personnes. Etant ensuite descendus à Chaudenay, ils menacèrent de le brûler si on ne leur donnait cent pistoles. Les seigneurs du lieu n'ayant pu immédiatement fournir cette somme, ils mirent le feu au village qui fut ruiné de fond en comble. Deux maisons seulement échappèrent à cet incendie. En passant à Rosoy, ils firent prisonniers, le curé, nommé Simon Parisel, et son neveu, Simon Millot, qu'ils emmenèrent avec eux à Jonvelle. M. le curé de Rosoy y demeura six semaines, et paya soixante pistoles pour sa rançon et huit pour sa nourriture (2).

L'année suivante, Louis XIII, à la vue des calamités qui affligeaient ses sujets, eut l'heureuse pensée de mettre sa personne et son royaume sous la protection spéciale de la très-sainte Vierge. Il en informa Monseigneur l'Evêque de Langres par une lettre circulaire datée de Compiègne le 2 mai 1638. Il exprimait le désir que tous les ans, au jour de la glorieuse Assomption de la Mère de Dieu, l'on fît, avec toute la solennité possible, une procession générale à laquelle assisteraient tous les magistrats aussi bien que le peuple (3). Ce fut une

---

(1) *Nempe quòd duarum mulierum vulvas, post violentam oppressionem, aperientes, easque tormentario pulvere adimplentes, et, adhibito igne, tali supplicio eas de medio sustulerunt.* (Mss., fol. 48).

(2) Au mois de mai 1638, des Lorrains et des Croates, conduits par le même capitaine Bornival, prélevèrent à Bourbonne 800 pistoles, brûlèrent totalement ou en partie Coiffy-le-Haut, Coiffy-le-Bas, Laneuvelle, Lavernoy, Varennes, Chézeaux et Arbigny-sous-Varennes, massacrèrent plusieurs habitants de ces villages, et en emmenèrent d'autres à Jonvelle.

(3) Cette procession se fait encore de nos jours, mais avec moins d'empressement et de piété que dans ces temps de foi.

consolation pour nos pères que frappaient dans ce temps malheureux tous les fléaux du ciel.

Souvent les garnisons des différentes places de Franche-Comté faisaient des incursions dans nos contrées. Les soldats qui étaient à Gray et aux environs, ayant appris que le capitaine d'Yver, gouverneur du château de Pressigny, était allé à Dijon par ordre de Sa Majesté, profitèrent de la circonstance pour venir piller ce village. Ils y prirent, le 29 septembre 1640, beaucoup de chevaux, vaches et autres bestiaux. Ils y revinrent le 5 février suivant. Mais alors le gouverneur était là; il les battit, en massacra une partie et fit prisonniers ceux qui n'eurent pas le temps de prendre la fuite. Le 8 mars, d'autres ennemis voulurent dresser une embuscade à la garnison de Pressigny. S'étant pour cela emparés de l'église de Savigny, ils s'y fortifièrent. Mais nos soldats, qui s'en étaient aperçu, les cernèrent et leur tuèrent neuf hommes. Ils n'eurent de leur côté que deux morts et trois blessés.

Le 13 du même mois, des soldats de la garnison de Suaucourt, prirent, à Torcenay, trois hommes, dont un de Fayl-Billot et un autre de Bize, qui s'y trouvaient pour affaires. Ils volèrent en même temps aux habitants une partie de leur bétail. D'autres ennemis, sous la conduite du sieur Daboncourt, marquis de Chauvirey, vinrent également, le 23 juillet, leur prendre quarante-trois animaux, tant chevaux que vaches.

La même chose avait lieu dans tout le voisinage, de sorte que les pauvres laboureurs étaient épuisés et désolés. Ce qu'ils avaient récolté à la sueur de leur front, l'ennemi le leur prenait; ce qui se trouvait dans les champs était ravagé. Le cheval, le bœuf et tous les animaux propres au labourage leur étaient ravis. Les sillons restaient incultes, et par conséquent improductifs. Dans cette détresse générale, des hommes prirent le parti de s'atteler à la charrue et de la traîner comme des bêtes de somme. C'est ce que l'on vit surtout à **Fayl-Billot** et à Torcenay, en 1641.

Le 29 juillet de la même année, deux cent-cinquante fantassins et cent cavaliers des garnisons de Gray, Ray, Suaucourt, Chauvirey et Jonvelle, sous les ordres du sieur Daboncourt, après avoir traversé Fayl-Billot pendant la nuit, arrivèrent aux faubourgs de Langres à six heures du matin. Ayant trouvé là plusieurs troupeaux de moutons et d'autres bestiaux appartenant aux bouchers de la ville et à divers particuliers, ils s'en emparèrent et les dirigèrent vers la Franche-Comté. La garnison de Langres en ayant été informée, tira, du haut de la tour *Saint-Fergeux*, quelques coups de canon, et les ennemis prirent la fuite. Les Langrois se mirent à les poursuivre et les atteignirent au village de Rougeux. Alors on en vint aux mains, et les Comtois vaincus furent obligés de rendre leur proie. Ils n'avaient blessé qu'un Français, et avaient vu tomber dans la mêlée leur chef, le marquis de Chauvirey. La veille du départ, l'épouse de ce seigneur s'était jetée à ses genoux pour le détourner de son dessein. Il lui avait répondu qu'il ne pouvait se dispenser de partir encore cette fois, lui promettant, pour la consoler, que c'était la dernière, et que désormais il n'irait plus attaquer les Français. Il avait dit vrai sans le savoir.

Pendant ce temps-là, nos troupes, qui avaient déjà pris, les années précédentes, Champlitte et Montreuil-sur-Saône se préparaient à envahir de nouveau la Franche-Comté. Le 15 septembre 1641, le général Du Haillier (**1**), gouverneur pour le roi en Lorraine, et plusieurs seigneurs, entre autres le comte de Grancey, allèrent à la tête d'une nombreuse armée assiéger Jonvelle. Le lendemain ils l'emportèrent d'assaut, firent pri-

---

(**1**) Nommé depuis maréchal de l'Hôpital.

sonnier le gouverneur, du Magny, et passèrent au fil de l'épée la garnison tout entière. Ensuite ils démolirent la grande tour du château et mirent le feu à tous les quartiers de la ville (1). Le 23, après avoir tiré environ quarante coups de canon, ils s'emparèrent de Chauvirey. Les soldats furent désarmés; le capitaine, qui avait trop tardé à se rendre, fut pendu, et la forteresse démantelée. Deux jours après, le château de Suaucourt fut également pris. Avant d'en sortir, la garnison avait apprêté, dans la grande salle, une table chargée de pain, de vin et de viandes rôties. C'était un piége; les Français ne s'y laissèrent pas prendre. Il fut expressément défendu de toucher à ces mets, et l'on en donna à des chiens qui ne tardèrent pas à périr. Alors on mit le feu au manoir, et la place fut ruinée. Le 26, nos soldats prirent encore le château d'Artaufontaine (2), qui fut conservé, et où l'on mit une garnison sous le commandement du marquis de Francières, gouverneur de Langres. Le lendemain, le comte de Grancey somma la ville de Vesoul de se rendre. Elle capitula moyennant trente-six mille livres. En attendant le paiement de cette somme, le comte reçut en ôtage douze des principaux habitants, qui furent conduits au château de Grancey. Le 2 octobre, on s'empara de la forteresse de Scey-sur-Saône. Le baron de Saint-Clair en fut nommé capitaine, et on lui donna une garnison pour la défendre, et pour garder le pont de pierre au moyen duquel on pouvait facilement traverser la Saône pour inquiéter les Comtois au delà de cette rivière. Le château de Ray se rendit, le 3, et le capitaine d'Yver y resta en garnison avec les soldats qu'il

---

(1) Les Jonvellois avaient détruit en France plus de dix mille maisons et dépeuplé les frontières de la Champagne et de la Bourgogne.

(2) Artaufontaine ou les Barrières était une forteresse construite sur le territoire de Cornot, canton de Combeaufontaine. On en voit encore l'emplacement.

commandait. On remporta encore d'autres avantages, et bientôt toutes les places principales de cette contrée, excepté Gray, furent au pouvoir des Français.

Quelques jours leur avaient suffi pour faire ces conquêtes; mais il fallait les conserver. Le comte de Grancey prit pour cela les mesures nécessaires, et laissa en Franche-Comté une partie de l'armée. Ensuite il sortit de Champlitte, le 13 octobre, avec le reste de ses troupes, et vint loger à Fayl-Billot et aux villages circonvoisins, pour aller ensuite occuper les postes que Sa Majesté lui avait indiqués.

L'année suivante, 1642, il alla avec le général du Haillier, attaquer la ville de La Mothe (1), dont la garnison, qui avait pour capitaine le fameux Clicquot, ravageait la Champagne par ses fréquentes incursions. Il resta devant cette place depuis le 25 juillet jusqu'au 12 août. Alors, d'après un ordre de la cour, il partit pour Lyon, afin d'y maintenir la tranquillité pendant l'exécution de Cinq-Mars et de Thou, qui devait avoir lieu, le 12 septembre, sur la grande place de cette ville.

Les Comtois apprirent que le comte de Grancey avait quitté le siége de La Mothe. Alors, Claude de Beauffremont, baron de Scey, gouverneur de la province, se hâta de rassembler une armée. Il demanda à la ville de Besançon deux canons et un mortier à lancer des grenades, s'obligeant à lui remettre ces pièces en bon état, ou à lui payer la somme de quinze mille livres. Puis il s'avança pour conquérir non-seulement les châteaux dont les Français s'étaient emparés, mais encore tous

---

(1) Elle était située à quelques kilomètres de Bourmont, au sommet d'une montagne escarpée de tous côtés. Les Français en devinrent maîtres au mois de juillet 1645. Quinze cents paysans des élections de Langres, Chaumont et Bar-sur-Aube la rasèrent en moins de trois jours. Les matériaux furent enlevés par les habitants des villages voisins, et aujourd'hui il ne reste plus de cette place forte qui était le boulevard de la Lorraine, que de rares débris de constructions.

ceux qui s'élevaient entre Dijon, Langres et Chaumont; tel était son hardi projet. Il reprit en effet ceux de Saint-Remy et de Scey-sur-Saône (1), et alla, le 17 septembre, assiéger celui de Ray, que défendait le capitaine D'Yver.

Le comte de Grancey était déjà de retour. Il traversait le village de Voisines, près Langres, lorsqu'il apprit ce qui se passait en Franche-Comté. Il n'y avait pas de temps à perdre. Il dépêcha un courrier au général du Haillier pour le prier de lui envoyer à la hâte sa cavalerie, campée entre Vignory et Joinville, ce qui lui fut accordé. Il prit à Langres des munitions de guerre, et se mit en marche. Le 18, il vint loger à Fayl-Billot. Dans le silence de la nuit, il entendit gronder le canon. Alors il s'écria : « Messieurs, courage ; ils sont à nous. » A deux heures du matin, il fit donner le signal du départ, et les soldats entraînés par le désir et l'espérance de la victoire, s'avancèrent avec une étonnante célérité, à travers des chemins difficiles, vers le château de Ray. Après avoir parcouru la distance de six grandes lieues, ils tombèrent à l'improviste sur les ennemis, qui avaient déjà quitté leurs postes et leur tournaient le dos. Ils les chargèrent avec tant d'impétuosité, qu'ils mirent en déroute le gros de leur armée, jonchèrent le sol de cadavres, firent prisonniers vingt-deux des principaux seigneurs, et s'emparèrent de leurs canons, de leurs munitions de guerre et de leurs provisions de bouche. Le capitaine D'Yver, qui avait soutenu un siège de trois jours, s'occupait à réparer les brèches faites aux remparts, lorsqu'il vit arriver ce secours inattendu. Il se hâta de sortir pour participer à l'honneur de la victoire. Dans ce combat, livré le 19 septembre 1642,

---

(1) La garde du château de Scey avait été confiée au baron de Saint-Clair. Il était absent lorsque les ennemis en firent le siège. Son lieutenant, le capitaine Rompré, n'eut pas le courage de résister plus de trois jours. Il rendit la place le 13 septembre.

le comte de Grancey fut blessé à la jambe, et le capitaine de Saint-Clair, tué avec cinq cavaliers et huit fantassins seulement. Le 22, à dix heures du matin, le comte de Grancey entra à Langres en triomphe, et les canons qu'il avait pris sur l'ennemi répondirent au salut que lui adressa celui de la tour *Saint-Ferjeux*. A la demande de Monseigneur l'Evêque, il fut reçu au palais épiscopal, où il demeura jusqu'au 11 octobre. Ce jour là il fit promettre à ses prisonniers de se rendre dans cette ville si le roi le désirait, et, d'après le serment qu'ils lui en firent, il leur permit de retourner en Franche-Comté. Pour lui, il se dirigea vers Paris, et fut accompagné, jusqu'au village de Saint-Loup, par une escorte d'honneur, composée de la noblesse et de la milice langroises. Arrivé à la capitale, il sentit plus vivement les douleurs de sa blessure. Louis XIII et le cardinal de Richelieu lui firent visite et le félicitèrent de la victoire. Bientôt après il reçut en récompense de ses services le bâton de maréchal.

Cette défaite qu'avaient essuyée les Comtois ne les empêcha pas de continuer leurs incursions et leur brigandage. A peine le comte de Grancey fut-il arrivé à Langres, qu'ils se répandirent de nouveau dans notre malheureuse contrée. Dès le 26 septembre, quelques soldats des garnisons de Rupt et de Scey-sur-Saône voyant un homme qui labourait sur le territoire de Pressigny, l'emmenèrent avec ses bœufs et sa charrue. Ils volèrent pareillement tout le bétail de Pierrefaite : il ne consistait plus qu'en trois chevaux, une vache et trois chèvres (1). Le 11 octobre, vingt hommes de la garnison de Scey-sur-Saône vinrent pendant la nuit pour piller l'abbaye de Beaulieu. Mais

---

(1) Pierrefaite, dont le territoire touchait à la Franche-Comté, avait été ruiné, en 1636, par l'armée de Galas. L'église, le presbytère, le village, tout était devenu la proie des flammes. Pendant les vingt-cinq ans que dura cette guerre épouvantable, il resta presque désert.

ayant été découverts, avant d'avoir pu exécuter leur projet, ils se cachèrent dans le bois voisin, et y restèrent jusqu'au soir. A la tombée de la nuit, ils entrèrent à Maizières où ils prirent quatre hommes et tous les chevaux qu'ils purent trouver. Le 31 janvier 1643, les Comtois démolirent deux maisons à Rosoy et volèrent à un particulier six chevaux et une vache. Vint-cinq cavaliers de la garnison de Rupt prirent, le 23 mars, à Celsoy et à Montlandon six hommes et quatorze chevaux, à Torcenay une charrue, et à Corgirnon une autre charrue, qui appartenait au sieur Robert, chirurgien du maréchal d'Estrée. Le 15 mai, une partie de la garnison de Scey-sur-Saône escalada et brûla l'église d'Anrosey, pour faire prisonniers ceux qui s'y étaient réfugiés. Elle emmena en effet douze personnes et en tua trois autres. Le 30 du même mois, un combat s'engagea entre les Comtois et les habitants d'Hortes (1), Rougeux et Maizières. Six des ennemis restèrent sur le terrain. Un plus grand nombre auraient été massacrés, si le capitaine Rompré, alors en garnison à Varennes, ne fût arrivé. Il fit cesser la lutte et emmena sous sa garde, comme prisonniers de guerre, les Comtois qu'on lui livra tout liés et garrottés. Le 5 juin, la garnison de Gray prit tout le bétail qu'elle rencontra à Corgirnon et aux Loges. Le 14, des brigands de Conflans et des environs volèrent à Fayl-Billot trois hommes et cinq animaux, tant chevaux que bêtes à cornes (2). Le 23, les soldats de Gray prirent,

---

(1) Ce village avait été ruiné par les ennemis le 25 septembre 1636. Ils y avaient massacré 400 personnes et brûlé les deux églises qui existaient alors, 165 maisons et deux pavillons. On évalua à 42,000 écus la perte causée par cet incendie. Clément Macheret raconte en détail et avec intérêt tous les faits accomplis dans cette journée désastreuse.

(2) Dans une délibération communale du 30 avril 1643, il est fait mention « de la pauvreté des habitants du Fayl, du malheur de grandes guerres qui » continuent encores à présent et qui ont causé la totale ruyne et générale » incendie du dict village. »

au moulin de Torcenay, deux hommes et deux femmes. Le 8 juillet, un habitant de Corgirnon, Claude Chevallier, dit *Breton*, venait à Fayl par un sentier qui traversait la forêt. Il rencontra sept Comtois qui le firent prisonnier. Ils pensaient le conduire dans leur pays, mais ils furent découverts par les paroisses voisines, qui sonnèrent le tocsin. Epouvantés et comme hors d'eux-mêmes, ils s'enfuirent à travers les champs jusqu'à la côte de Montcharvot, où trois d'entre eux furent mis à mort. Celui qu'ils emmenaient avec eux recouvra ainsi la liberté.

Mais si les Croates, les Espagnols et les Comtois ravageaient notre pays, « faut scavoir, dit Macheret, que nos garnisons que nous avions dedans nos chasteaux de France faisoient pareille guerre aux pauvres paysans et aux bestiaux du comté. » Le 6 août 1643, le capitaine Ducerf, qui gardait alors le château de Voncourt, parcourut avec ses soldats la frontière de cette province. Il avait pris plusieurs hommes et les amenait en France, lorsqu'il rencontra un détachement ennemi, qui le força à mettre bas les armes et à se rendre prisonnier de guerre dans la ville de Gray. Il ne put en sortir qu'après l'échange qu'on fit de sa personne avec celle du baron de Longvic, pris devant le château de Ray par le sieur de Moncot, en garnison à Rolampont.

Le capitaine Rompré voulut aussi inquiéter la Franche-Comté. Dans la dernière semaine de septembre, il sortit de Varennes avec ses cavaliers et ses fantassins et s'avança jusqu'aux environs de Scey-sur-Saône. Mais les Comtois s'embusquèrent dans un endroit favorable où ils l'attendirent. Ils lui tuèrent un homme, en firent six prisonniers, et mirent les autres en fuite.

Tout cela, dit Macheret, « a grandement ruyné le paiis et n'a rien proffité aux deux couronnes, et tous les libertins de part et d'autre se faisoient soldats pour voller plus hardiment et impunément; les villes et les laboureurs payant tout le coust de ceste guerre se sont espuisés j'usqu'au sang, pour ainsy parler; car ils ont tiré jusqu'à la dernière pièce et ont faict des emprunts qu'ils ne paieront peust estre jamais ; et cependant voilà le proffit que nous a apporté la quantité de chasteaux de part et d'autre. »

Ces continuelles incursions, source de maux incalculables, déterminèrent le Parlement de Dijon et celui de Dole à conclure, le 1er octobre 1643, une trêve qui durerait jusqu'au 15 novembre. Pendant ce laps de temps, toutes les hostilités devaient cesser en Franche-Comté; dans le duché de Bourgogne et le Bassigny champenois, en y comprenant les villes de Langres et de Chaumont. Informées de ces négociations, certaines garnisons comtoises se hâtèrent de satisfaire encore une fois la passion qu'elles avaient des rapines. Les soldats de celle de Conflans vinrent, le 2 octobre, à Fayl-Billot, où ils prirent quatre hommes et douze chevaux qu'ils emmenèrent avec eux. Le 6, d'autres tuèrent une femme à Charmoy, y firent quatre prisonniers et pillèrent le village. Enfin la suspension d'armes, que, d'après les termes du traité, les rois de France et d'Espagne n'étaient point tenus de ratifier, fut publiée dans notre pays, le 7 octobre, et prolongée ensuite jusqu'au 1er janvier 1644. Alors on put respirer un peu et réparer, au moins en partie, les énormes pertes que la guerre avait causées.

§ II.

De la trêve de 1643 à la paix de 1659.

En 1643, les habitants de Fayl-Billot se plaignent « des misères où ils sont réduictz par les courses que font les ennemys de l'estat, le logement et passage des armées estrangères, les feux et flammes qui ont dévoré tous les bastiments en nombre de près de quatre cens sans qu'il en reste de quatre ou cinq au plus qui puissent estre habitéz, et au lieu qu'on voyoit plus de quatre-vingtz cherrues employées à la culture des héritages du territoire de ce village, à peyne y en peult on veoir à présent quatre. Et le grand nombre de communians cy dessus remarqué ne consiste à présent en cent personnes. »

Cependant les Francs-Comtois avaient conservé l'habitude du pillage, et, lorsqu'ils étaient poursuivis à cause de leurs rapines, ils se cachaient dans les forêts d'alentour. Voilà pourquoi, en 1648, le prévôt de la maréchaussée de Langres reçut du roi l'ordre de faire couper le bois appelé *le Trou-de-la-Carte* ou *Quarte,* qui était entre la France et la comté de Bourgogne (1). Les Français et les Comtois devaient abattre les arbres qui se trouvaient sur leur territoire respectif. Cet ordre fut exécuté sans délai, « afin d'oster la retraite aux voleurs. »

La même année, pendant la nuit de la Toussaint aux Trépassés, le feu consuma deux maisons à Fayl-Billot. Cet incendie, dont on ne connut pas la cause, acheva de ruiner des malheureux déjà épuisés par la guerre.

Le 22 août 1650, une armée française commandée par le vicomte de Corval, et composée d'environ mille hommes, tant cavaliers que fantassins, sans compter un grand nombre de valets et autres personnes, vint loger à Fayl-Billot. Vers sept heures du soir, les soldats brûlèrent, on ne sait pourquoi ni comment, une maison appartenant au sieur Arrachebois, qui en éprouva de grandes pertes. Le lendemain, ils partirent pour Varennes où ils restèrent jusqu'au 30, mettant à contribution tout le voisinage. De là ils allèrent, par ordre du roi, assiéger

---

(1) Il y a encore sur le territoire du petit village de La Quarte (Haute-Saône), un canton appelé le Trou de la Quarte.

Aigremont, que le comte de Rosnay venait de vendre au duc de Lorraine (1).

Ce prince était toujours en guerre avec la France, et ses soldats se répandaient dans tout le Bassigny qu'ils ruinèrent par leurs incursions et leurs rapines. Les Croates, ses alliés, se livraient pareillement au brigandage. Vers la fin de novembre 1650, dix d'entre eux se transportèrent jusqu'à Chalancey pour y faire du butin. Ils revinrent ensuite à Esnoms où ils prirent le sieur Maignier, procureur du village, avec deux autres hommes, et pillèrent une maison. En s'en retournant au lieu de leur garnison, ils furent attaqués par les habitants de Belmont, qui en tuèrent quatre et en conduisirent quatre à Langres. Les deux autres, qui avaient pris la fuite, se virent arrêtés par ceux de Fayl-Billot et faits prisonniers.

L'année suivante, au commencement de juin, arrivèrent au pays de Langres trente compagnies de la garnison de Stenay, appelées le régiment de Turenne. Elles devaient, pour se raffraîchir, y stationner pendant deux mois et demi, et recevoir par mois douze mille livres prises sur l'élection de Langres. Ces troupes établirent leurs quartiers à Thivet, Nogent-le-Roi, Montigny-le-Roi, Coiffy-le-Bas, Coiffy-le-Haut, Heuilley-Cotton, Heuilley-le-Grand, Chalindrey, Bussières-les-Belmont et Poinson-les-Fayl. Mais la présence de cette armée sur la frontière épuisait les ressources de la contrée, augmentait le prix des vivres et n'intimidait pas les ennemis. Le 13 juillet au matin, vingt-cinq cavaliers de la garnison de Château-sur-Moselle vinrent à Pressigny pour piller. Ils y prirent plusieurs hommes et trente-neuf bestiaux. Les habitants irrités se rassemblèrent et se mirent à leur poursuite. Ils les atteignirent à cinq lieues de

---

(1) La milice langroise, sous le commandement du capitaine Ducerf, s'empara de cette place dans la nuit du 10 au 11 janvier 1651. Les fortifications furent rasées par ordre de la cour.

Pressigny, au-delà de la Saône, qu'ils passèrent à gué. Alors ils attaquèrent les cavaliers, en tuèrent un, en blessèrent d'autres, et revinrent ensuite sains et saufs avec tout ce qui leur avait été ravi; ils n'avaient perdu qu'un jeune cheval. Les ennemis, pour se venger de cette défaite, se joignirent à des soldats de la garnison de Conflans et retournèrent sur leurs pas. Ils espéraient surprendre le château de Pressigny et brûler le village; mais les habitants, qui eurent connaissance de ce projet, appelèrent à leur secours des hommes de Bussières, Belmont, Genevrières, Belfond, Savigny, Tornay et autres villages circonvoisins. Ces soldats improvisés, au nombre de soixante, dressèrent une embuscade et y attendirent les Comtois de pied ferme. C'était le 14 juillet. Ils en massacrèrent dix, en blessèrent cinq et mirent les autres en fuite. Le butin, laissé sur le champ de bataille, fut vendu et leur rapporta trois cent quatre-vingt-dix livres; ils eurent chacun six livres dix sous.

Quatre blessés se mirent en marche pour rejoindre leur garnison; mais ils s'égarèrent et furent comptés comme disparus. Le cinquième, resté parmi les morts, attira l'attention des Français. Il avait plus de vingt plaies; on ne comprenait pas comment il pouvait respirer encore. Ayant été interrogé, il répondit: « Vous ne me ferez pas mourir qu'au préalable je n'aie esté confessé. Quoy voyant, quelqu'un des spectateurs meu de compassion fit appeler le sieur Claude Mathey, prêtre curé du dict lieu (de Pressigny) et le conduisit auprès du dict blessé, lequel se confessa très articulement et très dévotement, et après avoir receu l'absolution mourut aussitôt, ce qui estonna grandement tous les assistants, et l'ayant visité treuvèrent un petit scapulaire de Nostre Dame du mont Carmel et un chapelet sur sa personne, et ont attribué le retard de sa mort jusqu'après estre confessé à quelque vertu divine, miracle ou assistance de la Sainte Vierge Marie, laquelle ne manque point aux assistances qu'elle a promis à ses enfants ou fidelles serviteurs, ou bien à son saint ange gardien, et quoi qu'il en soit il y a bien à admirer en ceste mort. Dieu nous fasse la grâce de mourir de la mort des justes (1). »

Aux calamités qu'entraînait la guerre vint se joindre un autre fléau plus terrible encore. En 1652, une grande disette affligea notre pays, aussi bien que le Bassigny et la Lorraine. Les mois de mai et de juin furent extrêmement difficiles à passer. On se vit réduit à manger l'herbe des prairies, et plusieurs personnes moururent de faim (2). Pour surcroît de misère, les pluies devenues continuelles renversaient les espérances fondées sur la prochaine moisson. Mais les prières publiques adressées à Dieu pour la conservation des fruits de la terre furent exaucées; vers la fin de juin la sérénité reparut. On apprit en même temps que le duc de Lorraine venait de faire la paix avec le roi de France, et l'on s'en réjouit.

Cependant Fayl-Billot et les environs n'étaient jamais tranquilles. Le 22 mai 1653, fête de l'Ascension de Notre-Seigneur, cent trente cavaliers du régiment de Bouillon vinrent piller le village et l'église de Poinson, où plusieurs personnes des localités circonvoisines s'étaient réfugiées, parce qu'il faisait partie de la province de Bourgogne. La perte fut évaluée à vingt-deux mille livres, somme considérable dans un temps où l'argent était très-rare.

(1) Mss. de Cl. Macheret, fol. 134, verso.

(2). « Une pauvre femme portant et allaitant son petit enfant a esté trouvée morte en une prayrie ayant encore la bouche pleine d'herbe et en mangeant comme une beste, et son petit enfant encore vivant entre ses bras (Macheret).

« Les peuples de la Lorraine et autres paiis circonvoisins sont réduits à une si grande extrémité qu'ils mangent dans les praieries l'herbe comme des bestes, et particulièrement ceux des villages de Pouilly et Parnot en Bassigny en mangent dans les prés et sont noirs et maigres comme des squelettes et ne peuvent plus cheminer. » (Ibid.)

Deux mois après, c'est-à-dire le 30 juillet, on vit arriver à Poinson la plus grande partie de la noblesse du pays. Il y avait entre autres le comte de Tavannes, seigneur du Pailly et de Prangey; de Coublanc, seigneur de Piépape; de Lanques, baron de Fouvent et de Laferté; de Grecia, seigneur de Dammartin; de Livron, marquis de Bourbonne; de Laneuvelle, seigneur dudit lieu; le sieur Boissier, commandeur d'Aumonières. Ils se réunirent à l'ermitage Saint-Pérégrin avec le frère qui l'habitait. Cette assemblée de personnages distingués par leur rang et leur autorité intrigua le peuple, qui en ignorait les motifs. Seulement, comme le frère de Saint-Pérégrin avait été autrefois attaché au service du feu prince de Condé, et était pensionné par le prince de Condé actuel, qui lui envoyait souvent des lettres, quelques-uns conjecturèrent qu'il s'agissait de détacher les seigneurs du gouvernement français, et de les soulever en faveur de Condé, qui s'était jeté dans le parti espagnol. Mais personne ne put savoir ce qui avait été résolu.

On était toujours sujet à des exactions de toute sorte. Le 23 septembre 1653, des soldats de la garnison de Belfort prirent treize chevaux à Torcenay. Ils revinrent le 23 octobre, enlevèrent aux habitants de Rougeux douze de leurs meilleurs chevaux et dévastèrent leurs maisons. De là ils allèrent piller le village et le château de Bize. Non contents de ces rapines particulières, ils envoyèrent des réquisitions aux paysans et prélevèrent un gros tribut sur toute la frontière française.

Les années suivantes ne furent pas meilleures. Clément Macheret écrivait à la fin de 1655 : « Ceste présente année a esté fort modique en pain, eu vin et en fruits, tous lesquels ont esté de pauvre goust, les guerres et autres afflictions continuant toujours d'oppresser le pauvre peuple. Dieu nous veuille donner sa sainte paix, s'il luy plaist. »

Il est impossible de décrire la souffrance des populations à cette époque de triste mémoire. Que de rapines, de ravages, de cruautés! Dans quel état devait être une contrée affligée quelquefois par la famine et la peste, souvent mise à feu et à sang, et perpétuellement en proie à une soldatesque effrénée?

Cependant au milieu de ces affreuses calamités qui durèrent vingt-cinq ans, nos aïeux n'étaient pas sans espérance. Ils se consolaient en disant : Dieu veut ou permet ces maux pour nous éprouver; il nous en récompensera dans un monde meilleur. Ils désiraient la paix; mais ils la demandaient surtout à leur Père du ciel. Pour implorer la divine miséricorde, ils faisaient des prières avec une ferveur que l'on ne sent plus aujourd'hui. En 1659, pendant l'octave de la Pentecôte, les fidèles des environs de Langres allèrent en procession jusqu'à l'église cathédrale. La paroisse de Fayl-Billot ne resta pas en arrière; on peut même dire qu'elle se distingua entre toutes les autres par ses démonstrations religieuses, signes de sa foi naïve et pure. Le pasteur, M. Claude Huot, organisa une procession solennelle représentant les personnages et les faits les plus remarquables de l'ancien et du nouveau Testament, depuis les patriarches jusqu'aux martyrs. Voici la description de cette imposante cérémonie, d'après le récit des Langrois, qui en furent les témoins et qui la consignèrent dans leurs registres publics. Nous leur laissons la parole :

« Entre les susdites processions fut celle du Fail Billot, composée d'hommes et de filles magnifiquement habillées de velours, satin, taffetas, broderies d'or et de soie, écharpes, passements d'or et d'argent, chaines et bracelets d'or, pierreries, diamants, perles, colliers, poinçons, pendants d'oreilles, bagues de prix, et de pennaches de toutes couleurs, lesquels tenoient l'ordre qui ensuit :

« Premièrement marchoient huit hallebardiers après lesquels étoient portées la croix et la bannière dudit Fail.

» Plus marchoit le sieur curé accompagné de huit ou dix hommes ayant des surplis, qui psalmodioient avec lui.

» Plus les Prophètes de l'ancienne loi qui ont parlé de la venue de Jésus-Christ.

» Plus les Sybilles qui ont donné avis de son esvènement.

» Plus Abraham, Isaac et Jacob, l'un portant une épée, l'autre du bois et l'autre une échelle.

» Plus Loth et sa femme laquelle portoit une salière d'argent.

» Plus Daniel portant la figure d'un lion.

» Plus les trois enfants hébreux Sidraque, Midraque, Abdénago, portant la figure d'une fournaise.

» Plus Jonas portant la figure d'une baleine.

» Plus Samson portant un pilier.

» Plus Balaam précédé d'un ange ayant une épée à la main.

» Plus marchoient sainte Elisabeth, Zacharie et sainte Anne.

» Plus l'ange Gabriel représentant l'Annonciation et la sainte Vierge Marie à côté de lui.

» Plus un autre ange conduisant quantité de pasteurs portant leurs houlettes et pannetières.

» Un nombre de petits enfants représentant les ignocents occis, ayant des poignards nuds en main au bout desquels il y avoit de petites balles de plomb, crainte de s'offenser.

» Plus marchoient les trois rois audevant desquels étoit portée une étoile.

» Plus un petit enfant tout nud aagé de cinq ans représentant saint Jehan Baptiste, lequel étoit couvert seulement d'une petite peau sur les épaules, tenant un petit aigneau et une petite croix entre ses mains. Et avoit des sandales comme les capucins.

» Plus marchoit Siméon portant la figure d'un petit enfant.

» Plus marchoient tous les apôtres, deux à deux, suivant leur ordre.

» Plus la Samaritaine tenant une cruche.

» L'aveugle-né tenant un soleil.

» Le paralytique portant son lit.

» Le centenier avec son serviteur, ayant chacun leurs mains croisées, rendant témoignage de leur foi.

» Cinq vierges ayant des lampes allumées représentant les vierges de la sainte Ecriture.

» La Cananée avec sa fille, portant un saint suaire représentant la résurrection.

» Deux filles portant des pains et des poissons, représentant le miracle de la multiplication, et douze autres portant des corbeilles représentant ce qui estoit resté de la dite multiplication.

» Le lépreux portant un faisceau d'ysope, en signe de sa mondification.

» Le Lazare portant la figure d'un sépulcre, en signe de sa résurrection.

» Plusieurs filles représentant la Foi, l'Espérance, la Charité, la Prudence, la Tempérance, la Justice et la Force.

» Comme aussi plusieurs filles représentant les huit béatitudes :

» La première, portant un globe céleste.

» La seconde, un globe terrestre ;

» La troisième, la figure d'un ange ;

» La quatrième portant des fruits ;

» La cinquième ayant une bourse en main ;

» La sixième portant un cœur ;

» La septième portant un rameau d'olive ;

» La huitième portant un carquois et des flèches.

» Plus marchoient quantité de soldats représentant la prise

de Notre-Seigneur au jardin des Olives, ayant armes, fallots, lanternes et flambeaux.

» Plus Simon le Cyrénéen portant une croix.

» La Véronique portant le pourtrait et la face de Notre-Seigneur.

» Quantité de vierges portant ce qui a servi à la passion de Notre-Seigneur, comme la croix, l'écriteau qui étoit audessus d'icelle, les clous, le marteau, la lance, l'éponge, l'aiguière où étoit le vinaigre, les trente deniers, le coq, l'escourgée, les fouets, la colonne, le gantelet, l'eschelle, la couronne d'épines, le roseau, les cordes pliées en un plat d'argent, la robe, le coutelas, l'oreille de Malcus, la hache, la scie, le cizeau et le maillet.

» Plus marchoit la Vierge Marie, saint Jehan l'Evangeliste et sainte Marie Magdelaine avec sa banette.

» Plus étoit porté par quatre anges un cercueil peint de noir, parsemé de larmes blanches.

» Plus des linges portés par des filles, représentant les suaires de Notre-Seigneur.

» Plus marchoient quantité de pèlerins représentant les démons.

» Comme aussi étoient portés par des filles les 7 planètes et les 12 signes du zodiaque obscurcis et des monumens ouverts et rompus.

» Plus Joseph d'Arimathie avec les trois Marie.

» Plus marchoit saint Joseph, mari de la Vierge, portant une verge fleurie.

» Plus saint Etienne avec des pierres et des cailloux en ses mains.

» Saint Denys et ses compagnons martyrs.

» Saint Didier, évêque de Langres, et saint Vallier, son archidiacre, aussi martyrs.

» Saint Laurent, saint Sébastien, saint Mammès, les trois saints Gémeaux nommés Speusippe, Eléosyppe et Méléosyppe, et quantité d'autres personnages représentant plusieurs autres martyrs, lesquels portoient l'instrument duquel ils avoient été martyrisés.

» Plus marchoit sainte Anne, sainte Elisabeth, sainte Catherine, sainte Geneviève, sainte Marie égyptienne, sainte Reine, sainte Marguerite, sainte Claire, sainte Agnès, sainte Agathe, sainte Gertrude, sainte Barbe, sainte Léonide, mère des trois saints Gémeaux, sainte Ursule, sainte Luce et autres en grand nombre, toutes lesquelles portoient en l'une de leurs mains une palme, et en l'autre, (pour celles qui avoient été martyrisées) la machine de laquelle elles avoient souffert leur martyre, comme épées, roues, tenailles, chevalets, torches, poignards et autres instruments de mort.

» Et à la fin étoit la sainte Vierge accompagnée de quantité d'anges représentant son Assomption.

» Etant ici à noter que cette procession, composée de trois à quatre cents personnes, étoit conduite par de jeunes hommes ayant des hallebardes en main, qui faisoient observer les rangs deux à deux, en sorte que tout y marchoit en bel ordre, les filles baissant les yeux, sans lever la tête, avec grande piété et dévotion.

» Tellement que cette troupe étant ainsi entrée en l'église Saint-Mammès, après avoir chanté un *Salve Regina* devant l'image de Notre-Dame-la-Blanche (1), qui est sous le jubé, a

(1) Cette image, faite en albâtre d'après une disposition du testament de l'évêque Guy Baudet, remontait à l'an 1339. Elle était en grande vénération. Le fait suivant, raconté par Clément Mâcheret dans un naïf langage, en est une preuve intéressante. « Faut sçavoir, dit-il, qu'une misérable désespérée femme native du village de Charmoy-sur-Amance ayant prémédité par une manie enragée de rompre la vénérable image de la glorieuse Vierge Marie appelée Notre-Dame-la-Blanche en la nef de l'église cathédrale de Langres fit

fait le circuit du chœur. Elle fut conduite à la chapelle du cloître où la messe fut célébrée par le dit sieur curé. Ce fait, chacun laissa en icelle ce qu'il avoit en main pour aller diner, avec ordre de se retrouver au même lieu à deux heures après midi, afin de s'en retourner de la sorte qu'ils étoient entrés en cette ville. Ce qui fut ainsi exécuté à la vue du peuple qui se trouva ès rues de leur passage en grande affluence, tous louant Dieu de voir une si belle dévotion pour la paix, espérée de Dieu et non des hommes. » (*Registre des délibérations de la Chambre de ville de Langres, de l'an* 1653 *à l'an* 1662, *folio* 245.)

et commença son effort le mardy sixiesme janvier de la présente année 1654, pendant les matines, renversant par terre la sacrée image de la mère du Roy des Roys, le iour de la feste des trois Rois, l'ayant tirée avec telle roideur et violence de son siège et place ordinaire que la dite image rompit la grande pierre de l'autel et de là tomba en terre sur le pavé sans aucune rupture ou fraction des parties les plus délicates de la dite sacrée image ou de son petit Jésus qu'elle tient entre ses bras, ce qui a tellement ravy en admiration tout le peuple Langrois que plusieurs ont assuré qu'il y avoit en cet accident un miracle tout évident, et l'on a publié en chaise que cela estoit tout surnaturel, ce qui a bien augmenté la dévotion envers la Très-sainte Vierge Marie audevant de cette image, et à ce sujet l'on luy fit une très-grande satisfaction en forme d'amende honoraire pour ayder à réparer l'infamie que la susdicte meschante femme avoit faite à notre sainte mère et protectrice, et se fit de ceste sorte :

« Le Sabmedy vint quatriesme iour du présent mois de janvier, après l'heure de sexte chantée en la dite cathédrale fut sonné comme à une fête solennelle, puis après fut célébrée la grande messe de Notre Dame avec tout l'appareil convenable..., tous messieurs avec tous les prêtres de ceste ville estant revestus des plus précieuses chappes de leur église firent la procession par toute la dicte église en chantant en musique les litanies de la susdite sainte Vierge, puis étant venus en la nef pendant que l'on chantoit plusieurs suffrages adressant à la dite Sainte-Vierge, cette vénérable image fut posée avec très-grande révérence, et incontinent après fut chanté le *Te Deum laudamus,* tout le dict clergé ayant chacun un cierge de cire blanche ardent estant au nombre de six-vingt, ce qui fut admiré et loué de tout le peuple langrois, plusieurs les larmes aux yeux et les mains élevées au ciel criant miséricorde et demandant pardon pour un forfait si détestable. » (Mss. fol. 154).

Les vœux ardents de nos pieux ancêtres ne tardèrent pas à être exaucés. Les victoires que Turenne avait remportées sur les Espagnols amenèrent le traité des Pyrénées. Après bien des négociations, il fut convenu que la France ajouterait à ses possessions Gravelines, Landrecies, Thionville et Montmédy, et que son jeune roi épouserait Marie-Thérèse, infante d'Espagne, avec cinq cent mille écus de dot. Condé rentra alors en grâce avec Louis XIV, qui lui rendit tous ses honneurs et tous ses titres. Cette paix glorieuse fut conclue à la fin de 1659, et publiée à Langres, le 18 février 1660. L'Espagne conservait la Franche-Comté. Mais, en 1674, le roi s'en empara dans l'espace de six semaines, et le traité de Nimègue, signé en 1678, lui maintint sa conquête. Alors cette province fut définitivement réunie à la France.

CHAPITRE IV.

DEPUIS LA FIN DE LA GUERRE DE FRANCHE-COMTÉ JUSQU'A LA FONDATION DE L'HOSPICE.

(1660 — 1730.)

Au commencement de cette quatrième époque, deux accidents imprévus ruinent de nouveau Fayl, qui, pendant la guerre, a déjà eu tant à souffrir. Peu à peu, les pertes se réparent, et la population prend un accroissement considérable. Beaucoup d'étrangers sont attirés en cette localité par le privilége du sel, par l'avantage que présentent les bois communaux et par les foires et marchés. La baronie sort de la maison de la Baume-Montrevel pour passer successivement dans celles d'Argouges et de Custine-Wiltz. Les nouveaux seigneurs font plusieurs tentatives pour dépouiller les habitants d'une partie de leurs propriétés; mais la commune, soutenue par les représentants de l'autorité royale, conserve ses droits. Sous le rapport religieux, on voit grandir la dévotion de la paroisse à la sainte Vierge et à sainte Anne.

§ I.

Incendies.

Il n'y avait pas longtemps que la guerre était finie, lorsque de nouveaux désastres, auxquels personne ne s'attendait, vinrent accabler les habitants de Fayl-Billot. En 1668, un affreux incendie, dont nous ne connaissons pas la cause, détruisit le bourg tout entier; ce ne fut plus qu'un monceau de ruines. Quatre maisons seulement furent épargnées. Des débris enflammés que le vent emporta jusqu'à Charmoy, mirent le feu à ce village distant de quatre kilomètres et y consumèrent deux maisons. Dix-neuf ans après, le même accident se renouvela. Le procès-verbal, qui en fut dressé par les officiers du bailliage, nous apprend que le feu se déclara, le 18 février 1687, à une heure après midi, dans une maison située à l'extrémité de la rue du Mont-d'Olivotte. Comme presque toutes les habitations étaient couvertes en chaume et qu'il n'y avait pas encore de pompes, on fit, pour l'éteindre, d'inutiles efforts. Le vent poussait les flammes avec une telle violence, qu'en un instant tous les quartiers furent embrasés. On ne put sauver aucun meuble. Les titres des particuliers, les minutes des notaires, celles du greffier de la justice et les registres de la commune, tout fut brûlé. Chose inconcevable! en moins d'une demi-heure, plus de trois cents maisons étaient devenues la proie des flammes.

Quelle perte! Quel spectacle! Les quelques habitations qui avaient échappé à cet incendie ne suffisaient pas à contenir la multitude d'hommes, de femmes, d'enfants, de vieillards dépouillés et privés de tout. Il fallut quitter cette terre désolée et aller mendier un asile aux villages d'alentour. Le lendemain du sinistre, plus de deux cents malheureux avaient abandonné Fayl-Billot, qui bientôt fut presque totalement dépeuplé.

§ II.

Chapelle Sainte-Anne.

Les documents de cette époque révèlent l'existence d'une chapelle dédiée sous l'invocation de Notre-Dame-de-Liesse (1) et de Sainte-Anne. Elle avait été bâtie, on ne sait en quelle année, par la pieuse famille des Carbolot, à gauche du chemin de Charmoy, à l'extrémité de la rue qui, pour cela, est encore aujourd'hui désignée sous le nom de *rue Sainte-Anne*. La construction formait un carré long. Il n'y avait pas de voûte; c'était un plafond ou lambris. L'intérieur était éclairé au moyen de fenêtres percées dans les murs latéraux. Une tourelle en bois, dans laquelle on suspendit une cloche, couronnait ce petit édifice. Au fond était dressé un autel sur lequel l'autorité diocésaine permit de célébrer la sainte messe.

Les fondateurs s'étaient réservé le droit de nommer et de présenter le prêtre qui devait la desservir; l'exercice de ce droit appartenait au membre le plus ancien de la famille. Monseigneur l'évêque donnait la collation et l'institution canonique au candidat, après que celui-ci lui avait promis par serment de remplir avec soin et fidélité les devoirs de sa charge, de se conformer à l'intention des fondateurs et de ne pas aliéner les biens du bénéfice qui lui était confié; car il y avait des terres

---

(1) Du latin *lœtitia*, joie. Un pouillé de l'an 1745, rédigé par Alexandre Nicolas Husson de Sampigny, curé de Villiers-le-Sec, met cette chapelle au nombre des bénéfices du doyenné de Pierrefaite : *Capitula Nostræ Dominæ de pietate et Beatæ Annæ recenter erecta apud le Fayl, in presentatione des Carbolot.*

affectées à cette chapelle. Il pouvait s'acquitter de ses fonctions par lui-même ou par d'autres.

Le premier chapelain que nous connaissions fut Claude Goulotte, curé d'Hortes. Par un acte notarié, du 10 mai 1677, il confia à Jean Parisel, prêtre, demeurant au même lieu, la desserte de l'église de Rougeux annexée à sa paroisse. Pour cela il lui céda, entre autres choses, la jouissance des droits et émoluments de la chapelle Sainte-Anne de Fayl, à condition qu'il y ferait dire les messes et célébrer les services comme auparavant. Ce bénéfice fut donné, plus tard, à un vicaire de Fayl, nommé Paul Theurel qui mourut curé de Tornay, en 1727. Il eut cette même année pour successeur Claude Camus, prêtre de ce diocèse et chapelain mépartiste (1) de l'église Saint-Amâtre de Langres. Nous ne savons pas les noms de ceux qui vinrent après lui.

Les fidèles de la paroisse allaient souvent prier dans cet humble sanctuaire. Ils assistaient avec bonheur au saint sacrifice que l'on y offrait; et, à certains jours de l'année, surtout à la fête de sainte Anne, on y faisait une procession solennelle.

Autour de la chapelle était un cimetière fermé de haies vives, destiné à la sépulture des enfants morts sans baptême et des étrangers dont on ne connaissait pas la religion. Il était ombragé par un énorme tilleul à côté duquel s'élevait une grande croix en style gothique d'une belle exécution; des statuettes de saints placées dans des niches ornaient le piédestal.

Mais, en 1793, un méchant renversa cette croix et la mit en morceaux. Ses débris ramassés par des personnes pieuses furent conservés avec soin. On transporta la cloche à l'hôtel-de-ville; elle servit à annoncer l'audience du juge de paix. Tous les ob-

---

(1) Qui avait un mépart. On appelait ainsi un double service dont un ecclésiastique, chanoine, curé ou bénéficier, s'acquittait dans une même église.

jets religieux qui se trouvaient dans la chapelle furent brisés ou enlevés (1). Au rétablissement du culte, M. Peitieu, vicaire et puis curé de la paroisse, acheta cette construction délabrée, et la fit réparer. Mais, quand il fut mort, elle tomba en ruine, et, vers 1810, on la démolit pour élargir et niveler le chemin qui conduit à Charmoy. Aujourd'hui il ne reste aucune trace de la chapelle Sainte-Anne. Seulement, pour en rappeler le souvenir, M. Vauthelin, peintre, a fait ériger une croix à côté de l'endroit où elle était bâtie. Cette croix fut bénite par M. le curé, le 26 octobre 1846, à la grande joie des fidèles qui y allèrent en procession.

§ III.

Des barons.

A la fin du xviie siècle, la baronie de Fayl-Billot appartenait encore à la maison de la Baume-Montrevel qui fournit beaucoup d'hommes illustres à l'armée. On trouve, parmi ses membres, des gouverneurs de villes et de provinces, deux maréchaux de France, un amiral de Savoie et un vice-roi de Naples.

M. Ferdinand de la Baume, comte de Montrevel et chevalier des ordres royaux, qui avait épousé Mademoiselle Marie Olier de Nointel, mourut vers l'an 1680. Il laissait pour unique héritier un fils nommé Nicolas-Auguste de la Baume de Montrevel, écuyer, comte de la Baume et de Lugny. Cet enfant étant encore en bas âge, ses tuteurs furent chargés de l'administration de ses biens et des reconnaissances féodales auxquelles ils étaient soumis. Au mois de décembre 1682 et 1683, Louis XIV reçut leur hommage pour la baronie de Fayl-Billot, à condition que

---

(1) La statue de sainte Anne enseignant la lecture à la sainte vierge, qui était dans la chapelle, se voit encore dans la maison n° 4 de la rue du *Grand-Moulin*.

leur pupille le renouvellerait quand il aurait atteint la majorité.

Mais bientôt il fut forcé de vendre ce fief. Comme il n'avait que douze ans, il fallut pour cela l'autorisation du Grand-Conseil. Elle fut accordée par un décret en date du 17 août 1689, et M. François d'Argouges, chevalier, conseiller d'Etat ordinaire au conseil royal des finances, seigneur des greniers et possesseur des baronies du Plessis et d'Argouges, en fut déclaré l'acquéreur. Il était dit, dans ce décret, qu'il avait à Fayl « haute, moyenne et basse justice, droits seigneuriaux, lots et ventes, cens, rentes, servitudes, corvées, halles, foires et marchés, eaux, étangs, moulins, etc. »

M. d'Argouges envoya aussitôt *un homme habile et éclairé* pour prendre possession de sa terre. Ce fondé de pouvoir, s'appuyant sur les articles 4 et 5 du titre XXV de l'ordonnance de 1669, demanda aux Fayl-Billotins le *triage*, c'est-à-dire le tiers de leurs bois communaux. Ceux-ci, surpris d'une telle proposition, firent connaître l'état des choses à leur nouveau seigneur qui, convaincu de leur bon droit, les laissa paisibles possesseurs de leurs biens.

Il mourut en 1696. Alors, en vertu du partage fait, le 11 août, entre ses héritiers devant Guyot et Doyen, notaires au Châtelet de Paris, la baronie de Fayl échut à son fils, M. Henri-Alexandre d'Argouges, chevalier. Il en fit reprise et hommage, le 18 mai 1699, entre les mains du chancelier du roi, et donna le dénombrement de ses droits en qualité de baron.

Trois ans avant la mort de son père, les Jésuites, qui dirigeaient le collége de Langres depuis l'année 1630, avaient acheté la métairie de Bonnay. Elle appartenait alors aux *Damoiselles* Catherine et Claire Leclerc, filles et héritières de *Damoiselle* Anne Chevallier (1), lesquelles étaient mariées à MM. Jean et

---

(1) Fille de Claude Chevallier, greffier de la justice.

Nicolas Demange, sieurs de Villebois, bourgeois à Langres. Voici les conditions de la vente, faite le 26 août 1693 :

1° Les Révérends Pères ont payé comptant la somme de cent cinquante livres en louis d'or et d'argent ;

2° Ils seront tenus de payer annuellement aux sieurs et damoiselles vendeurs en leur maison audit Langres, à chaque jour de saint Martin d'hiver, la quantité de quinze émines de blé-froment et avoine, mesure de Langres, pendant la vie des damoiselles Leclerc et des sieurs de Villebois, leurs époux ; et, si un de ceux-ci leur survivait, il ne toucherait que moitié des quinze émines ;

3° Ils leur paieront annuellement leur vie durant la somme de six-vingt livres (1), dont moitié à la saint Martin d'hiver, et le reste à la saint Jean-Baptiste. Ladite pension sera éteinte à la mort de la dernière des deux damoiselles.

Cette propriété, exempte d'hypothèques, était chargée de la *dixme à Dieu*, d'un cens de trois livres tournois et de deux chapons, payable au baron le 1ᵉʳ janvier, et des devoirs et droits seigneuriaux. Elle consistait en une maison de laboureur, quelques prés, des terres cultivées, des friches et des broussailles. Les Jésuites travaillèrent à l'améliorer. Pour cela, ils y élevèrent des bâtiments qui pussent contenir plusieurs fermiers. Comme, en ce temps-là, il était d'usage que la commune fournît gratuitement à ceux qui construisaient sur son territoire tous les bois dont ils avaient besoin, les Révérends Pères adressèrent au bailli une requête tendant à obtenir quatre-vingts pieds de chêne. Celui-ci, sur les conclusions du procureur fiscal, leur permit, le 3 décembre 1713, de faire couper par leur charpentier les arbres que les échevins désigneraient.

Les habitants prétendirent que leur juge n'avait pas le droit

---

(2) Cent-vingt francs.

d'accorder cette permission, et, malgré les protestations de quelques bourgeois dont les fils étaient au collége, ils en firent la matière d'un procès. Ils portèrent la cause au bailliage de Dijon. Après une longue procédure, le tribunal rendit, le 13 avril 1718, une sentence qui les condamnait aux dépens et confirmait l'ordonnance donnée au bas de la requête des Jésuites par le bailli de Fayl-Billot. Mécontents de cette décision, ils en appelèrent au Parlement. Cette cour, après avoir examiné l'affaire, les déclara déchus de leur appel, et les condamna à payer les frais, qui montaient à cinq cents livres quatorze sous quatre deniers.

Pendant que la commune était en procès avec les Jésuites, la baronie passa en d'autres mains. M. d'Argouges la céda, par acte du 26 mars 1714, à M. François Théodore de Custine, chevalier, comte de Wiltz (Luxembourg), baron de Chemilly, et à son épouse dame Françoise de Choiseul d'Hostel, en échange de quelques contrats sur l'hôtel-de-ville de Paris et d'une portion de maison en la même cité. Les deux premières reprises de fief faites par M. de Custine sont des 6 juillet et 16 novembre suivants.

Ce noble personnage fit revivre les prétentions de M. François d'Argouges. Il forma une *demande en triage* des bois communaux devant M. Durand d'Auxy, grand-maître des eaux et forêts de Bourgogne, Alsace et Franche-Comté, lequel, avant de se prononcer sur cette affaire, en renvoya l'instruction au maître particulier de Dijon. Celui-ci fit assigner les habitants de Fayl, le 24 décembre 1716; ce fut le commencement d'un procès qui occupa, pendant quelque temps, les plus célèbres avocats du Parlement. Après examen des titres et différents débats, ils conclurent que ces bois n'étaient pas une concession gratuite de la part des seigneurs, mais qu'ils étaient le prix des tailles arbitraires prélevées par eux jusqu'en 1324, et commuées depuis en des redevances moins onéreuses. La cause était suffisamment instruite pour recevoir la décision du Grand-Maître ; mais les officiers de la maîtrise de Dijon, agissant dans des vues d'intérêt personnel, rendirent, le 13 octobre 1718, une sentence préparatoire par laquelle ils ordonnaient de procéder à la reconnaissance et à l'arpentage des bois, pâtis, landes, bruyères et autres communaux de Fayl. Cette sentence fut exécutée par des commissaires accompagnés d'un arpenteur, nommé Bernard Gambu. Le procès-verbal de cette opération et les autres pièces antérieures furent envoyés à M. le grand-maître, résidant à Besançon, qui, par un jugement définitif du 5 avril 1721, maintint la commune dans la propriété de ses bois, pâtis, etc., et condamna le baron aux dépens.

M. de Custine, qui jouissait à Besançon d'un grand crédit, et avait fait agir en sa faveur une infinité de gens de robe et d'épée, s'attendait à obtenir un résultat tout opposé. Se voyant débouté, il interjeta appel de ce jugement au Parlement de Dijon ; mais il mourut avant que la cause ne fût vidée. Sa douairière, qui habitait le château de Chemilly, et ses fils, M. Ferdinand-Eugène de Custine, chevalier, comte de Wiltz, résidant au château de ce nom, et M. Charles-François-Marie de Custine, chevalier, marquis de Wiltz, maître de camp du régiment Stanislas, demeurant ordinairement à la cour de Chambord, continuèrent l'instance et formulèrent leurs griefs. La commune y répondit et démontra la régularité de la sentence de M. Durand d'Auxy. Après cela, sur un rapport de M. Comeau, conseiller aux enquêtes dudit Parlement, la cour prononça, le 21 août 1728, un arrêt interlocutoire ordonnant un nouvel arpentage des bois et autres terrains communaux, lequel serait fait par un officier de la maîtrise de Dijon, autre que Gambu. Les parties devaient nommer des experts pour reconnaître l'état et la nature desdites forêts, la qualité du sol de chaque canton, et indiquer la quantité de cordes de bois que pouvait produire chaque arpent.

Voyant que l'exécution de cet arrêt entraînerait des frais considérables, les seigneurs et les habitants consentirent à un accommodement. Madame la baronne et ses fils donnèrent plein pouvoir au sieur Claude-François de Complainville, avocat au Parlement, et les Fayl-Billotins passèrent procuration à quelques-uns d'entre eux, qui se joignirent à MM. Louot et Maillard, échevins, pour terminer le différend. Ces mandataires se réunirent, le 30 novembre 1728, en la maison curiale de Charmoy, et firent, en présence d'un notaire et de plusieurs témoins, une transaction que nous reproduisons en substance :

Tous les habitants, excepté les privilégiés et les possesseurs de fiefs, continueront de payer les droits seigneuriaux, comme ils l'ont toujours fait. Quant à la redevance du jour de carême-prenant, elle consistera en une poule et six sous. Les corvées de bras et de voitures ne se font plus comme autrefois; depuis longtemps elles ont été changées en un droit d'argent payable à la fête de saint Michel. Ce droit, qui est de onze sous huit deniers pour les laboureurs et deux sous six deniers pour les autres qui n'ont pas de charrue, s'élèvera dorénavant à dix-sept sous pour les premiers et à six pour les seconds. A l'avenir les redevances ne pourront jamais être augmentées ni les corvées exigées en nature, sous quelque prétexte que ce soit. Les habitants s'obligent à payer à perpétuité cette augmentation du droit de la saint Michel, afin de se concilier la protection de leurs dame et seigneurs. Ceux-ci, de leur côté, se désistent de toute demande en triage, et reconnaissent que les bois et autres communaux de Fayl sont désormais et à toujours tenus et possédés par la communauté à titre onéreux pour en jouir et user librement sous la justice et juridiction de la baronie. De plus, ils lui abandonnent la propriété des friches des *Angles* et

Grands-Tillots, qui ont été adjugées à M. le comte de Wiltz par sentence du bailliage de Dijon. Enfin ils consentent que les habitants retirent les pièces qui sont entre les mains des avocats en payant les frais qui restent dus. De cette manière les parties renoncent à toute prétention respective. L'arrêt du 21 août ne sortira pas son effet, et le procès demeure assoupi, éteint et comme non avenu.

Cet accord fut ratifié au château de Chemilly, le 1er mars 1729, par Madame de Wiltz devant un notaire et deux témoins.

En sa qualité de baronne de Fayl, cette dame possédait la mouvance des deux fiefs de Pointé et de Gésans, qui n'étaient séparés de Bussières, dont ils faisaient partie, que par le ruisseau servant de limite aux provinces de Bourgogne et de Champagne. Les religieux de Saint-Antoine, seigneurs de ce village, s'étaient obligés, par un acte du 16 janvier 1529, de fournir à Jean de la Baume « homme vivant et mourant, et à chaque mutation de lui faire les foi et hommage, et de lui donner un marc d'argent en valeur de douze livres. » Voilà en quoi consistaient les droits de la baronie sur ces fiefs.

Madame de Wiltz vendit, le 10 mai 1727, à M. Germain-François Clerget, chevalier de Saint-Jean-de-Latran, « la mouvance de ces deux fiefs, avec la liberté d'ériger la maison où il résidait, à Bussières (1), en maison seigneuriale, pour y recevoir les foi et hommage de l'abbé de Saint-Antoine de la même manière qu'il avait accoutumé de les rendre au château de Fay. » Par le même contrat, elle lui cédait le tiers d'un pré qu'elle possédait par indivis avec MM. de Saint-Antoine, au finage de Bussières, avec tous les droits réels et utiles qu'elle pouvait avoir sur les terres, prés, bois, maisons et habitants de

---

(1) Cette maison était celle qu'habite M Thiberge, sauf les améliorations qui y ont été faites.

ce village, sans en rien réserver. Elle lui donnait la faculté de créer des officiers pour l'exercice de ses droits. Enfin il était stipulé que le sieur Clerget ne relèverait que du roi, et qu'il porterait les foi et hommage de cette acquisition à la Chambre des Comptes de Dijon. Le prix de la vente fut fixé à cinq mille cinq cents livres.

Alors M. Clerget crut pouvoir se qualifier seigneur dominant de Bussières et Belmont, haut, moyen et bas justicier des fiefs de Pointé et de Gésans, d'un tiers de la seigneurie de l'Etang, etc. Il se présenta comme tel à la Chambre des Comptes, et fut admis à reprendre de fief, par arrêt du 6 juin 1727.

Le 3 septembre suivant, il fit signifier aux religieux de Saint-Antoine ce contrat de vente et cet arrêt, leur déclarant qu'il faisait élection de domicile dans son château de Bussières, et les sommant d'y venir lui rendre les foi et hommage qu'ils lui devaient, de lui représenter l'homme vivant et mourant, et de le regarder comme leur seigneur dominant. En même temps il arbora des girouettes sur sa chaumine, qu'il osait appeler château, intima à M. le curé de Bussières l'ordre de le reconnaître aussi pour seigneur dominant de la paroisse, de lui rendre à l'église les honneurs qui lui étaient dus en cette qualité, et se permit de chasser et de pêcher dans toute l'étendue du finage de Bussières et Belmont.

Afficher de pareilles prétentions, c'était faire injure aux Antonins et méconnaître leurs droits. Ces religieux portèrent leurs plaintes devant les tribunaux, et, par une sommation du 12 juillet 1728, formèrent opposition à la vente de la mouvance des susdits fiefs et à l'arrêt précité. M. Clerget appela en garantie le comte de Wiltz, qui se mit de son côté, et demanda que les opposants fussent déclarés non recevables.

Ceux-ci, pour soutenir leur cause, prouvèrent d'abord, par l'acte du 16 janvier 1529 et par tous les dénombrements donnés depuis à la Chambre des Comptes de Dijon, que la baronne n'avait aucun droit sur les terres de Bussières et Belmont, sauf la mouvance des fiefs de Pointé et de Gésans. Il est vrai, dirent-ils, que les officiers de la baronie ont coutume de se transporter à Bussières, tous les ans le jour de la fête de saint Maurice, patron de la paroisse, et de dresser un procès-verbal de leur comparution; mais ils n'y viennent point pour rendre la justice, car on ne prononce pas de jugement les jours de fêtes. Cette démarche n'est qu'un signe de supériorité, à cause de la mouvance des fiefs de Pointé et de Gésans, sur lesquels cependant ils n'ont pas de juridiction.

Ils démontrèrent ensuite, d'après les auteurs feudistes, que la vente faite par Madame de Wiltz était nulle, parce que le démembrement d'une baronie ne pouvait s'effectuer sans le consentement du seigneur suzerain et celui du vassal. Il était avantageux au roi que tous les grands fiefs, comme duchés, comtés, marquisats et baronies, établis pour le soutien de l'Etat et l'honneur de la couronne dont ils relevaient immédiatement, fussent conservés dans leur intégrité, sans partage ni division. Il était aussi de l'intérêt des vassaux de ne point passer de la sujétion d'un seigneur riche et puissant à celle d'un autre qui leur eût été inutile; car, s'ils étaient tenus à l'hommage et au service envers leurs seigneurs, ceux-ci, en retour, leur devaient défense et protection. Or ni le roi ni les religieux n'avaient consenti à cette vente (1). D'ailleurs il était généralement admis

---

(1) Ce consentement était si nécessaire que le roi lui-même, avec son autorité, ne pouvait, même par un traité de paix, distraire, malgré eux, les vassaux qui relevaient de sa couronne. Ainsi François 1er, par le Traité de Madrid (1526), avait disposé du duché de Bourgogne en faveur de Charles-Quint. Mais les Etats de cette province s'y opposèrent, et soutinrent qu'il n'était pas au pouvoir du roi de les aliéner sans leur consentement. C'est à leur fermeté et à leur courageuse résistance que les rois furent redevables de la conservation du duché de Bourgogne.

que les vassaux ne pouvaient être contraints d'aller porter leurs foi et hommage ailleurs qu'au principal manoir, parce que ce devoir était plus réel que personnel. L'abbé de Saint-Antoine était donc en droit de refuser ce qu'exigeait M. Clerget, et de ne vouloir reprendre de fief qu'au château de Fayl, siége de la baronie. Personne ne pouvait lui imposer l'obligation d'aller rendre le devoir de vassalité à un particulier, dans une maison privée, placée sous sa juridiction, chargée de cens envers lui et située en Champagne, tandis que les fiefs en question étaient compris dans la province de Bourgogne.

Ces considérations déterminèrent la Chambre des Comptes de Dijon à décider en faveur des Antonins. Par un arrêt du 26 février 1731, elle cassa la vente, mit les parties dans l'état où elles étaient auparavant, et condamna aux dépens M. Clerget, qui fut complètement ruiné par les procès qu'il entreprit. Son ambition l'avait perdu. Les religieux firent signifier cet arrêt au baron, M. le comte de Wiltz, le 22 mars de la même année, et continuèrent envers lui leur protestation ordinaire de foi et hommage.

§ IV.

Du prieuré et de la cure.

Il y avait à Fayl-Billot, comme nous l'avons dit, un prieuré de l'ordre de Saint-Benoît, dépendant de l'abbaye de Montiéramey. C'était un bénéfice simple que l'on donnait en commende. L'église de la paroisse était aussi celle du prieuré; mais, depuis plusieurs siècles, il n'y avait plus de religieux. Le curé, qui avait charge d'âmes, était tenu à la résidence, et le prieur devait se rendre à Fayl « ès bons jours de l'année pour y faire la desserte. » L'un et l'autre étaient nommés par l'abbé de Montiéramey.

Avant l'année 1636, le revenu ordinaire de la cure était de mille livres, et celui du prieuré de quatre cents. Les biens attachés à ces deux bénéfices consistaient en prés et terres labourables; le *Moulin-aux-Moines* appartenait au prieur. Toutes ces propriétés étaient affermées. Outre cela, le curé avait le *dedans de l'église* ou le casuel, et, pour la Passion, les laboureurs lui donnaient chacun une gerbe de blé, et les artisans et manœuvres deux, trois ou quatre sous, en proportion de ce qu'ils possédaient.

De plus le prieur et le curé étaient les seuls décimateurs et avaient chacun moitié des dîmes de la paroisse. Mais ce droit était moins avantageux à Fayl que dans les villages voisins. Au lieu d'une gerbe sur dix, ils n'en percevaient qu'une sur vingt, quand il s'agissait du blé, du seigle, de l'orge et de l'avoine que l'on appelait grosses dîmes. Ils avaient la vingt-cinquième partie seulement des navettes récoltées sur le territoire, et même, lorsqu'un particulier n'en avait semé qu'un tiers de journal ou moins, ils ne lui demandaient rien. Quant aux autres dîmes menues et vertes, qui se prélevaient ailleurs sur les pois, fèves, lentilles, chanvre, lin et autres choses semblables, personne n'était tenu à les payer; on en avait fait la remise une fois pour toutes. Voilà de quelle manière les dîmes furent réglées, le 26 mai 1643, entre MM. Pierre Baudot, prieur de Notre-Dame de Fayl-Billot, et Nicolas Peussier, curé de la paroisse, d'une part, et les habitants, d'autre part. M. Baudot était en même temps vicaire-général et official du diocèse; il résidait à Langres.

Les noms de ceux qui possédèrent après lui le prieuré ne nous sont pas tous parvenus. On voit, au commencement du XVIIIe siècle, un autre prieur appelé aussi Pierre-Bernard Baudot, demeurant à Dijon. Il fit, en date du 28 avril 1716, un testament par lequel il donna une partie de ses biens aux établissements religieux et aux pauvres. Il légua une somme de seize mille livres à l'hospice Sainte-Anne, que le président Odebert avait fondé à Dijon, vers l'an 1645, en faveur des orphelines. Pour cela, M. Baudot imposa à cette maison certaines charges, entre autres l'obligation de recevoir et d'entretenir à perpétuité une orpheline pauvre de Fayl-Billot.

Jusqu'à présent cette clause a été fidèlement exécutée; mais on ne peut jouir de cet avantage que conformément aux règlements établis. Pour être admise à l'hospice Sainte-Anne, une jeune fille qui a perdu son père et sa mère ou seulement l'un des deux, doit être pauvre, âgée de neuf à onze ans, présentée par la commune et munie de la délibération du conseil municipal, de son extrait de naissance et d'un certificat de vaccine. Alors elle est reçue, logée, vêtue, nourrie et instruite aux frais de l'établissement. Elle y demeure environ sept ans, et puis est remplacée par une autre.

M. Baudot donna en outre à la fabrique de Fayl deux cents livres et aux pauvres de la paroisse cent livres, qui devaient être distribuées par M. le curé de concert avec les officiers de la justice.

Il eut pour successeur M. l'abbé de Barjon, qui obtint le prieuré en commende sur la résignation qui lui en fut faite en cour de Rome. Après sa mort, M. l'abbé de Monclu s'en fit pourvoir par le Pape.

M. de Monclu était vicaire-général du diocèse lors du passage de Stanislas, roi de Pologne, qui allait à Paris pour fêter le mariage de Louis XV avec sa fille, la pieuse Marie Lecksinska. Informé de l'arrivée de ce prince, l'intendant du duché de Bourgogne se rendit à Fayl-Billot où, pour le recevoir, il fit, selon l'expression d'un chroniqueur, des *magnificences étonnantes*. Sa Majesté, avec la reine, la princesse sa mère et un brillant cortège, y arriva le mardi 2 octobre 1725. Elle était accompagnée de l'intendant de Franche-Comté. L'intendant de Champagne vint à sa rencontre ; la ville de Langres envoya aussi en députation MM. Desserrey et de Grenant, échevins, et M. de Monclu, grand-vicaire, apporta pareillement au roi les hommages du clergé et lui offrit le palais épiscopal pour le temps de son séjour à Langres. Après avoir soupé avec Sa Majesté, l'intendant de Champagne, les échevins qu'il avait présentés et M. de Monclu s'en retournèrent en poste. Le prince avec toute sa suite passa la nuit à Fayl. Le lendemain, vers cinq heures du soir, il entra à Langres au son des cloches et au bruit du canon. Il mit pied à terre devant l'évêché, où M. de Monclu le reçut avec tous les honneurs qui lui étaient dus. Stanislas l'embrassa cordialement à deux reprises.

En 1729, M. l'abbé de Monclu fut nommé évêque de Saint-Brieuc. Alors il se démit du prieuré de Fayl-Billot. Mgr. Pierre de Pardaillan de Gondrin d'Antin, évêque de Langres, était en même temps abbé commendataire de Montiéramey (1). Il avait obtenu du Souverain Pontife un bref qui l'autorisait à donner en commende les bénéfices simples dépendants de son abbaye. En vertu de ce droit il accorda, le 7 mai 1729, le titre de prieur à M. Pierre de Papus, clerc du diocèse de Toulouse et chevalier des ordres de Notre-Dame du mont Carmel et de Saint-Lazare de Jérusalem.

Le prieuré fut ensuite donné à M. Louis Postel, qui mourut en 1739, puis à M. Pierre Palamède Cordier, prêtre du diocèse de Paris. Plusieurs fois il rendit service aux Fayl-Billotins. Aussi, en 1750, les échevins lui envoyèrent quelques pièces de gibier pour lui témoigner leur reconnaissance. Il eut pour successeur, en 1782, M. Marc-Alexandre Gravé, clerc du même

---

(1) Il avait été nommé le 28 novembre 1711, et succédait, en cette qualité, à M Jean-Baptiste de Beaumanoir de Lavardin, évêque de Rennes.

diocèse. M. Alexandre Séguin de Vayeilles, prêtre du diocèse de Saint-Flour, fut le dernier titulaire.

Revenons à la cure. Nous avons dit, en nous appuyant sur une ancienne tradition, que jusqu'au dixième siècle, les habitants de Fayl n'avaient eu d'autre église que celle de Charmoy. Après l'établissement du prieuré, ces localités formèrent probablement deux paroisses séparées et indépendantes. On voit, aux Archives de l'Aube, un pouillé de l'an 1625, renfermant les bénéfices mis à la disposition de l'abbé de Montiéramey. Il y est fait mention de l'église Notre-Dame de Fayl-Billot ; mais il n'est nullement question de la paroisse Saint-Remy de Charmoy. Il y a lieu de croire que ces deux églises ne furent réunies que pendant la guerre de Franche-Comté, qui décima les populations et diminua considérablement le nombre des pasteurs. Avant l'année 1636, il y avait, à Fayl, un curé et un vicaire, tandis qu'en 1655 on n'y trouve plus qu'un prêtre ayant le titre et faisant les fonctions de *Curé du Fayl et Charmoy son annexe*. En 1671, il obtint un vicaire. Plus tard, il en eut deux ; alors celui qui était chargé de desservir Charmoy y résidait. Le curé percevait un tiers des dîmes de ce village, et jouissait de quelques prés et terres labourables. En retour, il payait une certaine somme à son vicaire et était tenu pour un tiers à l'entretien du chœur de l'église Saint-Remy.

Outre le curé et le vicaire il y avait encore un prêtre attaché à l'église Notre-Dame ; il portait le titre de *Chapelain du Fayl*. Ses fonctions consistaient à dire « une messe basse tous les dimanches, lundis et fêtes de l'année pour satisfaire à la dévotion des habitants et communauté et la commodité des étrangers qui se trouvent les fêtes et dimanches au Fayl, lesquels sans cela courraient grand risque de perdre la messe. » Ce sont les propres paroles des échevins dans une délibération du 13 janvier 1751 ; elles montrent l'importance que la municipalité de ce temps-là attachait à la célébration du très-saint sacrifice. Cette messe se disait à cinq heures en été et à sept en hiver. Les honoraires du chapelain d'abord fixés à deux cents francs furent ensuite élevés à trois cents. L'adjudicataire du sel lui payait par trimestre cette somme prélevée sur tous les habitants.

CHAPITRE V.

DEPUIS LA FONDATION DE L'HOSPICE JUSQU'A LA RÉVOLUTION.

(1730 — 1789.)

―――

Le fait qui caractérise cette période est l'établissement d'une maison religieuse en faveur des pauvres et des enfants. C'est le fruit du zèle d'un pasteur ; on rencontre toujours un prêtre à la tête des grandes et saintes œuvres. C'est un monument de la charité chrétienne, dont les bienfaits doivent se répandre sur plusieurs générations. Qui pourrait dire le nombre des malheureux qui vont trouver dans cet asile un soulagement à leurs peines, la guérison de leur corps et le salut de leur âme ? Cette pieuse fondation est pour la paroisse une véritable source de bien-être physique et une cause de progrès moral. Après en avoir raconté les commencements, nous parlerons de la baronie, qui passe en d'autres mains. Nous verrons les seigneurs jeter un dernier éclat, la commune grandir en importance, et la municipalité recevoir une organisation plus régulière.

§ I.

Hospice et école de filles.

Vers l'an 1730, on comptait à Fayl-Billot cinq cent cinquante feux. Mais une grande partie des habitants étaient de nouveaux-venus n'ayant pour subsister que leur travail de chaque jour. Nonobstant les abondantes aumônes des riches, ils tombaient dans une grande misère, lorsque le chômage ou la maladie les empêchait de gagner leur pain quotidien.

D'un autre côté, les nombreux enfants de l'âge de sept à quinze ans allaient confusément en classe chez le recteur d'école, qui, avec toute la bonne volonté possible, n'était pas à même de donner à chacun une instruction convenable. Il importait de séparer les deux sexes et de procurer aux petites filles une maîtresse capable de leur apprendre à lire et à écrire et de les former à la vie chrétienne.

M. Pierre Renouard, docteur en théologie, qui gouvernait la paroisse depuis l'an 1702, chercha le moyen de venir en aide aux pauvres et aux enfants : c'était la partie de son troupeau la plus chère à son cœur. Il conçut le projet de former, avec les libéralités des personnes charitables, un établissement pour le soulagement des malades et l'instruction des jeunes personnes, lequel serait confié au dévouement bien connu des sœurs de la congrégation de Saint-Charles de Nancy. Il s'adressa donc à Mgr. l'Evêque de Toul, et à l'écolâtre de l'église de Nancy, supérieurs de la maison, pour obtenir trois sœurs, dont deux s'occuperaient du soin des malades, et l'autre de l'instruction et de l'éducation des petites filles. La communauté envoya à Fayl-Billot deux de ses membres pour s'entendre avec la paroisse de manière à former un établissement solide et durable. Elles arrivèrent le 3 mai 1730.

Alors M. le curé s'empressa de convoquer au presbytère les principaux habitants. Il invita aussi M. Jean Seurrot, ancien conseiller secrétaire du roi en la chancellerie de Dole, écuyer, seigneur de Cusey, de Vivey et des fiefs d'Isomes, Vaux et Aubigny, lequel résidait à Langres, et se trouvait actuellement à Fayl-Billot, lieu de sa naissance (1).

L'assemblée délibéra sur la proposition faite par M. le curé, et, reconnaissant qu'un établissement destiné à l'éducation de la jeunesse et au soulagement des membres souffrants de Jésus-Christ procurerait la gloire de Dieu et le salut des âmes, elle prit les engagements qui suivent.

Les notables et principaux habitants s'obligèrent, au nom de la commune, à fournir *gratis et pro Deo* aux trois sœurs, lorsqu'elles seraient arrivées, tout le bois et le sel dont elles auraient besoin pour elles-mêmes et pour les malades pauvres.

Ils déclarèrent qu'ils donnaient une somme de six cents livres provenant de quêtes faites dans la paroisse pour le soulagement des infirmes nécessiteux, et promirent d'en faire de nouvelles jusqu'à ce que l'établissement possédât des revenus suffisants. Ils espéraient qu'ils seraient autorisés à donner la somme de deux cents livres qu'ils payaient annuellement pour l'hôpital de Dijon, et dont ils n'avaient pas profité jusqu'alors, cette ville étant trop éloignée et les chemins trop difficiles pour qu'on pût y conduire les malades de Fayl-Billot.

M. Seurrot s'engagea à donner dix mille livres. Une autre personne de considération, qui ne voulut pas être connue, promit la même somme.

M. Maillard, né à Fayl-Billot, prêtre, docteur en théologie et chanoine honoraire de l'église Saint-Jean de Dijon, promit avec

(1) L'hospice possède les portraits sur toile de M. et de Madame Seurrot. Ces deux peintures sont un souvenir précieux pour l'établissement; mais il est nécessaire de les faire restaurer.

Mesdemoiselles ses sœurs, de fournir, jusqu'au décès du dernier d'entre eux, une maison avec enclos et dépendances pour loger lesdites sœurs, et une salle de classe pour enseigner et catéchiser les jeunes filles. Il s'engageait à contribuer à l'ameublement de cette maison.

Enfin M. Barrois, prévôt de Langres, offrit la maison meublée qu'il possédait à Fayl-Billot, pour y recevoir les sœurs jusqu'à ce que celle de M. Maillard fût convenablement préparée.

Cette délibération, signée par MM. Seurrot, le curé, le bailli, le procureur fiscal, les échevins et autres notables, fut mise entre les mains des sœurs de Saint-Charles présentes à l'assemblée, pour être communiquée à leurs supérieurs. Après en avoir pris connaissance, la maison de Nancy et son directeur, M. Nicolas, docteur en théologie, écrivirent, en date du 8 juin 1730, à M. Fourel, vicaire de Fayl-Billot, le constituant leur procureur spécial pour régler de concert avec MM. le curé, les donateurs et principaux habitants, tout ce qui concernait l'établissement projeté.

On se réunit le 6 juillet, et, après avoir confirmé l'acte du 3 mai, l'on fit un traité ou règlement en douze articles, que nous rapportons ici en conservant l'orthographe du temps.

« 1° Les trois sœurs qui seront envoyées audit Fayl aux frais de messieurs les directeurs, dont deux d'icelles auront soin des pauvres malades dudit lieu, seront logées dans la maison de la charitté, auront chacune un lict garny et les ameublemens nécessaires et convenables à leur état dans une chambre particullière qui sera suffisante pour y contenir quatre licts.

» 2° Elles seront nourries sur les revenus et aux frais de laditte charitté conformément à leur reigle, sainnes et malades, et soulagées dans leurs maladies, et en cas de mort elles seront inhumées et les obsèques faites aux dépens de laditte charitté, de même que les frais de voyage de celles qui yront remplacer les sœurs mortes.

» 3° Qu'il sera payé à chacune desdittes trois sœurs par chacune année la somme de soixante livres au cours de France pour leur entretien, payable de six mois à autres par le receveur des revenus de laditte charitté sur le mendement des sieurs fondateurs ou directeurs d'icelles une fois pour toujours.

» 4° Que lesdittes sœures qui seront envoyées seront toujours soumises à l'autoritté et juridiction de Monseigneur l'Evêque comte de Toul comme chef de leur congrégation, et reconnaîtront à toujours pour leur supérieure légitime la supérieure de la maison de la charité saint Charles de Nancy, sans qu'elles puissent se soustraire de l'obéissance qu'elles luy ont vouée conformément à leurs reigles et constitutions.

» 5° Qu'il sera loisible aux supérieures et sœures de laditte maison de saint Charles de retirer, rappeller et changer celles qui aurront esté ainsy données à ladite maison de charité du Fayl-Billot, et d'en substituer d'autres qui soient suffisamment capables, et ce à leurs frais, sans qu'elles soient obligées de rendre compte de leur changement.

» 6° Que lesdittes sœures ne seront tenues de soulager les femmes pauvres ny riches dans leurs accouchements, ny les malades attaqués de maladies honteuses ; leur fourniront néantmoins les alliements et médicaments nécessaires.

» 7° Elles ne seront tenues du soin des personnes riches ny de leurs serviteurs ou domestiques dans leurs maladies, non plus que des ecclésiastiques, sy ils ne sont pauvres, auquel cas de nécessité elles niront jamais seulles dans leurs maisons, et ne se mesleront en aucune manière de leur ménage ny de leurs affaires domestiques.

» 8° Que le receveur de laditte charitté remettra tous les mois entre les mains de la sœure économe les deniers convenables pour payer les bouchers, boulangers, marchands, droguistes, et autres menues dépenses, dont elle rendra compte à la fin de chaque mois aux susdits fondateurs ou directeurs.

» 9° Qu'une desdittes trois sœures qui sera nommée par la sœure économe, et quelle changera quand elle jugera bon sera chargée de l'instruction des jeunes filles pauvres de la ville, comme de leur apprendre à lire, le catéchisme et prières, pourquoy il y aura une grande chambre en ladite maison qui servira de classe, laquelle sera fermée pendant les deux heures tant du matin que du soir que durera l'écolle de fasson que personne n'y ayt entrée libre que les petites filles qui y viendront pour y estre instruites, sans que la sœure soit obligée d'apprendre auxdites filles aucun ouvrage.

» 10° Qu'elles ne pourront donner aucuns bouillons, remèdes et médicamens aux pauvres malades, tant de la ville que des dehors dépendans de la paroisse sans le consentement exprès par écrit d'un desdits fondateurs ou directeurs.

» 11° Qu'au cas que ladite maison de charitté seroit dans la suitte érigée en hopitale pour y recevoir les pauvres, l'apartement des sœures sera éloigné et séparé de celuy desdits pauvres, aumônier et receveur dudit hopital au cas qu'ils y logeroient.

» 12° Que les susdits fondateurs et directeurs feront incessamment approuver et ratiffier le présent traitté par Monseigneur l'évesque duc de Langres, ainsy que messeigneurs les évesques de Verdun, Metz et Châlons ont faits en pareil cas, et l'homologuer au parlement de Dijon. »

Ce traité, passé devant M⁰ Blancheville, notaire royal à Fayl-Billot, le 6 juillet 1730, et contrôlé le même jour et au même lieu par M. Lefebre, fut approuvé, le 9, par Mgr. l'évêque de Langres, et ratifié, le 17, par celui de Toul.

L'établissement était fondé. Les trois sœurs désignées pour le desservir arrivèrent au commencement d'août de la même année. La paroisse les reçut avec une grande joie. On leur donna un logement convenable, peut-être celui qu'avait offert M. Barrois (1). Plusieurs personnes s'empressèrent de leur faire don des ustensiles de cuisine, lits et autres meubles dont elles avaient besoin. Dans l'espace des trois mois qui suivirent leur installation, on leur procura une petite pharmacie et une provision de linges, draps de lits, couvertures et matelas pour les distribuer aux malades les plus indigents.

Quelque temps après, une pieuse fille, nommée Jeanne Delâge, voulant contribuer, autant qu'il était en son pouvoir, à cette bonne œuvre, donna tous ses biens meubles et immeubles, à condition qu'elle demeurerait avec les sœurs et serait soignée par elles jusqu'à la fin de sa vie. L'acte de cette donation fut fait par M° Clerget, notaire tabellion royal à Fayl-Billot, le 11 novembre 1735. L'hospice conserva pendant un siècle la maison de Mademoiselle Delâge, située rue de *la Maladière* n° 21, pour loger le fermier qui cultivait les terres faisant partie de son legs. Il la vendit, le 19 août 1838, pour la somme de quatre mille francs. Ces propriétés forment le *Terrage de la Maladière*, donné à bail à un cultivateur, moyennant une redevance annuelle de plusieurs hectolitres de blé et d'avoine.

La charité chrétienne, qui avait fondé ce précieux établissement, le soutint et le fit prospérer. On ne tarda pas à s'apercevoir du bien qu'opéraient les bonnes religieuses. Par leurs soins les pauvres étaient soulagés et consolés dans leurs maladies; les jeunes filles, auparavant sans guides, apprenaient à leur école non-seulement la lecture et l'écriture, mais encore, ce qui vaut infiniment mieux, la vraie et solide piété.

---

(1) C'était, dit-on, la maison n° 20, place de la mairie, habitée aujourd'hui par M. Poinsot, docteur en médecine.

On continua pendant quelque temps de faire des quêtes dans la paroisse. Elles furent si abondantes que, vers l'an 1737, les administrateurs de l'hospice eurent des fonds suffisants pour acquérir une maison du prix de trois mille cinq cents francs (1). M. Seurrot avait donné pour cet effet quinze cents francs, outre les dix mille dont il payait exactement l'intérêt de six mois en six mois (2). Afin d'approprier ce nouveau local à l'usage des sœurs, on construisit, à côté du corps de logis, une salle pour la pharmacie et une autre plus grande pour la classe. La superficie des cours et bâtiments était de cent quatre-vingt-seize toises et demie, et celle du jardin, potager et verger, de deux mille deux cent-trente-deux toises (3). Cette propriété était fermée, partie de murs et partie de haies vives.

Pour affermir cette pieuse fondation, MM. le curé, les échevins et habitants sollicitèrent, en 1738, l'approbation du nouvel évêque de Langres, Mgr. de Montmorin. Le prélat, après avoir pris les informations nécessaires pour juger *de commodo et incommodo*, l'approuva par une ordonnance du 14 mai de la même année.

On adressa ensuite au roi Louis XV une requête pour le prier de confirmer par son autorité cette maison de charité et de lui permettre d'acquérir et de posséder des biens fonds. Sa Majesté, prenant en considération les motifs exposés dans la demande, approuva et confirma ledit établissement par lettres

---

(1) C'était la maison n° 2, rue Sainte-Anne, occupée actuellement par M. Dugelay.

(2) A l'époque de la révolution, il était encore dû sur l'obligation de 10,000 francs contractée par M. Seurrot, une somme de 4,600 francs. MM. Jean-Christophe Bernard et Louis Léaulté et MM[mes] Delecey et de Froment, ses petits-fils et petites-filles, qui demeuraient à Langres, la payèrent, le 9 mai 1792.

(3) Il s'agit ici de la toise de six pieds de roi, qui valait 1 mètre 949 millimètres.

patentes données à Fontainebleau au mois de novembre 1738. Il autorisa tout ce qui avait été fait et donné jusqu'alors, et permit aux administrateurs d'accepter les aumônes, legs universels ou particuliers, donations testamentaires, entre vifs et autrement, à condition cependant que le tout n'excéderait pas la somme de quinze cents livres de revenu annuel en biens fonds, outre ce que possédait actuellement la maison, et les rentes constituées qu'elle pourrait acquérir de ses revenus et épargnes.

L'édit du mois d'août 1749 empêchait ces lettres patentes d'avoir tout leur effet ; mais Louis XVI les remit en vigueur par une ordonnance datée de Versailles au mois de juillet 1779. Il confirma aussi l'établissement et les acquisitions qu'il avait faites.

Quand cette permission d'acquérir et de posséder fut accordée, M. Seurrot acheta de M. Antoine-Christophe Delecey, chanoine de l'église cathédrale de Langres, des prés et des terres labourables sis au finage de Coublanc. Cette acquisition fut faite, le 9 mai 1739, pour la somme de quatre mille cent-onze francs que le sieur Seurrot « a présentement payée comptant de ses deniers audit sieur Delecey vendeur, réellement et de fait, en louis d'or de vingt-quatre livres, écus de six livres et autres monnoyes courantes. » Il faut y ajouter les frais qui étaient à la charge de l'acquéreur et s'élevaient à cent huit francs onze sous. Cette acquisition forma le *Terrage de Coublanc*, que l'hospice possède encore aujourd'hui, et qui renferme environ quinze hectares, trente-six ares, onze centiares de terres labourables, et un hectare, soixante-seize ares, soixante-quatre centiares de prés.

Mademoiselle Claudette Maillard (1) demeurant à Dijon, légua,

---

(1) Elle mourut au mois de mai 1756, et fut inhumée dans l'église de Fayl-Billot, devant l'autel de saint Hubert.

par un acte du 16 septembre 1739, plusieurs pièces de terre et de pré aux finages de Charmoy et d'Anrosey, à condition que, si l'établissement venait à être détruit ou incorporé à d'autres hôpitaux, les biens qu'elle donnait resteraient entre les mains de M. le curé et des notables pour le soulagement des pauvres de Fayl-Billot. A ces propriétés M. Seurrot joignit celles qu'il possédait sur les territoires d'Anrosey, Charmoy et Pierrefaite. Il les céda à l'hospice en déduction de la somme qu'il avait promise. Elles composèrent le *Terrage de Charmoy* (1).

Mademoiselle Marie-Anne Clerget donna, par un testament codicille en date du 5 décembre 1747, cinq penaux de terre au finage de Fayl, au lieu dit les *Favets*. Une de ses parentes, Madame Marie-Anne Petitjean, veuve de M. Philippe Clerget, légua pareillement, le 26 mars 1749, plusieurs pièces de terre en la jouissance desquelles l'hospice devait entrer après son décès, à charge par lui de fournir chaque année, à perpétuité, l'huile provenant de deux bichets de navette, mesure de Fayl, pour l'entretien de la lampe que l'on allumait devant l'autel de la sainte Vierge. Il devait aussi payer vingt-cinq sous à la personne qui avait le soin de cette lampe.

La nièce de M. Seurrot, Mademoiselle Colette Barrois, demeurant à Langres, où elle se distinguait par ses aumônes, voulut aussi contribuer à l'œuvre de charité à laquelle elle portait, comme son oncle, un grand intérêt. Elle donna à l'hospice, le 5 octobre 1754, plusieurs propriétés sises au finage de Fayl; c'est le *Terrage du Mont-d'Olivotte*. Elle légua en outre six cents francs qui lui étaient dus par des particuliers, à condition que les administrateurs de l'hospice emploieraient annuellement trente à quarante francs au paiement des mois

---

(1) On dit que MM^{elles} Seurrot firent aussi des donations à l'hospice ; mais nous ne connaissons aucun titre qui le prouve.

d'école des petits garçons pauvres ou orphelins de la paroisse et des fermes qui en dépendaient. Ces enfants devaient être désignés par les administrateurs, le 1er octobre de chaque année, et leurs noms donnés au recteur d'école chargé de leur apprendre à lire et à écrire.

En 1756, une épidémie régna dans la paroisse pendant plus d'un mois. On fit venir, pour en arrêter les progrès, deux docteurs en médecine. Les religieuses, de leur côté, se firent admirer pour leur dévouement à soigner les malheureux atteints de la contagion.

Nous avons vu que l'administration de l'hospice avait fait, en 1737, l'acquisition d'une maison, rue Sainte-Anne, pour le logement des sœurs et la tenue de l'école. Mais elle était trop éloignée de l'église et du centre de la ville. On résolut d'en acheter une autre, et l'on n'en trouva pas de plus convenable que celle de feu M. Philippe Clerget. Elle était estimée deux mille quatre cents francs. Les acquéreurs payèrent comptant moitié de cette somme. Il fut stipulé que l'hospice donnerait trois cents francs à la fabrique pour faire recommander à perpétuité aux prières des fidèles les âmes des défunts Philippe Clerget et Marie-Anne Petitjean son épouse. Il restait encore neuf cents francs ; MM. Clerget (1) en firent don à l'établissement. Cette maison acquise le 25 juin 1757, et sise rue de la Maladière, n° 72, est celle que les sœurs occupent encore aujourd'hui, sauf les modifications que le temps et les circonstances ont exigées.

---

(1) Les enfants de Philippe Clerget, bourgeois à Fayl-Billot, et de Marie-Anne Petitjean étaient : Jacques Clerget, avocat au Parlement ; Charles Clerget, conseiller au bailliage et siège présidial de Langres ; Marie-Anne Clerget, mariée à Claude-Nicolas-Mammés Richard, aussi conseiller au même siège ; et Sire Clerget, mariée à Louis Poisse, conseiller à l'élection de Langres.

Nous avons cru devoir entrer dans ces détails pour faire connaître l'origine et les bienfaiteurs d'une œuvre que la charité chrétienne a inspirée et soutenue, que la Providence a bénie, et qui, Dieu aidant, contribuera toujours puissamment au salut des âmes. Le zélé pasteur qui en avait conçu la pensée, en fut le directeur spirituel et temporel, et cette direction passa à ses successeurs jusqu'à la révolution. Après M. le curé venaient les administrateurs et le receveur. Ces fonctions furent toujours confiées aux hommes les plus honorables de la paroisse. Parmi eux on voit, en 1747, un seigneur, nommé Hubert de Froment.

§ II.

La baronie et ses droits.

M. Hubert de Froment, écuyer, seigneur de Bize et de Chaudenay, ancien officier de cavalerie pensionné par le roi, était fils de M. Charles-Luc de Froment et de Gasparde de Karendefez. Il avait épousé Mademoiselle Antoinette-Marguerite de La Marche, dont il eut plusieurs enfants, entre autres Marie-Claude-Bernarde, née au château de Bize, le 20 septembre 1730, et Jacques-Marie de Froment, né à Fayl-Billot le 5 janvier 1740, futur représentant de la noblesse langroise aux Etats généraux. Mademoiselle Marie-Claude-Bernarde avait accompli sa vingt-deuxième année, lorsque M. de Froment donna sa main à M. Jacques-Hugues-Michel d'Attricourt, écuyer, capitaine au régiment de Rouergue, en garnison à Philippeville. C'était le fils de M. Jacques-Michel d'Attricourt, président du bureau des finances et de la Chambre du domaine de Dijon. M. Michel donna à son fils : 1º le fief de Sacquenay, situé à Fontaine-Française, et valant mille livres; 2º un domaine au même lieu, consistant en maisons, terres, prés, vignes et constitutions de rentes, avec les meubles qui se trouvaient dans la maison principale dudit domaine, valant vingt mille livres ; 3º l'office de trésorier des finances, dont il était actuellement pourvu, valant quarante mille livres. Il s'en réservait toutefois la jouissance sa vie durant. Mademoiselle de Froment apporta deux mille livres qui lui appartenaient en propre. Son père lui fournit un trousseau de deux mille livres et une dot de dix mille. Le mariage fut solennellement célébré en l'église de Fayl-Billot, le 20 novembre 1752, en présence de plusieurs seigneurs et dames de distinction (1).

A cette époque la baronie appartenait à Madame Marie-Thérèse de Custine de Wiltz, qui l'avait héritée de M. de Custine, son père. Cette Dame avait été mariée à M. Innocent-Marie de Vassenhac d'Imecourt. Devenue veuve, elle résolut de vendre ses droits. Les jeunes époux, M. et Madame Michel, traitèrent avec elle, et achetèrent la baronie de Fayl-Billot pour la somme de soixante mille francs, le 13 juin 1754, devant Mᵉ Mathieu et son collègue, notaires à Dijon.

Comme cette propriété relevait en plein fief du roi de France, à cause de son duché de Bourgogne, dont elle faisait partie,

(1) Du côté de l'époux : ses beaux-frères et ses sœurs : Jean-Claude de Valloux de Chasseux, seigneur d'Oisilly, avec son épouse Barbe-Michel demeurant à Tilchatel; Jean-Baptiste de Chanteau, écuyer, seigneur d'Attricourt, Heste et Le Puy, fourrier des logis du roi, et son épouse Jacqueline Michel, demeurant à Attricourt en Franche-Comté.

Du côté de l'épouse : Hubert de Froment et Antoinette-Marguerite de La Marche, ses père et mère; Jacques-Marie de Froment, écuyer, cadet au régiment de Rouergue, son frère; Antoinette-Gabrielle de Froment, et Geneviève de Froment, ses sœurs, demeurant à Fayl-Billot; Philippe-Gabriel Profillet, écuyer, seigneur de Dardenay, Torcenay, Balesmes et Choilley, avec son épouse Marie-Bernarde de Froment, et leur demoiselle Raymonde Profillet de Dardenay, ses cousin et cousines, demeurant à Langres; Pierre-Jean-Baptiste Piétrequin, écuyer, seigneur de Gilley et de Mons, avec son épouse Marguerite Giraut, et Claude Joseph Giraut, écuyer mousquetaire, ses cousins et cousine, résidant à Gilley.

c'était au palais des ducs à Dijon que les seigneurs devaient en faire hommage à Sa Majesté. Le nouveau baron s'en acquitta, entre autres fois, le 1ᵉʳ juillet 1757, et fit un dénombrement très-détaillé des droits qu'il possédait. Voici ce que nous apprend cette déclaration, qui renferme plus de soixante articles.

Le baron était seul seigneur de Fayl-Billot. C'était à lui qu'appartenait la justice haute, moyenne et basse sur tout le territoire et sur les habitants. Il avait, dans les cas portés par la coutume de Bourgogne, le jaugeage et la vérification des poids et mesures, les amendes, épaves, confiscations et tous les autres droits utiles, honorifiques, de justice et de police, que possédaient les seigneurs haut-justiciers (1).

Il avait droit d'instituer, pour exercer la justice (2), un bailli, un lieutenant, un procureur fiscal, un prévôt, un greffier, des sergents, un geôlier et autres officiers, lesquels convainquaient de toutes matières et jugeaient tous procès tant civils que criminels, excepté les cas royaux. Les appellations émises des ju-

(1) Il profitait des biens de ceux qui mouraient sans héritiers sur ses terres, et cela par un droit appelé *deshérence*. Il avait droit d'hériter pareillement des biens des bâtards qui seraient nés sur le territoire de sa juridiction, qui y auraient eu un domicile actuel, et qui y seraient décédés sans enfants nés de légitime mariage. A défaut de ces trois conditions leur succession aurait appartenu au roi.

(2) Aucun seigneur justicier ne pouvait rendre la justice par lui-même; il le faisait par le ministère d'un juge qu'il commettait à cet effet.

Le juge du seigneur haut-justicier avait droit de connaître de tous les crimes qui n'étaient pas du nombre de ceux qu'on appelle cas royaux, de condamner les coupables au bannissement hors l'étendue de sa juridiction, à des peines corporelles et même à la mort.

Le juge du seigneur moyen-justicier avait droit de connaître de toutes sortes de matières civiles, tant réelles que personnelles et mixtes, et même des délits dont la réparation pouvait être faite par une amende de soixante sols parisis.

Le juge du seigneur bas-justicier avait droit de connaître des matières personnelles jusqu'à soixante sols parisis, et des délits pour lesquels il ne pouvait néanmoins prononcer d'amende que jusqu'à six sols parisis.

gements rendus par eux ressortissaient immédiatement, en matière civile, au bailliage de Dijon, et, en matière criminelle et de police, au Parlement de Bourgogne.

Il y avait un lieu marqué pour l'exécution des criminels condamnés à être pendus; c'était au sommet de la colline, à côté du sentier qui conduit à Bussières, à l'endroit que l'on appelle pour cela *Planche-des-Fourches* (1). Là était dressé le signe patibulaire consistant en deux ou trois pièces de bois, plantées en terre et servant de piliers à une autre placée en travers. Lorsqu'il tombait, les habitants de Fayl-Billot, de Tornay, de Belfond et une partie de ceux de Bussières étaient tenus de le relever, sous peine de soixante-cinq sous d'amende.

Le baron avait droit d'établir un notaire tabellion, et de prendre, pour le sceau et tabellionage, un sou tournois sur chaque contrat.

De la baronie relevaient les fiefs suivants :

1° Le fief de Montarby que possédait à Fayl-Billot Madame Millet, demeurant à Dijon, lequel consistait en maisons et jardins avec environ cent journaux de terres labourables et vingt fauchées de prés, suivant le dénombrement qu'elle avait donné au baron devant son bailli, le 22 juin 1757;

2° Le fief dit de Sacquenay que tenait à Fayl-Billot M. Hubert de Froment, seigneur de Chaudenay et autres lieux;

3° La terre et seigneurie de Bourguignon-les-Morey, comprise dans le bailliage de Gray, au comté de Bourgogne, et dont M. Jacques, comte de Damedor, chevalier, avait fait hommage et donné le dénombrement, le 3 octobre 1737;

4° Les fiefs de Pointé et de Gésans, sis à Bussières, possédés par les religieux de Saint-Antoine, seigneurs dudit lieu.

---

(1) Ce lieu est désigné sous le nom de *Justice* dans la grande carte du diocèse de Langres, gravée en 1769 par Nicolas Chalmandrier.

De plus le baron avait droit de mouvance à Tornay, comme le seigneur du lieu le reconnut envers Jean de Neuchâtel, seigneur de Fayl, devant Jacob, notaire, le 8 juin 1437. En vertu de ce droit, les officiers de la baronie se transportaient chaque année audit Tornay, le jour de la fête de saint Loup, patron du village, pour y rendre la justice, après quoi ils dressaient procès-verbal de leur visite et de leurs actes. Il avait en outre droit de taille ou cens de vingt sous huit deniers par an sur deux maisons, granges, aisances et dépendances, et sur environ vingt journaux de terres, quatre fauchées de prés *et le bois de Lardis à l'entour.* Il en était seigneur, et avait la justice sur ces héritages, sur ces maisons et sur les personnes qui les habitaient.

En vertu du même droit de mouvance, les officiers susdits allaient tous les ans à Belfond, le jour de saint Sulpice, patron de Belfond et de Genevrières, pour y rendre la justice. Le baron était seigneur-justicier de trente-huit journaux de terres sis auxdits lieux, de deux maisons et des hommes qui y résidaient.

Les habitants de Bussières étaient tenus de faire guet et garde au château de Fayl en temps de guerre, toutes les fois qu'ils en étaient requis.

Les habitants de Montlandon devaient chaque année au receveur de la baronie, au jour de la fête de saint Remy, 1er octobre, trente-cinq sous, et ceux de Celsoy deux sous par feu pour droit de garde. Ceux d'Arbigny-sous-Varennes devaient également pour la garde, à la fête de saint Martin d'hiver, douze émines et demie d'avoine, mesure de Langres; ce qui valait cent douze penaux et demi, mesure de Fayl. Enfin ceux de Culmont devaient aussi, le même jour, quatre émines d'avoine, mesure locale, ou quarante penaux, mesure de Fayl. Tous ces droits se percevaient aux susdits villages; il n'y avait que les habitants de Culmont qui fussent obligés d'amener leur redevance.

Il y avait à Fayl-Billot une halle, un marché tous les jeudis et quatre foires par an, savoir : le jeudi avant la Purification, le premier jeudi de juin, le jeudi avant la Nativité, et le jour de saint Clément, 23 novembre.

Le baron avait le droit de coupe et éminage sur les grains, légumes, fruits et autres denrées vendues et débitées aux foires et marchés de la ville, depuis le mercredi à midi jusqu'au vendredi à la même heure, par les personnes qui n'y avaient pas leur domicile; car les laboureurs de Fayl, en vendant leurs grains, n'étaient point soumis à ce droit. Il consistait à payer pour chaque bichet une coupe qui en contenait la vingt-quatrième partie, et cela sous peine de trois livres cinq sous d'amende, intérêts et confiscation.

En vertu du droit de vente et étalage, il était dû au baron, les jours de foires et marchés, savoir : pour le cheval et le bœuf, huit deniers; la jument, quatre deniers; les vaches, porcs, bêtes à laine, boucs et chèvres, deux deniers; les grains achetés et emportés sur un cheval sans bât, quatre deniers, et sur un cheval avec bât, huit deniers; le paquet de fil ou de chanvre et de lin peignés, quatre à six deniers; le panier d'œufs, trois deniers ou un œuf; la pièce ou trousse de bouge, de toile, etc., un denier; les autres denrées, un denier; le char ferré, huit deniers; le char non ferré et la charrette ferrée, quatre deniers; la charrette non ferrée, deux deniers; une place avec étal, deux deniers; une place sans étal, un denier.

Quant aux habitants de Fayl-Billot, ils ne devaient rien pour le bétail, les denrées et les voitures; seulement ils payaient l'étalage et les places comme les étrangers.

Toutes les marchandises vendues et échangées à Charmoy par des personnes qui n'y demeuraient pas, et tous les bestiaux laissés dans les maisons de Fayl par les habitants de Charmoy, étaient soumis aux droits susdits, qui devaient être payés sous peine de trois livres cinq sous d'amende.

Les jours où il n'y avait ni foire ni marché, il était permis de vendre sans payer autre chose qu'un denier pour ce qui se portait sur l'épaule, et quatre deniers pour ce que l'on mettait sur un cheval ou sur une voiture.

Le droit de banvin commençait le lendemain de Noël, fête de saint Etienne, après les vêpres, et finissait, à la même heure, le jour de la Purification de Notre-Dame. Pendant tout ce temps il était défendu à qui que ce fût de vendre du vin sous peine de soixante-cinq sous d'amende et des intérêts. De plus, lorsqu'un habitant voulait en vendre pour la première fois ou après trois mois d'interruption, il était obligé d'en livrer au baron une pinte de la qualité de celui qu'il se proposait de vendre.

Le droit de péage s'étendait, en longueur, depuis Port-sur-Saône jusqu'à la *Fontaine-au-Bassin* près Langres (1), et, en largeur, depuis la rivière d'Amance jusqu'à la ferme de *Veronne* au-delà de Bussières. Il se prélevait sur les voitures et le bétail qui passaient, et sur les marchandises que l'on transportait. La somme variait, selon les différents objets, d'une obole à deux sous huit deniers. Ceux qui achetaient des denrées à Fayl-Billot, et les y laissaient jusqu'au lendemain à l'heure de prime (six heures du matin), subissaient les droits de péage et de vente sous peine de soixante-cinq sous d'amende. Chaque étranger, qui passait sur le territoire, portant sur son cou quelque marchandise que ce fût, devait un denier. Il y avait une exception en faveur des habitants de Laferté, Anrosey, Bize,

---

(1) Cette fontaine est sur le territoire de Saint-Ciergues. Le droit du seigneur de Fouvent s'étendait aussi « jusqu'à la fontaine au bassin oultre Langres, » c'est-à-dire qu'on pouvait poursuivre jusque-là pour faire payer ce droit.

Soyers, Velles, Guyonvelle et Pisseloup. Toutes les fois qu'ils portaient des denrées et marchandises de leur crû ou de leur industrie, ils ne devaient rien.

Les voitures qui traversaient le bois de Fayl, pour aller de Bussières sur la route de Langres, étaient soumises au péage, à raison de huit deniers par charriot et quatre par charrette.

Enfin, en vertu de ce même droit, tous les étrangers vendant ou achetant, les jours de foire et marché, devaient un blanc (1).

Tous ces droits étaient perçus par le fermier de la baronie. On trouve bien, au XVIIIe siècle, un bureau de traites foraines établi à Fayl-Billot, et tenu par un receveur et un huissier; mais c'était une institution royale qui semble n'avoir eu rien de commun avec le péage dont nous venons de parler. Ce bureau était sous la juridiction de celui de Langres, quoique cette ville fût d'une autre province.

Les marchands de Fayl-Billot étaient obligés, une fois l'an, au jour de la fête de saint Clément, de présenter aux officiers de la baronie tous leurs poids et mesures, et de payer pour chacun de ces poids et mesures la somme de cinq deniers, sous peine de soixante-cinq sous d'amende. Tout était vérifié, et, si l'on trouvait de faux poids et de fausses mesures, ils étaient confisqués, et ceux qui les possédaient se voyaient condamnés à soixante-cinq sous d'amende au profit du seigneur.

Il faut noter ici que Fayl-Billot avait des mesures particulières. Elles ne sont plus guère connues aujourd'hui, parce que le système métrique est universellement en usage. Nous mentionnerons seulement la demi-pinte, qui valait un litre deux cent cinquante-sept millilitres, et la pinte qui contenait le double; le penal et le minot souvent employés pour les grains et plus grands d'un dix-septième que la mesure de Langres;

---

(1) Ancienne monnaie de cuivre qui valait cinq deniers.

l'aune de fabricant, longue de huit cent quatre-vingt-treize millimètres. Quant aux mesures agraires, on avait le journal pour terres et prés, qui valait trente-quatre ares vingt-huit centiares, la journée de vignes qui valait quatre ares vingt-six centiares, l'arpent de cent perches, la perche de vingt-deux pieds, celle de neuf pieds et demi, et la toise de six pieds de roi.

Les jeunes époux qui, au jour de leur mariage, se faisaient accompagner à l'église avec un violon ou autre instrument, devaient, en sortant de l'église, aller danser sur la place vis-à-vis l'ancien château, sous peine de trois livres cinq sous d'amende et de la privation du joueur pendant la journée.

Le jour de la fête de saint Etienne, lendemain de Noël, les marchands payaient encore six deniers, et les manouvriers et gens de métiers, deux deniers; les laboureurs n'étaient point tenus à ce droit. Les époux devaient, le même jour, dans la première année de leur mariage, sous peine de l'amende ordinaire, six deniers qui se payaient *au bruit du tambour*.

Les bouchers étaient obligés, sous peine d'amende, de présenter au fermier ou receveur de la baronie toutes les langues des bœufs et des vaches qu'ils tuaient à Fayl-Billot.

L'usage pour les jeunes mariés d'aller danser devant le château et pour les bouchers de donner les langues au seigneur, venait, dit-on, de ce que l'un des seigneurs de Fayl-Billot s'était précipité l'épée à la main sur un loup enragé qui, le jour de la noce d'un boucher, était entré dans la ville, et, après avoir mordu plusieurs personnes, arrivait en face de la noce et allait se jeter sur les époux qui marchaient en tête. Le seigneur ayant tué le loup, les jeunes mariés vinrent le soir danser devant le château, et le boucher offrit au seigneur qui aimait les langues, toutes celles des bœufs qu'il tua.

Chaque ménage devait annuellement, le 1er janvier, six sous huit deniers pour le droit de four, et, le premier jour de carême, six sous, conformément au titre de 1324. Ceux qui ne labouraient pas devaient six sous pour une poule, et les laboureurs, dix-sept sous pour droit de corvées et charrois, le 29 septembre, fête de saint Michel. Chaque ménage devait encore trois sous, le 1er novembre. En outre, les laboureurs devaient, ce même jour, quatre sous par charrue, six sous par cheval et quatre sous par bœuf ou vache traînant la charrue. Ceux qui, n'ayant pas de charrue, faisaient cultiver leurs champs par d'autres, étaient tenus de payer un sou par journal, et, quand même ils auraient eu plus de quatre journaux, ils ne devaient que quatre sous. Il fallait que chacun de ces droits fût payé au jour fixe, sous peine de trois sous quatre deniers d'amende. Tous les habitants y étaient tenus, excepté les ecclésiastiques et les possesseurs de fiefs.

Il était encore dû au baron divers cens ou rentes foncières en argent pour un grand nombre d'héritages tenus en roture. Il recevait annuellement des Jésuites de Langres trois livres et deux chapons pour la ferme de Bonnay, comme il avait été stipulé dans le bail du 14 août 1603. Le 24 août 1759, ces Révérends Pères firent avec Madame la baronne un traité par lequel, au moyen de la somme de neuf cent cinquante livres une fois payée, leur propriété demeura déchargée à perpétuité de tous droits casuels, « tels que lods, ventes, prestation d'homme vivant et mourant, droit d'indemnité et autres de pareille nature. » Quant au cens emphytéotique de trois livres et deux chapons, il fut converti en un cens simple, annuel et perpétuel de deux chapons ou vingt-quatre sous au choix des redevables. Le paiement devait s'en faire, le 1er janvier, au château de Fayl.

Comme le ruisseau de Louvières, qui serpente dans la vallée, appartenait au baron, le prieur de Notre-Dame lui payait un cens annuel de vingt sous et deux chapons pour le cours d'eau de son *Moulin-aux-Moines*. Les héritiers de Mademoiselle

Claudette Maillard lui devaient pareillement un cens de vingt sous pour le cours d'eau de leur *Moulin à papier* (1).

En outre, le domaine féodal de la baronie se composait d'une grande quantité de terres labourables sises en différents endroits du finage, et de plusieurs fauchées de prés à Fayl-Billot et sur l'Amance. Le seigneur avait, à peu de distance de la chapelle Sainte-Anne, à côté du chemin de Maizières, un moulin à vent, qui fut détruit en 1755. Il possédait aussi le *Petit-Moulin*, le *Grand-Moulin*, le *Grand-Etang*, etc., etc.

Le château-fort n'existait plus depuis longtemps. Courtépée dit qu'il avait été détruit dès le xive siècle; nous pensons qu'il ne le fut qu'au xve, pendant la guerre des Anglais. Cet historien ajoute que les redevances des villages, qui y avaient droit de retraite, furent dès lors abolies : c'est une erreur, car nous avons vu, d'après le dénombrement de 1757, que les habitants de Montlandon, Celsoy, Culmont et Arbigny continuaient à payer au baron le droit de garde. Mais, quoiqu'il ne reste plus rien de la construction primitive, on distingue encore très-bien l'emplacement qu'elle occupait. Il avait été donné, le 28 avril 1721, à titre de cens emphytéotique, portant lods et ventes, droit de retenue et autres droits seigneuriaux, à Jean Mauffroy, maître de poste, et à Etienne Bailly, employé dans les fermes du roi, moyennant vingt livres par an, payables au 1er janvier, sous peine de cinq sous d'amende. Il était convenu, dans l'acte, que

---

(1) De là vient le nom de *Papelterie*, ferme considérable, qui appartient à M. Petitjean-Guenel. Dans son dénombrement du 1er juillet 1757, le baron la compta parmi les six granges faisant partie de la paroisse et de la commune. Les cinq autres étaient : *Louvières*, appartenant à l'abbaye de Belmont; les *Tillots*, cédée à titre de cens par le baron à Antoine Delanne; *Bonnay*, possédée par les Jésuites; *Carbolot*, appartenant aux héritiers de Gaspard Bulliard; enfin la *Gorge*, indivise entre les héritiers de Nicolas Bastiennet. Aujourd'hui Bonnay n'est plus habitée que par des manouvriers; Carbolot et la Gorge sont démolies.

ces retenteurs feraient bâtir « sur la motte et mazure dudit château une maison en pavillon, bien logeable, avec une volière pour des pigeons d'un côté et une grange de l'autre. » Cette clause fut exécutée. Comme c'était là le principal manoir de la seigneurie, le baron se réservait la faculté d'y recevoir les foi et hommage des fiefs qui étaient de sa mouvance et les droits qui lui étaient dus (1).

M. Michel d'Attricourt ne jouit presque pas de la baronie de Fayl-Billot. Après avoir servi vingt ans, dont quatorze comme capitaine au régiment de Rouergue, il fut blessé dans la désastreuse journée de Minden, en 1759. Alors on lui donna, en récompense de son dévouement, la croix de chevalier de Saint-Louis. Cette marque d'estime de la part de son prince lui fit oublier sa blessure. Il continua de marcher au combat, et fut tué glorieusement à la bataille de Warbourg, le 31 juillet 1760. Sa veuve, Madame la baronne, reçut, le 28 octobre suivant, un brevet de pension de trois cent quatre-vingt-dix francs sur le trésor royal.

De leur mariage étaient nées quatre filles, savoir : 1° Marguerite-Jacqueline, décédée à l'âge de quatre mois, le 13 décembre 1753; 2° Huberte-Gabrielle-Barbe, mariée à M. Nicolas Puissant, seigneur de Suzainnecourt; 3° Marie-Jeanne-Françoise, qui testa et mourut en 1778, à l'âge de vingt ans; 4° Jacques-Philippe-Victoire, qui épousa M. Labbey de Sauvigney, futur baron de Fayl-Billot, si la révolution n'eût éclaté.

M. Louis-César Labbey de Sauvigney, fils d'un conseiller au bailliage et siége présidial de Vesoul, était né dans cette ville, le 4 novembre 1760. A l'âge de seize ans et demi, il entra comme simple soldat au régiment d'Artois, infanterie, où il ob-

---

(1) Cette maison a été naguère achetée et réparée par M. Benoit-Forgeot, qui l'occupe actuellement.

tint en peu de temps les grades de cadet-gentilhomme, sous-lieutenant et lieutenant en second. Le 6 mai 1788, il passa capitaine au bataillon de garnison d'Armagnac. A l'époque de la révolution, il était à Fayl-Billot ; on le nomma colonel de la garde nationale. En 1791, il émigra et prit rang dans l'armée de Condé. Son frère, M. Labbey de Billy (1), reçut, en 1800, la lettre suivante datée du quartier-général de Lintz, le 17 février :

« Louis-Joseph de Bourbon, prince de Condé, prince du sang, etc., certifie que M. Louis-César Labbey de Sauvigney, gentilhomme français de la province de Franche-Comté, capitaine au régiment provincial d'Armagnac et aide-maréchal général adjoint des logis de l'armée, émigré le 28 novembre 1791, a fait sous nos ordres les campagnes de 1792 et 1793, dans le second escadron de la seconde division de la cavalerie noble ; qu'il s'est trouvé à toutes les affaires de la campagne de 1793, nommément à celles des 20, 21 août, 12 septembre, 13 octobre, 2 et 8 décembre ; que sa santé ne lui ayant pas permis de faire la campagne de 1794, il a rejoint l'armée au commencement de celle de 1795 qu'il a faite dans la compagnie n° 8 des chasseurs nobles, ainsi que celle de 1796 jusqu'au 13 août qu'il fut tué en combattant les ennemis de son roi ; qu'il s'est conduit avec honneur pendant qu'il a été à l'armée, faisant son service exactement et de manière à mériter notre estime et nos regrets. Le roi l'avait nommé, en considération de ses services, chevalier de Saint-Louis. »

Madame la baronne n'émigra pas. En 1791, elle quitta Fayl-Billot, où elle avait vécu depuis son enfance, pour se retirer au château de son gendre, M. Puissant, à Suzainnecourt. Elle y

---

(1) M. Nicolas Antoine Labbey de Billy, docteur en droit civil et canonique, vicaire-général du diocèse de Langres, chanoine de Besançon, professeur d'histoire à l'académie de cette ville, auteur d'un sermonnaire et d'une histoire de l'Université du comté de Bourgogne.

mourut, à l'âge de soixante-trois ans, le 18 août 1793, et fut inhumée dans le sanctuaire de l'église de cette paroisse, du côté de l'Evangile. La pierre qui couvre son tombeau porte cette inscription :

CY-GIT

DAME MARIE-CLAUDE
BERNARDE FROMENT DÉCÉDÉE
A JUZENNECOURT LE 18 AOUT
1793 DOUAIRIÈRE DE M.
JACQUES HUGUES MICHEL
DU FAYS ANCIEN CHEVALIER
DE St LOUIS ET
CAPITAINE D'INFANTERIE
TUÉ A LA BATAILLE DE WAR-
BOURG LE 31 JUILLET 1760.

PRIEZ DIEU POUR ELLE.

Quant à Madame de Sauvigney, elle était décédée auparavant, laissant deux enfants en bas âge : Marie-Guillelmine-Julie (1), plus tard mariée à M. de Raze, et Claire-Marie, qui devait épouser, en 1816, M. Amédée Deminette de Beaujeu, d'une ancienne et noble famille de Pierrefaite. Ces orphelines furent adoptées et élevées avec un soin tout paternel par leur grand-oncle, M. Jacques-Marie de Froment, qui, pendant la révolution, racheta pour elles une partie des biens de la baronie, dont l'Etat s'était emparé. Sous la Restauration, une pension de cinq cents francs fut accordée à chacune de ces dames, parce que leur père était mort pour la défense des Bourbons.

---

(1) Mgr César-Guillaume de la Luzerne, évêque de Langres, fut son parrain.

§ III.

De la commune.

A côté du pouvoir seigneurial qui, dans le principe, avait été souverain, s'élevait le pouvoir municipal, dont l'action ne fit que grandir depuis l'affranchissement de la commune. Confié d'abord à des procureurs chargés de garder les droits consacrés par la charte, il fut ensuite remis entre les mains d'échevins ou syndics. Ces magistrats surent, comme nous l'avons vu, défendre les intérêts de leurs administrés et lutter avantageusement contre les empiétements des seigneurs.

D'après une ordonnance de l'Intendant de Bourgogne, on établit, vers l'an 1700, une *Chambre des notables,* composée de deux échevins et de douze notables ou principaux habitants. Les échevins étaient élus annuellement. Les notables se prenaient en nombre égal dans chacune des trois classes de la population. Il y en avait quatre parmi les bourgeois, les praticiens et les marchands, qui formaient la première classe, quatre parmi les laboureurs, qui composaient la deuxième, enfin quatre parmi les artisans et les manœuvres considérés comme la troisième. A la fin de l'année, il sortait deux membres de chaque classe, et six autres étaient élus pour les remplacer. De cette manière ils restaient deux ans en charge, et la municipalité se renouvelait tous les ans par moitié. Tous, échevins et notables, étaient assignés, après leur élection, devant le bailli de Fayl, pour prêter serment d'exercer leurs fonctions avec fidélité.

Elles consistaient à procurer le bien général de la commune en s'occupant des affaires qui la concernaient, à délibérer sur tout ce qui pouvait intéresser son administration. Les échevins convoquaient les notables, ordinairement dans la maison du premier d'entre eux. Ils exposaient la question à traiter; elle était examinée attentivement, chaque notable donnait son avis, et l'on prenait une décision. Les choses se passèrent ainsi jusqu'en 1758, où MM. Collin et Servain, chargés de l'échevinage, cessèrent de communiquer les affaires aux notables et provoquèrent la suppression de la chambre sur le prétexte que les officiers de la justice y étaient appelés. Trompé par leur rapport, M. de Villeneuve, alors Intendant, la déclara dissoute par une ordonnance du 22 décembre 1762. Mais, cinq ans après, elle fut rétablie par son successeur, M. Amelot.

Les délibérations prises par la chambre des notables ne pouvaient être validement exécutées qu'après avoir été ratifiées et approuvées dans des assemblées générales; il y avait cependant exception pour les affaires de peu d'importance et les cas très-urgents. Ces assemblées étaient convoquées à la diligence des échevins. Le sergent de la justice, commandé par eux et accompagné d'un tambour, les annonçait la veille dans toutes les rues, et, le jour où elles devaient se tenir, on se réunissait, au son de la grosse cloche, sur la place publique ou sous les halles. Tous les habitants, c'est-à-dire tous les chefs de famille, devaient s'y trouver, à moins d'empêchement légitime. Dans certaines circonstances les absents étaient passibles d'une amende de trois livres au profit de la fabrique. Après l'appel nominal, un des échevins, prenant la parole, faisait le rapport de l'objet dont il était question et de la délibération prise par les notables. Chacun donnait son avis, et l'échevin concluait. Dans ces assemblées il y avait quelquefois presque autant de sentiments que de têtes, ce qui occasionnait des contestations entre les particuliers et entravait la marche des affaires. Mais elles offraient aussi l'avantage de manifester à la chambre l'opinion publique et de lui épargner bien des fautes administratives.

La commune, faisant partie de la généralité de Dijon, était soumise à la juridiction de l'Intendant de Bourgogne, dont les attributions ressemblaient à celles que possèdent aujourd'hui les Préfets. La chambre des notables ne pouvait rien faire sans son autorisation. En cas d'absence, l'Intendant était remplacé par un subdélégué général, qui exerçait le même pouvoir. Au-dessous de lui étaient les subdélégués particuliers, répartis dans les subdivisions de la généralité appelées arrondissements. Il y en avait un à la résidence de Fayl-Billot qui, par conséquent, était chef-lieu d'une subdélégation comprenant les villages de Poinson-les-Fayl, Tornay, Bassoncourt, Merrey et Meuvy, enclavés dans le Bassigny. Cet agent avait un greffier, et était chargé, comme le sont maintenant les sous-préfets, de procurer, sous les ordres de l'Intendant, l'action administrative, d'expédier et d'instruire les affaires. Les registres des délibérations municipales devaient être paraphés par lui. Il rendait des ordonnances dont l'appel était porté devant l'Intendant. Celui-ci le nommait et le révoquait à son gré.

Quand l'Intendant était informé de la quotité des taxes imposées par le roi à la généralité, il la soumettait aux assemblées de la province. Les députés des Etats (1) faisaient l'assiette des impôts et envoyaient aux communes ce qu'on appelait le mandement des tailles et capitations (2), c'est-à-dire le chiffre de la

---

(1) Certains chroniqueurs disent que le baron de Fayl-Billot avait, comme tel, le droit d'entrer et de siéger aux Etats de Bourgogne.

(2) La taille dont il est ici parlé, était l'imposition mise par le roi sur ses sujets. L'origine en vient de saint Louis qui leva un tribut pour les guerres d'outre-mer. On ne faisait d'abord cette imposition que du consentement des trois ordres. Depuis Louis XI ils n'y eurent plus de part. La taille devint fixe sous Charles VII, à l'égard des personnes du tiers-état. Plus tard ce fut au conseil du roi qu'on détermina la somme qui devait être imposée.

Le mot *capitation* signifie taxe par tête, ou, comme on dit aujourd'hui, cote personnelle.

somme qu'elles devaient payer au trésorier général. Après sa réception, les échevins le faisaient publier, le dimanche, à l'issue de la messe paroissiale. Ils déposaient ensuite au greffe de la subdélégation la liste des habitants capables de faire la collecte, et, de concert avec les notables, ils en nommaient deux par ordre d'ancienneté de mariage. Ces collecteurs étaient chargés de répartir et de percevoir les impôts. On leur adjoignait quelquefois quatre assesseurs lorsqu'il fallait prélever des deniers additionnels. Il était d'usage de retrancher du rôle des taillis les incendiés (1) que les échevins exemptaient de contributions pendant trois ans. Les filles qui tenaient ménage n'y étaient pas non plus comprises; mais elles payaient la capitation. Les tailles étaient diminuées de moitié en faveur de la femme qui venait de perdre son mari, et d'un tiers pour l'homme à cause de la mort de sa femme. Enfin l'on avait égard, en faisant la répartition, à la maladie, à la pauvreté, à la vieillesse, au nombre des enfants et aux services rendus au public lors des incendies. En dégrevant ainsi quelques particuliers, on augmentait un peu la cote des autres; mais personne ne murmurait : chacun contribuait avec joie à cet acte de charité.

Pour compléter ce tableau de l'administration de Fayl au xviiie siècle, nous y ajouterons quelques mots sur la situation financière. La commune n'avait pas d'autres ressources que ce qu'elle retirait de ses bois et de certains pâtis amodiés à des particuliers. Lorsqu'elle avait des dettes, ce qui arrivait souvent, les échevins, avec l'autorisation de l'Intendant, imposaient quelques sous par pinte sur le sel de privilége. A la fin de chaque année, ils rendaient compte de l'emploi des deniers publics. En 1707, les officiers de la maîtrise de Dijon avaient

(1) Une rue tout entière fut brûlée en 1744; une autre, en 1747. Outre l'exemption des tailles, la commune accordait gratuitement aux incendiés tout le bois nécessaire au rétablissement de leurs maisons.

mis en réserve cent cinquante arpents de bois. En 1748, le Grand-Maître voulut que ce chiffre s'élevât à trois cent soixante-dix-sept arpents; c'était le quart de la totalité des forêts communales. Le reste fut divisé en vingt-cinq coupes comprenant chacune environ quarante-cinq arpents. Ce règlement avait le double avantage de conserver les bois en bon état et d'augmenter les revenus de la commune. En effet, en 1777, elle put prêter quarante mille livres aux Langrois pour la construction de leur hôtel-de-ville, et, si la révolution ne fût venue absorber ses finances et entraver ses projets, elle aurait bâti une église en rapport avec les besoins de la population. Avant cette époque, la municipalité avait fait des dépenses pour la reconstruction du presbytère, la refonte des cloches (1721), l'achat de seaux et de pompes à incendies (1750), des réparations à l'église, aux fontaines, rues, chemins, etc. Mais ce qui épuisait surtout le trésor de la commune, c'étaient des procès toujours pendants soit au bailliage de Dijon, soit au Parlement de Bourgogne ou au Conseil d'Etat.

Les habitants de Bussières et Belmont ayant eu des difficultés avec les religieux de Saint-Antoine, leurs seigneurs, pour le règlement de leurs bois, le maître particulier des eaux et forêts de Chaumont en Bassigny vint procéder à la visite de ces bois. On lui dit, et il inséra dans son procès-verbal, que la *Grande-Montvaudie* ou la *Claire* était indivise entre les habitants de Bussières et Belmont et ceux de Fayl-Billot. Sur cette énonciation et d'après l'avis du Grand-Maître des eaux et forêts de Champagne, les Bussiérois obtinrent, le 1er avril 1727, un arrêt du conseil du roi. Il portait que ce bois serait partagé entre les deux communes, qu'elles seraient tenues de le receper, et qu'elles ne pourraient y conduire les bestiaux avant que les taillis n'eussent été jugés défensables par les officiers de la maîtrise, sous peine de confiscation et de cinq cents livres d'amende.

M. Alexis-Antoine Febvre, seigneur de Roôcourt-la-Côte, conseiller du roi, maître particulier des eaux et forêts de Chaumont, fut chargé de l'exécution de cet arrêt. Il se transporta à Bussières et fit assigner devant lui, le 12 juillet, les représentants de la commune de Fayl. Ces fondés de pouvoir soutinrent que le partage demandé par les habitants de Bussières étant une action pétitoire, ils devaient justifier de leur prétendue propriété, que le bois en question était compris dans le duché de Bourgogne, et qu'ils ne consentiraient pas à ce qu'il fût partagé, parce qu'il appartenait tout entier aux Fayl-Billotins. En conséquence ils s'opposèrent à l'exécution de l'arrêt et se pourvurent au Conseil d'Etat, demandant qu'il plût à Sa Majesté de casser et annuler cet acte et de les maintenir dans la propriété et la jouissance de ce bois avec défense à tous autres de les y troubler.

Avant de faire droit à cette requête, le roi, par arrêt du 31 janvier 1728, ordonna qu'elle fût communiquée aux habitants de Bussières et Belmont pour y fournir des réponses. Ces réponses furent trois ans à venir. Enfin, en 1731, ils les adressèrent à Sa Majesté. Leurs seigneurs intervinrent dans cette affaire, et l'instance ne fut terminée que cinq ans après. Par arrêt du 20 décembre 1736, le Conseil d'Etat ordonna que ledit canton de bois serait partagé entre les deux communes. On nomma de part et d'autre des experts qui commencèrent leur opération en 1738 et l'achevèrent en 1741. La *Grande-Montvaudie* contenait dans sa totalité deux cent quatre-vingt-dix-sept arpents vingt-quatre perches ; les deux communes en eurent chacune moitié. On planta des bornes qui furent pour l'avenir des gages de paix.

A peine ce différend était-il terminé, qu'on vit renaître la contestation qui avait eu lieu jadis au sujet du bois de la *Petite-Montvaudie*. Les habitants de Poinson s'avisèrent d'y faire coupe blanche, en 1738. Ceux de Fayl y mirent opposition, le 4 juin, et firent informer devant leur bailli contre les particuliers qui dégradaient ainsi un bois dans lequel ils n'avaient qu'un droit d'usage. Alors les Poinsonnais declarèrent que ce n'étaient pas seulement quelques particuliers qui avaient coupé le bois, mais tous les habitants en corps, en vertu d'une délibération. En cela, disaient-ils, nous n'avons fait qu'user de notre droit, étant propriétaires et possesseurs de ce canton de temps immémorial. C'était troubler les habitants de Fayl, contrevenir formellement à l'arrêt du 25 février 1577 et à la transaction de 1511. La commune se pourvut au Parlement, le 20 décembre 1738; elle demandait à être maintenue définitivement dans la propriété de la *Petite-Montvaudie*. Il s'agissait donc de part et d'autre d'établir le droit de propriété. Cette cause fut confiée à d'habiles avocats; il y eut information, examen et discussion des titres. Les débats ne furent términés qu'en 1755. Le 20 août de cette année, les Poissonnais obtinrent un arrêt, dont voici les dispositions:

« La Cour, sans s'arrêter aux conclusions des habitans du Fay, non plus qu'à celles de la Dame du Fay, dont ils demeurent déboutés; ayant aucunement égard aux conclusions prises par les habitans de Poinson, maintient et garde lesdits habitans de Poinson dans la propriété et jouissance du canton de bois appelé la *Petite-Montvaudie*, dans les confins exprimés au procès-verbal de vue et descente du 22 octobre 1630, et autre procès-verbal du 5 octobre 1740, lesquels confins sont dès la *Fontenotte* à l'*Homme-Mort*, jusqu'à la borne qui fait séparation des finages de Bussières et Poinson, à l'effet de quoi bornes seront plantées conformément audit procès-verbal du 22 octobre 1630, aux frais des deux communautés, par experts dont les parties conviendront par devant le premier notaire des lieux requis et non suspect, lequel en cas de refus ou défaut en nommera d'office, même un tiers s'il y échet ; sauf auxdits habitans du Fay leur droit de parcours sur tout le finage de Poinson, conformément à la transaction du 17 septembre 1511 ;

» Maintenant la Dame de Poinson dans le droit de justice sur le climat de la *Petite-Montvaudie;*

» Condamne lesdits habitans du Fay à tous les dépens envers ceux de Poinson et la Dame de Poinson. »

Les habitants de Fayl, pensant qu'ils n'avaient pas été valablement défendus, demandèrent et obtinrent des lettres de requête civile contre ceux de Poinson. Ils firent ensuite rédiger et imprimer un Mémoire dans lequel sont résumés en soixante-dix-huit pages in-folio les faits de cet interminable procès. Après avoir dépensé de grandes sommes pour soutenir leur instance, ils furent déboutés. Alors, en exécution de l'arrêt précité, on nomma, en 1783, MM. Bézulier et Morel, arpenteurs à Dijon, pour procéder au bornage. Ces experts le firent si irrégulièrement, que les Fayl-Billotins protestèrent contre leur opération. Ils se proposaient de terminer ce différend à l'amiable, en 1786. On ne sait pas si cela eut lieu ; mais le fait est que la commune de Poinson est aujourd'hui paisible propriétaire du bois de la *Petite-Montvaudie.*

Tandis que cette affaire était pendante au Parlement de Bourgogne, les habitants de Fayl-Billot et ceux de Rougeux, pour prévenir de semblables difficultés, résolurent de partager le bois des *Fourneaux* indivis entre eux. Cette propriété tenait du midi aux grands bois communaux de Fayl, dont elle était séparée par un ruisseau, du septentrion à l'ancien grand chemin de Langres (1), devenu pâtis communal, du levant à des terres labourables appartenant aux Fayl-Billotins, et du couchant à des terres labourables et à des prés dépendants de l'abbaye de

(1) Route romaine.

Beaulieu. Sa contenance était de quatre-vingt-six arpents quarante-quatre perches deux pieds (1). On la sépara en deux parties égales par un petit fossé dans lequel on planta, en ligne droite, trois bornes marquées d'un *F* et un *B* du côté appartenant à Fayl-Billot, et d'un *R* et un *G* du côté échu à la commune de Rougeux. Au pied de chacune on mit « une tuille cassée en deux morceaux se rapportant, avec du verre et du charbon, le tout vulgairement appellés tesmoins. » Ce partage fut fait sur les lieux, le 21 juin 1751, devant MM. Paul Theurel, bailli; Nicolas Daubrive, greffier; Jean-Baptiste Thielley, procureur fiscal; Edme Lallemant et Claude Uzette, échevins de Fayl-Billot, et Julien-Joseph Virey, bailli de la commanderie de la Romagne et en cette qualité juge de Rougeux, assisté de son greffier, du procureur fiscal et du syndic de la commune. Il fut convenu :

1° Que les seigneurs des deux localités conserveraient leurs droits de justice haute, moyenne et basse, d'amende, d'épaves, de confiscation, de chasse, etc., sur la totalité dudit bois;

2° Que ce partage ne porterait aucune atteinte aux transactions du 8 mars 1511 et du 23 avril 1619;

3° Que chacune des deux communes serait tenue de receper sa portion dans le courant de la présente année, et de faire à ses frais moitié d'un fossé de cinq pieds de profondeur sur six de largeur pour marquer la limite;

4° Qu'il serait loisible aux habitants des deux communes de passer avec des voitures sur les chemins frayés dans l'une et l'autre portion.

Aux procès que nous venons de mentionner il faut en ajouter un qui eut lieu avec le collége de Langres. Il y avait cent trente-

---

(1) L'arpent était de cent perches, la perche de vingt-deux pieds, le pied de douze pouces et le pouce de douze lignes.

deux ans que les Jésuites dirigeaient cette maison d'instruction, lorsque, le 6 août 1762, parut un arrêt portant dissolution de leur ordre. L'établissement et les biens qu'il possédait furent dès lors régis par un bureau d'administration. La métairie de Bonnay lui demeura unie. Le fermier qui la faisait valoir prit occasion de la loi de 1764, concernant les défrichements, pour anticiper sur les terrains communaux de la *Vieille-Côte* et de *Thibaudel*, dont le sol était plus aisé à cultiver et plus fertile (1). La commune, après avoir obtenu de l'Intendant l'autorisation de plaider sur cet objet, fit assigner ce fermier en la justice de Fayl, le 27 novembre 1782. Les administrateurs du collége prirent naturellement sa défense et entravèrent la procédure par toute sorte de chicanes. Néanmoins, le 7 août 1789, le bailli rendit une sentence définitive qui les condamnait à remettre à la commune cinquante-deux journaux six perches de terrain usurpé avec les fruits recueillis à partir du jour de la demande en justice, et à payer les dommages et intérêts résultant de la privation de ce terrain, aussi bien que les dépens actifs et passifs. Enfin il décida qu'on planterait des bornes conformément aux titres produits au procès.

Les administrateurs interjetèrent appel de cette sentence au bailliage de Dijon, le 18 octobre 1789. Mais la révolution ne permit pas à cette cour de vider la cause. Après la création des départements et la nouvelle organisation judiciaire, l'Assemblée constituante, par un décret du 12 octobre 1790, ordonna que les procès pendants aux tribunaux d'appel supprimés seraient renvoyés aux tribunaux du district. Un autre décret du 16 août précédent portait que quand il y aurait appel d'un jugement, les parties pourraient convenir d'un tribunal entre ceux de tous

---

(1) On essartait alors presque tous les ans une partie du bois de Bonnay. En 1773, il ne consistait plus qu'en une chênaie de neuf journaux.

les districts du royaume pour lui en déférer la connaissance ; que, si elles ne s'accordaient pas sur ce choix, le directoire de chaque district proposerait un tableau des sept tribunaux les plus voisins, dont un au moins serait pris hors du département. Or les sept tribunaux désignés pour connaître des appels de celui de Langres, étaient ceux de Chaumont, Bourmont, Lamarche, Bourbonne, Jussey, Champlitte et Is-sur-Tille, chefs-lieux de district. Les parties adoptèrent celui de Champlitte. Les pièces lui furent envoyées et restèrent un an sur le bureau du rapporteur sans qu'on pût obtenir justice. Quelque temps après, la Convention décida que les procès relatifs aux terrains communaux seraient terminés par la voie de l'arbitrage. La commune le demandait instamment ; mais ses pétitions se perdirent dans les bureaux du directoire. Bientôt elle apprit que la ferme de Bonnay tout entière était en adjudication. D'abord elle s'y opposa, puis elle voulut l'acheter ; mais toutes ses démarches furent inutiles ; on ne respectait plus alors d'autre droit que celui du plus fort. M. Renard, de Bourbonne, acquéreur de cette propriété, la céda par lots à des particuliers, et tira de cette vente en détail un profit considérable.

CHAPITRE VI.

DEPUIS LA RÉVOLUTION JUSQU'A NOS JOURS.
(1789 — 1860.)

La phase historique qui commence à 1789 et que nous parcourons encore, est une époque de progrès matériels. Certaines réformes opérées dans la société, la facilité des communications et toutes les admirables découvertes de l'industrie nous procurent un bien-être que nos pères ne connaissaient pas. En général, nous sommes mieux nourris, mieux logés et mieux vêtus. Mais à côté de ce développement des jouissances corporelles, on voit une décadence morale. La Révolution a le grand tort de vouloir faire une société sans Dieu, de ne prêcher à l'homme que ses droits sans lui parler de ses devoirs. De là vient cet esprit d'indépendance qui rend le peuple ingouvernable. La bourgeoisie abandonne les pratiques religieuses, et les classes inférieures se forment sur son modèle. On n'aspire plus guère aux biens de l'éternité; le souci de la foule est ailleurs. Dieu, qui veut nous sauver, montre qu'il est toujours le souverain maître de la vie et de la mort, en châtiant notre orgueil par des fléaux multipliés. Il nous envoie des guerres étrangères avec tous leurs sujets de larmes, des invasions formidables, des maladies épidémiques et pestilentielles, la disette et la cherté de tous les aliments, les séditions et les guerres civiles. Malheur à la société, si elle ne sait pas mettre à profit ces leçons de la Providence !

§ I.

Révolution.

Vers la fin du xviiie siècle, un besoin de réforme se faisait sentir en France. Le roi Louis XVI convoqua pour cela les Etats généraux qui se réunirent au mois de mai 1789. La noblesse du bailliage de Langres y était représentée par un Fayl-Billotin, M. de Froment. Bientôt des dissensions et des luttes éclatèrent au sein de cette grande assemblée. Alors le mot *Liberté* fut jeté au milieu du peuple de Paris, et la multitude exaltée courut aux armes. Cette agitation de la capitale ne tarda pas à se répandre dans les provinces. Des brigands parcoururent nos campagnes et troublèrent la tranquillité publique. Il fallut prendre des mesures pour se garantir de leurs incursions ; c'est ce que firent, le 1er août, les échevins et les notables de Fayl-Billot. Ils décidèrent que vingt hommes armés garderaient, chaque nuit, les avenues de la ville, et que tous les habitants seraient tenus de faire ce service sous peine d'amende et d'emprisonnement. Voilà l'origine de la garde nationale qui fut ensuite organisée et dont on donna le commandement à M. de Sauvigney avec le titre de colonel.

Mais les brigands n'étaient pas bien redoutables pour notre population. Ce qu'il y avait alors d'inquiétant, c'était la disette, causée par le rigoureux hiver de 1788. Dès cette époque on craignait la famine, parce que les moulins étaient arrêtés par les glaces. Au mois de janvier, les échevins avaient été obligés de faire venir des farines pour la subsistance des habitants. A la fin de 1789, ils achetèrent du blé pour onze mille francs, et, malgré ces précautions, il y eut encore pénurie au mois de juillet de l'année suivante.

Pendant ce temps, l'Assemblée nationale entrait largement dans la voie des réformes. Le 4 août, elle décréta, entre autres choses, la destruction des priviléges de villes et de provinces, la faculté de rembourser les droits féodaux et l'abolition des juridictions seigneuriales. En vertu de ce décret, la baronie de Fayl-Billot cessa d'exister, et tous les droits dont nous avons parlé plus haut furent supprimés. Les seigneurs conservaient néanmoins la propriété des terres, maisons et halles qui leur appartenaient. En 1791, Madame du Fayl et M. de Sauvigney vendirent à la municipalité, pour la somme de deux mille francs, les halles et leurs dépendances avec le terrain où étaient dressées les fourches. On procéda ensuite à la liquidation et au rachat des droits féodaux de la baronie. Plus tard les seigneurs émigrèrent, et leurs biens furent vendus au profit du trésor public.

L'ancienne chambre des notables cessa d'exister, le 30 janvier 1790, en exécution des décrets de l'Assemblée, et la nouvelle municipalité fut composée d'un maire, de cinq officiers municipaux, d'un procureur-syndic (1) et de douze notables, tous élus par les habitants. Cette première organisation fut modifiée plusieurs fois par suite des diverses constitutions de la France. Comme il n'y avait pas d'hôtel-de-ville pour tenir les séances du conseil, on acheta, le 7 janvier 1791, pour la somme de dix-huit cents livres, la maison de Claude Blanchard, chas-

---

(1) Cet office fut confié à M. Julien Lallement, qui avait été premier échevin depuis le 17 juin 1787. Il fut nommé administrateur du département de la Haute-Marne le 2 juillet 1790.

seur dans le régiment de Picardie. Elle était située *rue des Halles.*

La loi du 22 décembre 1789 abolit les provinces et forma les départements, divisés en districts et subdivisés en cantons. Fayl-Billot, qui avait toujours fait partie du duché de Bourgogne, fut dès lors compris dans le département de la Haute-Marne et dans le district de Langres. A cause de sa position et de son importance, on le créa chef-lieu d'un canton qui renfermait les communes de Corgirnon, Poinson et Rougeux.

En exécution des décrets de l'Assemblée sur l'organisation de l'ordre judiciaire, les citoyens actifs de toutes les municipalités du canton se réunirent à l'église, le 2 décembre 1790, pour procéder au choix d'un juge de paix et de quatre assesseurs. M. Lallement, surnommé l'Anglais, fut élu à l'unanimité. Ainsi la justice de paix fut substituée au bailliage seigneurial.

En démolissant l'ancien ordre de choses pour le remplacer par des institutions nouvelles, l'Assemblée n'épargna pas la religion. Après avoir aboli les dîmes, elle supprima les ordres religieux, et décréta que les biens ecclésiastiques seraient confisqués au profit de l'Etat, qui se chargeait de pourvoir à l'entretien des prêtres, au soulagement des pauvres et aux dépenses du culte. En conséquence, on vendit les propriétés du prieuré (1), de la cure et de la fabrique, aussi bien que la ferme de *Louvières* avec le *Bois-des-Nonnes,* appartenant à l'abbaye de Belmont. La municipalité, qui avait résolu d'acheter cette métairie avec ses dépendances, députa à Langres MM. le maire et le juge de paix pour en faire les enchères et l'acquisition. Mais elle fut adjugée à M. Roy, qui, par ses entreprises calculées, jetait alors les fondements de son immense fortune.

(1) Le conseil municipal avait adressé au directoire du département une requête pour obtenir que les biens du prieuré fussent donnés à l'hospice ; mais cette demande fut sans résultat.

Non contente de ces spoliations, l'Assemblée dressa la constitution civile du clergé ; c'était le renversement du catholicisme en France. Un décret prononça que tous les ecclésiastiques du royaume qui ne feraient pas serment de s'y conformer, seraient censés avoir renoncé à leurs fonctions. M. Viard, curé de Fayl-Billot, ayant refusé ce serment, la cure fut déclarée vacante, et l'assemblée électorale du district choisit pour remplir cette place M. Nicolas Dieudonné, âgé de vingt-sept ans, prêtre assermenté du diocèse de Verdun et vicaire épiscopal de Langres. M. Wandelaincourt, soi-disant évêque de la Haute-Marne, lui donna une prétendue institution canonique, datée du 16 septembre 1791, et il prit possession le 18 du même mois. Mais il s'occupa moins des fonctions pastorales que des affaires politiques. Il forma une société affiliée au club des Jacobins, et obtint de la municipalité l'autorisation de réunir trois fois par semaine dans la chambre commune les amis de la constitution. Un grand nombre de fidèles, écoutant la voix de leur conscience, ne voulurent pas assister à la messe de cet intrus ; les sœurs refusèrent d'y conduire les petites filles qui fréquentaient l'école. On pouvait encore recourir au ministère des pasteurs légitimes et participer, malgré la défense des lois, aux saints mystères que célébraient tous les jours à l'église M. Viard, curé *non conformiste* ; M. Meusy, vicaire *insermenté* (1), et deux autres prêtres *réfractaires*. Mais cette liberté fut bientôt restreinte. Le 3 avril 1792, le conseil, vu la modicité des ressources de la fabrique, interdit à ces prêtres l'entrée de la sacristie ; toutefois il leur était encore permis d'offrir le saint sacrifice en fournissant eux-mêmes la cire et les ornements nécessaires.

(1) On mit à la place de M. Meusy des prêtres assermentés qui se succédèrent jusqu'en 1793. Ces vicaires intrus furent : Jean Ginot, Joseph-Bernard Wandelaincourt, Louis-Mammès Casson et Bernard Dieudonné.

Le 17 du même mois, les municipaux du canton, qui avaient sollicité l'établissement d'une maréchaussée à Fayl-Billot, virent leur pétition couronnée de succès. En vertu d'une ordonnance royale, datée du 15 mars 1792, Nicolas Beaugeois, lieutenant de gendarmerie à la résidence de Bourbonne, vint procéder à l'installation d'une brigade à cheval de cinq hommes. On proposa au département d'acheter, pour leur servir de caserne, la maison de M. Lefebvre, ci-devant receveur des traites foraines. Elle était tournée au midi et située sur la grande route, devant la *Place de la Liberté*.

Cette place fut ainsi nommée, parce qu'on y dressa, le 6 mai, un arbre qui devait « rappeler à la postérité les jours heureux de la liberté recouvrée. » C'était un peuplier portant sur sa tige un bonnet rouge, orné d'une cocarde nationale, et un faisceau d'armes composé d'un fusil, d'une pique, d'un sabre et d'une lance. Le maire et le procureur de la commune firent, ce jour-là, des discours pompeux qui n'impressionnèrent nullement leurs concitoyens. On ne trouva pas un homme de bonne volonté pour planter cet arbre; l'autorité se vit obligée de requérir des manœuvres et de les salarier. Le mot *Liberté*, devenu si puissant pour fasciner le peuple, n'avait pas encore conquis sur les esprits le fatal prestige qu'il eut dans la suite.

Pendant qu'on ne parlait que de liberté, tout le monde gémissait sous le poids de la plus exécrable tyrannie. Il n'était même plus permis de servir et d'honorer Dieu. Un arrêté du conseil général de la commune, du 21 juillet 1792, était ainsi conçu : « Il est expressément défendu de porter des signes de *fanatisme* connus sous la dénomination de sacré-cœur, ni toutes inscriptions *prétendues* religieuses (1). » Il fallait, au

---

(1) Ce même conseil avait écrit, quinze jours auparavant, dans une délibération : « En ce moment où il semble que Dieu appesantit son bras vengeur sur cet empire et notamment en nous affligeant du fléau qui vient de détruire

contraire, porter constamment la cocarde nationale pour n'être pas incarcéré et traité comme ennemi de la *sainte* constitution. Les prêtres insermentés célébraient la sainte messe, surtout à Corgirnon, les Loges, Grosse-Sauve et Pierrefaite, dans des maisons particulières où l'on accourait de toutes parts. Le conseil envoya à leur poursuite la garde nationale et la gendarmerie avec ordre de saisir leurs personnes, les vases sacrés, les ornements et tous les objets qu'ils portaient avec eux.

A l'Assemblée nationale ou constituante avait succédé l'Assemblée législative qui commença à fonctionner le 1er octobre 1791. Elle fit place à la Convention qui se réunit, sous la présidence du girondin Péthion, le 21 septembre 1792. Son premier acte fut de décréter l'abolition de la monarchie et l'établissement de la République. Le lendemain fut le premier jour de l'ère républicaine.

Bientôt on apprit la victoire de Valmy, la conquête de la Savoie, du comté de Nice et des villes de la Belgique par les armées françaises. Une fête civique fut célébrée à Fayl-Billot, le dimanche 11 novembre, en réjouissance de ces brillants succès. En voici le programme : « Les autorités, la garde nationale et la gendarmerie assisteront aux vêpres, puis elles iront près de l'arbre de la liberté, où il sera chanté l'hymne des Marseillais. Cela fait, tous les citoyens seront invités à s'amuser et à danser, sur la *Place de la Liberté*, au son des caisses et violons jusqu'à huit heures. Chaque maison sera illuminée depuis l'entrée de la nuit jusqu'à neuf heures. »

---

une partie de la plus belle des récoltes de ce lieu et des environs, il convient de demander à M. l'évêque la permission qu'une neuvaine soit commencée samedi prochain. Tous les habitants seront invités à assister à une grand' messe et aux vêpres qui se diront comme le dimanche; il sera en outre fait une procession ce jour-là à l'issue des vêpres autour de cette paroisse où les autorités assisteront en corps, pour implorer du Très-Haut la conservation du reste des biens que sa bonté nous a accordés. »

Au mois de décembre, Louis XVI comparut en accusé devant la Convention. Le 15 janvier suivant, elle déclara qu'il était coupable de conspiration contre la liberté publique. Deux jours après, elle prononça contre lui la peine de mort. Le pieux roi n'était âgé que de trente-huit ans et en avait régné près de dix-neuf. Il eut avec la reine, ses enfants et sa sœur, une entrevue déchirante et qui fut la dernière. Le lendemain on lui laissa entendre la messe à laquelle il communia, puis on le conduisit à la guillotine. Il abandonna sa tête au bourreau, et le régicide fut consommé.

A la nouvelle de ce monstrueux attentat, les émigrés et les Vendéens proclamèrent roi sous le nom de Louis XVII le jeune Dauphin, âgé de huit ans, encore prisonnier au Temple, et qui devait y mourir victime des traitements les plus cruels. Sa sœur, Madame Royale, connue sous le nom de duchesse d'Angoulême, fut conduite en Allemagne en échange des cinq conventionnels qu'avait fait arrêter Dumouriez. Elle avait quinze ans. Elle sortit du Temple le 18 décembre, à onze heures et demie du soir, accompagnée de M. Mechin, officier de gendarmerie. « A neuf heures du matin, le 21, dit-elle, nous arrivâmes à Chaumont, où nous descendîmes pour déjeuner. On me reconnut, et la chambre fut bientôt environnée d'une grande quantité de monde qui voulait me voir, mais avec bonne intention. M. Mechin fit venir la gendarmerie qui n'y fit rien. La municipalité étant venue aussi, assura que nous pouvions partir et calma le tumulte. Cependant jusqu'à la voiture je fus entourée d'une grande quantité de monde qui me donna mille bénédictions. Nous repartîmes; nous arrivâmes à onze heures du soir à Fayl-Billot, souvent retardés par le manque de chevaux et les mauvais chemins. Nous n'en trouvâmes point à cette poste, et nous fûmes obligés d'y rester jusqu'à six heures du matin. »

Pendant que ces choses se passaient, les intrus continuaient l'exercice de leurs fonctions. Le citoyen Dieudonné y renonça le 17 frimaire an II (7 décembre 1793), et fut remplacé, vingt jours après, par le citoyen Manget, précédemment vicaire épiscopal et puis curé de Champigny-les-Langres. Il conserva le nom de curé constitutionnel jusqu'au 19 prairial an II (7 juin 1794); mais ce n'était plus qu'un vain titre. L'Eglise avait été dépouillée; or, argent, cuivre, étain, fer, cloches (1), linges, ornements, tout avait été enlevé et conduit au chef-lieu du district. La croix et les images des saints avaient disparu des places et des rues.

En vertu des lois de la République, le décadi était substitué au dimanche. On lisait, à l'entrée de la maison de Dieu, cette inscription en gros caractères : *Temple de la Raison*. Au milieu de ce temple on dressa un autel de la patrie, environné de drapeaux et de faisceaux d'armes. On y plaça une prostituée costumée en déesse pour recevoir les hommages du peuple, et l'on appela *Fête de la Raison* cette nouvelle idolâtrie, cette réjouissance honteuse et dégradante. Quelle folie! quel sacrilége!

Un tel état de choses ne pouvait durer. Robespierre, qui se trouvait en possession du pouvoir, craignit que le peuple qui avait besoin d'un autre culte ne retournât à la religion catholique. Il fit décréter, le 18 floréal an II (6 mai 1794), l'existence de l'Etre suprême et l'immortalité de l'âme. La Convention décida qu'on célébrerait, le 20 prairial (8 juin), une fête nationale en l'honneur de l'Eternel. A Fayl-Billot les membres de la société populaire en furent les ordonnateurs. Ils dressèrent un programme qui fut adopté par le conseil de la commune. Cette pièce représente le style, les idées et les mœurs de l'époque, et fait voir le ridicule des solennités républicaines, assemblage d'allégories morales et de rites païens (2).

(1) La grosse seule fut conservée.
(2) « Tous les citoyens de cette commune sont invités, le vingt prairial

Quelque temps après la célébration de cette fête, la dyssenterie se répandit à Fayl-Billot. Le 22 fructidor (8 septembre), on comptait plus de cinq cents personnes atteintes de cette maladie qui faisait, chaque jour, des progrès alarmants. Le directoire du district en ayant été informé, envoya un médecin qui disparut après une courte visite. On reçut aussi du sucre, du

présent mois, au lever de l'astre du jour, de décorer l'extérieur de leurs maisons par des festons de simple verdure ou des ornements tricolores.

« A sept heures précises du matin, un détachement de la garde nationale se rendra avec un tambour et le drapeau dans la plaine au-dessus de la *Barre*, lieu du rassemblement, au moyen de quoi il sera fait un rappel dans toutes les rues de la commune tant au son de la cloche qu'à celui de la caisse.

« Toutes les autorités constituées, le juge de paix et ses assesseurs, le comité révolutionnaire seront invités à la cérémonie et se rendront à la maison commune à huit heures et demie précises.

Ordre de la marche :

« Un détachement de la garde nationale avec le drapeau et un tambour. Ce détachement sera précédé du canon et de huit canoniers;

« Un groupe d'adolescents composé de douze jeunes garçons et douze jeunes filles vêtues de blanc, tiendront des branches de chêne, les garçons à la droite et les filles à la gauche, au milieu un d'eux portant une bannière avec cette inscription : *Espoir de la Patrie;*

« Vingt jeunes filles vêtues de blanc, avec une écharpe tricolore, les cheveux tombant naturellement et sans apprêt, tenant des couronnes de chêne, une d'elles portant une bannière avec cette inscription: *Revenez triomphants; elles sont pour vous;*

« Le livre de la constitution et des droits de l'homme surmonté d'une couronne de fleurs, porté sur un brancard par deux jeunes filles vêtues de blanc avec un ruban tricolore. Le brancard sera accompagné de deux sapeurs et précédé de quatre jeunes enfants portant des corbeilles de fleurs;

« Un groupe de vieillards couronnés de feuilles de chêne, un d'entre eux portant une bannière sur laquelle sera cette inscription : *Le peuple français reconnaît l'Etre-Suprême et l'immortalité de l'âme;*

« Les corps constitués, marchant sur deux lignes, tenant à la main une branche de chêne, et, au milieu, un char attelé de deux bœufs, portant tout ce qui est analogue à l'agriculture;

« La société des amis de la constitution, le président à la tête, couvert du

riz et des médicaments; ils furent distribués par sœur Placide, infirmière, sous la surveillance des officiers de santé de la commune.

Cette épidémie épuisa les ressources de l'hospice auquel la mauvaise foi de ses débiteurs avait d'ailleurs fait subir, dans ce temps de révolution, des pertes considérables. Lorsqu'il s'agit

bonnet, au centre deux membres portant sur un brancard un faisceau de piques surmonté du bonnet de la liberté, avec cette inscription : *Notre union fait notre force;* les deux membres en sans-culottes avec ceinture tricolore et le bonnet rouge;

« Les nourrices et leurs nourrissons couronnés de fleurs marchant sur deux lignes, et au milieu d'elles une bannière avec cette inscription : *Nous les élevons pour la patrie;*

« Un détachement de la garde nationale avec un tambour finira la marche.

« A sept heures et demie précises, les adolescents, les jeunes filles, les vieillards, les nourrices et la société se rendront en la chambre commune.

« Tous les groupes seront placés dans l'ordre indiqué. Avant la marche il se fera un roulement, le maire annoncera la cérémonie, puis un autre roulement.

« Un coup de canon fera le signal du départ; des commissaires feront observer les distances, maintiendront l'ordre qui doit régner dans cette fête solennelle, et empêcheront surtout qu'on y cause.

« La première station sera à l'arbre de la liberté. La deuxième station à la *Maladière*, arbre de l'égalité. La troisième station au *Vaux*, arbre de l'unité. La quatrième station au temple de l'Etre suprême. La cinquième station aux halles, arbre de la fraternité. Le retour à la maison commune.

« A chaque station une décharge d'artillerie. A chaque station un groupe de chanteurs et chanteuses, réunis au pied de chaque arbre et au temple devant la chaire, chanteront des hymnes. Au pied de chaque arbre les quatre enfants portant des fleurs en verseront une partie de leurs corbeilles. Ces quatre mêmes enfants offriront, de leurs mains pures, des fleurs à l'Etre suprême dans son temple.

« Arrivés au temple, le silence, l'ordre, le respect qu'on doit à la divinité s'observeront avec une stricte rigueur; alors un héraut annoncera à haute voix devant l'autel de la patrie : *Fête consacrée à l'Eternel.* Il sera brûlé, sur l'autel de la patrie, de l'encens.

« Tout républicain éprouvera une consolation bien douce en participant avec sa famille à une fête qui va nous rappeler les plus tendres et les plus précieux des sentiments. »

de mettre à exécution la loi du 13 messidor an II, qui proclamait les établissements de charité propriétés nationales, et confisquaient leurs fonds au profit de la République, les sœurs déclarèrent que désormais elles ne fourniraient plus aux malades et aux indigents le bouillon, la viande et le pain. C'eût été une grande privation pour beaucoup de malheureux. Le conseil décida provisoirement qu'elles continueraient cette bonne œuvre, et il obtint de la commission des secours publics une somme de dix-huit cents francs d'abord, et, plus tard, une autre de six mille. Vint ensuite la loi du 2 brumaire an IV, qui, suspendant celle du 3 messidor, accordait aux hospices la jouissance provisoire de leurs revenus, et aux municipalités le droit d'élire cinq citoyens pour gérer ces biens. Enfin un arrêté du sous-préfet de l'arrondissement de Langres, daté du 7 floréal an IX, rendit celui de Fayl-Billot « à sa primitive et pieuse destination, » et recommanda aux administrateurs de se conformer à l'acte du 6 juillet 1730.

D'après ce règlement que nous avons rapporté en son lieu, les sœurs n'étaient pas seulement chargées du soin des malades indigents, elles devaient encore élever et instruire les jeunes filles de la paroisse. Elles avaient toujours accompli cette double tâche avec un zèle digne d'éloges. Mais le flot révolutionnaire ne respectait rien. En 1794, un décret leur défendit de faire la classe. Le recteur d'école, Antoine Vautheny, cessa également d'enseigner les garçons. Longtemps après, l'administration du district nomma un instituteur et une institutrice laïque, fixant le traitement de chacun à douze cents francs. Le conseil leur donna pour logement la maison presbytérale. Cela dura quelques mois seulement, de sorte que les enfants des deux sexes furent plusieurs années sans instruction, sans éducation et sans Dieu. Aussi l'on gémissait de voir « la jeunesse livrée à la dissipation et connaissant à peine son alphabet. »

A la fin de l'an III, il y eut quelque liberté de revenir au culte catholique. M. Viard, que l'industrieuse piété de Mesdemoiselles Malot avait reçu et caché dans leur maison, distribua plus facilement les consolations de la foi à ses chers paroissiens et aux fidèles des villages circonvoisins. En 1795, il baptisa un grand nombre d'enfants, entendit les confessions et bénit plusieurs mariages. Mais, l'année suivante, les lois l'empêchèrent de continuer publiquement l'exercice de ses fonctions pastorales. Ce vénérable prêtre avait alors quatre-vingt-deux ans. A cause de son âge et de ses infirmités, il ne fut pas soumis à la déportation ; mais il passa quelques mois à Chaumont dans la prison départementale. Il revint ensuite, offrit le saint sacrifice et administra les sacrements, soit à l'église, soit dans des maisons particulières, selon que le permettaient les circonstances. La maison de Madame Jobelin, qui devint plus tard l'hôtel-de-ville actuel (1), fut, pendant un certain temps, le lieu de la réunion des fidèles. Plusieurs personnes y firent leur première communion et y reçurent le sacrement de mariage.

Dans ces jours de deuil et de persécution, le gouvernement décrétait souvent des fêtes nationales. On célébrait tour à tour la fondation de la République, la souveraineté du peuple, la liberté, les victoires de l'armée, les vieillards, les époux, l'agriculture, etc. Mais ces réjouissances ne trouvaient guère d'écho dans la population. Le plus grand nombre des habitants n'observaient pas non plus le décadi; malgré la défense des lois, ils employaient ce jour au travail et se reposaient les dimanches. A la fin de 1799, quelques-uns, indignés de voir le lieu saint si longtemps profané, renversèrent l'autel de la patrie, et jetèrent ses débris hors de l'église et du cimetière.

(1) Cette maison fut acquise par la commune en 1829 ; on en reconstruisit la façade, et on surmonta le toit d'un campanile, dans lequel on plaça une horloge.

Bientôt la constitution de l'an VIII (1800) rétablit l'ordre et le calme. Les prêtres et les fidèles purent alors rendre à Dieu un culte public. Mais il y avait beaucoup à faire pour réparer les ruines du sanctuaire. Comme nous l'avons dit, l'église avait été dépouillée de tous ses ornements. Des prisonniers prussiens qui y furent amenés avaient dégradé les objets qui s'y trouvaient encore et brûlé la chaire à prêcher. Les dons de la commune et les offrandes des fidèles couvrirent les dépenses nécessaires au rétablissement du culte. La paroisse tout entière se rattacha à son légitime pasteur, qui la dirigeait depuis quarante ans, et qui, pendant la tourmente révolutionnaire, s'était consumé pour elle dans les fatigues d'un périlleux apostolat (1). Monseigneur Reymond, évêque de Dijon et de Langres, nomma donc M. Viard curé de Fayl-Billot, et, d'après le vœu du conseil municipal, lui donna pour vicaire avec future succession M. Jean Peitieu qui, pour avoir refusé le serment, avait aussi souffert la persécution.

Bonaparte faisait cesser l'anarchie en centralisant le pouvoir. Par suite de ses réformes administratives, le département de la Haute-Marne fut divisé en trois arrondissements, et l'autorité organisée sur les bases où elle repose aujourd'hui. Quarante-trois cantons, parmi lesquels étaient ceux de Pressigny, Bussières-les-Belmont et Grenant, furent supprimés. On conserva celui dont Fayl-Billot était le chef-lieu, et il comprit dès lors les vingt-quatre communes dont il est maintenant composé.

Le 18 mai 1804, Bonaparte fut proclamé empereur sous le nom de Napoléon Ier, et il se fit sacrer par le Pape le 2 décembre. Les années suivantes, on célébra dans tout l'empire l'anniversaire de son couronnement. Sa Majesté désirait que toutes les

---

(1) En reconnaissance de ses services, le conseil municipal lui donna un supplément de traitement de 200 fr.

communes ayant plus de dix mille francs de revenus, dotassent, le jour de cette fête, une jeune fille choisie par le conseil municipal. Les ressources annuelles de Fayl-Billot s'élevant à douze mille, on désigna une rosière, dont la dot fut fixée à trois cents francs; elle recevait en outre cent francs pour les frais de ses noces. Cette somme se prenait sur la cotisation affouagère.

L'année 1807 fut marquée par la mort des deux prêtres vénérés qui gouvernaient la paroisse. M. Viard expira, le 19 janvier, à l'âge de quatre-vingt-douze ans, et M. Peitieu, qui n'en avait que cinquante-un, rendit pareillement son âme à Dieu, le 8 octobre. La cure fut ensuite confiée à M. Daubrive, qui desservait Coiffy-le-Haut.

D'après ses instances, le conseil vota l'acquisition de deux cloches pour remplacer celles qu'on avait volées pendant la révolution. Elles furent fondues, en 1813, par Nicolas Goussel, de Brevannes, et Pierre-François Cochois, de Champigneulles. On lit sur la première, qui est la plus petite :

J'ai été bénie par Mr P^{re} Daubrive curé du Fays-Billot. J'ai eu pour parrain Mr Jacques Daubrive maire du bourg du Fays-Billot et pour marraine Dame Anne-Claude Clément épouse de Mr Pierre Lallemant membre du collége électoral du département de la Haute-Marne.

Sur la moyenne on voit ces mots :

J'ai été bénie par Mr Pierre Daubrive curé du Fays-Billot. J'ai eu pour parrain Me Eugène Lallemant juge de paix du canton du Fays-Billot et pour marraine Dame Didière Secretier épouse de Mr François Chevallier m^d épicier audit lieu. Mr Jacques Daubrive maire.

La grosse, fondue en 1786 par Brenel et Jacquot, de Maisoncelles, porte cette inscription :

J'ai eu pour parrain Me Jean-Baptiste Tielley notaire royal bailli du Fays et subdélégué de l'intendance de Dijon *et pour marraine dame Marie-Claude Bernarde de Froment Baronne du Fays, M*e *Villemot avocat en parlement premier échevin et le s*r *François Vaugien second échevin en* **1786**.

Ces trois cloches, qui donnent ensemble une tierce majeure, forment l'une des meilleures sonneries du diocèse.

§ II.

Invasions.

Napoléon 1er, par ses nombreuses et éclatantes victoires, avait reculé bien loin les limites de la France, et fait trembler tous les souverains de l'Europe. Il était à l'apogée de sa gloire, lorsque, en **1812**, il entreprit la campagne de Russie qui finit par une retraite si désastreuse. De retour à Paris, il fit une nouvelle levée de trois cent mille hommes, et se prépara à résister aux puissances qui voulaient secouer le joug de sa domination. Le 15 avril **1813**, il alla, à la tête de jeunes conscrits, rejoindre les débris de sa vieille armée. Il remporta les brillantes victoires de Lutzen et de Bautzen, puis une bataille heureuse lui ouvrit la Saxe et la Silésie. Il espérait que ces succès confirmeraient l'Autriche dans son alliance; mais l'événement trompa son attente. L'empereur François II s'unit contre la France à l'Angleterre, à la Russie, à la Suède, à la Prusse et aux Etats de l'Allemagne. Napoléon n'en poursuivit pas moins ses opérations, et, après quelques avantages, il perdit, le 9 octobre, la bataille de Leipsick, engagée depuis trois jours. Cette fatale défaite fut suivie d'une invasion qui devait ruiner la France et détrôner son chef.

La nouvelle des mouvements de l'ennemi, parvenue à Fayl-Billot le jour de Noël, répandit l'alarme dans la population. Il n'y eut pas de grand'messe à neuf heures et demie; chacun était occupé à cacher ce qu'il avait de plus précieux. La terreur augmenta quand on vit passer une foule de personnes de l'Alsace et de la Franche-Comté qui s'enfuyaient épouvantées. On se persuadait que les armées étrangères allaient tout mettre à feu et à sang. La détresse était fort grande dans tous les esprits.

Le samedi 8 janvier 1814, dix-huit chasseurs à cheval, mis en vedette à Fayl, voyant venir une avant-garde, se replièrent à la hâte sur Langres pour avertir la garnison. Leur chef, maréchal-des-logis, était resté seul. Au moment où il mettait le pied à l'étrier, il se trouva en face de quelques Bavarois. Dans son ardeur guerrière, il les salua par de vigoureux coups de sabre, et s'empressa de rejoindre ses hommes. Un des soldats avait été grièvement blessé, il fut pansé par M. Brugnon, officier de santé.

Quelques instants après, une partie de l'armée autrichienne fit son entrée dans notre ville sous le commandement du général Giulay. Il était huit heures du soir. La nuit et la neige qui couvraient la terre ajoutaient à la funeste position des habitants. Tous, enfermés dans leurs maisons, dont ils avaient éteint les lumières, attendaient avec la plus vive anxiété ce qui allait arriver. Les ennemis, dans la crainte d'une surprise, allèrent camper dans la plaine, et ne demandèrent que le lendemain des logements et des vivres.

Le matin, Giulay envoya des éclaireurs qui s'avancèrent jusqu'aux portes de Langres. Les alliés, pensant que Napoléon avait concentré sur ce point toutes ses forces disponibles, y dirigeaient leurs principales colonnes, de sorte que, du 8 au 15 janvier, tout le pays entre Langres et Vesoul fut occupé par eux. Il y avait alors, pour défendre le département, dix mille hommes de la garde impériale. Le maréchal Mortier, qui avait le commandement de cette petite armée, craignit d'être cerné par l'ennemi. Il laissa quelques soldats en garnison à Langres avec ordre de résister jusqu'à la dernière extrémité, et se retira à Chaumont pour repousser le prince de Wurtemberg, qui avait pris la route de cette ville par Bourbonne et Montigny. Mais le colonel de La Morlière, commandant la place de Langres, fut obligé de capituler, le 17, à cinq heures du soir. Giulay, qui avait établi son quartier-général à Fayl-Billot, était resté à cheval à la porte des Moulins pendant qu'on écrivait cette capitulation. Il l'approuva verbalement, et quinze mille hommes environ, la plupart Autrichiens, prirent possession de Langres.

Le 21 janvier, on vit arriver à Fayl-Billot l'empereur de Russie, accompagné de son frère le grand-duc Constantin, avec une nombreuse escorte. Il prit son logement dans la maison de M. Bacquet (1), docteur en médecine, auquel il fit remettre, par reconnaissance, une magnifique tabatière d'or et une carte de sûreté ainsi conçue :

« Au nom de Sa Majesté l'Empereur de toutes les Russies il est ordonné par la présente aux différens corps d'armée, détachemens et à toutes les personnes qui appartiennent à la grande armée de respecter la maison et les biens de Mr Baquet à Fayl-Billot, de n'y faire aucun excès, et de prêter dans tous les cas les secours qui seront en leur pouvoir, sous peine d'être punis de la manière la plus sévère d'après les loix militaires.

» En foi de ce que ledit Mr Baquet avec ses biens se trouve sous la protection particulière de Sa Majesté l'Empereur, il lui a été délivré cette carte de sureté, munie de ma signature et du sceau de mes armes. Donnée au quartier général à Fayl-Billot le **10/22** janvier **1814**.

» *Signé :* Prince VOLKONSKI. »

Cette carte est imprimée en russe, en français et en alle-

---

(1) Elle est située dans la Grande-Rue, sous le n° 77, et est habitée par M. Drouot-Bacquet. Elle avait déjà été occupée pendant huit jours par Giulay.

mand. Elle porte le n° 66. Il paraît qu'Alexandre en laissait de semblables partout où il s'arrêtait.

Sa Majesté partit pour Langres le 22. Le roi de Prusse, Frédéric-Guillaume III, accompagné de son fils (1), vint à son tour stationner dans les mêmes appartements. Bientôt il fut suivi par l'empereur d'Autriche, François II, beau-père de Napoléon. Avec ces trois souverains marchaient des troupes de chaque nation, les corps diplomatiques et toute la foule que les cours entraînent après elles. Les maisons ne pouvaient suffire à loger tant d'hommes; beaucoup de soldats campaient hors de la ville. Les rues et les places étaient couvertes de canons, de caissons, de voitures et de bagages de toute sorte. Il y avait des régiments de toutes les armes : infanterie, cavalerie, artillerie; des gens de presque tous les pays de l'Europe : Bavarois, Bohêmes, Autrichiens, Hongrois, Russes, Cosaques, etc. Après le départ des monarques, on resta exposé aux exigences et aux vexations des officiers inférieurs beaucoup plus redoutables que leurs maîtres. Il fallait que l'administration municipale pourvût, sous peine d'exécution militaire, à toutes les réquisitions présentées par eux, et, malgré la surveillance des commandants de place qui maintenaient la discipline, souvent les soldats se pourvoyaient eux-mêmes.

Cependant Napoléon se préparait à faire face à la coalition. Il établit son quartier-général à Châlon-sur-Marne. Le 27 janvier, il chassa l'ennemi de Saint-Dizier. Voulant occuper Troyes avant lui, et empêcher la jonction des troupes autrichiennes et prussiennes, il traversa la forêt du Der, et arriva, le 29, à Brienne, où il battit Blücher. Il remporta encore plusieurs autres victoires, et, après les combats des 20 et 21 février, les alliés effrayés se replièrent sur Chaumont. Ce mouvement de

---

(1) Frédéric-Guillaume IV, actuellement régnant.

retraite se communiqua par Langres jusqu'à Fayl-Billot, où l'on vit passer des charriots chargés de bagages, des artilleurs, des cavaliers en désordre et des fantassins par pelotons serrés. Il y avait à l'extrémité de la rue de la Barre un dépôt de caissons. Les soldats y mirent le feu; mais la flamme s'éteignit, et les habitants s'emparèrent des cartouches, de la poudre et de toutes les munitions qui renfermaient ces voitures abandonnées.

Les souverains alliés étaient à Chaumont. Ils y signèrent, le 1er mars, un traité par lequel ils s'engageaient à poursuivre pendant vingt ans la guerre avec vigueur et dans un concert parfait. Chaque puissance continentale devait tenir constamment en campagne cent cinquante mille hommes, et l'Angleterre fournir un subside annuel considérable. On ne devait déposer les armes qu'après l'entière défaite de Napoléon.

Malgré ses généreux efforts et ses différentes victoires, les alliés se présentèrent devant Paris et y entrèrent le 31 mars. L'empereur se voyait délaissé. Il signa son abdication à Fontainebleau, le 11 avril, ne conservant de ses vastes possessions que l'île d'Elbe, où il lui fut permis de se retirer avec quelques centaines d'hommes de sa garde. Le 3 mai, Louis XVIII, accompagné de Madame la duchesse d'Angoulême, du duc de Berry et des princes de Condé, fit à Paris son entrée solennelle. Le 30 du même mois, il conclut avec les souverains alliés une paix générale. Alors les armées évacuèrent le territoire du royaume (1).

Pendant tout le temps de l'occupation, Fayl-Billot logea et entretint plusieurs milliers d'hommes, tant en garnison qu'en passage. La crainte, les privations et la présence de ces étrangers engendrèrent une maladie contagieuse, le typhus, qui sévit

---

(1) Pendant cette invasion, les soldats autrichiens étaient décorés d'une croix en cuivre, portant d'un côté : *Grati Princeps et Patria. Franc. Imp. Aug.*; de l'autre : *Europæ Libertate Asserta.* MDCCCXIII. MDCCCXIV. On en a trouvé une à Vicq.

surtout en février, mars, avril et mai. La maison de la Grande-Rue, qui porte le n° 45 (1), fut convertie en hôpital pour les soldats. Une grande partie des habitants et tous les médecins étaient malades en même temps. Le chiffre des décès, qui était alors, terme moyen, de cinquante-deux, s'éleva, cette année, à cent quatre-vingt-quinze.

Napoléon, ayant quitté l'île d'Elbe, débarqua, le 1ᵉʳ mars 1815, près de Cannes, petite ville du Var. Le 20, il entra à Paris, que Louis XVIII venait d'abandonner précipitamment pour se réfugier à Gand. Le gouvernement de l'empereur fut bientôt reconnu et accepté sur presque tous les points de la France. Mais l'Europe réunie au congrès de Vienne lui déclara la guerre. Il se mit en campagne. Le 16 juin, il battit les Prussiens à Fleurus, et, le 18, il perdit la bataille de Waterloo. Alors il revint à Paris, où il abdiqua en faveur de son fils Napoléon II, qui ne fut pas accepté par les chambres. On lui suggéra la pensée de se confier à l'hospitalité britannique; mais l'Angleterre, par une trahison barbare, lui donna Sainte-Hélène pour prison et pour tombeau. Il mourut chrétiennement sur ce rocher de l'Atlantique, le 5 mai 1821 (2). Louis XVIII fut rétabli sur le trône le 8 juillet 1815.

Après les désastres de Waterloo, les alliés avaient envahi la France une seconde fois. Le 9 juillet, un détachement autrichien, venu par la route de Nancy, était sous les murs de Langres. Le 17, la place était investie par le corps d'armée du comte Collorédo. Le lendemain, elle capitula. L'occupation militaire pesa de tout son poids sur notre malheureuse contrée. On ne conçoit pas comment elle a pu suffire aux exigences des troupes, aux réquisitions de toute nature. Elle ne fut complète-

---

(1) C'est celle qu'habite M. Brocard, brasseur.
(2) Son corps fut rapporté en France, en 1840, et déposé avec la plus grande pompe sous le dôme des Invalides.

ment évacuée qu'à la mi-novembre. Louis XVIII avait fait la paix avec les alliés.

Aux calamités d'une double invasion et aux ravages du typhus succédèrent les horreurs de la famine. Toutes les provisions de première nécessité étaient épuisées. Les gelées de l'hiver de 1815-1816 et les pluies continuelles de l'été et de l'automne détruisirent les récoltes. Aux mois de mai et de juin 1817, la misère était à son comble. Le blé se vendait quarante-cinq francs l'hectolitre, et l'orge trente-deux francs. Le pain valait un franc vingt centimes le kilogramme. Les pauvres se nourrissaient d'herbes et de racines; ils couvraient les chemins et les places publiques, implorant la pitié des passants. De mémoire d'homme on n'avait vu une pareille année. Cette situation critique imposait de grands sacrifices à la ville, qui déjà avait fait des emprunts pour subvenir aux dépenses de la guerre. Elle acheta des farines qui furent vendues à prix réduit, c'est-à-dire à quatre-vingts centimes et un franc le kilogramme, et distribua des secours aux indigents. Les vanniers, tourneurs et tisserands, n'ayant pas le débit de leur ouvrage, se trouvaient sans ressources. On fut obligé de les faire travailler à la réparation des chemins.

Pendant ces années mauvaises, les religieuses de Saint-Charles rendirent d'immenses services aux malades et aux pauvres. A la vue de leur dévouement et du bien que produisait l'hospice, les petits-fils de M. Jean Seurrot s'intéressaient beaucoup à la prospérité de cet établissement. L'un d'eux, M. Bernard Léaulté de Leycourt, lieutenant-colonel d'infanterie en retraite, chevalier de l'ordre royal et militaire de Saint-Louis, demeurant à Vivey, acheta, le 20 janvier 1817, par l'entremise de M. Deminette de Beaujeu, propriétaire à Pierrefaite, une pièce de pré de trente-quatre ares vingt-huit centiares, sise à Fayl-Billot, pour la somme de cinq cents francs. Il la donna à l'hospice par un acte du 31 mars 1817, et une ordonnance royale du 23 juillet suivant autorisa les administrateurs à accepter cette donation. Ceux-ci avaient acquis, le 23 mars de la même année, pour la somme de quatre cents francs, un autre pré de vingt-cinq ares soixante-onze centiares. L'administration et les bienfaiteurs de notre établissement de charité voyaient, avec raison, dans la propriété foncière un avantage et une garantie que n'offrent pas les constitutions de rentes sur l'Etat.

§ III.

Faits contemporains.

Louis XVIII mourut le 6 septembre 1824. Le comte d'Artois lui succéda sous le nom de Charles X, et fut sacré à Reims avec la plus grande pompe. La faveur populaire accueillit les commencements de son règne; mais son gouvernement présenta successivement diverses lois qui soulevèrent les partisans de la révolution, les journaux, le corps électoral, et irritèrent les hommes influents de la classe moyenne. En 1830, le ministère de Polignac crut devoir profiter de l'enthousiasme que la prise d'Alger inspirait à la France, pour appliquer toutes les mesures qu'il jugeait propres à arrêter le mouvement libéral. Le *Moniteur* publia les fameuses ordonnances datées du 25 juillet. Le lendemain une insurrection formidable éclata dans Paris. On arbora partout le drapeau tricolore. Le roi et le dauphin abdiquèrent en faveur du jeune duc de Bordeaux; mais la chambre des députés refusa de reconnaître ce prince, et se mit à réviser solennellement la charte constitutionnelle. La famille royale s'achemina vers l'exil. Le duc d'Orléans, nommé d'abord lieutenant général du royaume, fut ensuite proclamé *roi des Français* sous le nom de Louis-Philippe Ier, et, dans la séance du

9 août 1830, il jura fidélité à la charte nouvelle et à la nation.

A Fayl-Billot, la chute du trône de Charles X ne donna lieu à aucun désordre. Quand parut la loi du 22 mars 1831, on s'empressa d'organiser la garde nationale. La ville eut trois compagnies, plus les sapeurs-pompiers, qui, réunis à quelques hommes des communes de Charmoy, Chaudenay, Rosoy, Rougeux et Torcenay, formaient une quatrième compagnie et complétaient le bataillon. Le commandement en fut confié à M. Brugnon, officier de santé.

Au mois de juin de la même année, une multitude de gardes nationaux des cantons voisins (1) se rendirent à Fayl-Billot pour saluer le roi des Français, allant de Vesoul à Langres. On avait aussi habillé en gardes nationaux un certain nombre d'enfants. Cette jeune milice était fière de déployer son drapeau sur lequel on lisait : *Bataillon d'espérance*. Arrivé à l'extrémité de la rue de la *Barre*, Louis-Philippe descendit de voiture, reçut les compliments des autorités de la ville, passa rapidement en revue la garde nationale, embrassa le commandant du petit bataillon, et partit pour Langres.

M. Ignard était alors maire. Il fut remplacé, le 21 octobre, par M. Bacquet. C'est sous son administration qu'on transféra le cimetière paroissial, qui environnait l'église, dans une propriété communale, appelée *les Planches*. On enferma dans des murs un espace de terrain qui, plus tard, fut reconnu insuffisant, car, en 1853, on en doubla presque l'étendue. Ce cimetière a maintenant une superficie de quatre mille six cent quatre-vingt-dix mètres carrés; il est bien assez vaste. D'ailleurs il est dans de bonnes conditions géologiques, et sa position sur le bord d'un ravin fait qu'il n'y a jamais d'eau. La croix monumentale qui le domine lui donne un aspect très-religieux. La

---

(1) On dit qu'il y en avait trois mille.

première inhumation y fut faite le 10 août 1832. Dans l'espace de vingt-six ans, le chiffre des sépultures s'est élevé à quatorze cent quarante.

Depuis longtemps (1) la municipalité demandait l'établissement d'une cinquième foire à Fayl-Billot, parce qu'il y avait un trop grand intervalle entre celle du jeudi avant la Purification et celle du premier jeudi de juin. Une ordonnance royale, datée du 15 décembre 1836, approuva cette demande et fixa la foire nouvelle au 5 avril.

Jusqu'à cette époque, les religieuses de la maison de charité, qui avait déjà un siècle d'existence, ne soignaient les malades qu'à domicile. En 1836, la commission administrative disposa deux salles pour recevoir les plus pauvres. A partir du 1er janvier 1837 jusqu'au 1er janvier 1859, on compte onze cent quarante admissions, soit cinquante-deux par an, terme moyen. Dans ce nombre sont compris plusieurs militaires et ouvriers en voyage.

Quand on eut ainsi agrandi l'œuvre première, on sentit la nécessité d'une chapelle dans l'établissement; mais comme on n'avait pas de ressources pour en construire une, on convertit provisoirement en oratoire une petite salle contiguë à l'infirmerie. Alors, sur la demande de M. Daubrive, curé, Monseigneur Parisis, évêque de Langres, voulant favoriser la dévotion des sœurs envers le très-saint Sacrement, et considérant les avantages spirituels qui en résulteraient pour ces respectables religieuses, pour les enfants qui ont le bonheur d'être élevés par elles, et pour les malades auxquels elles prodiguent les soins les plus empressés, permit que le saint sacrifice fût célébré et le saint Sacrement conservé dans cette chapelle, à condition qu'une lampe brûlerait jour et nuit devant le tabernacle. Cette

---

(1) Voir la délibération du 1er mai 1812.

permission, accordée le 20 décembre 1838, fut confirmée par une lettre épiscopale du 3 juin de l'année suivante. La chapelle est dédiée à la très-sainte Vierge sous le titre de la Visitation, et l'établissement tout entier est placé sous le patronage de saint Joseph.

En recevant de nouveaux développements, l'hospice avait besoin de ressources nouvelles. Quelques personnes charitables lui vinrent en aide. M. Nicolas Jobelin lui légua, par son testament du 13 octobre 1837, une rente annuelle et perpétuelle de vingt francs au capital de quatre cents francs, et une ordonnance royale du 18 janvier 1842 autorisa les administrateurs à accepter ce legs. M. François-Jacques Maillard, chirurgien, légua pareillement deux cents francs suivant son testament du 18 mars 1842. Au mois de septembre 1843, une personne pieuse, qui voulut rester inconnue, fit un don manuel de huit mille six cents francs. Enfin M. Brugnon légua mille francs suivant son testament olographe du 1er janvier 1848. Quelques-unes de ces sommes furent placées à constitution de rentes sur l'Etat.

Le don de huit mille six cents francs servit, selon l'intention de la donatrice, à fonder un ouvroir pour les travaux d'aiguille. On obtint alors de la maison de Nancy une cinquième religieuse pour diriger cette école. Elle est composée de vingt-quatre jeunes filles de familles pauvres, ayant fait leur première communion. La durée de leur apprentissage est fixée à trois années. Le prix des ouvrages par elles confectionnés leur appartient exclusivement.

M. Brugnon avait été nommé maire en 1835. Pendant le temps de son exercice, il fit exécuter un grand travail d'embellissement et d'utilité publique. Il ne s'agit pas de la halle construite en 1840; c'est un bâtiment qui a coûté beaucoup et qui subsiste sans profit et sans honneur pour la ville. Nous voulons parler d'une rue nouvelle.

Il y avait, au milieu même de Fayl-Billot, un ravin étroit et profond qu'on appelait le *Grand-Bas*. C'était un précipice affreux qui grandissait, chaque année, sous l'action des eaux. On avait été obligé de planter des arbustes et d'élever des murs pour soutenir les terres et empêcher l'écroulement de quelques-unes des maisons bâties sur ses bords. On eut la pensée d'y faire une route. La réalisation de ce projet fut d'abord regardée comme impossible; mais, grâce à l'activité de M. le maire, le conseil municipal, dans une délibération du 27 juillet 1840, approuva le devis qui lui fut présenté. On se mit à l'œuvre. On amena de tous côtés des terres pour combler le ravin; il en fallait, dans un endroit, de la hauteur de dix mètres. Puis on construisit un aqueduc aboutissant au ruisseau, lequel fut recouvert de cailloux et de macadam. Les travaux durèrent trois ans et absorbèrent les revenus communaux de plusieurs années. En vertu d'une ordonnance royale du 31 mai 1844, rendue d'après une délibération de la municipalité, cette rue reçut le nom de *rue Brugnon*. Elle est maintenant une des plus belles et des plus fréquentées, car toutes les maisons qui la bordent sont de construction récente, et c'est là que passe le chemin de grande communication de Bize à Poinson-les-Fayl et Prauthoy.

Ce travail était à peine terminé, lorsque la mort vint frapper le pasteur de la paroisse, M. Daubrive, âgé de soixante-dix-sept ans. C'était un prêtre vénéré à cause de sa science et de ses vertus. En 1819, on l'avait proposé pour la cure de Chaumont; plus tard, on lui offrit la charge de vicaire-général du diocèse, enfin, le 19 décembre 1826, il reçut le titre de chanoine honoraire de la cathédrale. Plein de mérites et muni des sacrements de l'Eglise, il rendit tranquillement son âme à Dieu, le 23 décembre 1843. Son corps fut inhumé, le jour de Noël, à côté de la grande croix du nouveau cimetière.

On lui érigea un monument qui porte cette inscription :

LES HABITANTS

DU FAYL-BILLOT

A

M. DAUBRIVE CURÉ.

23 Xbre 1843.

Au mois de février, il fut remplacé par M. Bourlier, curé de Doulaincourt.

L'année 1847 s'ouvrit par une disette. La municipalité acheta des farines pour approvisionner les habitants. Elle occupa aussi plusieurs ouvriers sans travail à la réparation des chemins et à la création des promenades qui aboutissent au *Bois-Banal*.

Le 24 février 1848, Louis-Philippe fut détrôné, et la République proclamée. A cette nouvelle, on planta des arbres de liberté. Le 18 avril, on réorganisa la garde nationale. Le 23, le canton, usant du suffrage universel, se transporta au chef-lieu, afin d'élire des représentants pour composer l'Assemblée constituante.

La guerre civile éclata dans Paris, le 23 juin, et des flots de sang coulèrent pendant quatre jours. On fit un appel aux gardes nationaux des départements. Quatre-vingt-quinze de Fayl-Billot, sous la conduite de M. Morlot, chef de bataillon, partirent, le 26, au secours de la République modérée, de l'ordre et de la liberté. C'était un bel acte de patriotisme. Mais quand ils arrivèrent à la capitale, l'insurrection était étouffée. Ils n'y restèrent qu'une dixaine de jours pendant lesquels ils furent occupés à monter la garde sur divers points.

La constitution de la République fut promulguée le 12 novembre, et, le 10 décembre suivant, Louis-Napoléon, membre de l'Assemblée nationale constituante, fut élu président pour quatre ans. Le 21 décembre 1851, la nation lui conféra la présidence pour dix ans. Enfin, le 2 décembre 1852, il fut proclamé empereur sous le nom de Napoléon III, et sauva la France de l'anarchie.

A la révolution de février, M. Brugnon n'était plus maire de Fayl-Billot. Cette fonction avait été confiée, le 17 décembre 1845, à M. Roy (1), ancien capitaine de cavalerie, chevalier de la Légion d'honneur, homme de foi et de mérite. Il mourut à Chaumont, le 30 novembre 1848. On lui donna pour successeur, le 11 mai 1849, M. Truchot, actuellement en exercice. Tout ce qui nous reste à dire s'est passé sous son administration.

Au mois de janvier 1850, une personne charitable, gémissant de l'insuffisance et du triste état de l'église, offrit à M. le curé une somme de vingt mille francs pour servir à la construction d'un édifice proportionné à l'importance de la paroisse et à la dignité du culte. M. le curé informa la municipalité de cette généreuse intention, lui demandant si elle voulait accepter ce don et s'engager à l'employer. Après avoir délibéré, le conseil, qui reconnaissait unanimement la nécessité d'une nouvelle église, déclara qu'il était disposé à s'occuper de cette construction aussitôt que les ressources financières de la commune le permettraient, et qu'il acceptait avec une vive reconnaissance les offrandes données à cet effet. Alors M. le curé ouvrit une souscription qui atteignit le chiffre de cinquante mille francs.

Le 10 novembre 1852, le conseil municipal vota la construction de cet édifice religieux, et autorisa M. le maire à faire dresser par un architecte habile un plan et un devis estimatif

---

(1) Neveu de M. Roy, comte et pair de France, ministre des finances sous la Restauration.

montant à deux cent vingt-cinq mille francs environ. Cette délibération fut approuvée par M. le préfet, qui, de concert avec M. le maire, jugea à propos d'ouvrir un concours aux architectes et publia le programme suivant, daté de Chaumont le 6 janvier 1853 :

Le Préfet de la Haute-Marne,

Vu la délibération par laquelle le conseil municipal de Fays-Billot vote, en principe, la construction d'une nouvelle église dans cette commune, et fixe approximativement à 225,000 fr. la dépense à faire pour assurer cette construction;

Considérant que l'édification d'un monument religieux de l'importance de celui que la ville de Fays-Billot se propose de faire élever ne saurait être entourée de trop de précautions; qu'il importe, dès lors, de faire appel aux lumières des hommes spéciaux les plus compétents,

Arrête :

Art. 1er. Un concours est ouvert pour l'étude des projets de construction d'une église dans la commune de Fays-Billot.

Art. 2. Chaque architecte qui voudra concourir ne pourra le faire qu'après avoir été agréé par nous; s'il est étranger au département, il devra produire un certificat du maire de sa commune, visé par le préfet, constatant qu'il présente toutes les garanties de probité et de capacité désirables.

Art. 3. Le nombre des architectes appelés à concourir est illimité.

Art. 4. L'église sera construite sur un terrain à acquérir par la commune. Le tracé ne pouvant être rendu parfaitement intelligible, même par des plans de nivellement, MM. les concurrents devront aller en faire l'étude sur les lieux. Il leur sera donné, à la mairie, connaissance du prix des matériaux et les autres renseignements nécessaires pour la rédaction de leurs devis.

Art. 5. La durée du concours est fixée à six mois, à partir du 1er février 1853.

Art. 6. Les dispositions, le mode de construction et le style d'architecture sont laissés au choix des concurrents. Néanmoins, entre les projets de mérite égal, le style ogival du XIIIe siècle sera préféré.

Art. 7. Les concurrents devront se conformer aux conditions suivantes :

Chaque projet sera composé :

1° D'un plan général de la commune pris sur le plan cadastral ;

2° D'un plan général de l'édifice avec les terrains ou maisons environnantes, à l'échelle de 5 millimètres par mètre, sur lequel l'orientement sera indiqué ;

3° Des plans, coupes transversales et longitudinales, élévations latérales et postérieures, à l'échelle de 1 centimètre par mètre ;

4° De l'élévation principale et des détails intérieurs, à l'échelle de 2 centimètres par mètre ;

5° Des détails de construction et de décoration, à l'échelle de 10 centimètres par mètre ;

6° D'un rapport descriptif (ce rapport devra être assez développé pour ne rien laisser à désirer) ;

7° D'un détail métrique ;

8° D'un détail estimatif avec analyse des prix.

L'étendue de l'église devra être proportionnée à la population de la ville, qui est de 2,562 âmes ; mais, dans la prévision d'un accroissement, ce chiffre est porté à 3,000 au moins.

L'église devra contenir de 1,200 à 1,400 places, un sanctuaire assez vaste et une allée principale de 2 mètres 40 centimètres de largeur au moins.

Les objets mobiliers, tels que : autels, chaire à prêcher, appui de communion, confessionnaux, bancs, etc., etc., seront figurés dans les dessins et estimés dans les devis.

La dépense pour la construction de cet édifice et son ameublement ne devra pas dépasser la somme de deux cent vingt-cinq mille francs.

Art. 8. Dans la quinzaine, au plus tard, qui suivra la clôture du concours, les dessins, roulés sur cylindre, et les devis seront déposés à la préfecture, à Chaumont (3ᵉ division), et prendront un numéro particulier dans l'ordre de leur dépôt.

Art. 9. Chaque projet portera une épigraphe qui sera reproduite dans une lettre signée et cachetée. Un récépissé du préfet constatera la formalité du dépôt et le numéro particulier de chaque projet.

Art. 10. Cette quinzaine expirée, le registre ouvert pour la réception des études sera définitivement clos.

Art. 11. Le jury d'examen se composera de huit membres qui seront nommés par nous.

Art. 12. Le jury, réuni dans le plus bref délai, prononcera, sans désemparer, et choisira, parmi ceux qu'il aura jugé remplir les conditions du programme, les trois meilleurs projets d'église et les classera par ordre de mérite ; il dressera procès-verbal de sa décision en y joignant ses observations. Les noms des concurrents seront ensuite découverts et inscrits au même procès-verbal.

Art. 13. Les trois meilleurs projets, avec les observations du jury et copie du procès-verbal qu'il aura dressé, seront envoyés au conseil des bâtiments civils qui prononcera sur leur mérite et leur assignera un rang entre eux.

Art. 14. Les honoraires pour la rédaction des projets, la direction, la surveillance des travaux et le règlement des comptes ne pourront, en aucun cas, excéder 5 p. 0/0.

Art. 15. Nous nous réservons le droit de décider si l'auteur du meilleur projet sera chargé de diriger l'exécution des travaux. Dans le cas contraire, il sera attribué à cet architecte, à titre de récompense, une somme de 2,500 francs. Il sera donné à l'architecte, auteur du deuxième projet, 600 francs, et 400 francs à l'auteur du troisième. Les auteurs des cinq autres projets qui seraient appréciés par le jury d'examen et classés, par ce jury, par ordre de mérite, pourront recevoir, sur son avis, chacun une indemnité de 200 francs pour frais de déplacement.

Signé : De FROIDEFOND.

M. le préfet, par un arrêté du 17 août 1853, institua un jury pour procéder à l'examen et au classement des plans et devis déposés par les architectes. Les membres étaient MM. Vernisy, conseiller de préfecture, président; Vouriot, vicaire-général, délégué par Mgr l'Evêque; Thiberge, président du conseil général; Lacoste, commandant du génie à Langres; Henriot, ingénieur en chef des ponts et chaussées; Fériel, procureur impérial à Chaumont; Drouet, ingénieur ordinaire à Langres; Quilliard, géomètre en chef du cadastre; Descaves, architecte du département; Viennot, ingénieur ordinaire à Chaumont; Hâas, chef de division à la préfecture; Bourlier, curé, et Truchot, maire de Fayl-Billot. Ces messieurs se réunirent, le 29 août, à l'hôtel de la préfecture, et ouvrirent les treize projets qui avaient été présentés; mais il leur était impossible, dans une première séance, de se prononcer définitivement.

Comme l'emplacement sur lequel on devrait bâtir l'église était l'objet de contestations, le conseil municipal, par une délibération du 6 octobre 1853, approuvée par M. le préfet le

12 du même mois, confia au jury la mission spéciale de le déterminer. Celui-ci nomma pour cela sept de ses membres, qui se rendirent à Fayl-Billot le 27 mars 1854. Après avoir examiné toute la ville, d'un point culminant, et consulté le plan cadastral, ils décidèrent à l'unanimité que l'église serait construite entre la Grande-Rue et l'hospice, derrière le Château-Grillot; c'est en effet l'emplacement le plus convenable et le plus avantageux sous tous les rapports. D'ailleurs il permettra l'orientation.

Le 27 avril suivant, le jury se réunit de nouveau à Chaumont pour procéder au classement définitif des projets. Celui qui portait l'épigraphe commençant par ces mots :

Relevez, relevez ces superbes portiques,

et était désigné sous le n° 13, fut mis en première ligne. Il appartenait à M. Barbier, architecte à Langres. Le n° 8 qui était de M. Amé, architecte à Avallon, fut le deuxième, et le n° 10, appartenant à M. Poisel, architecte à Châlons-sur-Marne, le troisième. Les dispositions énoncées dans l'article 15 de l'arrêté préfectoral furent exécutées à leur égard. Les cinq projets suivants étant loin d'avoir le même mérite, ne parurent pas devoir tous donner lieu à une indemnité. Le jury alloua seulement deux cents francs à M. Durand, architecte à Mâcon, deux cents à M. Martin, architecte à Langres, et quatre cents à M. Marnotte, architecte à Besançon. Ce dernier avait fait un plan d'une grande richesse; mais il avait eu le tort de vouloir reproduire dans notre pays le style byzantin.

Les trois premiers projets et une copie du procès-verbal dressé par le jury furent envoyés au conseil des bâtiments civils à Paris, qui confirma le jugement. Toutefois, en reconnaissant le mérite supérieur des plans de M. Barbier, il indiqua des améliorations qu'il était facile d'y introduire. L'architecte a retouché son œuvre, et ses dessins terminés sont maintenant déposés, avec le devis estimatif, à l'hôtel de ville de Fayl-Billot.

Le type adopté par M. Barbier est le style ogival le plus pur du XIIIe siècle. Dans son ensemble, le plan est celui des grandes églises en croix latine nettement accusée. Les croisillons se détachent fortement des trois nefs qui forment la tige de cette croix; le chœur et le sanctuaire en dessinent le sommet, sans offrir de déambulatoire. Les colonnes cylindriques sont cantonnées de quatre colonnettes qui leur enlèvent leur pesanteur et vont directement porter les nervures de la voûte et les arcs-doubleaux. A l'intérieur de la grande nef règne une galerie à jour. Cinq grandes fenêtres divisées par un meneau versent dans le sanctuaire une abondante lumière que des verrières historiées doivent tempérer. La flèche, assise sur le portail, sera bâtie tout en pierre, avec de longues moulures aux baies du clocher, une balustrade à nombreuses arcatures, des clochetons et des lucarnes ornées. En un mot, ce plan annonce une connaissance approfondie de l'art au moyen-âge. Sa réalisation dotera la ville de Fayl-Billot d'un monument distingué, qui pourra être comparé à ce que le diocèse de Langres a de plus remarquable en architecture gothique. Un tel édifice affermira la réputation de l'architecte qui en a conçu le dessin, immortalisera les administrateurs qui auront la gloire de l'élever, et sera pour notre population une cause puissante de progrès moral.

Cette construction est absolument nécessaire (1). L'église actuelle ne contient que cinq cents places. D'ailleurs humide et malsaine, elle est dans un état lamentable de délabrement. Les autels et les boiseries sont vermoulus, une sorte de mousse verdâtre couvre les murs, un arc doubleau menace ruine, tout

---

(1) On commencera les travaux au mois de mars 1861.

le côté du midi est lézardé et la tour périclite. C'est un édifice qui n'a ni mérite architectural, ni régularité. Le chœur, dont l'axe dévie par rapport à celui de la grande nef, date de 1555. Le transept paraît être du xiiie siècle. Les nefs sont de 1665. Le portail est de 1582, et le clocher a été bâti postérieurement à cette époque.

Ce qui a retardé l'exécution du projet dont nous venons de parler, c'est la construction de fontaines publiques pour plusieurs quartiers, qui manquaient d'eau. Dès le 11 septembre 1849, M. l'abbé Paramelle, fameux hydrognomoniste, était venu, sur la demande du conseil municipal, visiter une partie du territoire afin d'indiquer les sources à utiliser pour amener de l'eau dans la ville. D'après son rapport, on fit avec succès des fouilles à La *Louchère* et à *Giraucourt*. Des fontaines furent votées dans une délibération du 10 novembre 1852. M. Noirot, architecte à Vesoul, en dressa les plans et devis, et les travaux adjugés le 18 février 1854 à M. Devoitine, entrepreneur à Coublanc, furent terminés au commencement de 1855. Depuis ce temps, l'eau arrive en abondance, par une conduite de fonte, à sept bornes-fontaines et à trois bassins dont l'un est sur la *place de la Mairie,* un autre sur la *place de la Barre,* et le troisième à la rue de la *Maladière.* Cette eau jaillissante offre un agrément et un avantage qu'on a surtout appréciés pendant les grandes chaleurs de 1858; malheureusement, dans les temps pluvieux, elle n'est ni limpide ni potable.

L'année même où l'on travaillait aux fontaines fut marquée par un fléau qui sévit dans une multitude de localités. C'était le choléra. Il se déclara à Fayl-Billot le 12 juillet. Dans le principe, il fit peu de victimes; mais, après une quinzaine de jours, le nombre des malades augmenta dans une proportion effrayante : il y en avait douze à quinze cents. Les deux médecins résidents ne pouvaient suffire à les traiter tous. M. le préfet envoya au secours de cette population affligée les docteurs Foucard et Boulay; mais les soins et les remèdes n'empêchaient pas la mortalité. Chaque jour on comptait plusieurs décès : il y en eut jusqu'à onze le 4 août et autant le 5. On ne rencontrait dans les rues que des convois funèbres; toute la ville était plongée dans la consternation.

Au milieu du deuil général, les prêtres de la paroisse et d'autres du voisinage, qui vinrent à leur aide, administraient les sacrements aux pestiférés et présidaient aux inhumations avec le courage surhumain que la religion inspire à ses ministres. Les sœurs soignaient les malades et ensevelissaient les morts avec une inépuisable charité. M. le maire se multipliait pour conduire les médecins chez les cholériques, distribuer aux indigents des vivres et des remèdes, visiter et secourir une foule de malheureux atteints de la contagion. Tous les habitants s'accordèrent à reconnaître et à proclamer son zèle et sa générosité dans cette circonstance difficile. Aussi, en vertu d'une délibération municipale du 10 novembre 1854, approuvée par M. le préfet le 22 décembre suivant, on lui décerna, aux frais de la ville, une médaille d'or de quatre cents francs. Sur la face est l'effigie de Napoléon III, empereur des Français. Le revers porte : *A Truchot, Charles-André, maire de Fayl-Billot (Haute-Marne) la commune reconnaissante : admirable dévouement durant l'épidémie.* 1854.

Madame la supérieure de l'hospice reçut en même temps une médaille d'or de la valeur de cent francs, sur laquelle on lit : *A sœur Rosalie, supérieure de la maison de charité de Fayl-Billot (Haute-Marne) la commune reconnaissante : admirable dévouement durant l'épidémie.* 1854.

Le choléra cessa ses ravages vers la fin d'août; il enleva environ cent cinquante personnes. Le chiffre total des morts, en cette année calamiteuse, monte à cent quatre-vingt-quatorze.

En 1857, une personne accoutumée aux œuvres de charité, Mademoiselle Caroline Lallement, fit à l'hospice un don manuel de six mille francs. Son intention était de favoriser l'éducation et l'instruction des enfants par le moyen d'une salle d'asile. La commission administrative vient d'employer cette somme à la construction d'un bâtiment destiné à recevoir les malades, et de convertir en salle d'asile la partie de la maison qui servait d'infirmerie. Ainsi les petits enfants, qui jusqu'alors étaient gardés dans un local insuffisant par une femme à gages, sont placés sous la direction des sœurs, maintenant au nombre de six. C'est un progrès pour l'établissement : par là il contribuera davantage au bien de la paroisse et à l'honneur de la religion.

Lors de la brillante campagne d'Italie, en 1859, notre population reçut avec enthousiasme la nouvelle des victoires de l'armée. On fêta la glorieuse journée de Solferino par une illumination splendide. La solennité du 15 août fut célébrée avec un éclat exceptionnel. Tout le monde était heureux du triomphe de la France, acheté des sacrifices, des vœux, du sang, des larmes et des prières de tout le monde.

VUE DE FAYL-BILLOT.

W. Schœn.   Lith. de Outhenin-Chalandre à Besançon

LOT.

CHAPITRE VII.

DOCUMENTS
HISTORIQUES, STATISTIQUES, ADMINISTRATIFS, INDUSTRIELS, ETC., SUR LA VILLE ET LE CANTON.

§ I.

De la Ville.

I. TOPOGRAPHIE.

La ville de Fayl-Billot est située au sud-est du département de la Haute-Marne, sur la route impériale n° 19 de Paris à Bâle (1), à 24 kilomètres de Langres, son chef-lieu d'arrrondissement, et à 50 kilomètres de Vesoul. Sa position est très-variée. Elle s'étend d'abord, en forme de fer à cheval, dans une plaine, descend dans un vallon qu'arrose le ruisseau de *Louvières*, affluent du Saulon, puis remonte jusqu'au sommet du coteau opposé. Elle a, dans ce sens, une longueur de 13 hectomètres. Vue du midi, elle offre l'aspect d'une cité. Si vous y

---

(1) Cette route fut faite il y a environ cent trente ans. Dans une délibération de 1750, il est dit que les habitants l'ont construite à neuf, et que depuis quinze ans ils ont entassé des pierres de plus de quatre pieds de hauteur tout le long de Fayl où elle passe.

arrivez par la route de Vesoul, vous n'apercevez d'abord que quelques maisons, vous croiriez découvrir un petit village. La première rue qui se présente devant vous est la rue de la *Barre*, à l'entrée de laquelle était jadis une sorte d'octroi pour la levée du droit de péage; pendant la révolution, l'on y établit une barrière pour la perception de la taxe affectée à l'entretien de la grande route, d'après le tarif de la loi du 3 nivôse an VI (art. 1er du titre Ier). A l'extrémité de cette rue se trouve une place que dominait autrefois une croix, plantée le 27 décembre 1751, à la suite d'une mission donnée à la paroisse; maintenant on y voit jaillir une fontaine, construite en 1854. Ici le chemin se bifurque. Vous avez à gauche la rue des *Noyers*, ainsi appelée à cause des arbres de ce nom qui la terminaient; elle conduit aux halles, à l'ancien château, à l'hôtel-de-ville et à la *place de la Mairie*, désignée jusqu'en 1840 sous le nom de *place* ou *rue des Halles*. A droite, c'est la *Grande-Rue* avec son hôtel, ses auberges, ses cafés et ses habitations bourgeoises, parmi lesquelles on distingue celle qui porte le n° 77. En 1814, elle servit de logement d'abord au général autrichien, Giulay, puis à Leurs Majestés l'empereur de Russie et le roi de Prusse. En face de cette maison s'ouvre la rue *Brugnon*, dont nous avons indiqué l'origine, et dans laquelle débouchent les rues des *Patiniers* et du *Cloutier* qu'habitaient des fabricants de patins (1) et de clous, et celle du *Pont*, qu'on appela primitivement ruelle *Chevallier*, et qui prit son dernier nom d'un pont jeté sur le *Grand-Bas*. A quelques pas plus loin, aboutissent la rue du *Breuil*, mot qui indique un bois défriché et changé en prairie, la rue *Sainte-Anne*, qui conduisait à la chapelle de ce nom, ensuite la rue du *Pavillon*, ainsi désignée à cause de la forme du bâtiment que possède à présent

---

(1) Sorte de chaussure fort en usage au XVIIIe siècle.

M. Dugelay. En suivant la route, vous voyez d'un côté une maison tout ordinaire portant le n° 53, où l'infortunée fille de Louis XVI se reposa, pendant une nuit, lors de son voyage pour la terre d'exil; de l'autre, sous le n° 52, l'ancienne habitation de M. Hubert de Froment, occupée aujourd'hui par M. Philippe, maître de poste. C'est là que naquit, en 1740, M. Jacques-Marie de Froment, futur représentant de la noblesse aux Etats généraux.

En laissant à droite la Grande-Rue, qui se prolonge sur la route de Langres et n'offre rien de remarquable, vous descendez la rue de la *Perrière*, autrefois des *Carrières;* c'est là, dit-on, qu'est né le P. Lambelinot, dont nous parlerons plus loin. Cette rue conduit aux écoles de garçons, au presbytère et à l'église, ainsi qu'à la *Maladière*, où s'élèvent l'hospice et le Château-Grillot, qui sont contigus. Ce nom de Maladière est ancien; on le trouve en 1417. Il vient d'une maladrerie ou hôpital pour les lépreux. De la Maladière vous descendez à l'église par la rue justement appelée de la *Côte*, car elle offre une pente de vingt-deux centimètres par mètre. Vous entrez ensuite dans la rue du *Vaux*, qu'on devrait plutôt nommer rue du Val, parce qu'elle se développe au fond du vallon. Sur elle s'ouvre la rue du *Château*, dominée par le magnifique emplacement de la forteresse que les sires de Fouvent avaient construite, au moyen-âge, pour protéger la contrée. Si vous traversez le ruisseau, vous rencontrerez à droite la rue *Reby*, ou *Urby*, qui lui est parallèle; plus loin, sur une hauteur escarpée, le *Mont-d'Olivotte;* enfin, à gauche, le *Chemin-Neuf*, fait au XVIIe siècle par ordre des élus de la province de Bourgogne; c'était alors la route de Dijon à Fayl-Billot, c'est maintenant un chemin de grande communication classé sous le n° 7.

Tels sont les noms des principales rues (1). Presque toutes

---

(1) Il y a encore les rues des *Prairottes*, du *Regipoux*, du *Moulin-aux-*

sont très-irrégulières; mais on a fait un plan d'alignement qui, avec le temps, leur donnera plus de régularité. En général, les maisons sont assez bien bâties; quelques-unes sont humides et malsaines, un certain nombre présente encore cette vieille couverture en chaume, qui n'est nullement élégante et qui favorise trop les incendies. C'est avec beaucoup de raison que l'autorité préfectorale a défendu de l'employer pour les constructions nouvelles.

Les dépendances de Fayl-Billot sont : le faubourg du *Bois-Prieur*, le hameau de *Bonnay*, les fermes de la *Papeterie*, du *Repentir*, des *Fourneaux*, de *Clongeon*, du *Bois-Banal*, des *Tilleuls*, de *Louvières* et le *Petit-Moulin*.

II. POPULATION.

D'après le recensement de 1856, les huit villes les plus considérables du département de la Haute-Marne sont classées comme il suit :

1° Langres : 8,570 habitants; 2° Saint-Dizier : 7,174 hab.; 3° Chaumont : 5,991 ; 4° Bourbonne : 3,790 ; 5° Joinville : 3,404; 6° Nogent : 3,255 ; 7° Wassy : 2,738 ; 8° Fayl-Billot : 2,300 hab.

Dans l'espace de cinq ans, la population de Fayl-Billot a diminué par suite d'émigrations en Afrique et en Amérique et du choléra de 1854. On y comptait, en 1851, 2,562 habitants; c'est le chiffre le plus élevé. En 1846, il y en avait 2,492 ; en 1841, 2,502; en 1836, 2,393. Donc, de 1836 à 1856, on a eu, terme moyen, une population de 2,450 âmes (1).

Moines, du *Grand-Moulin*, la *Ruelle au mouton*, et la *ruelle de la Maladière*.

(1) M. Virey, dans sa *Géographie physico-médicale* du Bassigny, a prouvé qu'on vit plus longtemps à Fayl-Billot qu'à Paris.

DE FAYL-BILLOT.

Le chiffre annuel des naissances est de 57; celui des mariages, de 20; celui des décès, de 50.

La population actuelle se divise ainsi :

SEXE MASCULIN.		SEXE FÉMININ.	
Garçons	545	Filles	513
Hommes mariés	523	Femmes mariées	523
Veufs	73	Veuves	123
Total	1141	Total	1159

Ces 2,300 habitants forment 724 ménages, et occupent 571 maisons.

III. ADMINISTRATION.

1. Paroisse.

CURÉ
(de 2e classe.)

M. Jacques Bourlier, né à Chalindrey le 15 décembre 1792, ordonné prêtre en 1817, installé le 7 février 1844, précédemment curé de Doulaincourt.

Prédécesseurs :

1636. Gaspard Carbollot.
1637. Nicolas Peussier, *licencié ès-droits.*
1655. J. Martel.
1656. J. Mathié, *prieur et seigneur de Fleurey-les-Saint-Loup.*
1657. Claude Huot, *doyen de Pierrefaite, chanoine de Fouvent-le-Château et notaire apostolique.*

1675. Philippe Demongeot, *précédemment vicaire de la paroisse.*
1686. Pierre Bergeret.
1702. Pierre Renouard, *docteur en théologie, précédemment porte-croix de Mgr le cardinal de Noailles.*
1743. Philippe Garcin, *maître ès-arts.*
1761. Mammès Viard, *précédemment curé de Chalindrey.*
1807. Jean Peitieu, *précédemment vicaire de la paroisse.*
1808. Pierre Daubrive, *chanoine honoraire de la cathédrale de Langres, précédemment curé de Coiffy-le-Haut.*

VICAIRE.

Claude-Jules Briffaut (16 mars 1855).

Prédécesseurs :

Jean Peitieu (1801), Jean-Baptiste Lambert (1807), Joseph Guerre (1842), Didier Couturier (1843), Didier-Antoine Poupon (1847), François Chauchot (1848), Jean-Baptiste Roger (1851).

CONSEIL DE FABRIQUE.

MM. Dugelay, président; Bourlier, curé; Truchot, maire; Chevallier, trésorier; Vauthelin, secrétaire; Garnier, Cocagne.

2. Commune.

MAIRE.

M. Truchot, Charles-André, né à Orain (Côte-d'Or) le 18 février 1808, nommé le 11 mai 1849. (Médaille d'or.)

DE FAYL-BILLOT.

Prédécesseurs :
MM.
1790. Demongeot, Claude, *docteur en médecine.*
1791. Servain, Louis.
1792. Deswez, Jacques-Joseph-Philippe.
1794. Villemot, Pierre, *avocat.*
1797. Lallement, Pierre.
1798. Ignard, Louis.
1799. Daubrive, Jacques.
1800. Rougeot, Gaon.
1801. Noël, Sébastien.
1803. Daubrive, Jacques.
1815. Brugnon, Jean, *officier de santé.*
1815. Daubrive, Jacques.
1819. Bacquet, Nicolas, *docteur en médecine.*
1824. Chevallier, Claude-Catherine.
1826. Ignard, Pierre-Nicolas, *ancien officier de gendarmerie.*
1831. Bacquet, Nicolas, *docteur en médecine.*
1835. Brugnon, Jean, *officier de santé.*
1845. Roy, Charles-Thérèse-Théodore, *ancien capitaine de cavalerie, chevalier de la Légion d'honneur.*

ADJOINTS.

MM. Cherrey, Jean, 24 août 1848.
Tilly, Edmond, 19 février 1853.

Prédécesseurs :
MM.
1801. Petitdumont, Didier.
1803. Ignard, Claude.
1815. Moncaup, Pierre-Joseph-Marie.

MM.

1824. Vaugien, Claude-François.
1830. Daprenant, Pierre.
1835. Cholet, Jean-Baptiste.
1837. Truchot, Charles-André.

CONSEIL MUNICIPAL.
(Election du 21 juillet 1855.)

MM. Ignard, officier de santé; Damisée, ferblantier; Robinet, notaire; Garnier, cultivateur; Drouot, propriétaire; Desserrey, cultivateur; Truchot, maire; Chevallier, brasseur; Cherrey, 1er adjoint; Cocagne, vannier; Brocard, brasseur; Philippe, maître de poste; Chameroy, propriétaire; Bourbelin, ancien marchand; Lamotte, marchand de bois; Huguet, cultivateur; Tilly, 2e adjoint; Cherrey, marchand de vannerie; Maréchal, restaurateur; Drouhin, propriétaire; Pierrot, vétérinaire.

Secrétaire : M. Faitout.

3. Hospice.

Administrateurs : MM. Truchot, maire; Humblot, ancien notaire; Bacquet, docteur en médecine; Drouot, Drouhin, Dugelay.

Service médical : M. Ignard.

Receveur : M. Thomas, percepteur.

IV. COMPAGNIE DE SAPEURS-POMPIERS.

Elle se compose de cinquante-quatre hommes. Elle est très-bien habillée depuis qu'on a remplacé, en 1856, la veste par la tunique.

Il y a trois pompes à incendie.

Capitaine : M. Chevallier, Claude-Catherine, en exercice depuis 1822. (Médaille d'argent.)

Lieutenant : M. Marchand, Jean-Baptiste.

Sous-lieutenant : N.

V. ÉCOLES.

1. Ecole de garçons.

En 1839, on la divisa en deux classes; en 1847, on en établit une troisième.

1re *classe*. M. Pierre-Louis-Ambroise-Victoire Durand, né à Fayl-Billot ; instituteur titulaire depuis 1839 (Médaille de bronze en 1847, et médaille d'argent en 1854.) (1).

2e *classe*. M. François-Alexandre Jacotin, né à Fayl-Billot; instituteur adjoint depuis 1857.

3e *classe*. M. Louis-Bernard-Marie Durand, né à Fayl-Billot; élève-instituteur depuis 1857.

Prédécesseurs :

1668. François Antoine.
1686. N^{as} Antoine, neveu du précédent.
1695. Philippe Antoine, fils de N^{as}.
1698. Hubert Thierry.
1702. Hubert et Jacques Thierry.
1704. Louis Massu.
1706. Antoine Poinsot.
1736. Jean Bannefroy.
1768. Claude-Antoine Vautheny.
1801. François Durand.
1829. Constant Cabuz.

Instituteurs adjoints depuis la division des classes.

1839. Bouchot.

(1) Auteur de : *Exercices pratiques de plain-chant romain.*

1846. Aubry.
1850. Senot.
1852. Bernard.

2. Ecole de filles, ouvroir, salle d'asile et hospice.

L'école des filles a été séparée de celle des garçons en 1730, divisée en deux classes et dirigée depuis cette époque par des sœurs de saint Charles.

Ces mêmes religieuses, qui sont au nombre de six, sont aussi chargées de l'ouvroir, de la salle d'asile, et du soin des malades pauvres à l'hospice et à domicile. En outre elles élèvent des orphelines et distribuent des secours aux indigents.

Supérieure : Sœur Rosalie. (Médaille de bronze et médaille d'or.) Il y a trente-six ans qu'elle est à l'établissement.

VI. HOMMES CÉLÈBRES.

Dom Lambelinot, prêtre, savant bénédictin de la Congrégation de Saint-Maur.

M. de Froment, lieutenant-colonel d'infanterie, chevalier de Saint-Louis, représentant de la noblesse aux Etats généraux.

M. Prudent, missionnaire, mort en odeur de sainteté.

Nicolas Lambelinot naquit à Fayl-Billot, le 21 février 1722, de Paul Lambelinot, chirurgien, et de Jeanne Michet. Il entra dans l'état religieux et fut ordonné prêtre, nous ne savons à quelle époque. En 1790, forcé de quitter la maison de Saint-Germain-des-Prés, il se réfugia d'abord à Langres, chez un de ses parents, puis dans son pays natal, où il donna l'exemple de mœurs austères et d'une vie retirée. Il ne s'occupait que de ses devoirs religieux, de la lecture et de la révision de ses ouvrages. Mais, comme il n'avait pas prêté le serment exigé par la loi, l'autorité locale lui enjoignit, le 1er floréal an II (20 avril 1794), de sortir de Fayl-Billot dans vingt-quatre heures, sous peine d'y être contraint par la force publique. Alors il fut reclus à Chaumont, comme prêtre insermenté. Pendant sa détention, il s'appliqua à l'étude des psaumes de David, et copia la traduction qu'en avait faite le P. Berthier. En 1796, on lui rendit la liberté. Il resta à Chaumont, où il desservit une chapelle particulière qui se trouvait dans la maison, n° 14, de la rue Bouchardon. Il mourut dans cette ville, le 3 février 1802, à l'âge de quatre-vingts ans, et fut inhumé au cimetière de l'hôpital. Il avait légué aux pauvres son petit mobilier et vendu, pour subsister, sa bibliothèque et ses manuscrits à M. Michet, l'un de ses proches, moyennant une pension annuelle assez modique.

Ses principaux ouvrages sont :

1° *Examen critique des recherches historiques sur l'esprit primitif et sur les anciens colléges de l'ordre de Saint-Benoît, d'où résultent les droits de la société sur les biens qu'il possède.* In-8°. Paris, 1788 ;

2° Six volumes in-folio manuscrits sur les conciles.

Il donne lui-même, au sujet de cet ouvrage, auquel il travailla pendant vingt ans, les notes suivantes signées de sa main :

« Dans le corps de ces volumes doivent entrer deux amples cahiers de notes, et en faire nécessairement partie.

« Plus deux autres cahiers, sur grand papier, dont les divers articles se trouvent insérés par ordre alphabétique. Ils doivent toujours se trouver sous les yeux d'un éditeur pour être mis à la place qui leur convient (on entend les articles).

« Plus cinq discours à mettre en tête de chaque volume.

« Il doit exister, dans mon plan, un sixième volume formé

d'une table raisonnée des matières contenues dans les cinq premiers. Ce travail, qui n'est point pénible, se réserve pour l'ordinaire au temps où l'imprimeur est en action. Mais quand arrivera-t-il? Grand devin serait celui qui le devinerait.

« Titre à donner à l'ouvrage :

« *Notices historiques de tous les conciles. Ouvrage composé d'après l'étude des monuments les plus propres à donner une connaissance exacte des faits relatifs à l'histoire de l'Eglise, du droit canon et des mœurs de tous les temps,* etc. ; »

3° Un ouvrage vu et approuvé par le censeur, ayant pour titre :

Du renouvellement des mœurs et des sciences dans la nation. Idée d'un plan de réforme utile à l'Eglise et à l'Etat ;

4° Un Mémoire présenté aux ministres du roi. C'est l'analyse de l'ouvrage précédent. Il faut noter ici que dom Lambelinot était en correspondance avec le fameux Necker, et travaillait à des plans de finances avec ce ministre ;

5° *Recueil de mots en forme de dictionnaire.*

Dom Lambelinot fournit plusieurs articles à l'*Art de vérifier les dates.*

Les titres qu'on vient de lire indiquent une science profonde ; mais nous ne pouvons porter aucun jugement sur ces écrits, parce que nous ne les connaissons pas. Nous regrettons singulièrement de n'avoir pu les trouver. Si jamais on parvenait à les découvrir, il conviendrait d'en enrichir la bibliothèque de la ville à laquelle appartient leur auteur.

M. Jacques-Marie de Froment naquit à Fayl-Billot, le 5 janvier 1740, de M. Hubert de Froment, écuyer, seigneur de Bize, de Chaudenay et du fief de Sacquenay, ancien officier de cavalerie, et de Dame Antoinette-Marguerite de La Marche. L'état militaire était fort en honneur dans sa famille ; il l'embrassa dès sa jeunesse. Il entra d'abord au régiment de Rouergue, où il fut successivement enseigne, lieutenant, capitaine et aide-major. Le 18 avril 1776, il devint major du régiment de Rohan Soubise, et, le 23 mai de l'année suivante, il fut nommé chevalier de Saint-Louis. Enfin il reçut, le 12 novembre 1780, le titre de lieutenant-colonel du même régiment.

Lorsqu'il était capitaine de chasseurs, il fit quatre campagnes en Allemagne, montra sa valeur aux batailles de Minden, Warbourg, Clostercamp, Filinkausen, et à l'attaque du bois de Burick. Dans les deux campagnes de Corse, il se distingua, en qualité d'aide-major, à l'attaque de Montebello (1768), à celle de la redoute de Maillebois, à l'attaque en la retraite de Casinca, à l'affaire de Burgo, à la reprise de Barbagio, à l'attaque des hauteurs de Santo-Nicolao, et à celle de Piétralba, les 5 et 8 mai 1769. Le résultat de cette expédition française fut la conquête de la Corse où vint au monde, le 15 août de la même année, un enfant dont la naissance ne fut remarquée de personne, et qui devait être Napoléon Ier.

M. de Froment épousa Mademoiselle Gabrielle Léaulté de Grissey, qui lui apporta en mariage une fortune considérable.

En 1787, il reçut une pension de cinq cents francs sur l'ordre de Saint-Louis. Le 14 mars 1789, il obtint par sa retraite une autre pension de dix-huit cents francs.

La même année, il fut choisi par la noblesse du bailliage de Langres pour la représenter aux Etats généraux. Il avait les talents et le dévouement nécessaire pour s'acquitter dignement de cette importante fonction. Mais l'influence des nobles fut bientôt détruite par l'effervescence populaire. M. de Froment faillit être massacré. Il donna sa démission, et revint dans la Haute-Marne. Par décret royal du 10 février 1792, il fut nommé juge militaire suppléant en la ville de Langres. Un décret du premier consul, du 15 pluviôse an XII (5 février 1804), l'institua président de l'assemblée cantonale de Longeau. Enfin l'empereur, par un décret du 24 brumaire an XIII (20 novembre 1804), l'établit président du collége électoral de l'arrondissement de Langres.

Après avoir rempli avec distinction ces différentes charges militaires et civiles, M. de Froment, qui avait fixé son domicile à Langres (1), y mourut, dans une vieillesse honorée, le 29 juin 1817.

Il est auteur d'un ouvrage qui a pour titre : *Idées militaires sur la composition des régiments d'infanterie et la formation des bataillons.* 1790; in-8°.

Pierre Prudent naquit à Fayl-Billot, le 19 novembre 1790. Ses parents, Pierre Prudent et Marguerite Drouot, étaient d'honnêtes laboureurs qui vivaient dans le travail et élevaient leurs nombreux enfants dans la pratique de la religion (2). Connaissant les heureuses dispositions du jeune Pierre, M. l'abbé Peitieu, vicaire de la paroisse, lui fit faire ses premières études. On l'admit ensuite au séminaire, où il édifia ses condisciples par sa piété. Elevé au sacerdoce, en décembre 1814, il fut envoyé comme vicaire d'abord à Bussières-les-Belmont, puis, au mois de janvier 1816, à Longeau. Cette paroisse avait alors pour curé le vénérable M. Leclerc, fondateur de la Congrégation des sœurs de la Providence, qui termina saintement sa vie, à Langres, le 19 novembre de la même année 1816, et dont l'abbé Prudent continua le ministère.

Au mois de septembre 1817, on nomma notre jeune prêtre

---

(1) Rue du Four du Chapitre.

(2) La famille se composait de neuf enfants, huit garçons, dont Pierre était le plus jeune, et une fille qui est religieuse à Angers. Un des fils devint capitaine et chevalier de la Légion d'honneur ; un autre fut Frère de la Doctrine chrétienne, et mourut, en Belgique, en odeur de sainteté.

à la cure d'Hortes. Il montra dans la direction de cette importante paroisse un dévouement et un zèle infatigables. Il y fut le modèle de toutes les vertus; sa mémoire y est encore en grande vénération.

En 1824, ses supérieurs l'appelèrent dans la communauté des missionnaires diocésains établie à Saint-Geosmes. Là, il acheva de se consumer pour la gloire de Dieu et le salut des âmes. Le laborieux ministère des missions, au-dessus de ses forces physiques, convenait à son cœur brûlant de charité. Ses discours, simples et à la portée des peuples de la campagne, étaient onctueux et entraînants; il avait l'éloquence des saints prêtres. Il imposait par l'austérité de sa vie. Il jeûnait presque continuellement et portait un dur cilice. On le voyait toujours recueilli; son esprit d'oraison était tel, que les deux années qui précédèrent sa mort, il ne perdit pas un seul instant le souvenir de la présence de Dieu.

Ses travaux et ses pénitences le jetèrent dans un grand épuisement. Sa maladie dura plusieurs mois, pendant lesquels il fut admirable de patience et de confiance au Seigneur. Enfin, le 13 juin 1829 fut le jour de départ pour un monde meilleur.

On avait une telle opinion de sa sainteté, qu'on s'empara, comme de précieuses reliques, de ses cheveux et d'une partie des objets qui lui avaient appartenu. Son corps fut inhumé, deux jours après, au cimetière de Saint-Geosmes, au milieu d'un grand concours de prêtres et de fidèles. Pendant que M. l'abbé Barrillot, supérieur du grand séminaire, prononçait son éloge funèbre, des larmes coulaient des yeux de tous les assistants.

Ses confrères firent graver sur sa tombe, placée près de la croix, l'inscription suivante :

Ici repose le corps de Pierre Prudent, missionnaire, ancien

curé d'Hortes, décédé à Saint-Geosmes, le 13 juin 1829, à l'âge de 38 ans.

> Le ciel jaloux de tes vertus
> Te ravit à la terre,
> Mais si dans ce lieu de misère,
> Tendre ami, tu n'es plus,
> Dans la demeure des élus
> Sois toujours notre frère.

VII. ECCLÉSIASTIQUES, MILITAIRES ET FONCTIONNAIRES CIVILS.

Sous ce titre nous comprenons les hommes originaires de Fayl-Billot, qui étaient en exercice en 1859.

1. Ecclésiastiques.

Mgr. Georges Darboy, évêque de Nancy, précédemment vicaire-général du diocèse de Paris, né le 16 janvier 1813, nommé par décret du 16 août 1859, préconisé dans le Consistoire du 26 septembre 1859, sacré à Paris le 30 novembre et installé le 6 décembre 1859.

Voici ses ouvrages :

Les œuvres de saint Denys l'Aréopagite, par M. Darboy, professeur de théologie au séminaire de Langres. 1845.

Les Femmes de la Bible, tome I, par M. Darboy, aumônier du collége Henri IV. 1847.

Les Femmes de la Bible, tome II, par M. Darboy, aumônier du lycée Napoléon. 1849.

Le Christ, les Apôtres, et les Prophètes (non signé). 1850.

Lettre à M. Combalot, par M. Darboy, aumônier du lycée Napoléon. 1851.

Nouvelle lettre à M. Combalot (id.). 1851.

Les saintes Femmes (id.). 1851.

Imitation de J.-C., par M. Darboy, chanoine honoraire de Paris, aumônier du lycée Napoléon. 1851.

Jérusalem et la Terre sainte (signé d'initiales). 1852.

Statistique religieuse du diocèse de Paris, par M. Darboy, vicaire-général, protonotaire apostolique (*ad instar particip.*). 1856.

Saint Thomas Becket (id.). 1858.

Nombreux articles publiés dans le *Correspondant*, le *Moniteur catholique*, etc., de 1846 à 1853, etc., etc.

Mgr. Darboy a prêché le carême de 1859 à la chapelle impériale.

MM.

Paul Petitdumont, curé dans le diocèse de Dijon.

Richard Thibouret, curé de Graffigny-Chemin, auteur d'une *Vie de saint Elophe*.

Nicolas-Eugène Levieux, directeur au petit séminaire de Langres, chapelain de la cathédrale.

Joseph Philippe, professeur au petit séminaire de Langres.

Jules Bergez, missionnaire apostolique à Pondichéry.

2. Militaires.

MM.

Forquin, François, chef de bataillon au 89e de ligne, officier de la Légion d'honneur et chevalier de l'ordre de Saint-Grégoire.

Brayer, Louis, capitaine adjudant-major au 19e de ligne, chevalier de la Légion d'honneur.

Jobelin, Ambroise, capitaine au 91e de ligne, chevalier de la Légion d'honneur (1).

Brayer, François, capitaine au 49e de ligne.

---

(1) Mort glorieusement à la bataille de Solferino, le 24 juin 1859.

Coty, Philippe, capitaine au 4ᵉ bataillon de chasseurs à pied, chevalier de la Légion d'honneur.

Drouot, Edme, sous-lieutenant, adjoint au trésorier, 3ᵉ escadron du train des équipages (à Oran) (1).

3. Fonctionnaires civils.

MM.

Chopitel, Pierre-Charles, receveur des domaines à Vesoul.
Daubrive, Léon, inspecteur des forêts à Lunéville.
Roy (Hippolyte, receveur général à Chaumont.
Lallement, Charles, conservateur des hypothèques à Béziers (Hérault).
Humblot, Charles-Innocent, receveur particulier à Limoux (Aude).

VIII. LE TERRITOIRE ET SES PRODUITS.

D'après la matrice cadastrale dressée en 1836, la superficie totale du territoire est de 2,942 hectares 4 ares 35 centiares.

En voici la division :

	hect.	ares	cent.
Terres labourables	1,732	20	30
Chenevières	13	20	70
Jardins	15	45	50
Biez de moulins	1	23	50
Mares	»	54	70
Prés	113	14	30
Bois	800	93	70
Pâtis	57	29	10
Vignes	10	36	20
A reporter	2,744	38	00

(1) Il vient d'être élevé au grade de lieutenant, au mois de mars 1860.

	hect.	ares	cent.
Report.	2,744	38	00
Vergers	16	11	»
Bois plantés.	37	12	60
Aulnaies	7	11	40
Oseraies	37	4	50
Broussailles	1	1	20
Friches	31	30	80
Superficie des propriétés bâties. . .	12	11	45
Total de la contenance imposable. .	2,886	20	95
Eglise et cimetière	»	54	50
Chemins et places publics.	51	12	»
Ruisseaux.	3	35	20
Autres objets.	»	81	70
Total de la contenance non imposable,	55	83	40
Total général	2,942	4	35

Tel était l'état du territoire en 1836. Mais depuis cette époque les choses ont bien changé. Des mares et un grand nombre de mauvais prés ont été convertis en oseraies ; à la place d'un ruisseau, on a fait une belle rue; un coteau en friche a été transformé en une promenade agréable, etc., etc.

Les principaux produits territoriaux sont les céréales, l'osier et le bois.

Céréales. Les terres arables sont froides; mais en y mettant de l'engrais, on les rend fertiles en blé et en avoine. On sème peu de méteil, de seigle et d'orge. Autrefois les deux tiers des champs qui auraient dû, dans leur saison, être ensemencés d'orge et d'avoine, l'étaient de pois. Il y a cent ans, il n'était pas rare de voir des laboureurs posséder quinze, vingt et vingt-

cinq journaux de pois. On lit dans un document de l'an 1734 :
« Il s'en fait au Fayl, où ils sont d'une excellente qualité, tous
les ans des levées considérables tant pour la marine que pour
la ville de Lyon et pour la province du duché de Bourgogne;
pour le prix ils vont de pair avec le blé, et souvent même se
vendent beaucoup plus cher. » C'était donc un produit considérable. Aujourd'hui la culture des pois est presque abandonnée : les récoltes qu'on en fait ne sont pas satisfaisantes.

Avant l'importation du trèfle, qui permit aux laboureurs de
multiplier l'engrais, on marnait les champs. « Le territoire du Fayl,
sans estre marné, dit un ancien acte, ne rapporte aucungs fruits. »

Osier. On en a récolté, en 1859, quinze mille gerbes ou
bottes, sans y comprendre cinq mille gerbes importées du voisinage (comptées au moment où elles mouillaient).

Bois. Toutes les forêts sises sur le territoire, excepté le *Bois-des-Nonnes*, appartiennent à la ville. Elles produisent un revenu de trente-trois mille francs, année moyenne.

IX. INDUSTRIE.

Toiles. Pendant trois siècles environ, on a fabriqué une
grande quantité de toiles à grains, à sel, de fond et d'emballage. Expédiées à Gray, elles servaient au transport des marchandises dans les bateaux. Depuis 1846, cette industrie est
abandonnée; aujourd'hui il n'y a plus que deux ouvriers.

Chaises. On ne sait pas à quelle époque remonte l'industrie
des tourneurs en bois; nous la trouvons dans le commencement
du xve siècle. Dans un acte de l'an 1413, où il est question des
bois, il est dit que les habitants de Fayl sont en possession de
les « coper, faire coper, esquarrer, charroier, faire charroier
pour maisonner, vendre, chauffer, tourner et appliquer à leur
proffit tant commun comme particulier. »

VANNIERS.

Maintenant nous comptons 50 ouvriers qui fabriquent chacun une douzaine de chaises par semaine, et gagnent 25 francs, terme moyen, soit ensemble 1,250 francs par semaine, et 65,000 francs par an (1).

Vannerie. La fabrication des ouvrages d'osier a commencé au XVII° siècle, après la guerre de Franche-Comté. Il y avait des vanniers en 1688; on n'en trouve pas auparavant. Nous pensons que cette industrie a été apportée dans notre pays par les ermites de Saint-Pérégrin, qui, comme on le verra plus loin, faisaient des corbeilles et les vendaient au marché de Fayl-Billot (2). Depuis quelques années elle a pris un développement considérable. Elle occupe et fait vivre une partie de la population, car beaucoup de personnes sont employées à la culture et à la préparation de l'osier.

Il y a 135 fabricants de vannerie, c'est-à-dire de paniers, corbeilles, berceaux, cabas, vans, etc. Leurs ouvrages réunis produisent dans l'année une somme de 96,000 francs.

L'osier préparé, qui n'entre pas dans la fabrication, rapporte environ 24,000 francs. On en expédie sept mille bottes dans le midi de la France.

En somme, l'industrie de Fayl-Billot produit un chiffre annuel de 185,000 francs.

X. COMMERCE.

Avant 1789, le commerce consistait principalement en blé, pois, toiles, chaises et ouvrages de vannerie. Celui des pois et des toiles a cessé; mais celui des chaises et de la vannerie est devenu plus important. Il y a plusieurs marchands de draperie,

---

(1) Les tourneurs ont pour patronne sainte Anne.

(2) Les vanniers reconnaissent pour leur patron saint Antoine, premier ermite. Ils l'honorent solennellement le 17 janvier.

d'épicerie et de mercerie. On compte deux brasseries, deux tanneries, une filature de laine, une tuilerie, etc., etc.

XI. FOIRES ET MARCHÉS.

Le commerce, généralement actif, est favorisé par un marché important qui a lieu le jeudi de chaque semaine, et par cinq foires qui se tiennent : le jeudi avant la Purification, le 5 avril, le premier jeudi de juin, le jeudi avant la Nativité de la sainte Vierge, et le 23 novembre, fête de saint Clément.

Il y a une halle assez grande et une belle place pour l'étalage des marchandises.

XII. GITE D'ÉTAPE.

Fayl-Billot est un gîte d'étape entre Bourbonne (28 kilomètres), Jussey (29), Combeaufontaine (26), Champlitte (26) et Langres (24).

La ville loge annuellement 4,000 soldats, auxquels les habitants donnent sel, lit, feu et lumière. Le pain, la viande et le fourrage sont fournis aux frais de l'Etat.

XIII. POSTE AUX CHEVAUX.

Fayl-Billot est un relais de poste entre La Griffonnote et Cintrey. Jusqu'en 1818, la malle s'éloignant de Paris passait les dimanche, mercredi et vendredi. Celle se dirigeant vers Paris passait les mardi, jeudi et samedi. Il n'y avait pas de service le lundi.

Depuis cette époque, il y eut tous les jours une malle-poste montante et une descendante. En 1851, ces voitures furent remplacées par deux diligences allant de Vesoul à Langres et

FABRICANTS DE CHAISES.

vice versâ (1). Ce dernier service a cessé lorsque les dépêches nous sont venues par le chemin de fer, le 22 février 1858.

Néanmoins M. Philippe, maître de poste depuis le 14 avril 1828, conserve son titre, et entretient, en cas de besoin, 5 chevaux payés à 40 francs par tête.

XIV. VOITURES PUBLIQUES.

Actuellement il y a deux voitures publiques : un omnibus qui fait trois services par jour, de Fayl-Billot à la gare de Charmoy, aller et retour, et un messager de Fayl-Billot à Langres, sortant à six heures du matin et rentrant à six heures du soir.

Omnibus : M. Philippe, maître de poste.
Messager : M. Desserrey.

XV. ARCHIVES ET BIBLIOTHÈQUE.

La ville est riche en archives. Toutes les pièces relatives à ses intérêts ont été conservées avec soin depuis l'an 1324. On lit dans un ancien inventaire : « Le coffre et chartrier de la commune ferme à trois clés : l'une est au bailli, l'autre au procureur fiscal, et la troisième entre les mains du premier échevin. » Maintenant que les priviléges locaux n'existent plus, on ne fait pas autant de cas des anciennes chartes. Néanmoins il est très-avantageux de ne pas les laisser se détériorer ou s'égarer ; c'est un trésor pour l'historien.

Le dernier inventaire des archives a été dressé le 10 mai 1843 ; on en a déposé une copie à la sous-préfecture de Langres.

La bibliothèque de la ville ne se compose encore que de

---

(1) Il y avait en outre un courrier de Langres à Fayl Billot, et un autre de ayl-Billot à Bourbonne pour le service postal.

212 volumes, dont la plupart ont été donnés par le gouvernement. Les ouvrages les plus importants sont les Chartes mérovingiennes (4 cahiers), le Monument de Ninive (5 vol.), l'Algérie historique, pittoresque et monumentale (3 vol.), etc., etc.

XVI. PROMENADES ET BAINS.

Il y a, à l'est de la ville, de magnifiques promenades plantées en 1847, et un établissement de bains fondé en 1853 par M. Damisée, qui en est propriétaire. Pendant l'été, ils sont ouverts tous les jours au public, moyennant une rétribution de soixante-quinze centimes.

§ II.

Du canton.

Fayl-Billot est le chef lieu d'un canton borné par ceux de Laferté-sur-Amance, de Varennes, de Neuilly-l'Evêque, de Langres, de Longeau et de Prauthoy, et par ceux de Champlitte et de Vitrey (Haute-Saône).

I. POPULATION.

Parmi les 28 cantons de la Haute-Marne, celui de Fayl-Billot occupe le 4e rang pour la population. Il vient après ceux de Langres, de Bourbonne et de Saint-Dizier. Il renferme 12,370 habitants. On y compte une ville, un bourg, 22 villages, 21 paroisses et 24 communes. En voici le tableau :

COMMUNES.	DISTANCE AU CHEF-LIEU.	POPULATION.
Fayl-Billot.	»	2,300
Bussières-les-Belmont . .	6 kil.	1,375
Pressigny	8 »	799
Rosoy	8 »	643
Grenant	14 »	602
Corgirnon	11 »	588
Frettes	16 »	553
Genevrières.	8 »	515
Saulles	12 »	511
Poinson-les-Fayl	4 »	494
Rougeux.	4 »	435
Les Loges	14 »	424
Torcenay	12 »	417
Charmoy.	4 »	400
Gilley.	13 »	369
Belmont	8 »	312
Chaudenay	10 »	304
Farincourt	16 »	273
Savigny	12 »	252
Broncourt	7 »	250
Tornay	11 »	244
Valleroy	14 »	148
Voncourt	14 »	116
Seuchey	15 »	46

II. ADMINISTRATION CIVILE.

I. Membre du conseil général.

M. Thiberge, chevalier de la Légion d'honneur, docteur en médecine, maire de Bussières-les-Belmont (1).

II. Membre du conseil d'arrondissement.

M. De Tricornot, maire de Saulles.

III. Justice de paix.
(Audience le samedi à neuf heures.)

Juge : M. Dinet, avocat, ancien adjoint au maire de Chaumont, nommé le 9 septembre 1858.

Prédécesseurs : MM. Lallement, Besancenet, Massin, Nicolle.

Suppléants : MM. Thiberge, maire de Bussières ; Massin, ancien notaire à Pressigny.

Greffier : M. Cornibert.

Huissiers : MM. Décelle, Paris, Thiébaut.

IV. Commissaire de police.
(Cette fonction date de 1852.)

M. Adam. Prédécesseurs : Raclot, Mignot.

V. Gendarmerie.
(Brigade à cheval de 5 hommes.)

M. Blanpied, brigadier.

---

(1) M. Thiberge (Amable-Auguste) est entré au conseil d'arrondissement par application de la loi du 22 juin 1833, et au conseil général en 1836. Il en fut secrétaire en 1838, 1839 et 1840, et président de 1852 à 1858. Cette année il fut réélu par le canton avec une très-grande majorité.

VI. Garde-général.

M. Darce.

VII. Délégués cantonnaux de l'instruction primaire.

MM. Bourlier, curé de Fayl-Billot, président. Truchot, maire, id. Dugelay, propriétaire, id. Drouhin, propriétaire, id. De Besancenet, maire de Corgirnon. Fourel de Frettes, capitaine, chevalier de la Légion d'honneur. De Tricornot, maire de Saulles. Pommeret, géomètre à Bussières-les-Belmont.

VIII. Notaires.

1° M° Bottot, Eugène, à Fayl-Billot, depuis le 16 novembre 1859.

Prédécesseurs : Carbolot (1623-1636), Demongeot (1649-1663), Clément (1708-1709), Blancheville (1711-1731), Thiellet (1732-1787), Daubrive (1787-1825), Pommier (1825-1829), Berger (1829-1830), Robinet (1830-1859).

Il n'y a pas d'autres minutes que celles de ces notaires tous résidants à Fayl-Billot.

2° M° Roussel, Denis-François, à Fayl-Billot, depuis le 15 mai 1852.

Prédécesseurs : Rouerot Claude (1665-1672), Rouerot Clément (1672-1682), Caullet Paul (1692-1725), Clerget Philippe (1726-1739), Jobelin Jean-Baptiste (1739-1748), Jobelin Nicolas (1748-1773), Massin Etienne (1773-1786), Villemot Antoine-Pierre-Nicolas (1787-1799), Ignard Louis (1799-1813), Bouvenot Nicolas (1813-1816), Humblot Simon-Nicolas (1816-1836), Evrard Stanislas-Léopold (1836-1845), Guenin Jules-Mathieu (1845-1851).

Sont déposées dans l'étude de M° Roussel diverses minutes

de MM⁰ˢ Lamy, notaire à Coublanc (1741-1744), Comte à Grenant, Saulles et Coublanc (1747-1774), Decourcelles à Poinson (1726-1754), Bannefroy, id. (1755-1780), Sirot, id. (1781-1807).

3° Mᵉ Thirion, Jules-Nicolas, à Bussières, depuis le 17 décembre 1857.

Prédécesseurs : Cornibert Charles-François (1) (1810-1815), Belin Jean (1815-1836), Lallement Edme-Julien (1836-1857).

Dans l'étude de Mᵉ Thirion sont déposées 220 minutes, écrites entre 1699 et 1810 par différents notaires qui avaient pour résidences Bourbonne, Bussières, Chalindrey, Chaudenay, Chézeaux, Coiffy, Corgirnon, Les Loges, Le Pailly, Maizières, Saint-Maurice, Torcenay et Vicq.

4° Mᵉ Courcelle Pierre-Nicolas à Pressigny, depuis le 16 février 1854.

Prédécesseurs : Massin père (1768-1808), Massin fils (1809-1824), Courcelle (1825-1834), Massin fils (1835-1837), Massin Pierre-Etienne (1837-1854).

Cette étude renferme des minutes (de 1676-1809) de notaires qui résidaient à Fouvent-le-Haut, à Genevrières et à Frettes.

IX. Receveur de l'enregistrement.

M. Grillon, depuis 1858.

Prédécesseurs : Odet (1713), Clément (1722), Lefebvre, conseiller du roi (1729), Jobelin (1757), Massin (1774), Maldant (1788), Aublin (1789), Maurier (1790), Lereuil (1791), Tainturier (1792), Guérard (1793), Marion (1794), Roy (1797), Donzé (1809), Coirier (1839), Derevoge (1840), Drevon (1849), Lefebvre (1853).

(1) Son étude a été transférée de Torcenay à Bussières en 1810.

Ce bureau existait déjà en 1689. Mais les registres conservés ne remontent qu'à l'an 1713.

Il y a des actes de plusieurs anciens bureaux : de Fouvent (1704-1710), de Fouvent-la-Ville (1773-1791), d'Hortes (1711-1791), de Bussières (1767-1792), de Pressigny (1702-1792), de Maatz (1717-1727), de Savigny (1723-1724).

X. Percepteurs et receveurs.

1° Contributions directes.

MM.

Thomas, *Fayl-Billot*. Charmoy, Chaudenay, Corgirnon, Poinson-les-Fayl, Rosoy, Rougeux, Torcenay (8).

Bocquenet, *Bussières-les-Belmont*. Belmont, Frettes, Genevrières, Grenant, Les Loges, Saulles, Seuchey, Tornay (9).

Thée, *Pressigny*. Broncourt, Farincourt, Gilley, Savigny, Valleroy, Voncourt, (7).

2° Contributions indirectes.

MM. Carret, receveur à cheval, à Fayl-Billot.

Colin, commis principal, à cheval, id.

XI. Médecins, pharmaciens et vétérinaires.

1° Docteurs en médecine.

Noms	Domiciles	Réceptions	
MM. Bacquet	Fayl-Billot	Paris, an	XIII
Petitjean	Bussières	id.	1813
Lacordaire	id.	id.	1814
Thiberge	id.	id.	1824
Grossetête	Pressigny	id.	1838
Poinsot	Fayl-Billot	id.	1840
Nicolle	Pressigny	id.	1841
Blandin	Fayl-Billot	id.	1858

2° Officiers de santé..

Noms	Domiciles	Réceptions	
MM. Ignard	Fayl-Billot	Epinal,	1822
Cordier	Genevrières	Chaumont,	1854

3° Pharmaciens.

(Reçu par une école spéciale.)

Naudier	Fayl-Billot	Paris,	1840

(Reçus par les jurys.)

Frairrot	Fayl-Billot	Dijon,	1812
Robert	id	Troyes,	1846

4° Vétérinaires.

Pierrot	Fayl-Billot	Lyon,	1837
Collin	Bussières	Alfort,	1815

XII. Comice agricole.

Le comice, fondé le 10 février 1839, comprend les cantons de Fayl-Billot et de Laferté-sur-Amance. Il se compose de 36 membres. Il y a, de temps en temps, des réunions et des distributions de primes aux agriculteurs.

Président : M. Thiberge, membre du conseil général, à Bussières.

Vice-président : M. Ziégler, à Soyers.

Secrétaire trésorier : M. Faitout, à Fayl-Billot.

XIII. Poste aux lettres.

Le bureau de poste de Fayl-Billot était établi avant 1789. Son origine remonte probablement à l'époque de la création de la route, vers l'an 1730.

Son arrondissement se compose de toutes les communes du canton, et du bourg d'Hortes qui appartient au canton de Varennes, et où il y a une distribution.

Depuis l'établissement du chemin de fer, les dépêches sont reçues à la gare de Laferté. Elles sont transportées par un courrier qui part de Fayl-Billot à 7 heures 45 du soir, et revient à 5 heures 15 du matin.

Directrice : Dame Brayer.
Courrier : Desserrey.
Facteur de ville : 1.
Facteurs ruraux : 7.

XIV. Agent-voyer et géomètres.

Agent-voyer : Collot, à Bussières.
Piqueur-voyer : Tisserand, id.

Géomètres de 1re classe.

Pommeret et Bourrier, à Bussières.

XV. Routes et chemin de fer.

Le canton est traversé par les lignes suivantes :

1° La route impériale de 2e classe n° 19 de Paris à Bâle, construite vers l'an 1730. Sa largeur est de 15 mètres. Elle est bordée d'arbres des deux côtés depuis l'an 1769. Elle passe sur les territoires de Torcenay, Chaudenay, Corgirnon, Rougeux, à Fayl-Billot et sur le territoire de Broncourt.

2° La route départementale n° 9 de Dijon à Nancy, classée le 17 octobre 1835. Elle passe à Frettes, à Genevrières, et traverse la précédente entre Fayl-Billot, Broncourt et Pierrefaite.

3° Le chemin vicinal de grande communication n° 7 de Bize

à Poinson-les-Fayl et Prauthoy. Il passe à Charmoy, à Fayl-Billot. Au sud de la ville il se bifurque. La ligne de gauche rejoint la route départementale au-delà de Poinson, et celle de droite va à Bussières, Belmont, Saulles, Grenant, etc., et se dirige vers Prauthoy.

4° Le chemin vicinal de grande communication n° 17, de Langres à Pierrecourt, qui traverse Grenant, Seuchey et intéresse Torcenay, Saulles et Frettes.

5° Le chemin vicinal de moyenne communication n° 26 de Bourbonne à Vaillant, par Rosoy, Chaudenay, Torcenay.

6° Le chemin vicinal de moyenne communication de Corgirnon à Farincourt n° 25 par Bussières, Genevrières, Savigny et Voncourt.

7° D'Ouges (Haute-Saône) à Fayl-Billot et à Fouvent n° 38 par Broncourt, Pressigny, Savigny et Valleroy.

Le chemin de fer de Paris à Mulhouse et à Bâle, commencé en 1855, et ouvert jusqu'à Vesoul le 22 février 1858, traverse les territoires de Torcenay, Chaudenay, Rosoy, Hortes, Rougeux et Charmoy. Il y a un tunnel entre Torcenay et Chaudenay, une station à Hortes (canton de Varennes), et une à Charmoy. C'est la seule que possède le canton de Fayl-Billot. Il y a, chaque jour, trois services d'*omnibus* de Fayl-Billot à cette station, et un service de roulage pour le transport des marchandises. On y arrive par le chemin n° 7 de Bize à Poinson et Prauthoy. La distance est de 6 kilomètres.

XVI. Station de Charmoy-Fayl-Billot.

Chef de Station : M. Charbonnier.

ABBESSE DE BELMONT.

NOTICES

SUR

LES VILLAGES DU CANTON.

BELMONT.

Belmont, Bémont ou Beaumont, appelé autrefois Belmont-les-Nonnes, Belmont-les-Dames et Belmont-les-Bussières, tire son nom de la montagne au bas de laquelle il est situé et d'où la vue embrasse un vaste horizon, *Bellus mons*.

Ce village doit son origine à un monastère de filles, dépendant de l'abbaye de Tard (1), ordre de Cîteaux, et placé sous le patronage de la très-sainte Vierge et sa glorieuse Assomption.

Sous l'épiscopat de Guillenc d'Aigremont, en 1127, Guy et Philippe d'Achey et Girard de Conflens ou Coublanc donnèrent à Marie, prieure de Tard, et à Pétronille, leur sœur, toute la montagne dite Belmont pour y construire une abbaye, et, dans le cas où cet espace de terrain ne suffirait pas pour cinq charrues, ils y ajoutèrent une partie de la terre de Bussières. Les

---

(1) Ce monastère, situé près de Cîteaux et fondé en 1125, fut le premier de l'ordre et le chef de toutes les abbayes de femmes de l'observance de Cîteaux.

témoins de cette libéralité furent Foulques, Humbert et Burseot de Fouvent, dans la maison desquels on dressa l'acte. Girard de Coublanc donna la combe de la *Vachère* et tout ce qu'il avait là en terres, près, bois et moulins en présence de Hugues de Coublanc, Guyard de Verseilles, Thierry, maître d'Aumonières, etc. Son fils Richard, seigneur de Coublanc, approuva, pour le repos de son âme et de celles de ses prédécesseurs, cette aumône faite à Dieu, à la Bienheureuse Marie et aux religieuses de Belmont, et jura, la main sur les saints Evangiles, de leur en maintenir la possession. Les témoins de son serment étaient Guy, seigneur de Rosoy, Ponce de Senaide, Gilbert de Genevrières, Durand, chapelain de Bussières, Richard, chapelain de Coublanc, et Pierre de Belfont.

Une multitude d'autres seigneurs du voisinage exercèrent aussi leur munificence envers le nouvel établissement. Citons-en quelques-uns. Girard et Guy de Fouvent donnèrent ce qu'ils avaient à Louvières. Renaut et Eudes de Grancey, Ebaut, comte de Saulx, et Guy son fils, Valet et Amasit de Montsaugeon abandonnèrent ce qu'ils avaient à Baigneux. Thierry et Ulric son frère cédèrent tout ce qu'ils avaient sur le territoire de Bussières, depuis les villages de Frettes et de Genevrières jusqu'à Corgirnon (1). Robert de Frettes donna des prés, des terres et un moulin ; un autre nommé Odile, ce qu'il avait à Courcelles ; Renaud de Cusey, une vigne à Velles ou Velleine ; Renaud de Saint-Broing, tout ce qu'il possédait à Seuchey depuis la colline de Baigneux. Enfin l'évêque, Godefroy de Rochetaillée, successeur de Guillenc, donna l'église de Grenant. On voit intervenir comme témoins de ces diverses libéralités les personnages suivants : Josselde, prêtre de Coublanc, Girard d'Achey, Pierre

(1) Theodoricus et Ulricus frater suus dederunt quicquid habebant in potestate de Buisseriis à villâ quæ dicitur Frettes et ab illâ villâ quæ dicitur Genevreres usque ad Curigeneron.

de Pressigny, Eudes de Jussey, Eudes, prévôt de Champlitte, et ses fils Ponce, chevalier, et Eudes, clerc, Guillaume d'Arc, Richard de Chatoillenot, dame Adèle de Saint-Broing, Arnaud de Grenant, Girard de Laferté avec son épouse et ses fils, Hubert de Grenant, Hugues de Montigny, Garnier de Chaumont, Thierry, doyen de Pierrefaite, Valon, doyen de Dampierre, Guy, chapelain de Gilley, Rodolphe, chapelain de Champlitte, Durand, prêtre de Baissey, Hubert de Saint-Andoche, Hugues de Morey, Velfrid, chapelain de Grenant, Pierre de Belfont, Hubert, chapelain de Bussières, Durand de Poinson, etc.

Les évêques Guillenc et Godefroy approuvèrent ces pieux dons des seigneurs. Mais, pour affermir davantage leur institution, les religieuses supplièrent le souverain Pontife de la sanctionner par son autorité apostolique. Bernard de Pise, ancien moine de Clairvaux, disciple bien-aimé de saint Bernard, venait de monter sur la chaire de saint Pierre, sous le nom d'Eugène III. Il leur accorda une bulle qui montre sa paternelle sollicitude pour les monastères, et dans laquelle il foudroie de ses anathèmes quiconque ne respecterait par les droits de Belmont. Nous traduisons cette lettre (1).

« Eugène, évêque, serviteur des serviteurs de Dieu, à nos chères filles en Jésus-Christ, Pétronille, abbesse de Belmont, et ses sœurs présentes et à venir, ayant fait profession de la vie religieuse, à perpétuité.

« Il convient à la clémence du Gouvernement Apostolique de chérir les maisons religieuses et de les favoriser du rempart de sa protection. C'est pourquoi, chères filles en Notre-Seigneur,

---

(1) Eugenius, episcopus, servus servorum Dei, dilectis in Christo filiabus Petronillæ abbatissæ de Bellomonte ejusque sororibus tàm præsentibus quàm futuris vitam religiosam professis in perpetuum.

Apostolici moderaminis clementiæ convenit religiosa loca diligere et suæ protectionis munimine confovere. Quapropter, dilectæ in Domino filiæ, vestris

nous consentons avec bienveillance à vos justes demandes, et ce monastère dans lequel vous avez été consacrées au service de Dieu, nous le prenons sous la protection du Bienheureux Pierre et l'affermissons par le privilége de la présente lettre. Nous voulons que toutes les propriétés, tous les biens en dîmes, champs, vignes, prés, terres cultivées, incultes ou autres que ce lieu possède actuellement selon la justice et les canons, ou qu'il pourra acquérir, avec la grâce de Dieu, par la concession des Pontifes, la bienfaisance des rois ou des princes, l'offrande des fidèles ou d'autres manières équitables, demeurent fermes et inviolables pour vous et pour celles qui vous succéderont. Parmi ces biens nous avons cru devoir mentionner en propres termes ceux-ci, savoir le lieu où l'abbaye a été fondée par la donation de Girard et de certains autres; la combe de la *Vachère*, depuis le chemin de voitures qui va à Genevrières jusqu'au ruisseau; toute la prairie qu'a donnée Alinard; la plaine qui est devant l'abbaye, depuis les murs jusqu'au ruisseau; toute la prairie que vous avez au-delà du même ruisseau; toute la terre que vous avez à Champsevraine; toute la terre que vous possédez depuis le seuil de la même abbaye jusqu'à la roche;

---

justis postulationibus clementer annuimus, et præfatum monasterium in quo divino mancipatæ estis obsequio, sub Beati Petri protectione suscipimus, et præsentis scripti privilegio communimus, statuentes ut quascumque possessiones, quæcumque bona in decimis, agris, vineis, pratis, terris cultis vel incultis, seu aliis idem locus in præsenti justè et canonicè possidet, aut in futurum concessione Pontificum, largitione regum vel principum, oblatione fidelium, seu aliis justis modis, Domino propitio, poterit adipisci, firma vobis vestrisque successoribus et illibata permaneant. In quibus hæc propriis duximus exprimenda vocabulis, locum videlicet in quo eadem abbatia fundata est ex dono Girardi et quorumdam aliorum; Cumbam de Vacherâ à viâ plaustrorum quæ tendit Genevreres usque ad aquam; totum pratum quod dedit Alinardus; campum qui est ante abbatiam à muris usquè ad aquam; totum pratum quod habetis ultrà ripam ejusdem aquæ; totam terram quam habetis apud Gancervinam; totam terram quam possidetis ab atrio ejusdem

tout ce que vous tenez à *Banois* de la libéralité de Guy et de Philippe d'Achey ; la contrée de *Celsoy* et l'église de Grenant et toutes les propriétés que vous avez en prés et en terres, et tout ce que vous avez en pâturage et en bois ; la vigne que vous avez à Velles ; tout ce que vous avez à Louvières et à Bussières ; les deux moulins donnés par Paganus et ses fils. En conséquence nous déclarons qu'il est défendu à tout homme de troubler témérairement ledit monastère, ou de lui enlever ses possessions, ou de les retenir, diminuer ou attaquer de quelque manière que ce soit. Mais que tous ces biens soient conservés dans leur intégrité pour servir à tous les usages de celles pour l'entretien et la sustentation desquelles ils ont été concédés, sauf l'autorité du siége Apostolique et la justice canonique des évêques diocésains. Si donc, à l'avenir, quelque personne ecclésiastique ou séculière, connaissant cette page de notre constitution, a la témérité d'essayer d'y contrevenir, et qu'avertie deux ou trois fois elle ne se corrige pas en faisant une satisfaction convenable, qu'elle soit privée de la dignité de sa puissance et de son honneur, qu'elle sache qu'elle est coupable au tribunal de Dieu de l'iniquité qu'elle a commise, qu'elle soit éloignée du

---

abbatiæ usqué ad rupem ; quicquid tenetis apud Banois ex dono Guidonis et Philippi de Acheio ; campum de Celsoy et ecclesiam de Grenant et quicquid proprii habetis in pratis et in terris ; et quicquid habetis in pascuis et in silvis ; vineam quam habetis apud Velles ; quicquid habetis apud Loueres et apud Bosceres, ex dono Pagani et filiorum ejus duo molendina. Decernimus ergò ut nulli omninó hominum liceat præfatum monasterium temeré perturbare aut ejus possessiones auferre, vel ablatas retinere, minuere seu quibuslibet vexationibus fatigare. Sed omnia integra conserventur earum pro quarum gubernatione et sustentatione concessa sunt, usibus omnimodis profutura, salvâ sedis Apostolicæ auctoritate et diœcesanorum episcoporum canonicâ justitiâ. Si qua igitur in futurum ecclesiastica sæcularisve persona hanc nostræ constitutionis paginam sciens contra eam temeré venire tentaverit, secundó tertióve commonita, se non satisfactione congruâ emendaverit, potestatis honorisque sui dignitate careat, reamque se divino judicio

sacrement du corps et du sang de Notre-Seigneur Jésus-Christ, et qu'au jugement dernier elle subisse une sévère vengeance. Pour ceux qui défendront les droits du même monastère, que la paix de Notre-Seigneur Jésus-Christ soit avec eux, de telle sorte qu'ils jouissent ici-bas du fruit de leur bonne action et qu'ils trouvent auprès du juste juge les récompenses de l'éternelle paix.

« Donné à Auxerre par le ministère de Guy, cardinal-diacre et chancelier de la sainte église romaine, le quatrième jour d'octobre, indiction onzième, l'an de l'Incarnation du Seigneur onze cent quarante-sept, et le troisième du pontificat du Pape Eugène III.

EUGÈNE, évêque de l'église catholique.

Place du sceau.

† ALBÉRIC, évêque d'Ostie.

GUY, chancelier.

existere de perpetratâ iniquitate cognoscat, et à sacratissimo corpore et sanguine Domini nostri Jesu Christi aliena fiat, atque in extremo examine districtæ ultioni subjaceat. Quibuscumque autem eidem loco justa servantibus sit pax Domini nostri Jesu Christi, quatenùs hic fructum bonæ actionis percipiant et apud districtum judicem præmia æternæ pacis inveniant.

Datum Altissiodori per manum Guidonis sanctæ romanæ ecclesiæ diaconi cardinalis et cancellarii, quarto die octobris, indictione undecimâ, Incarnationis dominicæ anno millesimo centesimo quadragesimo septimo et pontificatûs Eugenii tertii Papa anno tertio.

Ego EUGENIUS catholicæ ecclesiæ episcopus.

Locus sigilli.

† Ego ALBERICUS Hostiensis episcopus.

GUIDO cancellarius.

Le sceau, de forme circulaire, porte : Sanctus Petrus, Sanctus Paulus, Eugenius Papa III ; et pour devise : Fac meum, Domine, signum in bonum.
(Archives de la Haute-Marne. Abbaye de Belmont.)

Peu de temps après la réception de cette bulle, Pétronille mourut. On choisit, pour lui succéder en qualité d'abbesse, Marguerite de Montelay (1148). L'évêque, Gauthier de Bourgogne, lui donna, pour les posséder à perpétuité, les deux églises de Frettes et de Tornay, à condition qu'elle pourvoirait à ce qu'elles ne restassent pas sans pasteurs. Après le décès du prélat, Robert, archidiacre, confirma cette donation (1). Un autre archidiacre, nommé Eudes, y donna aussi son consentement, à condition que Thierry, doyen, posséderait ces églises pendant sa vie en donnant dix sous par an à l'église de Belmont, et qu'après sa mort, les dames en demeureraient légitimes propriétaires et collatrices, sauf le droit de l'évêque et de l'archidiacre. Il écrivit cet acte en présence de Robert, trésorier du Chapitre de Langres, Pierre, doyen de Bar, Thierry, doyen de Pierrefaite, Hugues, doyen de Fouvent, Henri Cordella, chanoine de Langres, Richard, chapelain de Coublanc, Velfrid, chapelain de Grenant, et Etienne, chapelain de Rosoy.

Vers la fin du xiie siècle, Emeline, dite *Chaumonda*, épouse de Milon, seigneur de Chaumont, donna à l'abbaye vingt sous de Provins à percevoir chaque année dans son domaine. En 1215, les religieuses vendirent cette rente aux frères du Val-des-Ecoliers (2).

(1) Ego Robertus Lingonensis archidiaconus, omnibus præsentibus et futuris notum facio me annuere Margaritæ abbatissæ Bellimontis duas ecclesias de Fretis et de Tornaio, quas Galterus episcopus bonæ memoriæ eidem concessit et prædictæ abbatissæ in perpetuum possidendas, itâ verò quod abbatissa, defuncto sacerdote, in ecclesiis illis alium trahat sacerdotem. Ut hoc ratum habeatur in perpetuum, sigilli mei munitione confirmavi. Testes sunt Jacobus Lingonensis canonicus, Bernardus canonicus, Lambertus clericus, Petrus decanus.

(2) Ego abbatissa et conventus Bellimontis universis præsentes litteras inspecturis notum facimus quòd nos viginti solidos pruvinensium quos de eleemosynâ dominæ Chaumondæ singulis annis apud Calvum montem percipiebamus, fratribus de valle Scolarium vendidimus accipiendos in rantâ fori

Dans une lettre datée de 1217, Guillaume II, évêque de Langres, déclare que l'abbesse de Belmont a vendu au Chapitre de cette ville tout ce qu'elle avait à Perrogney, Voisines et Courcelles.

En 1219, l'évêque accorda aux dames de Belmont les deux parts des revenus de l'église de Grenant.

Le Pape Honorius III, par une bulle de l'an 1222, défendit à tout légat du Saint-Siége de rendre, sans un mandement de sa part, aucune sentence d'excommunication, de suspension et d'interdiction contre l'ordre de Cîteaux. Une autre bulle de l'an 1226 confirme les donations faites à l'abbaye, notamment le lieu où elle était fondée, la grange de Louvières, la grange du Val et la grange du mont de Baigneux.

Cette même année, Guy, seigneur du Pailly, fit une donation à l'abbaye.

En 1231, Girard de Fouvent, pour le remède de son âme et de celles de ses ancêtres, donna en pure et perpétuelle aumône à Dieu et à l'église Sainte-Marie de Belmont la dîme qu'il avait à Frettes, savoir la huitième partie de toutes les dîmes tant grosses que menues, du consentement de son épouse et de ses enfants. Gilote ou Geliotte, sa fille, vendit aux religieuses, en 1247, ce qu'elle possédait à Louvières.

Au mois de novembre 1258, Clémence, dame de Fouvent, céda à l'abbaye trente-sept émines, froment et avoine, qu'elle percevait annuellement sur les dîmes de Frettes (1).

---

singulis annis post Pascha. Quod ut ratum permaneat, præsentem paginam sigilli nostri munimine fecimus roborari.

Actum anno gratiæ millesimo ducentesimo decimo quinto, mense septembri.

(1) Ego Clementia, domina Fontis Venæ notum facio omnibus præsentes litteras inspecturis quod ego quitto abbatissæ et conventui Bellimontis triginta septem eminas frumenti et avenæ per medium quas ego percipiebam ad vitam meam singulis annis in decimis de Fretis; in cujus rei munimen

Vers l'an 1270, Guy, seigneur de Tréchâteau, Etienne de Poinson et Jean de Marey firent aussi du bien à l'abbaye.

Quelques années après, Jean de Vergy, sénéchal de Bourgogne, dit, dans une lettre, que Hugues de Châtenay, chevalier, et ses enfants ont donné à Dieu, à Notre-Dame et à la maison de Belmont tout ce qu'ils avaient à Frettes, savoir : quatre *maignies* d'hommes et vingt-trois journaux de terres arables.

En 1284, le père d'une religieuse donna une vigne située sur le territoire de ce village, au lieu dit *Fourneau-Chaillot*. En 1317, l'abbesse en acheta une autre d'Etienne Loiselot.

D'après un titre du 15 août 1491, les religieuses cédèrent à titre de cens à un particulier une maison dite la *maison-au-moine*, tenant aux murs de l'abbaye, avec un *meix* et *emplastre* (1). C'est ainsi que se forma le village, bâti dans l'enclos de ladite abbaye. Par suite de pareilles concessions, certains habitants de Belmont prétendirent être propriétaires. Mais le parlement de Dijon, par un arrêt du 27 mars 1499, maintint les dames dans la jouissance des emplacements de maisons et des terres sises sur le finage. On ne pouvait pas même réparer une maison sans leur permission.

Les reîtres, venus au secours des Calvinistes en 1569, pillèrent l'abbaye et brûlèrent l'église. Pour la rebâtir, les religieuses vendirent, en 1575, une partie du bois de la *Bouloie*, à elles adjugée par les députés de Sa Majesté à l'aliénation du temporel du clergé dans le diocèse de Langres. Cette vente produisit deux cent-soixante-quatre livres.

On lit dans un dénombrement du 24 mai 1583, donné par Jean de la Tour, commandeur d'Aumônières et seigneur de Bussières, que l'abbesse lui payait annuellement, à la saint

---

præsentibus litteris sigillum meum apposui. Datum anno Domini millesimo ducentesimo quinquagesimo octavo, mense novembri.

(1) Jardin potager et emplacement.

Martin, deux bichets de froment pour devoir de reconnaissance de supériorité de justice et de garde.

En 1630, les religieuses présentèrent au bailli de Bussières une requête pour obtenir saisie sur Hugues Grisot, de Poinson, qui leur refusait le paiement d'une redevance. Elles avaient le droit de justice à Belmont, comme le déclara un arrêt du Conseil d'Etat, du 17 août 1680.

Lors de l'invasion de 1636, l'abbaye fut ruinée. On distingue très-bien l'emplacement qu'elle occupait; il en reste encore quelques vestiges. On la rebâtit dans de plus vastes proportions, au bas de la montagne, là où est situé le village.

En 1733, le Grand-Conseil condamna Henri Plubel, seigneur en partie de Saulles et de Grenant, à rendre auxdites dames la dîme par lui perçue depuis l'an 1727 sur la corvée de Celsoy, parce que tous les biens de l'abbaye, d'ancienne fondation, étaient exempts de dîmes.

Le hameau de Belmont dépendait de la paroisse de Bussières, où les habitants allaient remplir leurs devoirs religieux. Le curé n'avait aucun droit dans l'église abbatiale. Cependant on lui permettait d'y réunir quelquefois les enfants pour le catéchisme et d'y prendre le saint Sacrement pour le porter aux malades.

L'abbaye avait un directeur spirituel. C'était un prêtre profès pris dans un monastère de l'ordre de Cîteaux et envoyé par l'abbé général. Il était chargé de desservir la chapelle, de recevoir les confessions des religieuses et de leur faire des instructions. On confia toujours cet office à des hommes distingués par leur science et leurs vertus.

Lorsque les dames avaient une affaire à décider, elles s'assemblaient en chapitre, au son de la cloche, vers la grille du grand parloir.

S'il s'agissait d'admettre une novice à la profession, il fallait que toutes y donnassent leur consentement. Les jeunes personnes qui entraient au monastère devaient y passer une année entière et sans interruption dans les épreuves de l'ordre avant de faire leurs vœux. Cette touchante cérémonie était présidée par le directeur ordinaire ou par un autre moine que l'abbé général de Cîteaux déléguait spécialement à cet effet. Elle avait lieu dans la chapelle de l'abbaye, en présence de la communauté, des parents et de plusieurs témoins. Le prêtre célébrait solennellement la sainte messe, et, après l'Evangile, les novices faisaient leur profession en ces termes :

« Ego soror NN. promitto stabilitatem meam sub clausurâ perpetuâ et conversionem morum meorum et obedientiam secundùm regulam sancti Benedicti abbatis, coràm Deo et omnibus sanctis ejus, quorum reliquiæ hîc habentur, in hoc loco qui vocatur Bellus mons, Cisterciensis ordinis, constructo in honorem Beatissimæ Dei genitricis semperque Virginis Mariæ, in præsentiâ reverendi patris NN. ipsiusmet ordinis religiosi, à reverendissimo abbate generali Cisterciensi ad hoc delegati, nec non et dominæ NN. dicti Bellimontis abbatissæ. »

« Je sœur NN. promets ma stabilité sous la clôture perpétuelle et la conversion de mes mœurs et l'obéissance selon la règle de saint Benoît abbé, en présence de Dieu et de tous les saints dont les reliques sont ici, dans ce lieu qui est appelé Belmont, de l'ordre de Cîteaux, construit en l'honneur de la Bienheureuse Marie mère de Dieu et toujours Vierge, en présence du révérend père NN., religieux du même ordre, à ce délégué par le très-révérend abbé général de Cîteaux, et de Madame NN., abbesse de Belmont. »

La supérieure du monastère était une abbesse crossée. Il y avait au-dessous d'elle une autre religieuse ayant le titre de prieure. Nous n'avons pas trouvé la liste complète des abbesses. Voici celles que nous connaissons :

1127. Pétronille de Coublanc, fondatrice.

1148. Marguerite de Montelay.
1235. Anne.
1263. Gauthière.
1273. Béatrix.
1300. Edice.
1343. Marguerite de Chauvirey.
1390. M. d'Avarby. Ses armes étaient *une croix ancrée, la crosse au-dessus*. Cela marque, dit le P. Vignier, qu'elle fit bâtir ou réparer quelque chose.
1404. Alix de Toraise.
1422. Marguerite d'Igny.
1503. Jeanne de Mont-Saint-Léger.
1514. Anne de Saint-Belin.
1539. Edmée de Maulain. Ses armes étaient *de gueule à trois chaudrons d'or*.
1563. Renée de Saint-Belin.
1612. Jeanne de Saint-Belin, nièce de la précédente. Il y avait alors au monastère un grand nombre de filles nobles, entre autres Françoise de Neuchâtel, Marguerite de Seraucourt, Françoise de Valleroy, Guillemette de Saint-Belin, Jacqueline de La Mothe, etc., dont la haute naissance rendait les sacrifices plus généreux et plus parfaits.
1652. Marie-Angélique de Nicey, sœur de la marquise de Francières et des comtesses de Ragny et de Bussy-Lamet.
1667. Catherine de Choiseul, nièce de la précédente, fille puinée du marquis de Francières, Louis de Choiseul.
1702. Claudette-Alexandrine d'Ambre.
1719. Elisabeth de Blitersvich.
1740. Louise-Hyacinthe de Gaucourt.
1790. Madame Esmangart, dernière abbesse.

Pour se conformer au décret de l'Assemblée nationale, Madame Esmangart donna, le 17 février 1790, une déclaration des revenus de son abbaye (1). L'Etat s'empara de tous les biens qu'elle possédait, et les vendit au profit du trésor public. Les religieuses furent dispersées, et la prière cessa dans ce lieu qui, depuis près de sept siècles, avait été pour une multitude de jeunes personnes un abri contre les orages de cette vie, et la porte du ciel.

On a démoli une partie des bâtiments de ce monastère; il n'en reste plus qu'un pavillon avec deux ailes, dont une a été convertie en presbytère. A la chapelle, qui n'avait que 7 mètres de long, on a ajouté deux travées. Elle a maintenant, dans œuvre, une longueur de 24 mètres sur 8 mètres 22 centimètres de large, et 25 pieds de hauteur sous clef. Elle sert d'église à la paroisse.

Belmont n'était qu'un hameau dépendant de Bussières. Il fut érigé en commune en 1832, et en succursale le 15 février 1843.

BRONCOURT.

Broncourt ou Beroncourt vient du latin *curtis* (2), ferme ou maison de campagne, et *Bero, Beronis*, nom du premier seigneur qui en fut le propriétaire.

On voit, en 1553, frère Guy Lebœuf, chevalier de l'ordre de Saint-Jean de Jérusalem (3), commandeur des commanderies de la Romagne, Thors, Avalleurs, *Beroncourt* et Arbigny.

---

(1) Ils montaient en 1695 à 2,000 livres, en 1779 à 8,348, et en 1790 à 12,000.

(2) Les Romains appelaient une ferme *villa*; un domaine plus étendu se nommait *curtis*.

(3) Cet ordre célèbre fut fondé en Palestine, au commencement du XIIe siècle, sous le pontificat de Pascal II et le règne de Baudoin, frère de Gode-

Il y avait donc une commanderie à Broncourt. On montre l'emplacement qu'elle occupait ; l'enceinte est encore très-bien tracée. On y a découvert, il y a quelques années, des outils de maréchal et une batterie de cuisine.

Le commandeur était seigneur du village. Il y avait établi un bailli et d'autres officiers pour rendre la justice en son nom. La partie de Charmoy qui dépendait du même commandeur, était soumise au bailliage de Broncourt. Quand il y avait lieu, on en appelait au bailliage de Langres.

Le commandeur percevait les dîmes du finage, à raison de sept l'un. Elles valaient douze cents francs, année commune. En 1790, elles étaient relaissées avec la maison seigneuriale, les droits seigneuriaux, l'enclos, les terres labourables et les prés pour trois mille sept cent cinquante francs. L'amodiateur payait cette somme aux fermiers principaux qui résidaient à Fayl-Billot.

Les biens de cette seigneurie furent déclarés propriétés nationales et vendus par les administrateurs du district de Bourbonne, le 27 germinal an III (16 avril 1795). D'après l'affiche, les terres labourables étaient estimées trente-six mille francs.

Avant la révolution, l'église de Broncourt, dédiée à la sainte Vierge en sa Nativité, était une église paroissiale, ayant pour annexe celle de La Quarte, desservie par un vicaire. Elle dépendait du doyenné de Pierrefaite. Le curé avait, entre autres revenus, trois cent cinquante francs que lui payait le fermier de la seigneurie.

froy de Bouillon, et son successeur sur le trône de Jérusalem. On lui donna la règle monastique de saint Augustin. Les religieux faisaient les quatre vœux, d'obéissance, de pauvreté, de chasteté et de dévouement à défendre les pèlerins contre les infidèles. Leur costume fut celui des chevaliers du temps, avec une croix rouge à huit pointes sur le manteau noir. En 1112, le pape confirma par une bulle le nouvel ordre, qui reçut sa forme définitive en 1118. On l'appelait en dernier lieu ordre de Malte.

Au rétablissement du culte, Broncourt fut annexé à Pressigny et desservi par le curé de ce lieu. Il fut érigé en succursale le 3 mai 1846. On y avait bâti un presbytère en 1840, et l'on va y construire une nouvelle église pour répondre aux besoins religieux de la population. Celle qui existe n'est ni solide, ni digne du culte que l'on doit à Dieu.

Les habitants sont agriculteurs. Le territoire est excellent. Il n'y a pas de vignes.

BUSSIÈRES-LES-BELMONT.

Bussières-les-Belmont, appelé autrefois Bussières-les-Nonnes, Bussières-les-Aumonières, Buxières, La Bussière, Buissière, en latin *Buxeriæ,* tire son nom de *Buxus,* Buis. Cette étymologie n'indique pas que tout le territoire était planté de buis, mais que cet arbrisseau s'y faisait remarquer parmi d'autres essences. Les dénominations de *Buisson-Marie, Planches-des-Charmes, Charmoy, Chasnoy, Espenoy, Genesvres, Breuil, Garenne* ou *Varenne, Essarts,* etc., employées pour désigner diverses parties du finage, prouvent suffisamment que ce lieu n'était qu'une vaste forêt.

Le bourg n'existait pas au temps de la domination romaine ; mais il y avait déjà sur le territoire quelques établissements ; car on a découvert, en 1838, à côté du chemin qui conduit à Fayl-Billot, dans un terrain très-incliné, des débris de constructions qui appartiennent évidemment à cette époque. Voici le rapport fait alors par M. Thiberge, maire de Bussières :

« On a trouvé, au milieu de différentes constructions faites sans soin, et seulement en moëllons posés à sec, des murs en mortier de chaux et ciment; une portion de construction en brique très-bien conservée; un pavé blanc incrusté dans une très-grande épaisseur de béton ; des portions de béton qui faisaient parois de murs revêtus de stuc, peint en rouge et jaune : ces couleurs dessinent de simples raies, comme en ferait un ouvrier de campagne pour marquer une hauteur d'appui ; une grande quantité de fragments de mosaïques, composée de petits cubes blancs et noirs ; les cubes blancs sont en calcaire pareil à celui des pavés ; ce calcaire n'existe pas ici ; il est analogue à la pierre à bâtir de Chaumont, à la pierre des gargouilles trouvées à la Marnotte à côté de la source ; les cubes noirs sont faits en pierre de Fouvent. Dans les décombres on a trouvé deux fibules en cuivre ; elles sont en partie recouvertes d'une espèce d'étamage et d'un peu d'émail bleu ; beaucoup de débris de poterie très-fine et d'autres de poterie commune et de grande dimension, probablement des fragments d'amphores ; une pierre en basalte, produit volcanique étranger au pays. Cette pierre paraît avoir servi de meule à un moulin à bras ; elle est circulaire de 0 mètre 50 de diamètre, forée au milieu, convexe d'un côté et taillée en rayons. Enfin une médaille petit bronze, portant d'un côté une tête assez bien conservée, autour de laquelle on lit : CLAVDIVS. CAE, et de l'autre une figure assise très-détériorée ; autour on distingue RTA. »

Cet antiquités, trouvées dans un emplacement peu éloigné du *Châtelet* de Fayl-Billot, confirment l'opinion que nous avons émise sur l'existence d'une route romaine longeant la vallée.

D'un autre côté, « l'on a découvert, il y a quelques années, dans le bois des Loges, environ à la distance de mille mètres de la grande route des Romains, une espèce de branche de route perdue. On prétend que cette route pouvait prendre son origine à la grande route des Romains qui passe à Grossesauve pour aller à un château détruit du temps des Romains, et qui était placé sur le territoire de Bussières. On en parle encore aujourd'hui sous le nom de vieux château (1). »

C'est au xiie siècle que nous rencontrons pour la première fois le nom de Bussières. Vers l'an 1127, Guy et Philippe d'Achey donnèrent à l'abbaye de Belmont une partie de la terre de Bussières. Thierry et Ulric son frère, autres seigneurs du voisinage, donnèrent également tout ce qu'ils avaient en ce lieu, depuis Frettes et Genevrières jusqu'à Corgirnon. En 1220, Etienne, chevalier de Mont, était seigneur de Bussières. En 1230, les religieux de Saint-Antoine de Viennois achetèrent de Gérard, chevalier, la moitié de la seigneurie de Vesvrechien, située sur le territoire.

Vers l'an 1275, il y avait un maire, nommé Humbelin, et, en 1415, un *chastelain ou mayeur d'illec.*

Philippe de Chauvirey était seigneur de Bussières en 1297, et il fit, cette année, une donation à l'hôpital de Grossesauve. La seigneurie resta dans sa famille jusqu'au commencement du xve siècle; car on voit, en 1413, Marguerite de Chauvirey, dame de Bussières, mariée à Jean de Rougemont, chevalier. Ce haut et puissant seigneur était en hostilité avec les habitants de Langres. Il fit avec eux, en 1417, un traité de paix que nous allons rapporter.

« A tous ceulx qui ces présentes lettres verront et orront, Girard d'Isomes, licencié ez lois et lieutenant de noble homme Robert de Longchamps, escuyer, bailly de Lengres, salut : savoir faisons que aujourd'hui les bourgeois et habitants de la ville et cité de Lengres, assemblés de nostre licence en l'église des frères prêcheurs dudict Lengres, par devant nous ont dict et exposé que comme noble et puissant seigneur, monseigneur Jean de Rougemont, chevalier seigneur de Bussières, si ait eu plusieurs querelles et demandes contre iceulx bourgeois et habi-

---

(1) Annuaire du diocèse de Langres pour l'an 1838, pag. 504.

tants, et eulx contre luy, et que chacune d'icelles parties disoit et maintenoit avoir eu et soutenu plusieurs dommaiges et inconvénients, tant en perdition de vins et de biens, montants à grandes sommes d'argent, comme aultrement, dont lesdits bourgeois et habitants estoient en grande guerre et débats envers ledict seigneur de Bussières ; et de cette matière si soit meslée nostre très redoubtée dame madame la duchesse de Bourgoigne, comtesse de Flandre, d'Artois et Bourgoigne, révérend père en Dieu, monseigneur l'évesque et duc de Langres, noble seigneur messire Jean de Vaux, seigneur de Courtin, chancelier de très-hault et très-puissant prince monseigneur le duc de Bourgoigne, et aultres du conseil dudict seigneur.

« Lequel monseigneur le chancelier, pour paisier lesdicts débats et pour norrir paix, amour et tranquillité entre ledict monseigneur de Bussières et iceulx bourgeois et habitants, si est tenu en icelle ville et cité, et après que lesdicts bourgeois et habitants ont dict et proposé à l'encontre d'icelui seigneur de Bussières tout ce qu'ils ont voulu dire et proposer, et ledict seigneur de Bussières à l'encontre d'eulx, de tous les débats que ledict seigneur de Bussières avoit avec les habitants d'icelle ville et cité, et lesdicts bourgeois et habitants avec ledict seigneur de Bussières, ont icelles parties demouré et demourent perpétuellement en bonne paix et accord, par ces présentes, sans que iceulx bourgeois et habitants ou aulcuns d'eulx puissent jamais aulcunes chouses querreller ni demander audict seigneur de Bussières, ses tenants, alliés, aidants, adhérents et favorisants, pour quelques perdes et dommaiges que iceulx tenants et aidants leur aient faict en commun ou en particulier, par quelque voie ou manière que ce soit, et d'iceulx perdes et dommaiges de leur plein gré, sans force, violence ou inductions aulcunes, ont faict et font quittence perpétuelle audict seigneur de Bussières, tous ceulx qui l'ont suivi, ses adhérents et alliés quelconques, et qui pour occasion dudict seigneur de Bussières leur pourroient avoir esté faicts et pourtés, et ont promis et promettent lesdicts bourgeois et habitants par ces présentes, par la foy et serment de leur corps et sous l'obligation de tous leurs biens, que pour cause et occasion desdicts dommaiges et perdes qu'ils ont eus et soutenus par l'ordre dudict seigneur de Bussières, ses alliés vivants et adhérents et chouses avant dictes, eulx ou aulcun d'eulx ne demanderont jamais aulcune restitution en quelque manière que ce soit; et des chouses susdictes, iceulx bourgeois et habitants, dès maintenant font quittance... à icelui messire de Rougemont, sesdicts tenants et aidants, et pour eulx et leurs hoirs, sans fraude ou mal... et afin que ces chouses aient plus grande force, nous avons faict mettre à ces présentes le scel et contrescel du bailliage de Lengres, à la jurisdiction de laquelle cour et toutes autres spirituelles et temporelles, conjointement ou divisement devant plaid entamé, litis-contestations faictes en la cause ou après, lesdicts bourgeois et habitants se sont soubmis et soubmettent par ces présentes lettres, qui furent faictes et données audict Lengres, le vingt-quatriesme jour de juillet l'an 1417. »

Mais « il feust ainsin que ledict messire Jehan de Roigemont par avant le jour de Noël ala de vie à trespassement (1417). » Sa veuve, Marguerite de Chauvirey, se remaria à Jean de Choiseul, seigneur d'Aigremont. Elle accorda, le 31 juillet 1420, l'affranchissement du droit de servitude et mainmorte à ses vassaux de la haute seigneurie.

Peu de temps après, le domaine de Bussières passa dans la maison de Vergy. Jean de Vergy, seigneur de Bussières, vendit aux religieux de Saint-Antoine de Viennois la seconde partie de la seigneurie de Vesvrechien, par contrat du 15 novembre 1435. Guillemette de Vienne, veuve d'Antoine de Vergy, était, en 1440, dame de Bussières. Elle épousa en secondes noces, le 18 novembre de cette année, Thiébaud de Neuchâtel, veuf d'Agnès de Montbéliard, seigneur de Fayl. Thiébaud et Guillemette vendirent, le 27 mars 1457, pour la somme de trois mille florins d'or du Rhin, à Guillaume de Vaugelay, commandeur de l'hôpital et maison-Dieu de saint Antoine d'Aumonières (1), les seigneuries de Bussières et Champsevraine avec la grange d'Ormont, « consistantes en villes, terres, seigneuries, châteaux, maisons fortes, fossés, rières-fossés, vergers, prez, terres arables et non arables, tant en bois comme en plain ; en hommes, femmes, bourgeois et bourgeoises de quelque état et condition qu'ils soient, leurs tenements et maisonnements, tailles, rentes, cens, issus et revenus, fours, moulins banaux, eaux, étangs grands et petits, bois banaux et non banaux, passages, paisonages et pâturages, en toute justice, haute, moyenne et basse, en épaves, extraves, en confiscation de corps et de biens, collation de bénéfices, droits, prérogatives, gardes d'église, en mainmorte, serve condition, en corvées de bras et de charrues, et autres corvées quelles qu'elles soient, en geline, en fiefs, riers-fiefs, la connaissance et seigneurie d'iceux et généralement toutes les appartenances et dépendances desdites seigneuries, les finages et territoires d'icelles, etc. »

Jusqu'alors, la terre de Bussières avait été de franc-alleu ; ses seigneurs ne relevaient que de Dieu et de leur épée. Les religieux de Saint-Antoine, craignant que cette propriété, devenue bien

---

(1) Aumonières, Almosnières, du latin *eleemosyna* ou *eleemosynaria domus*, était, dans le principe, un gîte d'étape pour les soldats romains, et, plus tard un hospice établi pour recevoir les nombreux pèlerins qui allaient visiter la capitale du monde chrétien. Il est situé sur la chaussée de Langres à Rome par Besançon et Genève. C'est maintenant un hameau faisant partie du village de Pierrecourt (Haute-Saône). La maison des religieux et leur église avec son clocher existent encore, mais dans un état de délabrement. Cette église fut réparée en 1605 avec le produit d'un bois de Bussières appelé la *Vendue*.

de mainmorte, ne fût exposée, en restant indépendante, aux incursions des seigneurs voisins alors très-puissants, demandèrent au roi des lettres d'amortissement. Louis XI les leur accorda en date du 20 novembre 1459. En même temps il inféoda le bourg à la grosse tour de Sens, et se réserva foi et hommage. Il paraît que Guillaume de Vaugelay ne rendit pas assez exactement le devoir de fief. Car, dans des lettres patentes du 13 octobre 1462, le roi ordonna à son bailli de Sens de saisir la seigneurie de *la Bussière,* située dans les limites de son bailliage, entre Langres et Fouvent, faute de foi et hommage de la part de l'acquéreur. Celui-ci écrivit plusieurs fois au procureur du duc-comte de Bourgogne au bailliage d'Amont, pour savoir ce qu'il avait à faire en cette circonstance. Il y eut à ce sujet des débats entre les officiers de Louis XI et ceux de Philippe-le-Bon.

Quelque temps après, Jean de Rochefort, successeur de Guillaume de Vaugelay, exposa au roi que pour que ledit hôpital d'Aumonières « pût mieux être entretenu, le service divin continué en icelui, et les pauvres qui y sont et seront, fournis et nourris, ainsi qu'ils doivent et qu'on y a accoutumé faire, son prédécesseur, au moyen des aumônes et bienfaits des bonnes créatures ayant dévotion audit monseigneur saint Antoine, avoit acquis en son vivant audit hôpital la terre et seigneurie de Bussières, appartenances et dépendances d'icelle, en laquelle demeurent de pauvres ménagiers, laboureurs qui labourent et entretiennent des terres et maisons audit lieu pour le nourrissement des pauvres dudit hôpital. » Il ajouta que comme ces habitants étaient tenus envers lui à de grandes redevances, il le suppliait de confirmer par son autorité royale leurs anciennes franchises. En conséquence, et à cause de la qualité allodiale de la terre, Louis XI, par une charte donnée le 7 décembre 1467, leur accorda l'exemption des tailles, gabelles et autres impôts royaux, « à la charge néanmoins de faire, par ledit commandeur et ses successeurs, dire et célébrer par chacune semaine le jour de lundi une messe haute du Saint-Esprit avec procession et bénédiction pour sa prospérité et conservation et de ses successeurs rois de France. » Ces priviléges furent confirmés par tous les rois jusqu'à Louis XV inclusivement. Leurs lettres patentes sont conservées aux archives de la commune.

Les Antonins achetèrent enfin, le 23 août 1505, d'un sire de Grammont, seigneur de Saulles, les fiefs de Pointé et de Gésans, qui relevaient du seigneur de Fayl auquel on en faisait hommage. C'est ainsi que ces religieux réunirent les diverses seigneuries de Bussières.

Le 24 novembre 1546, les habitants de la haute seigneurie s'engagèrent à leur payer annuellement quarante-huit livres, et ceux de la basse seigneurie, vingt-quatre livres. C'est peut-être alors que ces derniers furent affranchis de la servitude de mainmorte.

Voici un dénombrement présenté au roi par le commandeur, le 24 mai 1583 :

« Je Jean de la Tour, commandeur d'Ausmonière, ordre de M. Saint Antoine de Viennois, seigneur de *Buissière*, confesse tenir en fief, foy et hommage du roy nostre sire par amortissement pour moy et mes successeurs commandeurs de l'église et hôpital dudit Ausmonière, sans charge de faire ny paier autre devoir, relief ny redevance quelconques, les chastel, village, terre et seigneurie, dépendances et appartenances de Buissière, diocèse de Langres et bailliage de Sens, ressort dudit Langres, excepté et réservé au roy les hommages et fiefs tenus et mouvans d'icelle seigneurie de Buissière, qui demeurent à moy sieur dudit Buissière, desquelles, ensemble des fiefs en dépendans, conformément aux lettres de reprise et amortissement, j'en fais et baille au roy nostre dit sire les aveux et dénombrements et déclarations comme s'ensuit :

« Ma maison-forte à quatre pans proche et audessus du grand étang de présent en pré, entre le chemin commun d'une part et une broussaille et buisson d'autre part ;

« Une maison carrée avec la cour devant fermée, une tour au bout, en laquelle sont des prisons, les étableries joignant icelle, assise au bas et milieu du village ;

« La justice en tous cas sur les hommes audit Buissière, sans y prendre la basse justice qui est mouvante du fief du baron du Fayl ;

« Un moulin banal assis au bout du village, et un four banal audit lieu ; la rivière qui passe à Buissière dès la chaussée du vieil étang jusques aux moulins m'est banale. Item l'autre jusqu'au finage des Loges. J'ai les deux tiers du vieil étang ; l'autre appartient au baron du Fayl ;

« Mes hoirs (1) de la grande seigneurie et autre tenans sous moy héritages audit finage me doivent seize écus de taille abornée et payable deux fois l'an, savoir : la moitié à la *Julianne* (16 février), et l'autre à la saint Remy ;

« Item est dû de cens à moy sieur susdit au premier jour de may sur plusieurs climats réduits de bois en labourage la somme de huit écus au jour de saint Remy, la somme de deux écus aux jours de Toussaint, saint Martin et saint Etienne, par ceux tenans héritages sous madite seigneurie et dépendants, quatre écus, quelques douzaines de poules et environ onze livres de cire, avec la dîme sur iceux à raison de seize gerbes l'une ;

« Item la dîme ou rente à moy due à cause des essarts d'un bois appelé *Plemont*, finage de Buissière, par les habitants de Grenant, à raison de treize gerbes des fruits y enlevés ;

---

(1) Ce mot, qui signifie ordinairement héritiers, s'entend ici de ceux qui tenaient quelque chose en fief.

« Item une portion au bois de la Bouloye, contenant environ douze arpens, faisans partie des seigneuries de Pointé et de Gésans, du fief du baron du Fayl et mouvant d'icelui ;

« Plusieurs bois dans lesquels les habitans dudit Buissière ont le vain pâturage pour toutes leurs bêtes grosses et menues, fors au temps de vaine pâture et grenier, esquels lesdits habitans et autres ne le peuvent faire qu'ils ne soient amendables envers moy chacune fois qu'ils y seront trouvés de l'amende d'un écu quinze sols tournois. D'autres sont mes bois banaux, n'étant loisible à personne d'y couper quelque bois que ce soit, à peine de l'amende susdite pour chacune fois qu'ils y seront trouvés méfaisant, réservé les habitants dudit Buissière qui y peuvent user au moyen bois seulement, en quoy faisans soient amendables envers moy de trois sols pour chacune fois, et s'ils sont trouvés méfaisans à fol (hêtre), chênes, pommiers, sont amendables envers moy par chacune fois de ladite amende d'un écu quinze sols ;

« Les granges de *Vesvrechien, Veronne* (1), *Champsevraine, Ormont, Attense* et une quantité considérable de terres labourables et de prés. »

En vertu d'un traité fait, le 4 février 1603, entre les religieux et les habitants, il fut permis à ces derniers de cuire leur pâte où bon leur semblerait, sous l'obligation de payer aux seigneurs, chaque année au jour de saint Martin d'hiver, pour droit de four et banalité, un penal de froment, mesure du lieu, ou vingt sous par chaque habitant tenant feu et ménage, et une quarte de froment ou dix sous par chaque veuf ou veuve. Mais on maintint l'amende portée contre les particuliers qui faisaient moudre leur grain ailleurs qu'au moulin banal.

---

(1) Cette ferme, qui comprenait soixante journaux de terres et de prés, était acensée à perpétuité pour quatre bichets de froment, autant d'avoine,

Tous ces droits sont aussi mentionnés dans un autre dénombrement du 5 juillet 1608. On y lit de plus que les religieux prenaient sur les grandes dîmes que le trésorier de l'église de Langres levait à Bussières, vingt bichets, moitié seigle et moitié avoine, mesure du Chapitre. Dès cette époque leur château principal, situé à trois cents pas du village (1), « était en ruine et sans manoir ni demeurance. » Ils nommaient des officiers pour rendre la justice en leur nom ; il y avait sur le territoire un signe patibulaire.

Au mois de septembre 1636, Bussières fut envahi par l'armée de Galas, malgré la résistance des habitants qui « s'estoient roidis et retranchés. » Une multitude de personnes furent massacrées, les maisons pillées et incendiées, les châteaux détruits. Les champs restèrent incultes, et le bourg ne se repeupla que longtemps après. On y comptait, au XVIIIe siècle, beaucoup d'étrangers qui étaient venus s'y fixer.

Le 22 septembre 1691 (2), il y eut entre les seigneurs et les habitants une transaction dont voici la substance :

Les seigneurs ne pourront prétendre à l'avenir aucun droit de mainmorte sur les hommes de la basse seigneurie, ni sur aucun autre homme, maison ou héritage dudit Bussières, à condition que les habitants de l'une et de l'autre desdites seigneuries satisferont aux corvées, suivant qu'elles sont réglées dans

---

cinq sous et quatre chapons, le tout payable à la saint Martin. Alors les fermiers pouvaient facilement s'enrichir.

(1) A ce château était attachée une pièce de terre de cinq journaux à la mesure de Bussières. On l'appelait la grande garenne. Cette propriété appartient aujourd'hui à M. Calaret. La partie la plus ancienne du bâtiment ne remonte pas au-delà de 1640.

(2) La même année, l'abbé général de l'ordre de Saint-Antoine donna à l'église de Bussières un calice d'argent fait au marteau, lequel se trouve à la chapelle des frères de la Doctrine chrétienne à Langres. Autour du pied on lit : *Ex dono DD. De Langeron Abb. G. ord. S. Ant. facto Ecc. par. S. Mauritii Buxeriarum.* 1691.

une transaction du 14 juin 1657, sur les héritages de Bussières et Belmont, Champsevraine et Vesvrechien, sous peine de dix sous d'amende contre chacun de ceux qui manqueraient de les faire, et de cinq sous pour chaque défaut de paiement après la saint Martin; car alors les corvées qui ne sont pas faites en nature doivent se payer en deniers. Les habitants de la haute seigneurie continueront de payer quarante-huit livres de taille, et ceux de la basse, vingt-quatre. Les habitants de Bussières et Belmont pourront couper pour leur usage seulement des *paisseaux* et liens dans le canton de bois de la *Noue-Maulpin*, savoir: pour les paisseaux, trois jours seulement aux environs de la saint Vallier, et, pour les liens, trois autres jours seulement à la fin de juin ou au commencement de juillet. Toute contravention sera punie de trois livres cinq sous d'amende, confiscation et intérêts.

On voit, d'après ce qui vient d'être dit, qu'il y avait en ce lieu plusieurs seigneuries, savoir: celle de Bussières ou haute seigneurie, celle de Vesvrechien, celle de Champsevraine ou Sanssevrine (1), enfin celle de Pointé et de Gésans ou basse seigneurie, comprenant la partie de Bussières qui est en deçà du ruisseau de *Louvières*, et qu'on nomme la rue de *Loutre* (*ultra ripam*). Elle relevait de la baronie de Fayl, et les appellations de cette basse justice ressortissaient au bailliage de Dijon et au Parlement de Bourgogne. Le bourg était donc partie de Bourgogne et partie de Champagne. Jusqu'en 1789, les Antonins restèrent seigneurs de Bussières, et y conservèrent un bailliage ressortissant de celui de Sens. Ils y avaient aussi un capitaine châtelain.

On ne sait rien sur l'origine de la paroisse, mais elle existait au XIIe siècle, car, vers l'an 1140, il y avait un chapelain nommé

---

(1) Deux fermes du nom de ces seigneuries marquent encore la place où elles étaient.

Hubert, *Hubertus capellanus de Busseriis*. En 1413, il y avait un vicaire, *Estienne dit de la Roche*. Bussières faisait partie du doyenné du Moge. La présentation du curé appartenait au trésorier du Chapitre de Langres. L'église, placée sous le vocable de saint Maurice, a été bâtie, en 1722, avec le produit d'une vente de bois et les cotisations particulières des habitants. La tour est plus ancienne ; elle porte le millésime 1680. Cet édifice, sans avoir le mérite des constructions ogivales, car il est à plein cintre, plaît par ses proportions et son caractère religieux.

Il y avait à Bussières un ermitage dédié à saint Hilarion, et situé sur la limite du territoire, du côté des Loges. Au xviie siècle, il était habité par un anachorète élevé à l'école de frère Jean-Jacques (1), lorsqu'il était à l'ermitage d'Oisilly ; il s'appelait frère Mathieu. Il mena une vie si édifiante qu'après sa mort les habitants des deux paroisses des Loges et de Bussières se disputèrent son corps comme une précieuse relique, les uns disant qu'ils l'avaient logé, les autres qu'ils l'avaient nourri. Plus tard, frère Jean-Jacques passa aussi quelque temps dans cette solitude. Un jour il sortit pour quelques affaires, y laissant frère Louis, son compagnon, qui, par malheur, mit le feu à la maison. La cellule de frère Jean-Jacques fut brûlée avec tous les papiers qu'elle renfermait. Voilà tout ce que nous pouvons dire sur cet établissement religieux, dont on montre encore l'emplacement.

L'assemblée des notables n'ayant pu remédier aux embarras du gouvernement, on créa, en 1787, des assemblées provinciales. La ville de Langres fut le chef-lieu de l'un des douze gouvernements que forma la Champagne, et, en cette qualité, dotée d'une assemblée d'élection, composée de vingt-quatre

---

(1) Voir à l'article Poinson.

membres. Le ressort de l'élection fut divisé en six arrondissements, dont les chefs-lieux étaient Langres, Bourbonne, Nogent, Auberive, Grancey et Bussières. A chacun d'eux étaient attachés quatre membres de cette assemblée. On avait nommé pour le district de Bussières MM. Parisot, curé d'Heuilley-le-Grand, pour le clergé; le comte de Rose, seigneur de Saulles, pour la noblesse; Grisot de Poinson et Bougueret, maîtres de poste à Langres, pour le tiers-état (1). Mais cette institution périt presque à sa naissance, et ne produisit aucun résultat. Il fallut avoir recours aux Etats généraux.

Lors de la création des départements, Bussières fut compris dans le district de Langres, et créé chef-lieu d'un canton qui fut ensuite réuni à celui de Fayl-Billot.

Ce bourg avait autrefois des mesures particulières. Sa pinte, qui n'était en usage que dans la commune, contenait 124 pouces un tiers cubes.

Culture de la vigne. Culture de l'osier. Ouvrages de vannerie. Fabrique de plâtre, créée en 1835 par M. Lacordaire, ingénieur. Marché tous les vendredis, établi en vertu d'un arrêté ministériel du 27 octobre 1838. Quatre foires par an : le 1er lundi de mars, le 1er lundi de juin, le 22 septembre et le 1er lundi de décembre.

La situation de Bussières bâti sur les pentes de deux petites vallées traversées par des ruisseaux qui coulent du nord au sud est agréable. Les maisons sont assez bien bâties, et couvertes en tuile, en laves ou en paille.

(1) Il y avait une *Commission intermédiaire* qui représentait toujours l'assemblée d'élection. Elle était composée de MM. l'abbé Baudot, vicaire-général, pour l'ordre du clergé ; Girault de Belfond, pour la noblesse; Guyardin, lieutenant particulier au bailliage, et Henriot, procureur du roi en la prévôté de Montigny-le-Roi, pour le tiers-état; Philpin, écuyer, seigneur de Percey, et Rivot, ancien maire de Langres, syndics.

CHARMOY.

Charmoy ou Charmoy-sur-Amance a probablement tiré son nom de la forêt qui couvrait le territoire et où le charme dominait.

Une tradition populaire donne le nom de *Chemin des Romains* à une ancienne chaussée venant de Rougeux et se dirigeant vers Pierrefaite. C'est sans doute la voie romaine que, dans sa carte de la Franche-Comté, M. Edouard Clerc a conduite de Langres par Rougeux, Pierrefaite et Ouge au-delà de Montigny-les-Cherlieu. Il y a dans la plaine de Charmoy neuf mares appelées vulgairement *Redoute des Romains*, d'où l'on a tiré des chênes entiers. Quelques-uns de ces marais sont contigus à la chaussée ; les autres en sont peu éloignés. Il y a aussi des fragments de tuiles anciennes. Enfin, en 1840, on a trouvé, en creusant dans le cimetière, deux cercueils de plâtre fort dur, dont le pied était tourné du côté de l'église.

S'il faut en croire la tradition, la paroisse de Charmoy, placée sous le patronage de saint Remy, archevêque de Reims, est ancienne. Elle existait avant le xe siècle, et Fayl en dépendait. A partir de cette époque, les deux localités formèrent des paroisses séparées. Elles furent de nouveau réunies après la guerre de Franche-Comté. Mais alors l'église de Charmoy fut succursale ou annexe de celle de Fayl, et desservie par un vicaire jusqu'en 1791.

Vers l'an 1660, la seigneurie de Charmoy appartenait, au moins en partie, à noble Charles de Fauge, capitaine d'infanterie, écuyer du roi. Son épouse, Elisabeth de Grignoncourt, dame de Grignoncourt et de Martinvelle en partie, mourut en 1669. L'année suivante, il contracta un second mariage avec demoiselle Anne-Marie de Mercy de Montigny. Ils eurent entre autres enfants : François-Gabriel de Fauge, qui fut aussi capitaine d'infanterie et écuyer du roi, et épousa Henriette Ferrand ; Françoise de Fauge de Saint-Félix, mariée le 26 février 1714, à noble Guillaume de La Montagne, du diocèse de Cahors, seigneur de La Combe, officier au service de Louis XIV, et morte le 10 juin 1734 ; Anne, qui avait le titre de baronne de Fauge, morte le 18 mai 1778, à l'âge de 71 ans. Avec elle s'éteignit cette noble et pieuse famille. Elle habitait le château de Charmoy, qui n'était pas fortifié et qu'on détruisit en 1790.

A cette époque, M. de Clugny, commandeur de la Romagne, était seigneur de Charmoy. Il possédait sur le territoire 102 journaux de terre, 10 fauchées de pré, le tiers des dîmes de tout le finage, des droits de cens et redevances sur tous les habitants, moitié des lots et ventes, etc., le tout amodié pour 1,800 francs. En retour, il était chargé d'entretenir le chœur de l'église pour un tiers, et de faire exercer par des officiers particuliers la justice haute, moyenne et basse.

M. de Monstesquiou, abbé commendataire de Beaulieu, possédait sur le territoire 310 journaux de terre estimés 2,340 francs; 36 fauchées de pré évaluées 720 francs; le tiers des dîmes du finage relaissé 409 francs; une maison louée 36 francs; la ferme de Saint-Renobert, contenant 130 journaux de terre et 25 fauchées de pré, le tout évalué 1,528 francs. Il avait en outre moitié des lots et ventes. Pour cela, il était chargé du tiers de l'entretien du chœur de l'église. Les religieux de Beaulieu ne jouissaient que de six fauchées de pré évaluées 120 francs.

M. le curé de Fayl et de Charmoy avait l'autre tiers des dîmes, et était tenu à l'entretien du chœur de l'église pour un tiers. Quant à la fabrique, elle possédait 29 journaux de terres labourables. Tous ces biens furent vendus au profit de l'Etat.

En 1787, il y avait dans ce village 142 *châtz* de maisons,

dont moitié étaient occupés par des laboureurs, et le reste par des manouvriers ne faisant rien valoir. La population n'était que de 294 habitants.

Il y avait une chapelle dédiée à saint Renobert, à côté de la ferme de ce nom, et dans laquelle les religieux de Beaulieu venaient quelquefois célébrer la sainte messe. Les habitants avaient le droit d'y aller. Suivant une ancienne coutume, ils conduisaient, au mois de mai, leur gros bétail dans le pré voisin, où il leur était permis de couper un peu d'herbe. Ils présentaient ensuite les animaux et leur nourriture à la bénédiction du prêtre (1). Ce pieux usage a traversé la révolution et n'a cessé qu'en 1819, lorsque la ferme fut incendiée et la chapelle convertie en fournil.

L'église tout entière, à l'exception du clocher qui date de 1752, a été reconstruite en 1840, grâces au dévouement de la paroisse et du pasteur, M. Barret. Mgr. Parisis l'a consacrée le 18 novembre de la même année.

CHAUDENAY.

Chaudenay, en latin *Caldenacus* ou *Caldenacum*, est un village ancien. « Les médailles et les briques romaines que l'on y trouve souvent, font supposer qu'il existait déjà au temps des Romains. Il devait être situé sur la voie romaine qui allait de Langres à Bâle. Les nombreuses traces de constructions que l'on découvre sur son territoire, surtout au sud du village,

---

(1) Notre-Seigneur Jésus-Christ est à la fois le roi de la terre et du ciel, celui par qui toutes choses ont été créées et restaurées. Le sacerdoce qu'il a établi, après avoir versé les bénédictions plus hautes qui se rapportent à l'ordre de la grâce, tient encore en réserve dans ses mains les bénédictions qui se rapportent à l'ordre de la nature.

pourraient faire croire qu'il était autrefois plus considérable, ou qu'il a changé de place après avoir été ruiné par les guerres (1). »

On lit dans une charte de Louis-le-Débonnaire, donnée à Langres le 19 août 834, que l'évêque Albéric avait une propriété à Chaudenay, *in Caldenaco coloniam uñam*.

Il y a dans l'église de Chaudenay deux tombes du xive siècle. Sur l'une est gravé un chevalier couvert de son armure. Elle est entourée de l'inscription suivante :

Cy : git : messire... Audenay : chevalier : qui : trespassa : lou : jour : de : l'an : neuf : l'an : de : grâce : mil : CCC : et neuf.

Sur l'autre tombe on voit une châtelaine et cette légende :

Ci : git : la : dame : Marguerite : de Saint : Berain : qui : fut : fame : de : mon : seigneur : de : Chaudenay : chevalier : qui : trespassa : lou : jour : de : la : feste : Dieu : l'an : de : grâce : M : CCC : XX : et : sis : Diex : en : hait : la : garde.

On voit un Guy de Chaudenay, abbé de Theuley, vers l'an 1350. Chaudenay appartenait, en 1370, à Guillaume de Chaudenay, marié à Guillemette d'Aprey. Guillaume de Saint-Martin reprit de fief de l'évêque de Langres son château de Chaudenay, le 6 juillet 1400, et mourut, en 1404, sans enfants. Chaudenay passa alors par héritage à Aubry de Montormentier, qui fit hommage de ses terres de Chaudenay et de Rosoy, en 1412, le jour de la saint Martin, au cardinal Louis de Bar, évêque de Langres. Jean de Montormentier, fils d'Aubry, reprit aussi de fief Chaudenay des évêques de Langres, en 1445, 1453 et 1456. Jean eut pour fils Jean II de Montormentier, qui fut seigneur de Chaudenay et de Rosoy ; il épousa Claude de Cussigny, en 1455,

---

(1) Recherches historiques et statistiques sur les principales communes de l'arrondissement de Langres.

et fit hommage à l'évêque de Langres, en 1461. Il eut deux filles, Hélène et Sidoine, entre lesquelles fut partagé le village de Chaudenay. Hélène épousa Philippe de Pointes, dit de Juvigny, et Sidoine fut mariée, en 1482, à Gilbert de Karendefez ou Carendefaix. Ce dernier eut trois enfants, savoir : Jean, Bertrand et Catherine. Jean eut en partage ce que son père avait à Chaudenay. Cette propriété resta dans sa famille jusque vers l'an 1675, où Gasparde de Karendefez l'apporta en mariage à Charles-Luc de Froment, fils de noble André de Froment et de Catherine de Sertieux, chevalier, seigneur de Bize. Il paraît que Gasparde avait des frères, car on voit, en 1678, Jean-Baptiste de Carendefez, écuyer, aussi seigneur de Chaudenay, et Charles de Carendefez, écuyer, seigneur de Mont-Saint-Léger. Charles-Luc et Gasparde eurent plusieurs enfants, dont quelques-uns moururent jeunes. Nous citerons seulement François de Froment, écuyer, capitaine de cavalerie dans le régiment de Mgr. le duc d'Orléans, et Hubert de Froment, officier au même régiment.

D'après le P. Vignier, une autre partie de la seigneurie appartenait à la famille de Pointes (1). Jean de Pointes, seigneur de Chaudenay, marié en secondes noces à Jacqueline de Juvigny (2), mourut en Flandres, au service du duc de Bourgogne, en 1463. Son fils, Philippe, épousa Hélène de Montormentier, alla avec Charles-le-Téméraire au malheureux siége de Nancy, où il perdit ses équipages, mourut en 1490, et fut enterré dans la chapelle des seigneurs de Chaudenay. La seigneurie passa à son fils nommé François et marié à Anne de Montarby, qui lui donna deux fils, Antoine et Nicolas. Le puîné fut page en la maison de Guise et nommé gouverneur de Joinville, où il mou-

---

(1) Ses armes étaient : *d'or à six lions de sable armés et lampassés de gueule.*

(2) Les armes de Juvigny étaient : *furelé d'or et de sable de douze pièces.*

rut. Son corps fut apporté à Chaudenay, comme il l'avait ordonné. Antoine épousa Marguerite de Chézeaux, fille d'Odo, seigneur d'Anrosey. Il mourut assez jeune, à Bar-le-Duc, et fut inhumé en l'église collégiale de Saint-Pierre de cette ville dans la chapelle Sainte-Anne. François de Pointes eut la garde noble de ses petits enfants, Antoine II et Claude, et donna, en 1541, la déclaration de leurs terres d'Anrosey, relevant de Laferté et de Pisseloup, mouvant du roi à cause de son château de Coiffy. Claude eut l'honneur d'être page de l'écurie du roi Charles IX, et fut tué d'un coup de pied de cheval. Antoine II, qualifié seigneur d'Anrosey, de Pisseloup et de Chaudenay en partie, épousa Marie de Cousin, dont il eut trois fils et une fille, savoir : Réné, François, Jean et Judith. Judith embrassa la vie religieuse au monastère de Sainte-Hoïlde près Bar-le-Duc. Jean mourut sans postérité. François, seigneur d'Anrosey, épousa Christine d'Avrillot. Réné, seigneur de Chaudenay, etc., fut marié, en 1589, à Nicole de Grilly, dame de Blondefontaine, fille de Pierre de Grilly, chevalier, seigneur de Villars-Saint-Marcellin, et de Gabrielle de Saint-Cry. Il mourut à Blondefontaine en 1595, et l'on transporta son corps à Chaudenay, au tombeau de ses ancêtres. Ses enfants, au nombre de cinq, demeurèrent sous la tutelle de leur grand'mère paternelle. L'aîné, qui s'appelait Réné, seigneur de Chaudenay et d'Anrosey, après avoir été page du comte de Vaudémont, épousa Marie de Bermon, dont il eut plusieurs enfants.

Il y avait à Chaudenay un château-fort, dont il existait encore trois tours au milieu du siècle dernier. Deux de ces tours, de forme carrée et éloignées à peu près de cent cinquante pieds l'une de l'autre, étaient situées à l'extrémité de la montagne, du côté de l'est. La troisième, plus à l'ouest, était demi-circulaire, très-élevée, recouverte d'un toit en pointe, et touchait par son côté plat au château qui existe aujourd'hui. Il y avait probablement une quatrième tour et des galeries qui leur servaient de communication et formaient une enceinte. Maintenant on ne voit plus aucune trace du château-fort; la tour demi-circulaire, qui fut la dernière détruite, n'existe plus depuis soixante ans. Une partie de la construction actuelle remonte à Charles-Luc de Froment; le reste est plus ancien. On y voit encore les armes des Froment, des Karendefez et de Juvigny. Ce château passa dans la famille Profillet de Dardenay; le marquis de la Coste, gendre de M. Profillet, en était propriétaire avant la révolution. Depuis, il fut acheté par M. Pistollet. Un autre fief appartenait à Madame d'Hémery.

Le village, quoique situé au milieu du bailliage de Langres, dépendait cependant de la prévôté de Nogent-le-Roi et du bailliage de Chaumont. Ainsi, pour aller plaider dans cette dernière ville, les habitants étaient obligés de passer par Langres.

Sous le rapport religieux, Chaudenay faisait partie du diocèse de Langres et du doyenné du Moge. Après avoir été une cure, il devint une succursale dépendant de la paroisse de Corgirnon et fut desservi par un vicaire.

Il y avait dans l'église une petite chapelle dédiée à la sainte Vierge, formant un bénéfice particulier, dont la collation appartenait aux seigneurs du lieu, alternativement.

L'église, placée sous le vocable de saint André, apôtre, a été érigée en chapelle vicariale le 8 août 1842, et en succursale, le 30 janvier 1845. Elle a été reconstruite en 1853, sur les dessins de M. Péchinet, architecte à Langres, et consacrée le 25 octobre 1854. Elle offre l'une des meilleures imitations de l'architecture du moyen-âge qui aient été faites dans notre pays. L'autel, orné de dorures et de peintures par M. Ménissier, peut êtré cité comme un modèle.

CORGIRNON.

Ce nom, qui était jadis Corgyrenon, Courgirnon, Corgerenon et Curigeneron, vient probablement du latin *Curtis Gregorii*, métairie ou ferme de Grégoire.

On ne trouve sur le territoire aucune antiquité. Il y a seulement deux mares d'où l'on a tiré des bois de charpente.

Le village s'est formé, très-probablement, sous l'épiscopat et par les soins de saint Grégoire, qui occupa le siége de Langres de l'an 506 à l'an 540. Depuis cette époque, il n'a pas cessé d'appartenir à l'évêché, ou au Chapitre.

Louis-le-Débonnaire, par une charte donnée à Langres le 14 des calendes de septembre, l'an 21 de son empire, indiction XII (19 août 834), confirma les donations que l'évêque Albéric avait faites aux chanoines de sa cathédrale, mentionnant, entre autres choses, *in eodem pago* (Lingonensi) *villam quœ dicitur Curtis Gregorii sub omni integritate et in Caldenaco coloniam unam.* Cette charte fut confirmée par une autre de Charles-le-Chauve, donnée *in Verno Palatio* le 17 septembre 854.

Au XIII⁰ siècle, l'évêque de Langres était le seigneur féodal de ce village; car, en 1278, on lui compta cent quarante-quatre livres pour la reconnaissance du fief de Corgirnon. Vers la fin de l'an 1296, Gauthier, seigneur de Rosoy, reprit de Jean I⁰ʳ de Rochefort, qui venait de prendre possession de l'évêché, la sixième partie de Corgirnon. Dans un dénombrement, présenté à la Chambre des Comptes le 23 février 1465, l'évêque Guy Bernard déclara qu'on tenait de lui le *chastel* de ce village (1).

---

(1) En 1487, messire Jean d'Amboise acheta la terre de Corgirnon; mais, l'année suivante, elle fut revendue au Chapitre de Langres.

On trouve, en 1527, vénérable et scientifique personne messire *Jehan* Benne, chanoine de l'église Saint-Mammès, seigneur pensionnaire dudit *Corgerenon*, et *Jehan du Fayl*, écuyer, seigneur du *Paulthey*, capitaine audit lieu pour le sieur Benne.

Lors de la guerre de Franche-Comté, le château de Corgirnon était du nombre de ceux que le roi avait donné ordre de défendre. Nous ne savons si on y plaça une garnison. Ce qu'il y a de certain, c'est que les ennemis pillèrent plusieurs fois le village sans éprouver de résistance.

En 1678, il y avait sur le territoire une chapelle dédiée à saint Nicolas. Elle dépendait de M. le commandeur de Saint-Nicolas.

La seigneurie était divisée en trois fiefs parfaitement distincts. Un tiers appartenait à la maison de Dardenay, qui possédait le château situé au *Jardin de la Cour,* lequel fut détruit longtemps avant la révolution. Un autre tiers appartenait à la famille Plubel. Richard Plubel, fils du seigneur de Grenant et de Saulles, marié le 22 octobre 1726 à demoiselle Didière-Marguerite Levasseur, était seigneur en partie de Corgirnon. Il eut, plus tard, pour héritier M. de Chambrullard, allié à sa famille, qui possédait le château actuel, acheté par M. Besancenet après la révolution. Enfin le Chapitre de Langres possédait le troisième fief avec les bois qui appartiennent aujourd'hui à l'Etat. Il y avait une justice particulière. Son habitation seigneuriale était la maison *Hutinet.* En 1787, on voit le registre des délibérations municipales paraphé par Jean Mutel, prêtre, bachelier de Sorbonne, archidiacre du Barrois, chanoine de l'église et chapitre de Langres, seigneur de cette paroisse. Il y avait alors 98 feux.

Un autre chanoine, M. Deton, était, en 1790, titulaire d'une chapelle de Saint-Jérôme, à laquelle étaient attachées une maison et des propriétés qui rapportaient annuellement deux cent vingt livres.

A l'époque de la révolution, la cure était une des plus riches du diocèse en biens fonds. Mais les autres revenus n'étaient pas considérables. Ainsi le curé n'avait que la septième partie des dîmes avec les fruits de quelques novales ou terres récemment cultivées. Il payait trois cent-cinquante francs à son vicaire pour la desserte de Chaudenay. Il était chargé des réparations du chœur de l'église pour un sixième, et de l'entretien du presbytère et de ses dépendances. Sa nomination appartenait à Mgr. l'Evêque. La paroisse, qui a pour patron saint Léger, faisait partie du doyenné du Moge.

Quand on vendit les biens seigneuriaux, les habitants de Corgirnon achetèrent ceux de M. de Chambrullard, émigré. A son retour, on lui en rendit une partie au prix d'acquisition. En reconnaissance de ce désintéressement, M. de Chambrullard donna à la commune ces mêmes biens pour fonder un établissement de sœurs.

Corgirnon n'est distant que d'un quart de lieue de la route de Paris à Bâle. Il est situé au commencement d'un vallon et couvre plusieurs coteaux. Il y a une maison commune et une cure récemment construites, et l'on va faire une église nouvelle en rapport avec les besoins de la population.

Le territoire produit du blé en abondance. Les habitants sont agriculteurs et horticulteurs. Ils sèment beaucoup de choux et de betteraves, dont la vente, au mois de mai, leur rapporte quinze mille francs. Les légumes et les fruits se débitent aux marchés de Langres, de Fayl-Billot et de Bussières.

Il y a une fabrique de poterie commune dans laquelle on emploie une très-bonne argile prise sur le territoire.

Jean-Nicolas Chameroy naquit à Corgirnon, le 16 octobre 1789, d'une famille où la piété était héréditaire. Il fit ses premières études à Langres sous la direction de M. l'abbé Baudot. Admis ensuite au séminaire de Troyes, il s'y distingua par ses talents et ses vertus naissantes. En 1811, il fut chargé d'enseigner la rhétorique au collége de cette ville, et il le fit avec beaucoup de succès. Au bout de quelques années, il quitta sa chaire et rentra au séminaire pour se préparer au sous-diaconat. Mais lors de l'invasion des alliés, il alla chercher un asile à Versailles chez un de ses amis. En 1815, il entra au séminaire Saint-Sulpice de Paris, et fut reçu dans la Compagnie.

Ordonné prêtre, le 8 juin 1816, il fut envoyé comme directeur au séminaire de Viviers, où ses excellentes qualités lui concilièrent tous les cœurs. On le nomma, en 1823, supérieur du grand séminaire d'Avignon. Dans l'exercice de cette charge, il montra les vertus qui font le saint prêtre et les qualités d'un homme éminent. Il fut le restaurateur et comme le second fondateur de la célèbre maison de Saint-Charles, où le grand séminaire est rétabli. Le diocèse lui est redevable de la formation d'un second petit séminaire à la Sainte-Garde près Carpentras. Avec la confiance générale qu'il inspirait, il parvint à extirper du diocèse les dernières traces du schisme occasionné par la constitution civile du clergé. Il était à la fois le père et le modèle de ses élèves, l'ami de ses confrères, et la ressource assurée de tous les cœurs affligés qui venaient souvent chercher auprès de lui des consolations.

M. Chameroy avait toujours eu la poitrine délicate. Dans l'été de 1831, il tomba malade. Après plus de huit mois de souffrances supportées avec une patience à toute épreuve et une sérénité admirable, ce vertueux prêtre détaché de tout, mûr pour le ciel, expira doucement au milieu de ses collaborateurs et de ses élèves en larmes. C'était le 10 mai 1832 (1).

M. Chameroy avait obtenu, à Rome, une parcelle du bois de

---

(1) Notice sur Jean-Nicolas Chameroy, prêtre, supérieur du grand séminaire Saint-Charles d'Avignon, vicaire-général du diocèse, par M. Gossin, avocat. Paris, 1832.

la vraie croix et des reliques des douze apôtres. Il en fit don à l'église de Corgirnon.

FARINCOURT.

Ce village tire probablement son nom du latin *Farini Curtis*, ferme ou métairie de Farin.

On y a trouvé des fossiles ayant quelque analogie avec ceux de la grotte de Fouvent, principalement dans la *Caverne-des-Ours*. Le territoire était traversé par une chaussée romaine venant de Valleroy et se dirigeant sur la montagne qui s'élève entre Farincourt et Suaucourt. Mais rien ne prouve que le village soit ancien.

Nous le trouvons nommé pour la première fois dans un terrier de l'an 1490. Alors il relevait de la seigneurie de Fouvent, qui appartenait à Guillaume de Vergy, et les habitants étaient tenus de faire guet et garde au château de ce lieu; ils y avaient leurs postes assignés.

Au commencement du XVIIe siècle, Farincourt passa dans la famille des Girault. François Girault, chevalier et capitaine d'infanterie, fils de Jean Girault et de Claudette Maignen, était seigneur de Voncourt, Savigny et Farincourt. Il était marié à Jacquette Piot, fille de Claude Piot, secrétaire du roi, et de Marie Levasseur. Il mourut en 1670, laissant cinq enfants, savoir : Jean-Baptiste, écuyer, exempt des gardes du corps chez le roi, mort sans postérité; François, écuyer, capitaine de cavalerie, marié à Anne Girard, dont il ne laissa pas d'enfants; Marguerite, épouse de Thomas Petit, écuyer; Anne, épouse de Jérôme Véron, écuyer, lieutenant-général ducal; Louise, religieuse de l'ordre de la Visitation.

Après la mort de leurs beaux-frères, MM. Petit et Véron furent seuls seigneurs de Farincourt (1). A l'époque de la révolution, ce village appartenait à M. Véron de Farincourt, lieutenant-colonel au régiment de Guyenne, chevalier de Saint-Louis. Il avait deux enfants, un fils et une fille, mariée à M. Delecey de Changey. Son fils, Louis-Marie Véron, fut baron de Farincourt, grand'croix de Charles III d'Espagne, chevalier de Saint-Louis et de Saint-Maurice et Saint-Lazare de Sardaigne, commandeur de la Légion d'honneur et de Saint-Ferdinand d'Espagne, colonel de la garde royale, puis général de brigade. Son fils, M. Anatole Véron, baron de Farincourt, est sous-préfet de l'arrondissement de Sens (Yonne).

D'après un terrier de l'an 1699, on comptait alors dans ce village douze propriétaires. En 1717, il y avait déjà un maître de forges.

Farincourt dépendait de la cure de Gilley, et était desservi par un vicaire. Il ne fut érigé en succursale qu'après la révolution. L'église a été reconstruite en 1848.

M. de Tricornot, maire de Saulles et membre du conseil d'arrondissement pour le canton de Fayl-Billot, possède, à Farincourt, un haut-fourneau qui occupe une partie de la population. Il vient d'en augmenter l'importance par l'application d'une machine à vapeur. On exploite et on lave la mine à Farincourt, à Grenant et à Saulles. Il y a au-dessus de l'usine un vaste étang, et au bas un ruisseau qui s'engouffre à peu de distance du village et reparaît à Fouvent-le-Bas.

(1) Il paraît que la seigneurie était divisée en plusieurs fiefs, car les fils de M. Jérôme Véron prenaient les titres de Véron de Farincourt, Véron des Essarts et Véron de Pierre-Percée.

FRETTES.

Frettes, en latin *villa de Fretis*, est situé sur la route départementale de Champlitte à Bourbonne, et à peu de distance de la voie romaine de Langres à Besançon.

C'est un village ancien, dans lequel on a découvert, à diverses époques, des restes de différents âges. On cite, entre autres choses, un grand nombre de médailles romaines en bronze, dont la mieux conservée était de Trajan; une caisse remplie de vêtements, qui tombèrent en poudre au moment de la découverte; un petit bœuf de bronze d'environ huit pouces, trouvé à côté d'une colonne milliaire placée sur la voie romaine. Ce petit bœuf représentait le dieu Apis des Egyptiens; il fut envoyé à l'Intendant de Franche-Comté. On rencontre, au sud de la même voie, des débris de constructions attribués à un ancien couvent. Enfin l'on a trouvé, il y a plusieurs années, suspendu à un reste de muraille, un ancien fusil dont la batterie était différente de celle des fusils qui ont précédé ceux à piston (1).

Quelque temps après la fondation de Belmont, Robert de Frettes donna des propriétés à cette abbaye. En 1154, Humbert de Frettes exerça aussi sa munificence envers l'hôpital de Grosse-Sauve.

L'évêque Gauthier, qui occupa le siége de Langres de l'an 1163 à l'an 1179, donna au monastère de Belmont l'église de Frettes pour la posséder à perpétuité. Dès lors le droit de présentation à la cure appartint à l'abbesse.

Dès le commencement du XIIIe siècle, il y avait des vignes

---

(1) M. Renaut, curé de Frettes, mort il y a environ douze ans, avait recueilli plusieurs antiquités trouvées sur le territoire. Il possédait un certain nombre de médailles romaines.

sur ce territoire. En 1231 et 1258, les sires de Fouvent cédèrent à l'abbaye de Belmont une partie des dîmes qu'ils y percevaient. Il est fait mention de Pierrecourt, de Frettes, etc. dans un acte de 1282 donné par Jean de Vergy, qui y prélevait des dîmes.

Une sentence rendue en 1489 par Guy Gardillet, doyen, condamna Girard Gevrey, curé de Frettes, à donner à l'avenir à l'abbaye de Belmont toutes les oblations faites à l'église de sa paroisse.

Pierre de Sacquenay était seigneur de Frettes en 1617.

En 1636, le village fut pillé et ruiné par l'armée de Galas.

Le 24 mai 1647, Monseigneur l'évêque de Langres ouvrit la capse des reliques de saint Didier pour en donner à une église d'Avignon, et, en même temps, il en fit présent d'une parcelle à M. Petit, seigneur de Frettes, pour l'église de ce lieu (1); le tout du consentement de MM. les confrères dudit saint Didier.

Il y avait dans cette église une chapelle de saint Nicolas et de sainte Barbe, formant un bénéfice particulier, dont la collation appartenait à la famille Petitot. Elle avait été fondée par Jacques Petitot, de Genevrières, demeurant à Frettes.

Le 13 avril 1746, Mgr. l'évêque leva pour six mois l'interdit qu'il avait mis sur l'église, à cause de la diligence des Frettois pour se procurer les fonds nécessaires à la réparation de la nef.

Au XVIIe siècle les habitants payaient 355 livres de tailles.

« Frettes, dit le P. Vignier, a longtemps fait le titre de quelques gentilshommes qui n'avaient point d'autres terres que celle-là. MM. Petit, de Langres, l'ont possédée longtemps. » Elle passa ensuite dans la famille Fourel, qui prit le nom de Fourel de Frettes.

---

(1) On en donna également à l'église d'Hortes.

En 1768, les dîmes se partageaient ainsi : l'abbesse de Belmont en avait les deux cinquièmes, le Chapitre de Langres les deux cinquièmes, et le prieur de Grandcourt un cinquième. Le curé avait accepté la portion congrue fixée à 500 livres.

Le village était du diocèse de Langres et du doyenné de Pierrefaite. Il faisait partie du bailliage de Langres et de la province de Champagne.

Il y a une église romane à trois nefs, bâtie en 1831, et dédiée, comme l'ancienne, à saint Didier, évêque de Langres.

Presbytère nouvellement construit.

GENEVRIÈRES.

Genevrières signifie un lieu planté de genévriers. Cet arbrisseau croissait probablement en cet endroit lorsqu'il était encore inculte et couvert de bois. Divers noms de contrées, comme le *Breuil*, les *Varennes*, *Champ-Fayl*, les *Essarts*, indiquent des forêts défrichées et converties en prés et en terres labourables.

On dit que le territoire était traversé par une voie romaine allant du nord au sud, à peu près dans la direction de la route départementale actuelle. On y a trouvé une statue en pierre grossièrement sculptée et quelques vestiges de *tumuli* ou tombeaux.

Genevrières apparaît pour la première fois dans l'histoire au XIIe siècle. Peu de temps après la fondation de Belmont, Thierry et Ulric son frère donnèrent à cette abbaye tout ce qu'ils avaient à Bussières depuis les villages de Frettes et de Genevrières jusqu'à Corgirnon, *à villâ quæ dicitur Frettes et ab illâ villâ quæ dicitur Genevreres usque ad Curigeneron.*

En 1258, Henri de Vergy amortit aux moines de Beaulieu

une partie de la dîme d'Orbigny que leur avait accordée Guillaume de Genevrières, chevalier.

En 1312, Arnaud de Genevrières, *Arnaldus de Genebreriis*, était administrateur du bailliage ou du temporel de l'évêché de Langres.

Dans un terrier de la seigneurie de Fouvent, dressé en 1490, il est dit que Genevrières et Belfond ressortissaient du château de ce lieu, et y devaient faire le guet et la garde.

Parmi les châteaux que le roi avait donné ordre de défendre en 1636, était celui de Genevrières. La garnison soutint une attaque très-vive contre les Espagnols. Le seigneur de Genevrières, surnommé *Trestondan*, était du nombre des chevaliers qui s'emparèrent de Montreuil-sur-Saône, au mois de juin 1639. Le 1er mai 1643, le capitaine d'Yver, qui avait quitté assez lâchement le château de Ray, se retira au village et château de Genevrières.

« Le lundy 7 novembre 1649, dit Mâcheret, ensuitte des arrests de nos seigneurs du Parlement et du privé conseil l'on a commencé en ce lieu le premier marché pour estre continué à perpétuité le iour de lundy en ce lieu de Genevriesres et en outre deux foires par chacun an, la première le 1er jour de mars, et la seconde le vingt-sixiesme jour de juin, le tout pour la commodité, utilité et grand bien du public (1). » Ces foires et marché n'existent plus.

On établit dans ce village un bureau de traites foraines, en 1680.

Au XVIIe siècle, la seigneurie passa dans la maison des Girault. Antoine Girault, écuyer, fils de Jean Girault et de Claudette Maignen, était seigneur de Genevrières et de Belfond. Il épousa Cirette Monginot, fille de Prudent Monginot, écuyer, et

(1) Mss. fol. 116, recto.

de Gabrielle Tabourot. De ce mariage naquirent quatre enfants, savoir : Anne Girault, religieuse ursuline ; François Girault, chevalier, seigneur du Cray et de Malroy en Lorraine, mort en 1734; Marguerite Girault, appelée Mademoiselle de Genevrières, morte en 1732 ; et Gabriel Girault, seigneur de Genevrières et de Belfond, qui épousa Anne Heudelot de Montallon, et mourut en 1733. Il n'avait eu que deux enfants : Claudette, morte en 1729 sans être mariée, et Jean-Baptiste, écuyer, seigneur de Genevrières, qui épousa Marie Anne de Fauge, fille de François-Gabriel de Fauge (1), chevalier, baron de Fauge, officier d'infanterie, et de Henriette Ferrand. Jean-Baptiste Girault mourut un an après son mariage ; il avait eu un fils, nommé Gabriel, qui ne vécut que six semaines. Sa veuve épousa en secondes noces, en 1723, Claude-Joseph Girault, chevalier, seigneur de Vitry, Essey, Donnemarie, etc. Elle lui apporta la seigneurie de Genevrières et Belfond.

De cette alliance naquirent entre autres, Marguerite Girault, mariée, le 2 octobre 1741, à Jean-Baptiste Piétrequin, chevalier, seigneur de Mont et de Gilley ; Claude-Joseph Girault, chevalier, mousquetaire de la seconde compagnie du roi, officier de cavalerie dès l'an 1742, marié le 7 mars 1770 à Claudette-Adrienne André de Villeberny. Ils eurent quatre enfants, dont trois moururent sans postérité. L'autre, nommé comme son père Claude-Joseph, épousa, en 1803, Barbe-Philiberte-Rosine Piétrequin de Prangey. L'aîné de leurs fils, né le 21 octobre 1804, vit encore : c'est M. Girault de Prangey, artiste distingué, membre de plusieurs sociétés savantes. Il possède à Genevrières une belle propriété qu'il a rachetée des acquéreurs des biens nationaux.

---

(1) François-Gabriel de Fauge, né en 1671, était fils de Charles de Fauge, écuyer, seigneur de Charmoy, et de Marie de Montigny.

Le château seigneurial, situé à l'entrée du village, a été construit après la guerre de Franche-Comté. Il existe encore en partie. Il était peu élevé, mais entouré de fossés remplis d'eau. L'avenue, bordée de tilleuls, était fort agréable.

Le village fut plusieurs fois ruiné par des incendies; on en trouve des traces en remuant la surface du sol.

Il y avait une église dont le chœur, bâti en 1652, était entretenu par les seigneurs; la nef, plus récente, était à la charge des habitants. Avec les sommes fournies par la commune et la fabrique, et une souscription de vingt mille francs, on a construit, en 1847, une église en style ogival, qui fut consacrée en 1850. Elle est dédiée, comme l'ancienne, sous le vocable de saint Pancrace, patron de la paroisse.

A l'époque de la révolution, M. Colin, curé de Genevrières, légua à sa sœur une propriété devant servir à la création d'une école de filles. Cet établissement fut fondé, après la tourmente, par l'intermédiaire de M. Grandjean, alors curé de la paroisse, et confié aux premières élèves de M. Leclerc.

Belfond ou Belfont, *Bellus fundus, beau terrain,* ou *Bellus fons, Belle-Fontaine,* est un hameau peu éloigné de Genevrières et faisant partie de la paroisse et de la commune. On pense qu'il est plus ancien que le village; mais rien ne le prouve. Il y avait jadis une *motte* et *maison-forte.* Une partie de Belfond et de Genevrières relevait de la baronie et du château de Fayl-Billot. Au XVe siècle, François de Ray, seigneur de Laferté, possédait Belfond. Plusieurs membres de la famille dont nous avons parlé, portaient le nom de Girault de Belfond. Dans ce hameau s'élevait une chapelle dédiée à saint Sulpice; elle fut détruite au commencement de ce siècle.

Genevrières et Belfond faisaient partie de la province et généralité de Champagne et du bailliage de Langres. Il y avait une justice particulière. Sous le rapport religieux, ils dépendaient du diocèse de Langres et du doyenné de Fouvent. La nomination du curé appartenait à l'abbé de Bèze.

Ce village est dans une position agréable, sur la route départementale de Champlitte à Bourbonne. Son sol est excellent. Il est arrosé par un ruisseau qui va s'engouffrer à Tornay pour reparaître à Fouvent-le-Bas. Il y a quatre fontaines qui ne tarissent jamais. Les maisons sont assez bien bâties. Les habitants sont agriculteurs.

GILLEY.

On n'a trouvé à Gilley d'autres antiquités que des débris d'armes. L'origine de ce village est inconnue. Il existait au XIIe siècle ; car on voit figurer comme témoin d'un don fait à l'abbaye de Belmont, Guy, chapelain de Gilley, *Guido capellanus de Gilleio*.

En 1490, Gilley ressortissait de Fouvent. Les habitants étaient tenus au guet et à la garde du château de ce lieu ; ils y avaient des postes assignés.

La terre de Gilley appartenait, en 1570, à Robert Noirot, également seigneur de Savigny, maître des requêtes et conseiller d'Etat sous le roi Henri IV. Il avait épousé Madeleine Plubel. Leur fils, Claude Noirot, jurisconsulte distingué, fut auteur de plusieurs ouvrages (1).

Plus tard cette seigneurie passa dans la famille Piétrequin, où elle resta jusqu'à la révolution. Jean-Baptiste-Louis Piétrequin, fils de Philibert Piétrequin et de Bernarde Bouvot, était écuyer, seigneur de Gilley, Sacquenay, Montormentier et autres lieux. Il exerçait honorablement l'office de conseiller du roi et de lieutenant particulier au bailliage et siége présidial de

---

(1) Voir Annuaire de 1811, pag. 140.

Langres. Il vendit cette charge, et se retira à Gilley, où il répara par une sincère et édifiante piété les fautes de sa jeunesse. En 1700, il fit une donation au maître d'école à condition qu'il enseignerait gratuitement six enfants pauvres, et qu'il ferait ou ferait faire tous les jours à haute et intelligible voix les prières du matin et du soir, à l'église, avec ses écoliers, à une heure convenable pour que les paroissiens y pussent assister. En 1709, il fonda l'école des filles, et dota cet établissement de revenus suffisants. Il mourut en 1718, et fut inhumé à Langres dans l'église paroissiale de Saint-Pierre. Les ouvrages suivants sont le fruit de ses pieuses réflexions :

1° *Le Gentilhomme chrétien, ou Instructions pour la conduite d'un gentilhomme qui veut se sanctifier dans son état.* In-12. Langres 1710.

2° *Traité sur les procès, ou Réflexions sur les dangers d'offenser Dieu, dans lesquels s'engagent les plaideurs, avec des réflexions morales sur les devoirs les plus importants des juges.* In-12. Langres 1719.

3° *Entretiens de Théotime et d'Ariste, ou faux raisonnements des gens du monde sur leur conduite, détruits par les principes du bon sens et de la religion.* Langres, 1719.

4°. *Recueil de lettres instructives pour la conduite des curés et autres ecclésiastiques.* Langres, 1719.

5° *Courte méthode pour entendre saintement la messe.*

Jean-Baptiste-Pierre Piétrequin, fils de François-Nicolas Piétrequin, seigneur de Mont, ancien capitaine d'infanterie, et de Bernarde Piétrequin, né à Langres le 29 juin 1715, devint possesseur de la terre de Gilley. Il était qualifié chevalier, seigneur de Mont et de Gilley. En 1741, par contrat du 2 octobre, il épousa Marguerite Girault, fille de Claude-Joseph Girault, seigneur de Genevrières, Belfond, etc. Il passa la plus grande partie de sa vie à recueillir les documents qui pouvaient servir à l'histoire du diocèse de Langres. Il mourut dans cette ville, le 15 juillet 1776.

Gilley relevait du duché-pairie de Langres, et les seigneurs en faisaient hommage à l'évêque.

Le château bâti par les Piétrequin existe encore. Il n'était pas fortifié. Il y avait, au bas du jardin de la cure, un autre château, dont on voyait encore des tourelles il y a vingt-cinq ans. Aujourd'hui il n'en reste plus de traces.

Avant la révolution, Gilley dépendait du doyenné de Fouvent, et plusieurs curés eurent la qualité de doyen; car ce titre n'appartenait pas nécessairement au curé du chef-lieu. A l'église de la paroisse, dédiée à saint Brice, étaient annexées celles de Farincourt et de Valleroy. Les morts de cette dernière localité étaient enterrés au cimetière de Gilley.

L'ancienne église, qui ne se composait que d'une nef et de deux chapelles, datant de l'an 1632, fut reconstruite en 1852, d'après les plans de M. Péchinet. On a fait de la chapelle Saint-François-Xavier une sacristie, et l'on a conservé le clocher en lui donnant un portail et une grande fenêtre en style ogival; cela ne produit pas un bon effet.

Jean de Gilley, seigneur de Marnoz, fut capitaine de Salins, maître des œuvres de cette ville, puis ambassadeur de Charles-Quint en Suisse. Il se distingua par plusieurs publications latines qui sont devenues très-rares. Il mourut en 1591.

GRENANT (1).

Grenant est un village ancien, traversé par la voie romaine de Langres à Besançon. Les nombreuses antiquités qu'on y a

---

(1) Presque tous les documents qui composent cette Notice ont été puisés

découvertes font croire que les Romains y avaient établi une station ou un retranchement. On voit cà et là sur le territoire des débris de tuiles à rebord et de vases funéraires. On y a rencontré des médailles de bronze avec ces inscriptions : *Commodus augustus. Marcus ulpius. Trajanus imperator. Antonius pius. Antonia augusta. Maximianus aug.. Lucilla aug.. Vitellius Cæsar aug. imperator;* et deux pièces d'or portant des têtes couronnées. Sur la première on lisait distinctement, d'un côté : *T. F. L. Vespasian. Cæs. III;* de l'autre : *Juventuti.* La seconde, trouvée en 1845, porte : *Cl. Tiber. Nero Cæs. Augustus III,* et au revers : *Genio imp.* En 1844, quand on construisait la fontaine publique située au bas de l'église, on a découvert, dans un carré de dix mètres, plusieurs cercueils de pierre très-bien conservés, une dixaine de squelettes humains gisant entre des pierres placées de champ et couvertes par d'autres superposées, enfin deux sabres qu'on a reconnu être des armes romaines.

Quelques années après la fondation de Belmont, Godefroy de Rochetaillée, évêque de Langres, donna à cette abbaye l'église de Grenant, en présence de Velfrid, chapelain de Grenant; Hubert, chapelain de Bussières; Pierre de Belfond et Durand de Poinson. Cette donation est mentionnée au bas de la bulle du pape Eugène III, reproduite plus haut. Vers le même temps on rencontre Arnaud et Hubert de Grenant; c'étaient sans doute les seigneurs de ce village. En 1176, Ulric de Grenant, chevalier, donna aux Templiers de Genrupt ce qu'il avait à Voisey.

En 1426, Marguerite de Chauvirey, épouse de Jean de Choiseul, seigneur d'Aigremont et de Bussières, accorda aux habi-

---

dans une histoire manuscrite de Grenant, faite par M. Galissot, curé de cette paroisse.

tants de Grenant le droit d'usage dans la forêt de *Plemont* ou *Plainmont*.

A la fin du xve siècle, Grenant était compté parmi les villages appartenant à l'évêque et au chapitre de Langres, « esquels les ennemis du royaume ont esté logés et ont prins et emmenés prissonniers les bons hommes, tout le bestail et autres meubles, gasté tous leurs blés et autres grenes, et sont du tout gastés tant par lesdits ennemis que par les gens du roy, qui depuis y sont venus pour les rebouter et chasser. » Grenant relevait du château de Coublanc.

D'après un dénombrement du 8 juin 1619, Mgr. l'Evêque avait, à Grenant, haute, moyenne et basse justice, et un juge pour l'exercer. Il percevait cinq chopines de vin par chaque muid de dîmes. Il lui revenait cinq parts dans les amendes et une poule par an pour chaque feu. De plus, les autres seigneurs qui y avaient des propriétés lui devaient hommage; il était leur suzerain.

Une partie de la seigneurie passa dans la famille de Grammont par le mariage de Jeanne de Grenant avec Thibaud de Grammont, seigneur de Grammont et de Gésans. Ils eurent un fils, seigneur de Grenant et de Gésans, qui épousa N. de Montmartin. De ce mariage naquit Antoine de Grammont, seigneur de Grenant, marié à Jeanne de Cicon. Leur fils, François de Grammont, seigneur de Grenant, épousa Bonne de Meligny. Antoine de Grammont, seigneur de Grenant, marié d'abord à Anne de Chissey-Varanges et ensuite à Jacqueline Deschamps, eut pour enfants Jean et Françoise de Grammont qui moururent sans postérité. M. le marquis de Grammont, aujourd'hui député de la Haute-Saône, est un descendant de cette illustre famille, dont les armes sont : *d'azur à trois bustes de reines au visage de carnation coiffés et couronnés d'or.*

Voici ce qu'on raconte au sujet de François de Grammont,

seigneur de Grenant, Saulles, Coublanc, Dommarien, Cusey, Selongey, etc. Le 1er novembre 1579, il était à la chasse dans les bois de cette dernière localité, lorsqu'il fut tué par l'imprudence d'un de ses compagnons. Son corps fut apporté et inhumé dans la chapelle seigneuriale de Grenant (1). La pierre tumulaire, qui marquait le lieu de sa sépulture, fut donnée au musée de Langres en 1848.

La seigneurie passa de cette maison dans celle des Profilet. Christophe Profilet, qui vivait en 1720, eut un fils qui, resté célibataire, mourut en 1795, et trois filles, dont deux furent mariées. L'une épousa M. Détournelle de Prinsac, et l'autre M. Taulomaise de Prinsac, deux frères natifs de Conflans (Vosges), hommes d'une ancienne noblesse et officiers dans les armées du roi. Ils émigrèrent en 1794, et moururent sur la terre étrangère. Madame Détournelle n'eut point d'enfants. Madame de Taulomaise, morte en 1781, ne laissa qu'une fille. Elle fut mariée à M. Plivard de l'Etang de Saint-Michel, et mourut à Paris le 11 mai 1842. Ses héritiers partagèrent entre eux les biens qu'elle avait encore à Grenant.

Une autre partie de la seigneurie était possédée par la famille Plubel, dont un membre, Jean Plubel, était, en 1695, écuyer et conseiller du roi, et, en 1720, doyen des conseillers au bailliage de Langres, maire et lieutenant de la garde des clefs de cette ville. Il avait un frère qui était chanoine de la cathédrale, et plusieurs enfants, entre autres Richard et Henri. Richard, écuyer, épousa, à Corgirnon, en 1726, demoiselle Marguerite Levasseur, fille de noble François Levasseur, sieur de Valville, ancien officier des mousquetaires du roi. Henri, aussi écuyer, était, en 1733, seigneur en partie de Saulles et de Gre-

---

(1) Elle était dans l'emplacement de la chapelle actuelle de la sainte Vierge.

nant, et conseiller au bailliage et siége présidial de Langres.

Il y avait à Grenant, à côté de l'église, un château non fortifié. Détruit par un incendie en 1763, il fut reconstruit dans des proportions restreintes qui lui firent perdre son caractère; ce n'est plus qu'une maison bourgeoise.

S'il faut en croire la tradition, c'est sur la plaine qui s'étend entre Grenant et Coublanc qu'eut lieu, en 1636, la bataille dans laquelle le duc de Saxe-Weimar, allié de la France, tua huit cents hommes et prit quinze cents chevaux à l'armée impériale. Après cette défaite, les ennemis saccagèrent Grenant. Il n'y resta que douze maisons intactes. L'église avec tout ce qu'elle renfermait fut consumée par les flammes. Le 16 juillet 1639, des soldats de la garnison de Gray, après avoir brûlé quinze maisons à Heuilley-le-Grand, « et emmené tout le bestail et peuple qu'ils ont treuvé audict villaige, » pillèrent Piépape, Dommarien et Grenant.

L'église fut reconstruite, vers l'an 1640, sur le même emplacement. On la refit de nouveau en 1786, en laissant toutefois subsister le chœur et la tour. Cette tour, brisée par la foudre en 1793, fut démolie en 1823, et l'on en construisit une autre devant le portail. Un an après, la voûte s'écroula et fut remplacée par un plancher. Avant la révolution, le chœur et la tour étaient à la charge du chapitre de Langres, du curé de la paroisse et des seigneurs du lieu, codécimateurs, et la nef à celle des habitants. La nomination du curé appartenait à l'abbesse de Belmont. L'église est placée sous le vocable de saint Martin (11 novembre), patron de la paroisse.

Au sud-est du village, sur la montagne de la *Rochotte*, s'élève une chapelle dédiée à saint Germain. On y célèbre la sainte messe deux fois par an, aux Rogations et au jour de la fête du saint, 30 juillet. Jusqu'en 1840, on enterra derrière cette chapelle les enfants morts sans baptême.

Grenant faisait partie du doyenné de Fouvent, du diocèse de Langres, de la généralité de Champagne, du bailliage de Langres. Il ressortissait de la maîtrise de Sens, s'approvisionnait au grenier à sel de Montsaugeon, avait la coutume de Sens et la mesure de Langres.

En 1790, lors de la formation des départements, Grenant, compris dans le district de Langres, fut créé chef-lieu d'un canton qui renfermait les communes de Coublanc, Frettes, Grandchamp, Maâtz, Saulles et Seuchey.

Ce village est situé dans une vallée qu'arrose le Saulon. Il n'a, à proprement parler, qu'une rue longue de plus d'un kilomètre. La rivière le divise en deux parties qui se communiquent par un pont de pierre construit en 1741 et restauré en 1820. Les maisons sont couvertes en pierres plates vulgairement appelées laves, qu'on trouve sur le territoire.

Grenant est la patrie de M. Colin, prédicateur, curé de Genevrières, martyrisé à Paris en 1792.

Nicolas Colin naquit, le 12 décembre 1730, de Symphorien Colin et de Jeanne Rigoigne. Il n'avait que trois ans lorsqu'il perdit son père. Sa mère épousa en secondes noces Jean-Baptiste Daudanne, de Genevrières, où elle alla demeurer. Le jeune Colin fit ses humanités au collège de Langres et sa théologie au grand séminaire de cette ville. Après avoir reçu le sacerdoce, en 1755, il entra dans la congrégation des prêtres de l'Oratoire (1). Il se distingua par ses talents pour la chaire, notamment à Versailles, où il prêcha plusieurs fois devant la cour.

Il rentra ensuite dans le diocèse de Langres, et Mgr. de la Luzerne lui donna la cure de Genevrières et Belfond, en 1773. Il gouverna cette paroisse pendant près de vingt ans avec tout

---

(1) L'Annuaire de 1811 dit qu'il entra dans la congrégation de Saint-Lazare.

le zèle d'un pasteur éclairé et vertueux. A l'époque de la révolution, il fut nommé maire de Genevrières, président et électeur du canton de Bussières et administrateur du district de Langres.

Ayant refusé de prêter le serment schismatique à la constitution civile du clergé, il se vit forcé de sortir de Genevrières, le 3 novembre 1791. Il se rendit à Paris, où il fut arrêté et incarcéré dans la maison de Saint-Firmin. Le 3 septembre 1792, il apprit qu'il allait être sacrifié, avec les autres détenus, à la rage des impies. Convaincu de la justice de sa cause et animé d'une foi vive, il resta calme et résigné. Lorsqu'il vit entrer les bourreaux, il entonna d'une voix forte le *Te Deum* en actions de grâces de ce qu'il était trouvé digne de la couronne du martyre.

Entre autres écrits que M. Colin avait fait imprimer au sujet du serment demandé aux ecclésiastiques, on cite les *Adieux à ses paroissiens,* qu'on ne peut lire sans être attendri jusqu'aux larmes.

LES LOGES.

Ce village est situé sur une colline qui se termine à l'ouest par une pente très-rapide, au bas de laquelle coule le Saulon. Il tire sa dénomination des cabanes ou loges que des bûcherons y élevèrent pour exploiter les forêts qui couvraient le territoire. Plusieurs noms de contrées, comme les *Varennes*, le *Chanoy*, etc., indiquent des bois défrichés et convertis en terres labourables. Ce n'est certainement pas un village ancien. Néanmoins il y a quelques vestiges de l'époque romaine.

Une note fournie par M. Bigey, curé, et insérée dans l'Annuaire ecclésiastique de 1838, donne les détails suivants :

« Dans le lieu appelé le *Maiselot,* sur le chemin des Loges à

Torcenay, on trouve des débris de construction. On découvrit, il y a quelque temps, plusieurs caveaux encore solides; dans un de ces caveaux il y avait huit têtes de morts. On a aussi trouvé dans le même lieu plusieurs tombeaux, les uns en pierre, les autres en tuile. On a également trouvé des plaques de métal semblables à des médailles, à peu près de cinq ou six centimètres; mais elles étaient mangées par la rouille; on a encore découvert, dans le même terrain, du ciment, de la chaux, des pierres, et des morceaux de briques façonnés de toute manière. On prétend dans la commune que ces restes viennent d'un ancien château détruit par les Romains, et que l'on nomme encore aujourd'hui *Bourg-Sainte-Marie.*

» A la distance de quatre à cinq cents mètres à peu près de ce château, il existe quatre fossés séparés l'un de l'autre. Ces fossés ont chacun vingt mètres de long sur douze de large, et l'un d'eux a fait voir une entrée pratiquée du côté du château. Lorsqu'on l'a vidé, on a rencontré dans la terre des bois énormes, bruts et tout ronds. »

Sur la demande des habitants des Loges, de Courtauloin et de Montfricon (1), et du consentement de Guillaume Lepage, chanoine de Langres et maître de l'hôpital de Grosse-Sauve, l'église des Loges fut bâtie et érigée en église paroissiale en 1516, par l'évêque Michel Boudet, qui la plaça sous le vocable de saint Gaon, abbé (2). Vers l'an 1628, Mgr. Sébastien Zamet l'annexa à l'hôpital de Grosse-Sauve. En 1652, le pasteur de la paroisse s'intitulait curé des Loges et Grosse-Sauve. Il accepta la portion congrue.

Pendant la guerre de 1636, le village fut plusieurs fois pillé par les garnisons franc-comtoises.

---

(1) Noms de fermes dépendant de la commune des Loges.
(2) Le clocher fut reconstruit en 1828.

Grosse-Sauve. Grosse-Sauve ou Grosse-Saulve, en latin *Grossa sylva*, grande et épaisse forêt, est une ferme des Loges. Elle est située dans une position sauvage, au milieu d'une petite plaine entourée de bois, sur le bord d'une voie bien conservée, qu'on appelait jadis le *grand chemin de Langres à Rome*. On a découvert autrefois non loin de ce lieu, parmi des ruines d'anciens bâtiments, un cippe funéraire, renfermant deux figures sculptées en pied et sur lequel on lisait :

.VRIS. TEIUS. .M.

On y a trouvé aussi des cercueils en pierre sans inscriptions.

Les vainqueurs de la Gaule avaient fondé là une *mansio*. C'était leur principale station entre Langres et *Aumônières* (1). Sous le règne de Charlemagne, on y établit une maison hospitalière, qui fut restaurée et agrandie au commencement du xiie siècle. La partie de la chapelle qui subsiste encore, c'est-à-dire le chœur et une travée, semble remonter à cette époque. Alors le désir d'aller visiter les saints lieux s'était rallumé au cœur des chrétiens. De nombreux pèlerins se rendaient à Rome et à Jérusalem. Ils avaient besoin de trouver sur leur route des maisons où ils fussent logés et nourris. Or ils recevaient gratuitement dans les hôpitaux tout ce qui leur était nécessaire. Il y avait des religieux pour les servir. La charité des riches subvenait à l'entretien de ces établissements. Voici quelques-unes des donations faites à l'hôpital de Grosse-Sauve.

Le 7 avril 1120, l'évêque Joceran et le chapitre de Langres lui accordèrent une exemption de dîmes. Un seigneur de Coublanc lui fit, le même jour, don de la montagne *qui Fulcolus dicitur*. Ponce, seigneur de Laferté-sur-Amance, Renaut, son

---

(1) Hameau de Pierrecourt (Haute-Saône), qui était aussi, dans le principe, un gîte pour les soldats romains, et qui est devenu ensuite une maison hospitalière desservie par des religieux de Saint-Antoine de Viennois.

frère, et Thomas, son fils, chevaliers, donnèrent aux frères qui le desservaient à l'honneur de Dieu, de la sainte Vierge et de saint Nicolas, tout ce qu'ils possédaient dans les bois de Grosse-Sauve et dans le village de Seuchey, et tout ce qu'ils pourraient acquérir aux environs. Gislebert était alors maître et prieur de cet hôpital. L'acte est de l'an 1137. Il fut homologué par Robert, doyen des chanoines, et signé par Gosselin, Ponce et Garnier, archidiacres, en présence de plusieurs témoins, entre autres Thierry, seigneur de Ray, et Ulric, beau-frère dudit Thomas. Godefroy de Rochetaillée approuva cette donation vers l'an 1145. Les autres bienfaiteurs de cette maison furent les chevaliers Landry de Coublanc et Humbert de Frettes, en 1154; Gauthier de Bourgogne, évêque de Langres, et Regnier, seigneur de Bourbonne, vers l'an 1170; Garnier, évêque de Langres, en 1195; Guy, chevalier, seigneur du Pailly, en 1227; les trois frères Jean, Hugues et Aymon des Hormes, en 1280; Eudes, seigneur de Torcenay, en 1297, etc. Jean de Vergy, premier du nom, sénéchal de Bourgogne, seigneur de Fouvent, de Champlitte, de Fayl, etc., ratifia les bienfaits que ses ancêtres avaient concédés aux frères de Grosse-Sauve, et leur quitta les droits qu'il pouvait avoir en leurs vignes sises au finage de Champlitte, sauf celui de la justice et des dîmes.

Les frères hospitaliers de Grosse-Sauve (1) avaient acquis des biens à Montsaugeon et y avaient fondé un hospice. L'évêque Hugues de Montréal y donna son approbation sous condition qu'ils ne pourraient désormais faire en ce lieu aucune acquisition, sans avoir préalablement obtenu son consentement ou celui de ses successeurs. Peu après on réunit ces deux maisons, et cette réunion fut approuvée par le même prélat.

---

(1) Il y en a qui pensent que cette maison a été occupée quelque temps par les chevaliers du temple ou templiers.

En 1465, l'abbé de Grosse-Sauve devait à l'évêque des corvées de charroi.

Jean d'Amoncourt, d'abord prieur de Grosse-Sauve, ensuite évêque de Poitiers, mourut à Grosse-Sauve, le 7 août 1559.

En 1616, le sieur de Vannes s'était emparé du prieuré de Grosse-Sauve, et mettait à contribution les villages circonvoisins. Il fut mis en fuite par les paysans de la Montagne.

En 1625, Mgr. Zamet unit cet établissement, qui était très-riche, au séminaire de Langres, dirigé par les Pères de l'Oratoire de Jésus.

« Le sabmedy 23 septembre 1653, certains gentilshommes sont venus marquer leur place en cest hospital, et le dimanche lendemain 24 y ont entré par force le pistollet en la main et l'espée nue en l'autre, ont menassé de foitter le père qui estoit à l'autel disant la saincte messe, ont aussi arraché la barbe au frère Claude, emmené et faict emmener environ cent cordes de bois et faict plusieurs aultres violences (1). »

Les Oratoriens de Langres ayant adopté les principes de Jansénius, Mgr. de Montmorin leur ôta la direction du séminaire, en 1738, et la confia à des prêtres séculiers qui étaient à son choix et sous sa dépendance. Grosse-Sauve et la seigneurie des Loges restèrent à cet établissement jusqu'en 1790. Tous les bois que l'Etat possède à présent, et dont un porte le nom de *Bois-des-Pères*, appartenaient au séminaire. On dit que cette belle propriété rapportait annuellement 34,000 livres de rente.

A l'époque de la révolution, Grosse-Sauve, habitée par des fermiers, conservait quelque chose de son ancienne destination. On y faisait encore, au nom du séminaire, des distributions de pain et de vin non-seulement aux pauvres, mais aux voyageurs; c'est ce qu'on appelait la *passade*. On y célébrait encore la

---

(1) Mss. Mâcheret, folio 153, recto.

sainte messe. Un vieillard qui y a assisté nous montrait dernièrement l'endroit où était la sainte table, la place de l'autel et des statues de la sainte Vierge et de saint Nicolas, patron de la chapelle (1). Maintenant c'est un fenil et une écurie! La ferme avec tout ce qui en dépendait fut déclarée propriété nationale et vendue au profit de l'Etat.

POINSON-LES-FAYL.

Poinson, Poinsson et Poinçon, est appelé Poinson-les-Fayl à cause de sa proximité de Fayl-Billot, pour le distinguer des autres villages du même nom. Nous ne sachions pas qu'on y ait trouvé aucune antiquité. On pense qu'il passait à l'extrémité ouest du territoire, près des moulins du *Petit-Crot*, une branche de route romaine se dirigeant du côté de Frettes. Il y a aussi deux mares appelées l'une le *Marchais de la Cloche perdue*, l'autre le *Marchais d'Ailleau*. Une ancienne tradition veut que le village ait été bâti primitivement dans la contrée nommée *Poinsenot*, et qu'il ait changé de place par suite des guerres.

Poinson apparaît pour la première fois dans l'histoire vers l'an 1145. A cette époque on trouve un seigneur appelé Durand de Poinson, *Durannus de Poyssum*, témoin d'une donation faite à l'abbaye de Belmont. Un autre, Etienne de Poinson, *Stephanus de Poissons*, fit, en 1268, du bien au même établissement. La seigneurie appartenait en 1573 à Madame de Rie, et, en 1577, à M. de Chabot. Elle passa ensuite à M. André de Froment, seigneur de Bize, marié à Catherine de Sertieux (2).

(1) Ces deux statues en pierre, anciennes et sans mérite artistique, sont maintenant dans l'église des Loges.

(2) Cette famille était très-pieuse. Elle était affiliée à l'ordre des Chartreux, comme l'indique la lettre suivante :

« Frère Jean, prieur de Chartreuse et général de l'ordre des Chartreux, et

Pendant la guerre de Franche-Comté, Poinson eut beaucoup à souffrir. En 1636, les ennemis s'en étaient emparés, et Forkatz, qui commandait un corps de Croates, y avait établi son quartier-général. Situé sur la frontière de France, il se trouvait continuellement exposé aux incursions et au pillage des ennemis. En 1659, M. de Froment obtint du roi pour ce village une sauvegarde ainsi conçue :

« Le roi voulant exempter de tous logements et course de ses gens de guerre le village et paroisse de Poinçon en Bourgogne, proche de Langres, appartenant au sieur Froment, sergent de bataille ès-armées de Sa Majesté, ci-devant sergent à Landrecies, en considération de ses bons et fidèles services. Sa Majesté défend expressément à tous chefs et officiers commandant et

---

les deffiniteurs du chapitre général, à nos chers et bien aymés en Notre-Seigneur, noble André de Froment, escuier seigneur de Bize, dame Catherine de Sertieux sa femme. Charles-Luc de Froment leur fils et Isabeau de Froment leur fille, salut.

» Le secours que toutes les parties du monde s'entredonnent réciproquement ne contribue point davantage à leurs conservations que l'assistance mutuelle de ceux qui composent le corps mystique de Nostre Sauveur sert à les maintenir en sa grâce et les faire arriver à leur fin dernière : car Dieu qui est la charité mesme se plaist à cette union qu'il nous a tant recommandée et récompense de mutuelles bénédictions ceux qui en font un fidel uzage pour le bien de leur prochain : c'est pourquoy nous vous donnons bien volontier a la prière que nous en a faict le vénérable père dom Léon de Francqueville, prieur de la Chartreuse du Saint-Esprit de Lyon, la pleine et entière participation que vous désirés à toutes les messes, psalmodies, oraisons, jeûnes, veilles, abstinences, aumosnes et tels autres exercices de piété qui se font et, Dieu aydant, se feront dans toutes les maisons de nostre Ordre : Voulons qu'après vos décès que nous souhaittons estre heureux en suitte d'une longue et saincte vie, on ordonne dans nostre Chapitre général des messes et autres prières dans tout nostre dit Ordre pour le repos de vos âmes : cependant nous vous exhortons d'avoir toujours le cœur attaché au ciel parmi les richesses de la terre qui vous doibvent servir de moyen pour arriver à l'éternité bienheureuse.

» Donné en Chartreuse seant nostre Chapitre général le 26 may 1666. »

conduisant sesdits gens de guerre, tant de cheval que de pied, français et étrangers de loger ni souffrir qu'il soit logé aucun de ceux étant sous leur charge dans ledit village, si ce n'est par ordre et département exprès de Sa Majesté ou de ses lieutenants généraux, ni qu'il y soit pris, enlevé ou fourragé aucune chose à peine auxdits chefs et officiers désobéissants et aux soldats de la vie. A quoi Sa Majesté enjoint à tous prévost des maréchaux et autres juges de tenir la main, et permet audit sieur Froment de faire mettre et apposer les armoiries de Sa Majesté en tel endroit et advenues dudit village que bon lui semblera pour montrer comme il est en la protection et sauvegarde de Sa Majesté.

» Fait à Lyon le 8 décembre 1659.

» *Signé* : LOUIS.

» *Et au bas* : LETELLIER. »

Au commencement du xviiie siècle, la seigneurie de Poinson appartenait à M. Pierre-Désiré de Boitouzet, chevalier, marquis d'Ormenans, capitaine de dragons, seigneur de plusieurs villages. Il demeurait ordinairement à Coulans ou Courlan en Franche-Comté. Il fut longtemps en procès avec la commune au sujet des bois. En 1740, il vendit la terre de Poinson à François-Hubert Heudelot, écuyer, baron de Pressigny, qui en fit reprise et en donna un dénombrement le 7 mars de cette année. Il mourut en février 1744, et sa veuve Marie d'Aubert eut la tutelle de ses enfants. Leur fille Françoise, marquise de Saint-Simon, était, en 1757, dame de Poinson. Elle vendit cette propriété à M. Grisot, marié à une demoiselle Clerget, de Fayl-Billot. Ce fut le dernier seigneur.

Le château de Poinson existe encore. Il est situé au milieu du village, à côté du presbytère. Il n'a jamais été fortifié. Ces mots : la *Citadelle, Derrière la Citadelle, Derrière la Tour*, employés pour désigner les terres labourables qui sont au nord du village, n'indiquent rien autre chose que l'existence d'un colombier qu'on avait élevé à peu de distance du château.

L'église fut reconstruite en 1544, et érigée en église paroissiale par Mgr. Zamet, vers l'an 1621. Auparavant elle était annexée à Pressigny. Elle est placée sous le vocable de saint Martin. Il n'y a qu'une nef et deux chapelles formant transept : c'est la croix latine nettement représentée. Cet édifice dans son ensemble est regardé avec raison comme une belle église de campagne.

Le Pouillé de l'an 1745 fait mention d'une chapelle récemment érigée dans cette église en l'honneur de l'auguste Sacrement de l'Eucharistie. La collation de ce bénéfice appartenait à la famille des Chalochet et, après son extinction, au procureur de la confrérie du Très-Saint Sacrement.

Le village était du diocèse de Langres et du doyenné de Pierrefaite. Quoique enclavé dans la Champagne, il appartenait au duché de Bourgogne et ressortissait du bailliage de Dijon et de la subdélégation de Fayl-Billot. Il y avait une justice seigneuriale.

En vertu de lettres patentes données par Louis XIII au mois de novembre 1616, les habitants faisaient usage de sel blanc et le prenaient dans les salines du comté de Bourgogne.

Poinson est un pays de cultivateurs. Il y a aussi quelques vanniers.

Saint-Pérégrin. Il y a dans les bois de Poinson une ferme qu'on appelle Saint-Pérégrin. C'était un ermitage célèbre, dont on ne sait pas l'origine. L'histoire ecclésiastique fait mention d'un saint nommé Pérégrin, premier évêque d'Auxerre, envoyé en Gaule par le pape Sixte II, vers l'an 258. Il n'est pas probable que l'ermitage remonte à cette époque; mais on a pu le dédier à ce saint.

Voici ce qu'on a dit sur la formation de cet établissement. Au temps des Croisades, un jeune seigneur de Pressigny partit pour la Terre sainte. Dans un combat contre les infidèles il fut blessé et compté parmi les morts. Son épouse, se croyant veuve, contracta un second mariage. Quelques années après, le brave chevalier revint. Apprenant ce qui s'était passé, il prit la résolution d'embrasser la vie religieuse. Il bâtit une cabane au milieu de la forêt, y vécut en ermite, et fut appelé à cause de ses vertus *sanctus peregrinus*, le saint voyageur, le saint étranger ou *Saint-Pérégrin*. Quand il fut sur le point de mourir, il appela le seigneur et la dame de Pressigny, leur déclara qui il était, et leur fit promettre d'entretenir à perpétuité un ermitage en cet endroit.

Quelques-uns affirment que ce récit est purement imaginaire; d'autres prétendent que telle est la tradition. Quoi qu'il en soit, il y a dans l'église de Genevrières des reliques de saint Pérégrin qui paraissent authentiques.

Saint-Pérégrin était un des principaux ermitages du diocèse. En 1653, il était habité par un ancien serviteur du prince de Condé. Le 20 juillet de cette année, il y eut une réunion d'une partie de la noblesse du Bassigny, dans laquelle « estoient gens de très grande considération dans les emplois qu'ils ont eus cy devant (1). » A ce frère succéda un garde-chapelle, qui payait pour son loyer quatre livres de rente au curé de Poinson. Alors les fidèles du voisinage faisaient, à certains jours de l'année, des offrandes volontaires à la chapelle. Voilà tout ce qu'on peut

---

(1) Voir leurs noms au chapitre III de ce volume.

dire de Saint-Pérégrin avant 1670, époque de l'arrivée d'un personnage illustre, d'un pieux anachorète connu sous le nom de Jean-Jacques.

Jean-Jacques était fils naturel de Henri IV et de Jacqueline de Breuil, comtesse de Moret. Il avait une taille élevée, un air majestueux, un visage gai, des yeux vifs et brillants, des manières nobles et beaucoup d'esprit. Il savait quatre langues : le français, le latin, l'espagnol et l'italien. Il avait étudié et possédait très-bien la philosophie, la géographie et l'histoire. Il connaissait parfaitement le secret des fortifications, l'art d'assiéger les villes et la manière de ranger les armées en bataille. Ce fut le 1er septembre 1632, sous les murs de Castelnaudary, où Montmorency fut vaincu et fait prisonnier, qu'il forma la résolution de quitter l'état militaire et le monde. Après avoir sérieusement examiné le genre de vie de tous les ordres religieux, il embrassa celui des ermites de Saint-Jean-Baptiste (1), qui se rapprochaient le plus des premiers solitaires de l'église naissante.

Après avoir reçu l'habit religieux et le nom de Jean-Jacques, il demeura successivement en divers ermitages dans les diocèses de Vienne, du Puy, de Genève, de Lyon, alla visiter le saint suaire à Turin, passa en Italie, fit le pèlerinage de Rome et de Lorette, et puis se retira dans une forêt à quelques lieues de Venise. De là il revint en Lorraine occuper l'ermitage de Martemont, diocèse de Toul, qui était vacant. La guerre l'ayant obligé d'en sortir, il se réfugia dans l'ermitage de Doulevant-le-Châ-

(1) Cette congrégation avait été établie, vers l'an 1630, par frère Michel de Sainte-Sabine. C'était un prêtre fort pieux et d'une grande austérité, qui, ayant reçu de Dieu un zèle tout particulier pour la vie solitaire, entreprit de ramener les ermites de son temps à la perfection des anachorètes d'autrefois. Après beaucoup de voyages et de travaux, il publia une constitution en vingt-deux articles, et donna à sa réforme le nom de saint Jean-Baptiste qui le premier a habité les déserts.

Frère JEAN-JACQUES,
Supérieur des Ermites de St-Peregrin (1670-1676).

teau (1), dont le jardin était du diocèse de Langres, et la maison de celui de Toul. A peine y eût-il passé six mois, qu'il vit sa demeure assiégée par une foule de malades des deux sexes, infectés de lèpre et de gale, qui venaient boire et se laver à la fontaine voisine, dont les eaux minérales étaient estimées fort salutaires. Ce concours du peuple troublait la solitude de notre religieux; il prit le parti d'abandonner ce poste à des garde-chapelle (2). Il se transporta à l'ermitage de Saint-Quinefort au diocèse de Reims, où il tomba malade. M. Gontier, vicaire-général de Mgr. l'Evêque de Langres (3), députa vers lui deux solitaires pour l'engager à venir en Bourgogne, afin d'y former un noviciat capable de remplir de saints hommes les quatre-vingts ermitages du diocèse. Frère Jean-Jacques accepta l'invitation. Il avait à choisir entre ces nombreuses retraites; mais il aima mieux s'en créer une nouvelle. Il se fixa, vers l'an 1664, dans une caverne de la forêt d'Oisilly, près Mirebeau, où il pratiqua de grandes austérités. Le bruit d'une vie si extraordinaire se répandit bientôt, et plusieurs jeunes gens vinrent se ranger sous la conduite de ce saint vieillard. Il reçut, en peu de temps, treize novices qui tous persévérèrent dans leur vocation.

Mais les honneurs qu'on rendait à ses vertus alarmèrent son humilité. Pour vivre dans la solitude et être inconnu au monde,

---

(1) Chef-lieu de canton du département de la Haute-Marne.

(2) Les guerres alors si fréquentes obligeaient souvent les solitaires à quitter leurs retraites. Les ermitages demeuraient inhabités et leur mobilier exposé au pillage. Alors des pauvres demandaient aux évêques la permission de s'y établir pour n'avoir point de loyers à payer. C'était d'ailleurs un moyen de garder les meubles des religieux et d'empêcher la ruine de leurs maisons. Ils l'obtenaient facilement, à condition que, quand des ermites reviendraient, ils leur céderaient la place.

(3) M. Gontier, fils d'un conseiller au Parlement de Bourgogne, était un prêtre pieux et très-zélé. Sa maison servait de séminaire à Dijon pour préparer les jeunes ecclésiastiques aux saints ordres.

il forma le dessein d'aller en Espagne. Il se mit en chemin vers la fin de 1669, et gagna le royaume de Valence, résolu d'y passer le reste de ses jours. Les circonstances ne lui permirent pas de s'y établir. Peu de temps auparavant, un Français avait tué un grand d'Espagne, et tous les Français étaient devenus si odieux aux Espagnols, qu'ils n'en pouvaient souffrir aucun sur leurs terres. Jean-Jacques revint donc au diocèse de Langres. Cette fois il choisit pour le lieu de sa retraite l'ermitage de Saint-Pérégrin dans la paroisse de Poinson, et M. Gontier, grand-vicaire, l'en mit en possession par des lettres datées de 1670.

Avant de jeter les fondements spirituels de son ermitage, il construisit l'édifice matériel. Il répara de ses propres mains tous les vieux bâtiments qui tombaient en ruine, et en éleva de nouveaux. Il sépara par une grande cour l'appartement des ermites de celui des novices; car plusieurs jeunes gens se mirent sous sa direction. Il ne leur permettait point de relations avec le monde. Quand quelqu'un demandait à les voir, il répondait : « Vous voulez voir nos frères, mais nos frères ne veulent pas vous voir; vous voulez leur parler, mais ils ne vous répondront rien; ils sont morts, ils sont muets; je leur ai coupé la langue et les deux pieds; je ne leur ai laissé que les deux bras pour travailler. » Il était expressément défendu aux femmes et aux filles d'entrer dans l'ermitage, sous quelque prétexte que ce fût.

Quand quelques jeunes hommes se présentaient à lui pour être reçus au noviciat, il leur demandait cinq choses, savoir : 1° s'ils n'avaient point été repris en justice, et s'il n'y avait point contre eux de décret de prise de corps; 2° s'ils n'étaient point enrôlés dans les armées du roi ou déserteurs; 3° s'ils n'étaient point mariés, ou si étant veufs ils n'avaient point d'enfants qui eussent besoin d'eux pour gagner leur vie; 4° s'ils n'étaient point chargés de dettes, car dans ce cas il les obligeait à rester dans le monde pour les payer; 5° enfin s'ils n'avaient point quelques maladies incurables ou contagieuses. Lorsqu'ils avaient répondu à ces cinq questions, s'il jugeait à propos de les admettre, il attendait un ou deux mois avant de leur donner l'habit. Pendant ce temps-là il s'informait de la vérité de ce qu'ils lui avaient dit.

Quant aux qualités du corps, il exigeait que ceux qui se présentaient fussent jeunes, robustes, d'une forte complexion, accoutumés au travail et non sujets aux maladies.

Pour les qualités de l'âme, il voulait qu'ils eussent l'esprit solide, gai, ouvert, plein de candeur, simple et exempt d'inconstance et de légèreté, qu'ils aimassent la retraite et le silence.

Jamais il ne demandait à un postulant s'il avait de l'argent. « Tout le trésor que nous vous demandons, disait-il, c'est le trésor de l'Evangile qui est caché dans le fond de votre cœur, c'est-à-dire un grand désir de votre perfection; servez bien Dieu, et rien ne vous manquera. »

Si quelqu'un lui représentait qu'il n'avait rien à donner, pourvu qu'il eut les qualités requises, il lui disait en l'embrassant : « Vous, soyez le bien-venu, mon cher-frère; si vous n'avez rien, nous n'avons rien non plus; nous nous accorderons bien ensemble. »

Si quelqu'un voulait donner quelque chose en entrant, il l'acceptait en disant : « C'est pour vous et non pour moi que je prends cet argent, mon cher frère; nous l'emploierons à vous bâtir une cellule et à vous acheter un habit et des livres. »

En quatre ou cinq ans, il reçut plus de soixante novices, parmi lequels étaient les frères Macaire, Arsène et Dorothée, qui demeurèrent longtemps avec lui.

Ils avaient tous pour vêtement une robe descendant jusqu'aux talons et une ceinture de cuir à laquelle était suspendu un chapelet. Leur capuce était carré, fait en pointe, et le scapulaire de même longueur que la robe était attaché par dessus avec un manteau descendant jusqu'aux genoux. Le tout était de laine naturellement brune. Ils allaient pieds nus avec des sandales, et ne portaient un chapeau que quand ils faisaient voyage.

Mais plusieurs vagabonds, vêtus à peu près de la même manière, connaissant la grande estime qu'on avait dans le monde pour les ermites de Saint-Pérégrin, parcouraient les villages du Diocèse et faisaient des quêtes sous leur nom, afin d'obtenir par là plus de blé et d'argent. Comme ils menaient ensuite une vie fort scandaleuse, ils causaient une étrange confusion à frère Jean-Jacques. En voici un exemple : M. le marquis d'Ancre, seigneur de Laferté, avait entendu maintes fois M. Amyot, curé de Bussières et homme d'un grand mérite, dire toute sorte de bien de notre solitaire, et sur son récit, il souhaitait fort de le connaître. Un jour, un soi-disant ermite contrefit si bien l'air et les manières du Père, en allant à la quête chez le marquis, qu'il lui fit croire que c'était lui, de sorte qu'il en reçut beaucoup d'honnêtetés, et une grosse aumône. Ce misérable, ravi d'avoir réussi dans son hypocrisie, alla loger dans un cabaret du village de Laferté, où il dépensa à boire pendant deux ou trois jours la meilleure partie de sa quête. Par hasard, une servante du marquis vint un soir demander quelque chose à l'hôtellerie. Elle y rencontra l'ermite plein de vin et en fut fort scandalisée. Elle alla dire cette aventure à son maître, qui, outré de dépit d'avoir été ainsi attrapé, se rendit promptement à l'hôtellerie pour châtier cet insolent ; mais il avait déjà pris la fuite. Le lendemain, le marquis adressa des reproches au curé et lui dit qu'une autre fois il ne croirait pas si facilement aux saints qu'il canonisait ; que peu s'en était fallu qu'il n'eût maltraité son ermite à coups de bâton : puis il lui raconta l'histoire. Vous m'auriez fait grand plaisir de le battre, répliqua M. Amyot; je suis sûr que frère Jean-Jacques n'en aurait rien senti. Celui-ci ayant appris cette insigne fourberie, en fut pénétré de douleur. Il alla aussitôt trouver le marquis pour le désabuser et lui dit en l'abordant : « J'ai appris, Monsieur, qu'un bélître (1) a pris mon nom et mon habit pour vous surprendre ; je viens vous montrer mon visage et vous faire voir que je n'ai jamais été en votre paroisse. » Le marquis ayant reconnu l'imposture du faux ermite, fut bientôt persuadé de la vertu du véritable. Après quelques moments d'entretien, il s'efforça vainement de le retenir chez lui. Quand il fut parti, il fit porter trois charges de blé à son ermitage.

Plusieurs faits de cette nature déterminèrent Jean-Jacques à changer la couleur de son habit. Monseigneur de Simiane de Gordes, évêque de Langres, jugea cette réforme si nécessaire, qu'il commanda à tous les ermites de son diocèse de prendre le blanc à l'exemple des religieux du désert de sainte Sabine. Son ordonnance faite à Varennes, le 16 septembre 1687, fut mise à exécution à Saint-Pérégrin quelques années avant d'être publiée.

La manière dont le Père donnait l'habit à ses novices, était simple, mais édifiante. Quand le jour assigné pour la vêture était arrivé, il faisait demander à genoux l'habit au postulant, puis il récitait avec les frères le *Veni Creator*. Ensuite, il prenait le crucifix, le lui donnait à baiser, et le revêtant de la tunique, il lui disait : « Je vous donne, mon frère, cet habit, de l'autorité de Monseigneur notre Evêque, mais souvenez-vous qu'on ne vous le laissera qu'autant que vous serez fidèle à la pratique des règles de la vie solitaire. » Après l'avoir vêtu, il l'embrassait et changeait son nom du monde en celui de quelque

---

(1) De l'allemand Bettler, gueux, mendiant. Ici ce mot se prend dans le sens de coquin.

saint anachorète. « En vous donnant, disait-il, un nom nouveau, je ne vous ôte pas celui de votre baptême, vous devez toujours avoir une grande dévotion au saint que l'Eglise vous a donné pour patron ; vous prendrez celui-ci pour coadjuteur de l'autre, afin que tous deux ensemble vous conduisent dans les voies parfaites de la vie chrétienne. » Après cela, il lui coupait les cheveux ; c'était une marque de la juridiction qu'il avait sur lui. Il ne voulait pas que ses religieux fissent des vœux ni simples ni solennels. Si, le jour qu'il avait pris pour la vêture d'un novice, il se trouvait quelque étranger à l'ermitage, il en différait la cérémonie jusqu'au lendemain ; il ne permettait jamais aux personnes du dehors d'y assister. Sa maxime était qu'il ne faut pas commencer la vie érémitique par le commerce avec les gens du monde ; que rien n'est si capable de distraire un jeune homme qui renonce au siècle, que la vue des séculiers ; qu'il faut s'éloigner des occasions de parler aux créatures, quand le créateur nous fait la grâce de nous conduire, suivant sa promesse, dans la solitude pour parler à notre cœur.

Dans cette petite communauté le temps était distribué avec une précision admirable. Tous les exercices de la journée étaient fixés par un règlement que l'on observait avec la plus grande exactitude. Les religieux se levaient, en hiver, à quatre heures, et en été, au point du jour ; Jean-Jacques disait qu'il serait honteux pour un ermite que le soleil fût levé avant lui. Immédiatement après, ils allaient ensemble dans leur chapelle, faire la prière vocale et mentale qui durait cinq quarts d'heure, puis ils récitaient l'office de la Sainte Vierge, et entendaient la messe, s'ils avaient un prêtre pour la leur dire. Cela fait, ils allaient au travail. A dix heures, le déjeûner en commun, pendant lequel on faisait la lecture de quelque bon livre. Après ce repas, il y avait un quart-d'heure de récréation dans le jardin. A onze heures, les frères reprenaient leur travail, qui devait être interrompu depuis une heure jusqu'à une heure et demie par la lecture de la vie du saint du jour ou d'un autre livre de piété. A quatre heures et demie, ils récitaient les Vêpres et les Complies. A cinq heures, ils faisaient encore une demi-heure de méditation. A cinq heures et demie, le souper ou la collation, la lecture et la récréation comme au matin. Après cela, frère Jean-Jacques faisait une conférence, tantôt sur les vérités chrétiennes, tantôt sur les maximes des saints anachorètes. Dans ces entretiens familiers, il faisait parler ses novices, leur demandait leurs sentiments on leur faisait répéter ce qu'il avait dit. A huit heures, ils disaient le chapelet, faisaient l'examen de conscience, la prière du soir et la lecture du sujet de la méditation pour le lendemain. Ensuite chacun se retirait en silence dans sa cellule pour être couché à neuf heures au plus tard.

Outre les conférences que frère Jean-Jacques faisait chaque jour à ses novices par manière de récréation, il en donnait une plus sérieuse et plus longue tous les vendredis. Il parlait ordinairement de l'obligation qu'ont les ermites d'imiter la vie des saints solitaires. Et, comme il possédait presque tous les livres qui avaient rapport à cette matière et qu'il avait une mémoire admirable, il en racontait les plus beaux traits d'une manière si vive et si touchante qu'il faisait une grande impression sur le cœur de ses frères.

A Saint-Pérégrin, l'on ne se contentait pas des jeûnes prescrits par l'Eglise. On jeûnait encore tous les vendredis, l'Avent, la veille de toutes les fêtes de Notre-Seigneur, de Notre-Dame, des Apôtres et de plusieurs saints anachorètes, comme de saint Antoine, de saint Paul, de saint Hilarion, et de saint Pacôme. Frère Jean-Jacques honorait particulièrement ce dernier, et, à son imitation, il voulait toujours être portier de la maison ; il ne donnait cette charge à personne. En sa qualité de supérieur, il désirait savoir qui entrait dans son ermitage et qui en sortait.

Il s'appliqua de tout son pouvoir à occuper ceux qui étaient sous sa direction. Il leur fit apprendre des métiers, qui ne troublaient pas le repos et la paix de la solitude. Ses religieux faisaient des bas, des calottes, des bonnets de laine, de l'estame, des sangles, des housses, des paniers et des corbeilles d'osier, qui étaient très-délicatement travaillées (1), des images de la sainte Vierge, des crucifix, etc. Tous les jeudis un frère allait vendre une partie de ces ouvrages au marché de Fayl-Billot, d'où il rapportait à l'ermitage les provisions nécessaires pour la semaine ; ils donnaient les autres aux personnes qui leur faisaient visite. Ils ne sortaient guères que pour aller à la paroisse entendre la messe, les fêtes et dimanches.

« En vous donnant l'habit, disait le Père à ses novices, je vous ai coupé les cheveux ; mais je ne vous ai pas coupé les bras. Il ne faut plus avoir de volonté propre. Il faut travailler : je ne veux point de fainéants. » Quand l'un d'eux avait laissé un outil dans le jardin ou hors de la chambre du travail, lorsqu'il était prêt à se mettre à table, il lui disait : « J'ai tantôt trouvé tel outil dans le jardin : il est seul, allez lui tenir compagnie, vous dînerez demain et vous souperez ce soir. Il fallait que le frère demeurât en la place où il avait laissé cet outil, jusqu'à ce que le Père lui dît d'en sortir. « Nous sommes pauvres, ajoutait-il ; il faut, mes frères, que nos outils soient rangés, de peur qu'ils ne se gâtent, ou que nous ne perdions du temps à les chercher. C'est ainsi qu'il accoutumait ses ermites à l'ordre et au travail.

(1) La fabrique dont Fayl-Billot est le centre, semble ne pas remonter au-delà de cette époque. Nous trouvons des vanniers en 1688 pour la première fois. Il y a lieu de croire que ce sont les ermites de frère Jean-Jacques qui ont appris aux habitants à cultiver et à employer l'osier.

Il ne quêtait ordinairement qu'une fois par an et avec une permission expresse de Mgr. l'Evêque. Cette quête, qui durait huit jours, se faisait seulement dans les paroisses d'alentour; il ne s'éloignait pas de plus de trois lieues de Saint-Pérégrin, afin de ne point nuire aux ermites du voisinage et de n'être pas obligé de découcher. Quand il allait à la quête, c'était autant pour faire l'aumône aux pauvres que pour la demander aux riches; car lorsque des villageois lui disaient qu'ils n'avaient rien à lui donner : « Certes, répondait-il, puisque vous ne pouvez rien donner, vous avez donc besoin de recevoir; » et en même temps, il leur tirait de l'argent de sa poche et du blé de son sac. Les pauvres couraient après lui comme s'il eût été un grand seigneur.

Mais Jean-Jacques ne se contentait pas de faire l'aumône pour la nourriture des corps; il exerçait encore sa charité envers les âmes. Il allait enseigner les enfants dans les paroisses, d'après l'autorisation de M. Javernaut, grand-vicaire. Il apprenait à ses religieux la manière de bien faire le catéchisme, et le faisait lui-même en leur présence. Frère Arsène fut un de ceux qui profita le plus de ses leçons. Il ne savait ni grec ni latin : mais il retenait dans sa mémoire, et reproduisait avec un rare talent les instructions composées par le Père. « S'il mourait le premier, disait-il agréablement, je demeurerais muet, et je serais ignorant; car toute ma science est dans sa tête. »

La conduite de notre solitaire lui acquit tant d'estime et donna une si haute idée de ses vertus, qu'il fut élu visiteur général de tous les ermites du diocèse, dans un synode qu'ils tinrent en 1673. Monseigneur l'Evêque confirma son élection, le 14 août de la même année. L'obéissance lui fit accepter cette charge. Il allait tous les ans visiter les ermitages, demeurait deux ou trois jours en chacun pour instruire les frères, entendre leurs plaintes, corriger les abus. Il fit prendre l'habit blanc à plusieurs, et ramena parmi eux l'assiduité au travail, l'amour de l'oraison, de la retraite et du silence. En un mot, il fit pratiquer en tous ses points le règlement admirable que Monseigneur Simiane de Gordes publia en 1688 pour les ermites de son diocèse.

Cependant le bruit se répandit que frère Jean-Jacques était le comte de Moret, le fils de Henri IV. Alors il sollicita la permission de quitter Saint-Pérégrin, sous prétexte que la guerre de Franche-Comté qui désolait le pays, troublait sa solitude. Après avoir fait plusieurs instances, il reçut de l'Evêché la lettre suivante :

« Jean-Baptiste Javernaut, prêtre, chanoine et archidiacre en l'église cathédrale de Langres, vicaire-général de l'Illustrissime Louis-Marie-Armand de Simiane de Gordes, par la grâce de Dieu et du Saint-Siége apostolique, évêque duc de Langres, pair de France. A notre très-cher frère en Notre-Seigneur, Jean-Jacques demeurant en ce diocèse, en la solitude de Saint-Pérégrin, paroisse de Poinson, salut. Sur ce qui nous a été par vous exposé, qu'après avoir vécu en ce diocèse plusieurs années, en l'habit et en la profession de la vie hérémitique, et y avoir vêtu et élevé plusieurs frères sous l'autorité et le bon plaisir de mondit seigneur et de son prédécesseur, vous désiriez à présent vous retirer dans un autre diocèse pour y vivre encore dans une plus grande retraite, nous avons accordé à vous, dit frère Jean-Jacques, cette licence et le témoignage aussi avantageux qu'il peut être donné, pour avoir été très-satisfait de vos bonnes vie et mœurs, et tout le diocèse bien édifié de votre conduite.

Fait à Langres ce 22 avril 1676 sous le scel de mondit seigneur.

Signé : JAVERNAUT. »

Frère Jean-Jacques sortit donc du diocèse de Langres au mois de mai 1676, et se retira en Anjou. Là, il construisit l'ermitage des Gardelles, sur les terres de l'abbaye d'Asnières, dans la paroisse de Coudray-Macouard, diocèse d'Angers. Il y passa quinze ans dans la pratique de toutes les vertus des anciens anachorètes et dans les austérités de la pénitence. Enfin il rendit son âme à Dieu, la veille de Noël, 24 décembre 1691, et son corps fut inhumé dans la petite chapelle de l'ermitage, au milieu d'un grand concours de peuple, qui le vénérait comme un saint. Lorsque la nouvelle de sa mort fut parvenue à Langres, M. Carteron, vicaire-général de Mgr. l'Evêque et supérieur des ermites du diocèse, ordonna qu'on fît dans tous les ermitages les prières accoutumées pour les défunts.

En 1699, des brigands entrèrent à Saint-Pérégrin et massacrèrent deux ermites qui s'y trouvaient. Le supérieur général, qui était venu les visiter, fut grièvement blessé, et ne s'arracha qu'avec beaucoup de peine des mains des assassins.

A l'époque de la révolution, il y avait encore un pieux solitaire, frère Bouvier, né à Coiffy-le-Bas. On dit qu'il fut fort maltraité, et qu'on poussa la fureur jusqu'à lui couper la barbe avec une faucille. Il se retira à Poinson, où il mena une vie édifiante jusqu'à sa mort qui arriva en 1819.

Il existe encore une partie des bâtiments de Saint-Pérégrin; ils avaient été réparés au xviiie siècle. La chapelle primitive, taillée dans le roc, est bien conservée. La position de cet ermitage au milieu d'une forêt, loin du bruit du monde, convenait parfaitement à des religieux : tout les portait au recueillement et à la prière.

PRESSIGNY.

Pressigny, *Precigny* et *Pressigney,* est situé dans une plaine. On a trouvé au nord-est du village des traces d'une voie romaine se dirigeant vers le camp de Morey, auquel aboutissaient plusieurs chaussées. Mais rien ne prouve que Pressigny remonte au temps des vainqueurs de la Gaule.

Il existait au xiie siècle et avait pour seigneur Pierre de Pressigny. En 1268, il y avait un curé nommé Adam : *Adam, curatus de Pressigneio.* Ce prêtre fut témoin d'un acte rédigé par Armand, doyen de Pierrefaite, en faveur de l'abbaye de Belmont.

En 1273, Guillaume de Pressigny fit hommage de la seigneurie à l'évêque de Langres.

Avant le xvie siècle, la seigneurie appartenait à François de Racy ou de Ray, seigneur de Laferté, Belfont, etc. Anne de Racy ou de Ray, sa fille, qui en devint propriétaire, l'apporta en dot à Antoine de Choiseul, chevalier de l'ordre du roi, baron de Lanques et seigneur de Chamarandes. Il était fils de Philibert Ier, seigneur d'Aigremont, et de Louise de Juilly. Il mourut le 21 décembre 1569. La seigneurie passa à Nicolas de Choiseul, François de Choiseul, mort en 1582, et à Philippe de Choiseul, tous trois barons de Pressigny. Cette famille introduisit le protestantisme dans ce village.

Dès l'an 1563, on se réunissait à Chamarandes pour l'exercice du culte réformé. Les magistrats de Chaumont apprenaient avec effroi le progrès des doctrines nouvelles. Un jour, on leur dit qu'un prêche devait être tenu dans la maison seigneuriale. Ils prirent la résolution de l'empêcher, et donnèrent des ordres en conséquence.

« C'était le dimanche 4 mai 1572. A neuf heures du matin, un sergent à cheval suivi de quatre autres sergents et de quatre recors descendit à Chamarandes et alla frapper à la porte de la maison seigneuriale. Deux hommes qui se tenaient dans la basse-cour, armés d'épées et de dagues, se présentèrent au guichet. Sur la sommation qui leur fut faite, au nom du roi et de M. le bailli, d'ouvrir la porte, ils s'y refusèrent, disant que M. de Pressigny, chevalier de l'ordre du roi, qui habitait le château, était absent et que sa dame dînait avec ses amis. Alors le sergent, à haute voix et cri public, lut et signifia les inhibitions et défenses formulées par les magistrats de Chaumont et les laissa attachées à la porte. Le soir à deux heures, le même sergent retourna à Chamarandes. On sortait du prêche, et en présence d'une grande affluence de peuple, tant de Chaumont que des environs, de M. le chevalier de Choiseul, d'Anne de Choiseul, dame de Pressigny, du ministre et autres de la nouvelle religion, il renouvela ses inhibitions et défenses au nom du roi et de M. le bailli. Nous protestons, répondit maître Gousset (1); M. de Pressigny est absent, mais Madame a agi selon la volonté de son mari, en introduisant la religion réformée dans sa maison seigneuriale, où il a toute justice. Le ministre est M. Alexandre exerçant naguères au château de Reynel. Nous appelons de la sentence du bailli en faisant toutes prohibitions et réserves (2). »

La dame de Pressigny, qui avait toujours vécu dans la religion protestante, y mourut en 1602, et fut inhumée dans l'église de cette paroisse, malgré la résistance du curé et des catholiques. L'église était violée. Mgr. l'Evêque ne voulut pas la réconcilier avant que le corps n'en eût été tiré.

(1) C'était un Chaumontais.
(2) Histoire de Chaumont, pag. 104.

Pendant les troubles du royaume, occasionnés par la minorité de Louis XIII, Philippe de Choiseul fut du nombre des seigneurs qui se révoltèrent contre leur souverain. En 1616, le sieur de Tavannes alla loger avec ses troupes au prieuré de Varennes. Les barons de Clinchamp et de Courcelotte occupèrent Bize et les environs. Le sieur de Vannes s'empara du prieuré de Grosse-Sauve. Philippe de Choiseul se retrancha dans son château de Pressigny. De ces divers points sortaient des partisans qui mettaient les villages à contribution et ravageaient le Bassigny. Les maire et échevins de Langres en avertirent promptement le roi, qui leur ordonna de faire prendre les armes aux paysans de la montagne. Une partie de ceux-ci, soutenus par quelques cavaliers du baron de Rochefort, attaquèrent et firent prisonniers MM. de Clinchamp et de Courcelotte, qui furent conduits à Châtillon. En même temps, les autres se joignant à des recrues des sieurs de Saint-Aubin (1), de Forfelières et de Bologne, sous les ordres du baron de Francières, gouverneur de Langres, marchèrent sur Pressigny. Le château était occupé par les ennemis que commandaient les sieurs de Choiseul, de Guyonvelle et de Percey, « lesquels ayant avis de la sortie du canon quittèrent la place, laquelle néanmoins ne fut pas démolie par la débonnaireté du sieur de Francières, lequel se contenta seulement de la mettre en assurance pour le roi (2). »

Peu de temps après, la terre de Pressigny passa par acquisition dans la maison de Bologne, qui en fit reprise entre les mains de Mgr. l'Evêque. M. Jules de Bologne, descendant de l'ancienne famille italienne des Capizucchi, était né dans le comté de Nice. Le roi, après l'avoir naturalisé en 1595, lui

(1) Commandant à Montigny.
(2) Anastase de Lengres.

avait donné, l'année suivante, le gouvernement de Nogent-le-Roi. Jules avait épousé, en 1597, Antoinette Magnien, fille de Jean, décédé procureur général au bailliage de Chaumont, et de Marguerite Thomassin. Il était conseiller et maître d'hôtel ordinaire de la maison du roi, gouverneur de Nogent, seigneur du Plan, de Bonnecourt, d'Andilly, de Poiseul et de Pressigny. Il mourut en 1637, laissant ses seigneuries et le gouvernement de Nogent à son fils Claude.

En 1636, le major Lamboy, venant de Jussey avec un détachement de 4,000 chevaux, s'empara par surprise du château de Pressigny, où il trouva une grande quantité de munitions de guerre et plus de 50,000 mesures de froment qui furent vendues aux Comtois.

Pendant cette guerre de Franche-Comté, le village fut pillé, incendié et dépeuplé. En 1605, il était composé de 140 feux, et un siècle après la conclusion de la paix, il n'y en avait encore que 45.

« En 1644, le samedi 8 octobre, Marie Franquet fille nastive de Precigny et nourrie dès sa naissance dedans les erreurs du calvinisme abjura ladite religion prétendue réformée et fit profession de la foy catholique, apostolique et romaine en la paroisse de Saint-Pierre et Saint-Paul de Lengres, le tout avec une gravité et une modestie la non pareille. »

« Le mardi 4 avril 1645, le sieur de Ste.-Colombe, gentilhomme demeurant au chasteau de Presigny a abjuré sa prétendue religion avec une jeune damoiselle dudit lieu, et ensuite a espousé ladite damoiselle en la chapelle de la Maladière sous cette ville (de Langres), après dispense de trois bans et du St. temps de Caresme. »

En 1660, Samuel et Etienne Heudelot, écuyers, achetèrent ensemble cette seigneurie, et le 11 juin de l'année suivante, ils la reprirent de l'évêque de Langres, dont elle relevait.

Samuel étant mort, son frère fut seul seigneur de Pressigny.

Le 12 août 1686, il en fit hommage et en donna le dénombrement par procureur. François du Molinet (1), son fondé de pouvoir, se présenta devant le juge, le procureur fiscal et le greffier du domaine de l'évêché. « Il heurta par trois différentes fois intercalées à la porte du palais épiscopal, et appela à haute et intelligible voix Monseigneur l'Illustrissime et Révérendissime Louis-Marie-Armand de Simiane de Gordes, évêque duc de Langres, pair de France, et dit : Je vous viens au nom dudit sieur Heudelot seigneur de Pressigny, supplier, Monseigneur, de me vouloir recevoir pour lui aux devoirs, foi et hommage, et serment de fidélité qu'il est tenu de vous faire à cause de sadite terre et seigneurie de Pressigny et seul seigneur dudit lieu et de ses dépendances, accusé de votre dit duché de Langres et pairie de France. A quoi ledit procureur fiscal a dit que ledit seigneur duc n'est en son palais, et qu'il est actuellement en son abbaye de Varennes au détroit de son diocèse, et qu'il n'avait aucun pouvoir. A quoi ledit sieur Du Molinet pour ledit sieur Heudelot seigneur de Pressigny a répondu qu'il requiert acte de sa comparution, afin de satisfaire aux droits et devoirs, à quoi ledit sieur Heudelot peut être tenu, et ensuite il aurait prié et requis ledit seigneur évêque duc de Langres, de le recevoir à faire les foi et hommages et devoirs avec et en présence dudit procureur fiscal pour ledit seigneur duc, et ledit sieur Du Molinet pour ledit Heudelot seigneur de Pressigny. Nous en ayant requis acte, lui avons octroyé. Ce fait, ledit sieur Du Molinet pour ledit sieur Heudelot a ôté et mis bas son épée, ses bottes tirées sans éperon, mis un genou en terre et dit ces mots : Monseigneur Louis-Marie-Armand de Simiane de

---

(1) Ecuyer, seigneur de Rosoy, Chaudenay, Hortes, Roche et autres lieux, conseiller du roi en ses conseils, ancien président et lieutenant-général du bailliage et siége présidial de Langres, demeurant en cette ville.

Gorde, évêque, duc de Langres, pair de France, moi ledit Du Molinet pour ledit sieur Heudelot, chargé et en vertu de sadite procuration, déclare être votre vassal, accusé de ladite terre et seigneurie de Pressigny et de ses dépendances de votre duché de Langres et vous fais les foi et hommages et reconnaissances que ladite terre et seigneurie de Pressigny, possédée par ledit sieur Heudelot, et ses dépendances sont mouvantes du duché de Langres; ayant ledit sieur Du Molinet, au nom dudit sieur Heudelot, juré et promis par serment de lui pris et reçu en tel cas requis et accoutumé, pour et en l'âme dudit sieur Heudelot, en vertu de ladite procuration susdatée, d'être fidèle audit seigneur évêque duc de Langres. Ce fait, ledit sieur Du Molinet, audit nom, a baisé le verrou de la principale porte dudit évêché et palais épiscopal, et requis le temps porté par la coutume pour mettre en notre greffe le dénombrement de ladite terre et seigneurie et de ses dépendances. »

Voici en quoi elle consistait :

Un château-fort, fermé de murailles, entouré de larges fossés à fond de cuve, remplis d'eau, de largeur de soixante-dix pieds environ, pont-levis, tours flanquées et sarbacanes, lequel en temps de guerre doit être gardé par tous les habitants du bourg et paroisse de Pressigny, à peine de l'amende arbitraire ; basse-cour, colombier, jardin, accins et parcs en la seule et universelle seigneurie avec toute la haute, moyenne et basse justice ;

Droit d'instituer toutes sortes d'officiers pour l'exercice de ladite justice et de la police, comme maires, sergents, notaires, sceaux et contrats, et d'avoir fourches patibulaires à trois piliers pour y supplicier les malfaiteurs ;

Droit de dîmes inféodées sur tout le bourg et territoire ;

Droit de four banal sur tous les manants et habitants ;

Droit de foires et marchés, étalon et mesures ;

Droit d'aubaine, de bâtardise, épaves, deshérence, biens vaquants, amendes et confiscation, suivant la coutume de Sens;

Droit de retenue sur tous les héritages et maisons vendus, en remboursant le prix à l'acquéreur, frais et loyaux coûts;

Droit de lots et ventes sur tous les héritages et maisons, à raison de trois sous quatre deniers pour livre du prix de la vente, suivant la coutume de Sens;

Droit de sept jours de corvée par an sur tous les manants et habitants, savoir : trois corvées de charrue, trois corvées de bras, et une corvée pour aller couper au bois de Pressigny un charriot de bois et le conduire avec leur charriot et chevaux audit château, à peine contre les défaillants de trois livres cinq sous d'amende et du prix de l'estimation desdites corvées;

Droit de cens, rentes, tailles et champart sur toutes les maisons et tous les héritages;

La propriété de plusieurs maisons, masures, jardins, accins, chenevières et autres héritages situés dans le bourg; celle de plusieurs grandes contrées et pièces de terre, prés, vignes, chenevières, marnières situés sur le territoire; celle de plusieurs fermes et granges avec les terres, prés, vignes, bois, jardins, accins, chenevières; celle de tous les moulins, étangs, fontaines, ruisseaux et mares; celle de tous les bois, buissons, haies, etc.;

Droit de gruerie et voirie;

Droit de garenne et de chasse à cors et à cris sur toute sorte de bêtes fauves sans aucune distinction;

Et généralement tous les autres droits qui appartiennent aux seigneurs haut-justiciers.

Pressigny resta jusqu'à la fin du XVIIIe siècle dans la famille Heudelot. La seigneurie appartenait en dernier lieu à Françoise Heudelot, dame de Pressigny, mariée à Jean-Etienne Desmiers de Saint-Simon, vicomte d'Archiac, lieutenant général, commandant de Besançon. Leur fils, Jean-Etienne Arnoulphe, vicomte d'Archiac de Saint-Simon, était maréchal-de-camp et chevalier de Saint-Louis. Ils possédaient aussi le château du Pailly. Pendant la révolution ils émigrèrent, et leurs biens furent vendus par l'administration départementale. Le château-fort, situé au milieu du village, existe encore en partie.

Il semble qu'une part de la seigneurie appartenait à l'ordre de Malte et était soumise au commandeur de la Romagne, qui y avait toute justice. Les habitants, qui dépendaient du grand prieur, étaient tenus « comparoir en sa justice chacun au chaque lendemain de saint Pierre *ad vincula*, patron dudit Précigny, pour faire chacun d'eux les déclarations et sermens requis et accoutumés. » Ils étaient « tenus demander au mayeur dudit de vendre vin et lui payer chacun des vendant vin une pinte de vin. » Ceux qui s'étaient rendus coupables de crimes ou de délits étaient enfermés dans la prison de Broncourt.

L'église avait été presque entièrement détruite lors de l'invasion de Galas. Le chœur fut rebâti en 1670 par M. J. Garayton. La nef a été relevée postérieurement avec les matériaux de l'ancienne construction. Il y a encore une fenêtre qui paraît appartenir au XIIe siècle. Le clocher date de 1776. On lit à la base : *Posuit Claudius Astier parochus hujusce loci anno* 1776. La voûte est trop écrasée. L'église est humide et insuffisante pour la population ; il est à désirer qu'on en fasse bientôt une autre.

Pressigny avait autrefois pour succursales les églises de Poinson et de Charmes-Saint-Valbert. Cette dernière était une église prieurale, dépendant de Luxeuil depuis un temps immémorial. Les religieux de Luxeuil étaient regardés comme les curés primitifs de cette église, qui était en même temps paroissiale. Un d'entre eux y faisait les offices aux fêtes principales de l'année et à celle du patron. En d'autre temps elle était desservie par le curé de Pressigny, qui était toujours nommé par l'évêque de Langres.

Lors de la formation des départements, Pressigny fut créé chef-lieu d'un canton dépendant du district de Bourbonne et renfermant les villages de Broncourt, Savigny, Voncourt, Farincourt, Valleroy, Pierrefaite, Charmoy et Maizières.

En 1832, on y a construit une maison commune, dont la façade est soutenue par des colonnes. Ce bâtiment est trop beau à l'extérieur et fort mal distribué intérieurement. Il eût été d'une bien meilleure administration d'acheter l'ancien château pour servir de maison commune et d'employer les fonds disponibles à des travaux d'une utilité générale.

Le presbytère a été construit en 1854.

Il y a deux foires par an : le 1er jeudi de juin et le 2e mardi d'août.

Pressigny est la patrie de M. Henri, missionnaire et curé de Bannes.

M. Pierre Henri, fils de Dominique Henri, cultivateur, et d'Anne Gardiennet, naquit le 8 novembre 1730. Après avoir reçu le sacerdoce, il se consacra aux missions. Il parcourut dans le diocèse de Langres cette carrière pénible, pendant neuf années consécutives, avec autant de fruit et de succès que d'ardeur et de modestie. En 1763, ses supérieurs lui confièrent la cure de Bannes. Il y remplit les fonctions pastorales avec une charité et un zèle admirables. Sa paroisse changea de face et devint un modèle de régularité.

Un jour qu'il était surpris par les ténèbres de la nuit, un voleur lui demanda la bourse ou la vie. Après lui avoir livré son argent, le saint prêtre continuait sa route, lorsque moins touché du danger qu'il avait couru, que de la mauvaise action du larron, il retourna à sa rencontre, lui criant à plusieurs reprises : Mon ami, je te donne ce que tu as voulu me prendre.

La vivacité de sa foi rendit M. Henri un homme d'oraison. Quand les affaires de son ministère et les jeunes élèves qu'il formait, le laissaient libre, il allait prier dans le sanctuaire de son église.

Il eut la gloire de triompher complètement du schisme ; aucun constitutionnel ne put entamer son troupeau. Sa paroisse conserva parfaitement l'unité religieuse. Pendant la tourmente révolutionnaire, elle se distingua par l'hospitalité qu'elle fournit aux prêtres persécutés.

Lors de sa déportation, le respectable pasteur, arrivant à Pontarlier, rencontra un démagogue furieux qui voulait se porter envers les prêtres aux dernières extrémités. Le curé de Bannes, alliant la fermeté à la douceur, réussit à lui imposer, à modérer ses transports et à prendre même un tel ascendant sur son esprit, qu'il s'en fit un zélé protecteur. Honoré dans les pays étrangers comme en France, il y opéra plusieurs conversions.

Enfin rendu à son troupeau chéri, comme il le lui avait prédit avant son départ, le saint prêtre continuait à le porter au bien, lorsque le 22 octobre 1799, il alla recevoir au ciel la récompense de ses vertus et de ses longs travaux. Sa mémoire est encore en vénération dans le village de Bannes (1).

ROSOY.

Rosoy, Ronsoy, Ronsay ou Rosoy-sur-Amance, est bâti sur un côteau au pied d'une montagne. Il était jadis protégé par deux châteaux-forts, celui de la Motte et celui de Grenant. Le premier et le plus important était, dit le P. Vignier, « un beau château revêtu de fossés, à présent démoli, la place seule restant proche de l'église du village. »

La seigneurie se composait de deux fiefs nobles dont le prin-

---

(1) Annuaire de 1811, pag. 242.

cipal, appelé la Motte de Rosoy, était mouvant de l'évêché de Langres et arrière-fief du roi, sans autre service que la foi et l'hommage. L'autre, nommé le fief de Grenant, relevait immédiatement du roi sans autre charge que le devoir de foi et hommage. Il y avait en outre les fiefs de Saint-Seine et de Vezelize, qui relevaient du château de la Motte.

Le P. Vignier pense que Rosoy appartint d'abord à une branche de la maison de Saulx, et que les trois frères Villenc, seigneur de Rosoy, de Noidant, etc., Valo, moine de Bèze, et Guy de Rosoy, chevalier, qui vivaient en 1100, étaient de cette famille. Villenc mourut vers l'an 1112, laissant un fils nommé Hugues. Celui-ci fut père de Rolambert, chevalier, seigneur de Rosoy, marié à une dame nommée Auduidis, autrement Avoye. Ils cédèrent à l'abbaye d'Auberive, en 1164, ce qu'ils avaient au lieu d'Arc-le-Frais ou Allofroy, du consentement de leurs enfants Girard, Guy, Hugues et Pierre. Girard, chevalier, seigneur de Rosoy, donna pareillement ce qu'il possédait en un lieu appelé *Escourt*. Cette donation fut confirmée en 1179 par son épouse Gertrude et leurs filles Damote et Ermentrude, en présence de l'évêque Manassès. En 1216, Guillaume de Rosoy, neveu de Girard, consentit à se rendre homme-lige de l'évêque Guillaume de Joinville, moyennant soixante sous langrois que celui-ci lui assigna sur la vente et le ban de Langres. Damote, principale héritière de Girard, fut probablement mariée à Guillaume de Cicon, car, en 1228, il vendit à Hugues, évêque de Langres, la mouvance de la terre de Rosoy possédée auparavant par ledit Girard, du consentement de Ponce de Cicon, son cousin, et en présence de Girard, seigneur de Chauvirey, de Richard, seigneur de Dampierre, etc.

Guy de Rosoy, chevalier, seigneur de Saint-Michel, céda, de concert avec Girard, son frère, au prieuré de Saint-Geosmes, la quatrième partie des dîmes et autres choses qu'ils avaient à

Montboulain, en 1230 ou 1237. Kalon, leur fils ou leur neveu, continua la lignée. Dès l'an 1244, il était qualifié damoiseau et seigneur de Rosoy. En 1255, il fut choisi pour arbitre d'un différend survenu entre les religieux de Beaulieu et les habitants d'Hortes. En 1266, il reprit de fief de Guy de Genève, évêque de Langres, ce qu'il tenait à Rosoy. Il obtint, en 1282, une sentence de Guillaume de Grenoble, bailli de Langres pour la justice de Rosoy. Son fils Gauthier, seigneur de Rosoy, rendit aussi le devoir de fief à l'évêque Jean de Rochefort en 1296, et se déclara son homme-lige après le seigneur de Dampierre. Il reprit également du même évêque la sixième partie de Corgirnon, et fut témoin pour Evrard d'Hortes en 1298. En 1301, il s'obligea à payer annuellement à l'église de Saint-Geosmes deux émines de blé que son père lui avait léguées.

On ne connaît pas les descendants de Gauthier de Rosoy; mais on trouve, en 1370, Guillaume de Chaudenay, seigneur principal de la Motte de Rosoy, marié à Guillemette d'Aprey. Cette dame épousa en secondes noces Guillaume de Saint-Martin, qualifié, en 1393, seigneur de Rosoy et de Chaudenay. Il reprit de fief de l'évêque de Langres le 6 juillet 1400, et mourut sans enfants en 1404. Il laissa la jouissance des terres de Rosoy et de Chaudenay à sa seconde femme, Eloïse de Grenant, laquelle se remaria à Arnoud de Saint-Seine.

Les héritiers de Guillaume de Saint-Martin furent ses neveux Hue, Aubry et Guillemette de Montormentier, enfants de Raoul de Montormentier et de Marguerite d'Aprey, dame de Beulon. Hue de Montormentier, écuyer, seigneur de Beulon, châtelain de Coiffy, et Catherine d'Avoux, son épouse, vendirent, en 1405, leurs prétentions sur la terre de Rosoy à Jean de Vezelize (1),

---

(1) On trouve à cette époque noble homme Jehan dit Georgeot de Saint-Beroing, escuier, seigneur en partie de Ronsoy.

écuyer, moyennant cent trois livres. Aubry, frère puîné de Hue, seigneur de Rosoy, fit hommage de sa terre, en 1412, le jour de la saint Martin, entre les mains de Louis, cardinal de Bar, administrateur perpétuel de l'évêché et duché de Langres.

Jean de Montormentier ou de Beulon, fils d'Aubry, seigneur de Rosoy, reprit de fief des évêques de Langres en 1445 et 1456. Il eut de son épouse, Dromire de Sauvegrain, trois enfants : Jean, Guillaume et Etiennette. Guillaume épousa Alarde de Bourmont, et en eut Jean et Marie, qui vendirent, en 1489, à Jean d'Anglure, la première partie de la seigneurie de la Motte de Rosoy. Etiennette fut mariée au seigneur de Brequin. De ce mariage naquit Claire, femme de Jean du Fayl, vivant en 1507.

Jean II de Montormentier ou de Beulon, fils aîné de Jean Ier, fut seigneur de Rosoy, et épousa, en 1455, Claude de Cussigny. Il reprit de fief de l'évêque de Langres en 1461. Il ne laissa que deux filles, Hélène et Sidoine. Hélène épousa Philippe de Juvigny, dit de Pointes, et Sidoine fut mariée, en 1482, à Gilbert de Carendefez. Celui-ci acheta, en 1485, de Philippe et d'Hélène, ce qu'ils avaient à Rosoy, et reprit de fief en 1487, 1490 et 1500. Il eut deux fils et une fille, savoir : Jean, Bertrand et Catherine. Bertrand eut la seigneurie de Rosoy par traité fait avec son frère le 7 mars 1522, et en fit reprise en 1523. En 1527, il était écuyer, seigneur de Rosoy en partie et capitaine de M. le comte de Montrevel au Fayl. Il épousa Antoinette de Varanges, dame de Montferrand, de Pouilly, de Beaucharmoy. Leur fille Nicole, dame de Rosoy, de Montferrand, de Pouilly, etc., fut mariée : 1° à Claude de Maulain, avec lequel elle était en 1540 ; 2° à Joachim de Chastenay, seigneur de Villars-en-Azois. De ce dernier mariage naquit une fille appelée Barbe, dame de Rosoy, Villars, etc., mariée à François de Choiseul, baron de Meuse. Elle vendit à Nicolas Tondeur, bourgeois, ce qu'elle avait à Rosoy.

Son grand-oncle, Jean de Carendefez, seigneur de Chaudenay, acheta de Philippe du Fayl la huitième partie de la Motte de Rosoy, et fit encore d'autres acquisitions dans ce village en 1537 et 1550.

Cette même année, son fils Jean II, seigneur de Rosoy, épousa Charlotte de Montigny, qui lui apporta en mariage la seigneurie d'Aizanville, et le rendit père de trois enfants, François, Jean-Pierre et Catherine. François eut une partie de la seigneurie de Rosoy, que ses enfants, Jean et Gasparde, vendirent en 1616 à François du Molinet. Catherine vendit au même la part qu'elle avait à Rosoy; mais Jean-Pierre joignit à la sienne ce qui avait été vendu sur Barbe de Chastenay, l'ayant obtenu par retrait lignager. Il épousa Jeanne d'Allevin, dont il eut, entre autres enfants, un fils nommé Louis, seigneur de Colombey, et une fille appelée Charlotte, qui vendirent conjointement à François du Molinet tout ce qu'ils possédaient à Rosoy. Louis se retira d'abord à Poulangy dans le château qu'il y avait acquis de Pierre de Mauret, puis à Vauxaulles, dont il était seigneur en partie.

Les autres portions de la seigneurie de Rosoy, qui étaient entre les mains des Grachaut (1), en sortirent de la manière suivante. Jacques de Grachaut, ayant épousé Girarde de Grenant, vers l'an 1445, eut à Rosoy le fief qui portait ce nom, et y acquit encore, en 1494, ce que Jean de Dommarien y possédait. Son fils Pierre échangea, en 1517, l'une de ces parts en faveur de Hugues Bouvot, chanoine de Langres, lequel la transmit à sa famille qui la vendit à François du Molinet, le 9 avril 1616. Il vendit, en 1548, son autre part à Jacques d'Anglure, qui, dès l'an 1489, avait acquis la quatrième partie de la Motte de Rosoy, comme il a été dit plus haut.

---

(1) Une demoiselle de cette famille fut religieuse à Belmont. On lit, dans la

Ce seigneur avait épousé Beatrix Lebœuf, dite de Guyonvelle (1). Leur fils Antoine, seigneur de Guyonvelle, se maria à Jeanne de Saulx. De cette alliance naquit une fille, Philippe d'Anglure, qui vendit en 1602 à François Legrand (2), seigneur de Briocourt, et à Marie de Girardot, son épouse, ce qu'elle avait à Rosoy, tant en la seigneurie de la Motte qu'aux fiefs de Saint-Seine, de Grenant et de Vezelize. Marie de Girardot, fille de Prudent Girardot, seigneur de Cohons et de Roche, demoiselle de la reine, n'ayant point eu d'enfants de son premier mariage, épousa en secondes noces François du Molinet, écuyer, seigneur de Rangecourt, de Courcelles et de Roche, procureur du roi au siége royal de Langres. Ils acquirent ensemble des héritiers du sire de Briocourt ce qu'il avait à Rosoy, et le reste, des autres seigneurs, ainsi que nous l'avons vu.

Ils eurent quatre enfants, savoir : Marguerite et Françoise, mortes jeunes, Catherine, mariée à Etienne Voinchet, seigneur de Verseilles, lieutenant général au bailliage de Langres, et François, écuyer, seigneur de Rosoy, de Chaudenay et de Roche, conseiller du roi en ses conseils et président au siége présidial de Langres. Il épousa Marie Voinchet, sœur du lieutenant général, et fut père de quatre fils : François-Ignace, Etienne, Humbert et Daniel, qui conservèrent la seigneurie de Rosoy. Il

chapelle de cette abbaye, sur une pierre tombale : M^{de} Grachaut prieure de céans obiit 26 déc. 1581.

(1) C'était la fille de Guy Lebœuf, seigneur de Guyonvelle, qui comparut, en 1470 et 1472 avec trois chevaux, à la revue de la noblesse du bailliage de Chaumont, et alla à la garde de Bar-le-Duc en 1479. Ses autres enfants étaient Gengoul de Guyonvelle, Jean, seigneur de Récourt, et Guy Lebœuf, chevalier de l'ordre de Saint Jean de Jérusalem, commandeur de la Romague, de Thors, d'Avaleure, de Corgebin, de Broncourt et d'Arbigny. Ses armes étaient : *de gueule au lion d'argent*.

(2) Il fonda une bourse à Langres pour entretenir aux études six pauvres enfants de maisons nobles.

est auteur de plusieurs ouvrages historiques qui ne nous sont pas parvenus. « J'avoue franchement, dit le P. Vignier, que je lui dois une partie de mes mémoires du Bassigny, et la lecture d'un grand nombre de livres curieux dont sa bibliothèque est fournie, et qu'il a fait venir de Paris, de Francfort et d'ailleurs à mon occasion (1). »

Rosoy dépendait du bailliage de Langres, de la prévôté d'Hortes, du diocèse de Langres et du doyenné de Pierrefaite. L'église est sous le patronage de saint Gengoul. La nomination du curé appartenait à l'évêque de Langres.

La partie du village qui est à l'est de l'église a été à peu près entièrement détruite par un incendie, le 15 juillet 1832. La place publique est plantée de magnifiques tilleuls. On va construire une église.

ROUGEUX.

Il y a sur le territoire de Rougeux des traces d'une voie romaine, traversant les contrées des *Marauchères* et du *Montigny*. Elle vient de Chaudenay, et se dirige vers Charmoy. On pense qu'il y en avait une autre venant de Rosoy, et longeant la prairie, dans la direction de Laferté. On a trouvé un cercueil en pierre dans l'ancien cimetière situé au bas du village, près du ruisseau.

Au XIIIe siècle, Rougeux, en latin *villa de Rogeio*, appartenait à l'abbaye de Bèze. Les religieux de Beaulieu achetèrent la dîme de ce village, vers l'an 1255. Guy de Rochefort y donna son consentement par la lettre suivante (2) : « Nous Guy par la grâce de Dieu, évêque de Langres, faisons savoir à tous ceux

---

(1) Décade historique.
(2) « Nos Guido, Dei gratiâ Lingonensis episcopus, notum facimus universis

qui verront ces présentes lettres, que nous louons, agréons et confirmons cette acquisition que les abbé et couvent de l'église de Beaulieu ont faite de la dîme de Rougeux, de quelque droit que ce soit, à titre de fief ou autrement, pourvu que la dîme appartienne à l'église de Langres, leur cédant pour nous et nos successeurs tous les droits que nous avons ou que nous pouvons avoir sur ladite dîme. En foi de quoi nous avons cru devoir mettre notre sceau aux présentes lettres.

» Donné l'an du Seigneur 1255, au mois de novembre. »

Peu de temps après, il y eut entre les religieux de Bèze et ceux de Beaulieu un procès qui donna lieu à une transaction que nous allons rapporter (1) :

« A tous ceux qui verront ces présentes lettres, nous frère Godefroy, humble abbé et tout le couvent du monastère de Saint-Pierre de Bèze, salut en Notre-Seigneur.

» Nous faisons savoir qu'un différend s'est élevé entre moi d'une part et les religieux, abbé et couvent du monastère de Beaulieu, ordre de Cîteaux, d'autre part, en ce que lesdits abbé et couvent de Beaulieu nous demandaient les dîmes et les tierces des terres déjà acquises et à acquérir, que nous culti-

---

præsentes litteras inspecturis quod nos laudamus, gratum habemus et confirmamus acquisitionem illam quam fecerunt abbas et conventus ecclesiæ Belli loci de decimâ Rogioli quocumque jure, sive jure feudi, sive alio, dum decima pertineat ad Ecclesiam de Lingonis, quittantes eisdem pro nobis et successoribus nostris, quidquid juris habemus et habere possumus in decimâ supradictâ; in cujus rei testimonium sigillum nostrum præsentibus litteris duximus apponendum.

» Datum anno Domini MCCLV mense novembri. »

(1) Universis præsentes litteras inspecturis, nos frater Godefridus humilis abbas totusque conventus monasterii sancti Petri Beznensis, salutem in Domino.

Noveritis quòd cum discordia versaretur inter me ex unâ parte et viros religiosos abbatem et conventum monasterii Belli loci ordinis Cisterciensis ex alterâ, super eo quod dicti abbas et conventus Belli loci petebant decimas et

vions au finage de Rougeux, parce que lesdits abbé et couvent de Beaulieu ont perçu les dîmes et tierces desdites terres et ont coutume de les percevoir des habitants dudit village de Rougeux, comme ils le prétendaient; nous au contraire assurant que nous n'étions nullement tenus à donner lesdites dîmes et tierces, parce que nous n'avons jamais payé et n'avons point accoutumé de payer lesdites dîmes et tierces des terres que nous faisons valoir et que nous ferons valoir par nous-mêmes dans la suite;

De même en ce que nous demandions aux susdits abbé et couvent de Beaulieu en paiement des dîmes de l'église de Rougeux la corvée ou le terrage que lesdits abbé et couvent de Beaulieu avaient acheté de Girard, maire de Rougeux, sans notre consentement et notre gré, ce qui ne leur était pas permis, comme nous le prétendions;

De même en ce que les abbé et couvent dudit Beaulieu disaient que nos hommes de Rougeux menaient et faisaient paître leurs bêtes grosses et menues sur leur finage, au-delà des bornes mises entre le finage de Rougeux et le finage de Mont-

---

tertias a nobis de terris quas excolebamus in finagio de Rogeio acquisitis jam et in futuro acquirendis, pro eo quod ipsi abbas et conventus Belli loci de terris supradictis dictas decimas et tertias perceperunt et percipere ab hominibus dictæ villæ de Rogeio consueverunt, ut dicebant, è contrario nobis asserentibus quod ad præstationem dictarum decimarum et tertiarum minime tenebamur, pro eo quod de terris quas propriis sumptibus excolimus, et hactenùs excolemus, dictas decimas et tertias non solvimus nec solvere consuevimus.

Item super eo quod petebamus à prædictis abbate et conventu Belli loci tractum ceu partagium in præstationem ecclesiæ decimarum de Rogeio quem sive quòd dicti abbas et conventus Belli loci emerant a Girardo majore de Regeio sine consensu nostro et nostrâ voluntate quod eis facere non licuit, sicut dicebamus.

Item super eo quod abbas et conventus Belli loci supradicti dicebant quod homines nostri de Rogeio ducebant et pascebant animalia sua magna et parve in finagio corumdem ultra metas positas inter finagium de Rogeio et

Rofroy, grange appartenant aux mêmes abbé et couvent de Beaulieu, ce qu'ils ne pouvaient ni ne devaient faire, comme ils le prétendaient;

Enfin par le moyen de bonnes et discrètes personnes, du consentement des parties susdites, la paix a été faite de cette manière :

Que nous pouvons tenir, cultiver et posséder jusqu'à soixante-dix journaux de terre labourable au finage de Rougeux, en comprenant dans ce nombre les terres déjà acquises et possédées par nous, lesquels journaux seront francs et quittes du paiement des dîmes et tierces, tant que nous les cultiverons nous-mêmes ou les ferons cultiver par d'autres à nos frais.

De même nous susdits abbé et couvent de Bèze pourrons échanger lesdits soixante et dix journaux de terre, savoir : un ou plusieurs pour plusieurs, lorsque nous le jugerons avantageux à nous et à l'utilité de l'église. Mais nous susdits abbé et couvent de Bèze cédons et avons cédé auxdits abbé et couvent de Beaulieu le droit que nous avions ou pouvions avoir de retirer la corvée ou le terrage vendu par Girard, maire de Rougeux.

finagium de Monte Rofroy, grangiam ipsorum abbatis et conventûs Belli loci quod facere non poterant nec debebant, ut dicebant.

Tandem bonis viris et discretis mediantibus supradictarum de consensu partium pacificatum est in hunc modum :

Quod nos possumus tenere, colere et habere usque ad sexaginta et decem jornalia terræ arabilis in finagio de Rogeio, computatis in dicto numero terris à nobis jàm acquisitis et habitis, libera et absoluta à solutione decimarum et tertiarum quamdiu dicta jornalia per me vel per alios propriis sumptibus excolemus vel excoli faciemus.

Item nos prædicti abbas et conventus Bezuensis poterimus permutare dicta sexaginta et decem jornalia terræ, videlicet unum pro alio vel plura pro pluribus cum nobis et utilitati Ecclesiæ viderimus expedire : quittamus vero nos dicti abbas et conventus Bezuensis, et concessimus abbati et conventui Belli loci memoratis jus quod habebamus vel habere poteramus in revocatione venditionis tractûs vel partagii factæ a Girardo majore de Rogeio :

Pour les choses susdites, lesdits abbé et couvent de Beaulieu et leurs successeurs, seront tenus de payer à nous et à nos successeurs chaque année à perpétuité ou à notre mandataire après la fête du Bienheureux André apôtre une émine de froment, mesure de Langres, tel qu'il viendra et sera dans les champs dudit village de Rougeux. Mais si nous susdits abbé et couvent de Bèze cultivons des terres au finage dudit Rougeux outre la quantité susdite, nous serons tenus d'en payer les dîmes et tierces suivant la coutume; et si nous relaissons les susdites terres ou quelques-unes d'elles, les fermiers devront payer les dîmes et tierces.

De même les hommes dudit village de Rougeux auront le pouvoir et la permission de mener et faire paître leur gros et menu bétail depuis la porte de la *Chevalerie* jusqu'au bois comme la grande voie passe et porte, de telle sorte cependant qu'ils ne devront point passer le chemin qui est vers la grange de *Mont-Rofroy*. Cependant en conduisant leurs bestiaux aux pâturages, ils pourront passer par le bois, pourvu toutefois qu'ils n'y portent point de dommage, qu'ils ne le coupent pas et n'y fassent point paître le gland et la faîne.

Pro supradictis autem, dicti abbas et conventus Belli loci et eorum successores tenebuntur solvere nobis et nostris successoribus singulis annis in perpetuum vel mandato nostro infra festum B. Andreæ Apostoli unam minam frumenti ad mensuram Lingonensem de tali quali veniet et erit in reditibus villæ de Rogeio supradictæ; si vero nos dicti abbas et conventus Bezuensis terras excoleremus eum ultra numerum supra dictum in finagio dictæ villæ de Rogeio de ipsis decimas et tertias secundum quod consuetum et solvere tenebimur et si terras supradictas vel aliquas earum aliis excolendas tradiderimus, decimas et tertias debebunt earumdem cultores.

Item homines dictæ villæ de Rogeio poterunt et eisdem licebit ducere et pascere animalia sua magna et parva à portâ de la Chevalerie, usque ad nemus, sicut magna via transit et portat ; ita tamen quod viam versùs grangiam de Monte-Rofroy transire non debebunt : per ipsum tamen nemus veniendo ad pascua transire poterunt, dùm tamen damnum non inferant, nec nemus incidant, nec glandam pascant nec fagenam.

Nous susdits abbé et couvent de Bèze avons voulu et sommes convenus, comme les susdits abbé et couvent de Beaulieu ont voulu et sont convenus, que si eux ou nous avions quelques autres lettres ou titres faisant mention de ce qui est contenu ci-dessus, ils soient de nulle conséquence et de nulle valeur. Quant aux choses susdites, nous dits abbé et couvent de Bèze, avons promis pour nous et nos successeurs de les observer en tout de bonne foi.

En témoignage et union de quoi, nous avons fait mettre nos sceaux à ces présentes lettres.

Donné l'an du Seigneur 1262, au mois de novembre. »

Peu de temps après, le village de Rougeux passa aux chevaliers de Saint-Jean de Jérusalem. En 1552, frère Guy Lebœuf, chevalier de cet ordre, commandeur des commanderies de la Romagne, Thors, Avalleure, Broncourt et Arbigny, était seigneur de Rougeux.

Le 6 juillet de cette année, il fit avec l'abbé de Beaulieu et les habitants une transaction dont voici la substance :

Les habitants de Rougeux et les forains qui labourent sur le territoire paieront la dîme de sept gerbes l'une. Pour la contrée du *Faulley* et les autres terres novales ou récemment cultivées, ils ne paieront que de dix gerbes l'une. Ils seront tenus d'amener au village cette dîme dont le commandeur de la Romagne aura un tiers et l'abbé de Beaulieu les deux autres. Ceux

---

Voluimus et concessimus nos prædicti abbas et conventus Bezuensis et etiam dicti abbas et conventus Belli loci voluerunt et concesserunt, quod si nos vel ipsi alias quascumque litteras vel instrumenta habebamus vel ipsi habebant facientes vel facientia mentionem de prædictis nullius sint momenti vel valoris; quantùm vel ad præmissa, nos prædicti abbas et conventus Bezuensis omnia supradicta promisimus pro nobis et nostris modis omnibus bonâ fide observare; in quorum omnium testimonium et in unionem, præsentibus litteris sigilla nostra duximus apponenda.

Datum anno Domini M.CC.LXII mense novembri.

qui déchargeront leurs gerbes avant d'avoir appelé les amodiateurs des dîmes, seront punis d'une amende de soixante sous tournois au profit du seigneur. Quant aux menues dîmes, les religieux de Beaulieu en jouiront seuls, comme avant ladite transaction.

Les habitants pourront conduire à la vaine pâture tout leur gros et menu bétail dans le finage de Beaulieu, ainsi qu'ils l'ont toujours fait. Ils pourront également le conduire en temps de vaine pâture dans la prairie de Beaulieu, depuis l'endroit où *souloit* avoir un moulin appelé Boulaye en deçà de la rivière jusqu'au finage de Maizières, hormis le temps de grenier, durant lequel ils ne pourront mener leurs porcs et chèvres dans les bois de l'abbaye; mais ils y pourront mener leurs grosses bêtes. Pour cela, les habitants seront tenus de faire chacun une corvée de faucille au temps des moissons pour lesdits vénérables de Beaulieu, qui les nourriront pendant ce temps-là, ou de payer pour cette corvée douze deniers tournois.

Dans le même siècle, Philibert de Foissy, commandeur de la Romagne, et, en cette qualité, seigneur de Genrupt, Barges, Neuvelle, Arbigny et Rougeux, obtint du Parlement de Paris et du duc de Guise, gouverneur de Champagne, malgré l'opposition formée par Christophe de Choiseul, capitaine du château de Coiffy, des arrêts et lettres par lesquels les villages susdits sont déclarés exempts de faire guet et garde audit château de Coiffy, et défense à lui d'y contraindre lesdits sujets du commandeur.

Pendant la guerre de Franche-Comté, Rougeux fut plusieurs fois pillé et ravagé par l'armée de Galas et les garnisons franc-comtoises. Toute la partie du village bâtie sur le côteau, appelé aujourd'hui *aux Côtés*, fut réduite en cendres et on ne la reconstruisit pas. En 1636, une cinquantaine de personnes furent massacrées par les ennemis.

Alors l'église était au bas du village, près du chemin qui conduit à Fayl-Billot en longeant le ruisseau. Elle était exposée aux inondations, toujours humide et malsaine. On la démolit en 1757, et l'on construisit sur le coteau voisin, au centre du village, celle qui existe aujourd'hui. Les décimateurs de la paroisse firent le chœur et le cancel, et les habitants la nef et les murs d'enceinte.

Jusqu'à la révolution de 1789, Rougeux était un vicariat dépendant de la cure d'Hortes. L'église fut érigée en succursale en 1803. On y comptait alors 90 feux et 15 fermes établies en divers endroits du territoire.

Rougeux a toujours été compris dans le diocèse de Langres et le doyenné de Pierrefaite. Il faisait partie de la province de Champagne, du bailliage de Chaumont d'abord et puis de celui de Langres, de l'élection de cette ville, de la maîtrise particulière des eaux et forêts de Chaumont et de la prévôté de Coiffy. Le commandeur de la Romagne, chevalier de Malte, qui en était seigneur, y conserva une justice particulière jusqu'en 1790.

SAULLES.

Ce village, bâti en amphithéâtre sur le flanc d'une colline aride et pierreuse, a probablement tiré son nom de sa situation près de la rivière du Saulon.

Il y avait sur son territoire une route romaine partant de la voie de Langres à Besançon, et montant la vallée à droite de la rivière. On a trouvé à peu de distance de ce chemin deux haches gallo-romaines, que M. de Tricornot a déposées au musée de Besançon en 1851. On a également découvert en différents endroits un bracelet d'or du poids de 112 francs, un cimeterre, une pince de fer, une agrafe de cuivre, différentes monnaies et médailles d'or, bronze ou autres matières à l'effigie de Néron, Vespasien, Domitien, Constantin, etc., des tuiles à rebord, etc., etc.

Dans le principe, Saulles n'était, dit-on, qu'une maison de campagne ou ferme, autour de laquelle se sont groupées quelques habitations. Il existait au IXe siècle. Charles-le-Gros, par une charte donnée à Schelestadt, le 15 janvier 886, sur la demande de l'évêque Geilon, confirma la donation de plusieurs villages faite à l'église de Langres par un nommé Dodon et son épouse Wandelmode. Parmi ces villages se trouvait Saulles, au pays d'Attouar.

Vers la fin du XIIIe siècle, Jean, Hugues et Aymon, fils d'un certain Pierre Domicelle, dit des Hormes, donnèrent en pure et perpétuelle aumône, pour le remède de leurs âmes et de celles de leurs ancêtres, à la maison hospitalière de Grosse-Sauve, la huitième partie de tout ce qu'ils avaient aux finages de *Moucherain* (territoire de Saulles) et de *Monmacon* (territoire de Grenant), en bois, eaux, cours d'eau, réservoirs, prés, terres, rentes, cens, amendes, justice, etc. L'acte de cette donation fut fait le jour de la chaire de Saint-Pierre, l'an du Seigneur 1280, et muni du sceau de l'officialité de Langres.

En vertu de ce titre, les religieux de Grosse-Sauve possédèrent pendant plusieurs siècles une partie de la seigneurie de Saulles. Ainsi nous voyons, en 1529, noble et scientifique personne Guillaume Lepage, chanoine de Langres, maître et administrateur dudit Hôtel-Dieu, qualifié, comme tel, de seigneur de Saulles (1). Il y avait en ce lieu : maire, sergent, procureur et autres officiers pour exercer la justice, un moulin à eau bâti sur le Saulon, et à côté de ce moulin un pré dans lequel il permettait de faire pâturer les bestiaux qui amenaient des grains à moudre.

---

(1) Il fut inhumé dans la grande nef de la cathédrale.

On distinguait à Saulles deux seigneuries, savoir : l'ancienne seigneurie ou seigneurie du haut, dont le château était situé près de l'église, et la seigneurie du bas ou de *Moucherain*, dont le siège était en place du château actuel. Mais ces deux parties étaient subdivisées en une multitude de petits fiefs appartenant à diverses familles, qui toutes rendaient hommage de leurs propriétés respectives à l'évêque de Langres, leur suzerain.

Nous citerons les sires de Chauvirey, de Chalancey, de Grammont, qui eurent pour successeurs les Profilet, Jean de Dommarien, Jacques et Antoine d'Orges, Claude de l'Etang, François Regnier, seigneur de Bussières et de Coublanc en partie, qui, par acte du 18 décembre 1586, vendit ce qu'il possédait sur Saulles et Grenant à Charles de Lorraine, duc d'Elbœuf et pair de France. Mais la même année, ce haut et puissant prince céda ses droits à l'évêque Charles d'Escars, qui lui donna en échange la seigneurie de Dommarien.

Au commencement du xviie siècle, Etienne Robert, bourgeois de Langres, était aussi seigneur de Saulles en partie. D'après un dénombrement du 8 juin 1619, il avait la justice haute, moyenne et basse sur tous les forains, sur ses sujets et sur ceux du prieur de Grosse-Sauve pour tous cas commis et perpétrés sur les finages de Saulles et de Grenant, le cours de la rivière et le vent, les poids et mesures, etc. Il nommait juge, lieutenant, prévôt d'office, greffier, sergent, lesquels convainquaient de tous délits et avaient droit de condamner à mort. Ses sujets étaient tenus de lui fournir annuellement, à la fête de saint Remy, une *maisse* de chanvre *naisé* de trois mènevés, de cuire leur pain à son four banal sous peine de confiscation et de l'amende de 65 sous tournois, et de payer de treize miches l'une. Ils lui devaient en outre une poule à carême-prenant, sous peine de cinq sous d'amende, trois jours de charrue, une corvée de faucille, une de faulx ou une de fourche. Il avait un moulin à eau et un foulon sur la rivière.

Le quart de la seigneurie, qui avait appartenu d'abord aux sires de Chauvirey, puis à ceux de Chalancey, était passé, nous ne savons de quelle manière, dans la famille Siclier. Michel Siclier la laissa, en mourant, à sa fille, Françoise Siclier. Celle-ci épousa Jacques d'Orges, écuyer, qui reprit de fief de l'évêque le 1er avril 1544. De ce mariage naquirent trois filles, Edmée, Charlotte et Claudine. Claudine épousa Jacques-Eléonor de Damas, seigneur de Thianges. Edmée, mariée à noble Antoine d'Orges, écuyer, seigneur de Villeberny, Choiseul, Châtenay, Arbigny, Poinson-les-Nogent, etc., vendit ses terres de Saulles et de Grenant à honorable homme Claude Plubel, de Langres, pour la somme de douze cents livres tournois, et vingt-quatre livres *pour les vins*. L'acte est du 20 juillet 1551. Il nous apprend que cette propriété consistait « en hommes, femmes, cens, rentes, tailles, dîmes, corvées, gelines, prés, terres, vignes, meix, chenevières, emplâtres, pressoirs et autres revenus et droits seigneuriaux quelconques, avec la totale justice. »

Christophe Plubel, écuyer, licencié ès lois, contrôleur pour le roi au grenier à sel de Langres, fils et héritier de Claude Plubel, épousa Gillette Petit. Cette dame était veuve en 1577, et avait la garde-noble de ses enfants. La même année, elle reprit de fief de l'évêque, et donna le dénombrement de la quatrième partie des seigneuries de Saulles et de Grenant. La justice haute, moyenne et basse avec une fauchée de pré lui rapportait cinq à six livres par an. Ses sujets étaient taillables à volonté une fois l'an au jour de saint Remy. Elle percevait sur chaque ménage deux penaux, froment et avoine, et le quart de la rente du vin qu'on récoltait. Chaque sujet lui devait deux corvées de bras, ou deux sous six deniers; chaque laboureur, trois corvées de charrues ou pour chacune deux sous six deniers; chaque habitant, une poule et une *maisse* de chanvre de dix *mènevés* ou un millier de paisseaux. Elle possédait plusieurs vignes et un pressoir, où ses sujets étaient tenus de pressurer leur vendange, *gennes* ou raisins sans autre redevance que la *genne* quand elle était pressurée. En somme, toute la seigneurie valait annuellement vingt-cinq livres tournois.

Cette propriété passa ensuite à Antoine Plubel, puis à son fils, Henri Plubel, conseiller du roi, juge-magistrat au siége présidial de Langres. Ce noble seigneur épousa Charlotte Girard de Chambrullard. De cette alliance naquirent Henri Plubel, chanoine de Langres, connu sous le nom d'*abbé de Saulles*, qui fit bâtir le château actuel en 1761, et Barbe-Nicolle Plubel, mariée le 2 février 1744 à Claude-Joseph Girault, chevalier, seigneur de Vitry, Essey, Donnemarie, Genevrières, Belfond, etc. L'aînée de leurs enfants, Barbe Girault, épousa, en 1771, Charles-Joseph, comte de Rose, capitaine d'infanterie au régiment de Lorraine, second fils du marquis de Dammartin. Ils achetèrent des autres héritiers de Madame de Vitry les terres de Saulles et de Grenant pour 65,000 francs, le 2 mai 1780. Ils eurent deux filles : Laurence, mariée à Girard de Chambrullard, chevalier de Saint-Louis, et Rosalie, qui épousa, en 1801, le baron de Tricornot. Le plus jeune de leurs cinq enfants, M. Jean-Baptiste-Thomas de Tricornot, marié à Demoiselle Caroline Dufournel, est aujourd'hui propriétaire du château de ses ancêtres, qu'il a réparé en 1842. Ce château, vaste et bien construit, est dans une jolie position au bord de la prairie arrosée par le Saulon.

Saulles faisait partie du comté de Champagne, de la prévôté de Coublanc d'abord et puis du bailliage ducal de Langres.

Sous le rapport religieux, il dépendait du diocèse de Langres, du doyenné de Fouvent et de la paroisse de Grenant. Il était desservi soit par le curé de Grenant, soit par un vicaire qui y résidait quelquefois. En 1780, le chapitre de Langres et le curé de Grenant, Saulles, Seuchey, Mondrecourt et dépendances, s'engagèrent à payer chacun moitié de la somme nécessaire à l'entretien du vicaire. Jusqu'à cette époque, il n'y avait qu'une chapelle basse et malsaine, avec un chétif clocher en bois, assis sur le milieu de la nef. L'église actuelle remonte à l'an 1780. On va refaire le plafond et agrandir l'édifice par la construction de deux chapelles qui formeront transept. Au rétablissement du culte, Saulles fut érigé en succursale; mais le presbytère ne fut bâti qu'en 1830, aux frais de la commune. Il est agréablement situé.

Cette même année, grâce au zèle de M. le curé, Jean Herbelot, la paroisse eut une école de filles dirigée d'abord par une religieuse de Portieux, puis par deux sœurs de la Providence de Langres. On vient d'ajouter à l'œuvre première une salle d'asile, que Madame de Tricornot fonda peu de temps avant sa mort, en 1856.

SAVIGNY.

Il y a sur le territoire de ce village quatre ou cinq marchais et une route romaine se dirigeant par Valleroy et Farincourt vers Bourguignon ou le camp de Morey.

Dans les champs on a découvert une tête sculptée sur une pierre du pays, cassée irrégulièrement et rendue presque fruste par le frottement de la charrue. C'est une représentation de la déesse Cybèle, la *Grande-mère*, dont le culte s'introduisit chez les Gaulois après qu'ils eurent été subjugués par les Romains.

Il paraît que Savigny était jadis une terre de franc-alleu, et que ses seigneurs ne pouvaient jouir des cens et droits seigneuriaux qu'en vertu de titres particuliers. Il y avait des propriétés exemptes de toute redevance, et d'autres sujettes à des droits divers; mais celui de lots et ventes ne pesait sur aucun héritage.

D'après un terrier de l'an 1490, Savigny ressortissait alors du bailliage de Fouvent, et les habitants étaient tenus au guet et à la garde du château de ce lieu; ils y avaient leurs postes assignés.

On trouve, en 1394, un Etienne de Savigny, docteur en droit, en 1415, un Jean de Savigny et un Huet de Savigny, qui intervinrent comme témoins dans un différend entre les seigneurs de Fayl et de Bussières; en 1513, Jean de Bosredon, écuyer, seigneur de Savigny (1); en 1520, François de Savigny; en 1570, Robert Noirot, qui fut plus tard maître des requêtes et conseiller d'Etat sous Henri IV; en 1575, Claude de Chauvirey, seigneur de Savigny; et, en 1620, dans le registre des baptêmes, noble François Dorologe, écuyer, fils d'Auguste Dorologe, écuyer, seigneur de Savigny. Il avait épousé Catherine Caramelle Cabiane, dame de Ruffin, etc., et était chevalier de l'ordre du roi, capitaine de cinquante hommes d'armes, seigneur d'une localité sise au pays de Montferrat, surintendant de fortifications et gouverneur de province. Madame Dorologe mourut, le 2 mars 1624, à l'âge de cent sept ans neuf jours. Elle fut inhumée dans l'église de Savigny, où l'on voyait encore sa tombe, il y a quelques années.

Ils avaient eu plusieurs enfants. L'une, nommée Catherine, fut mariée, en 1622, à François Tulliot, conseiller ou procureur du roi au bailliage de Langres. Une autre, appelée Jacqueline, épousa François de la Baume, écuyer, qui, en 1630, résidait à Savigny et s'en qualifiait seigneur.

---

(1) Ce seigneur avait des droits sur Broncourt. En effet, par une transaction du 13 octobre 1513, il y renonça, et François de Franelz, commandeur de la Romagne, lui donna en retour la terre de Genrupt avec toutes ses dépendances, pour sa vie durant.

François Girault, écuyer, seigneur de Voncourt, posséda ensuite ce titre probablement par acquisition. Voici ce qu'on lisait sur son tombeau dans l'église de Savigny :

« Cy git François Girault, seigneur de Voncourt, Savigny et Farincourt, capitaine d'une compagnie franche entretenue de cent hommes de pied pour le service du roi en la garnison de Brisach, qui décéda le.... 1670, et dame Jacquette son épouse qui décéda le 26 avril 1671.

Et François Girault, écuier, seigneur desdits lieux, chevalier de l'ordre militaire de St-Louis, ancien capitaine de cavalerie au régiment Dauphin, qui décéda le 17 mars 1729. »

La seigneurie passa ensuite à MM. Petit et Véron, héritiers, par leurs femmes, des MM. Girault. En 1774, M. Claude-François Thévenot d'Essaule, chevalier, conseiller du roi en ses conseils et son premier avocat général au conseil supérieur de Blois, était seigneur haut, moyen et bas justicier du lieu et paroisse de Savigny près Langres et seigneur de fief en partie de Voncourt.

Savigny était une paroisse comprise dans le doyenné de Pierrefaite. La collation de la cure appartenait à Mgr. l'Evêque de Langres. Le curé jouissait des dîmes ecclésiastiques du territoire.

L'église, dédiée sous le vocable de saint Maurice, avait été bâtie à deux époques. Le chœur appartenait au XIIIe siècle ; la nef avec un plafond peu élevé était du XVIIe. L'édifice était surmonté d'un clocher-arcade, c'est-à-dire d'un simple pignon percé d'une baie où se balançait la cloche. Cette construction fut démolie en 1851 pour faire place à une belle église en style ogival, consacrée le 26 avril 1854.

Avant la révolution, il y avait à Savigny un apport considérable à l'occasion de la fête de sainte Cyre (8 juin), particulièrement honorée dans cette paroisse (1) et invoquée pour la

---

(1) Il y avait dans l'église une chapelle et un autel de sainte Cyre.

guérison des maux d'yeux. Cette dévotion populaire subsiste encore, bien qu'elle n'ait plus le même caractère qu'autrefois.

Ce village est la patrie du comte Roy, pair de France, ministre des finances, chevalier du Saint-Esprit.

M. Roy (Antoine), né le 5 mars 1764, de parents peu fortunés, fit ses premières études au séminaire de Langres. Il fut reçu avocat au Parlement de Paris en 1785, et débuta avec assez de distinction dans la carrière du barreau. Après la condamnation à mort des fermiers généraux par le tribunal révolutionnaire, il composa pour leurs veuves et leurs enfants plusieurs mémoires qui le firent connaître. Pendant la révolution, il s'occupa d'entreprises et de spéculations. Fermier général des biens de la succession du duc de Bouillon, il fut bientôt assez riche pour acquérir une partie des propriétés dont elle était composée, notamment la magnifique forêt de Navarre, dont Napoléon Ier s'empara. Les achats et les reventes de biens nationaux, l'acquisition des réclamations qu'avaient à former les émigrés rentrés en France, accrurent encore sa fortune. Mais sa carrière politique ne commença qu'à la Restauration.

Lors de la convocation des colléges électoraux, au mois d'avril 1815, ayant été élu secrétaire de celui du département de la Seine, et nommé député par lui, il s'opposa à ce qu'on prêtât serment à l'Empereur. L'arrondissement de Sceaux l'envoya à la chambre de 1815. Réélu en 1816, il fut rapporteur du budget et nommé, en 1817, membre de la commission de surveillance de la caisse d'amortissement. A la fin de la même année, il fut encore élu député par le département de la Seine, et désigné comme candidat à la présidence de la Chambre. Il proposa de grandes réductions dans le rapport du budget qu'il fut de nouveau chargé de présenter cette année.

Les nombreux discours de M. Roy sur des questions de finances le firent appeler au ministère des finances, en 1818;

mais il n'y resta que peu de temps, et fut remplacé par le baron Louis, auquel il succéda au mois de décembre 1819 (1). Il occupa alors le ministère pendant deux ans, et lorsqu'il le quitta, il reçut le titre de comte et fut nommé pair, par ordonnance du 13 décembre 1821. Louis XVIII lui avait donné, quelque temps auparavant, des domaines d'une valeur de trois millions, à titre d'indemnité pour les pertes qu'il avait éprouvées sous l'Empire. Appelé à faire partie du ministère Martignac, en 1828, il fut alors créé chevalier du Saint-Esprit. Depuis la révolution de 1830, il continua à siéger à la chambre des Pairs. Chargé de présenter le rapport du budget, en 1833, il réfuta toutes les accusations élevées contre le système financier de la restauration, et démontra que jamais les finances n'avaient été dans un état plus prospère qu'à cette époque.

Quoique M. Roy ait été appelé trois fois au ministère, on ne peut le considérer comme un homme politique. Toutes les opinions qu'il a émises à la tribune avaient pour objet l'administration financière. Il la connaissait parfaitement, et apportait dans ses bureaux la surveillance et l'exactitude avec lesquelles il était habitué à gérer son immense fortune. Il était le plus grand propriétaire de France (2). Il mourut subitement à Paris au mois d'avril 1847. Ses deux filles, MM^{mes} la comtesse de La Riboisière et la marquise de Talhouet, recueillirent son héritage.

(1) Nous avons vu une médaille d'argent portant cette inscription : « A. S. Exc. M. Roy, Ministre Secr. d'état des finances. L'administration générale des monnaies, décembre 1820.

Sur le revers :

Domine salvum fac regem.

(2) Recherches historiques et statistiques sur les principales communes de l'arrondissement de Langres, pag. 464.

SEUCHEY.

Seuchey, autrefois Sichey, Seschey et Sechey, est un hameau situé à gauche de la voie romaine qui conduisait de Langres à Besançon. On n'y trouve aucune antiquité. Il y avait un château qui ne remontait qu'au moyen âge, et qui est entièrement démoli depuis longtemps.

Il est fait mention de Seuchey au XIIe siècle. Quelque temps après la fondation de Belmont, Rainaud, fermier de Saint-Broing, donna à titre de cens à cette maison tout ce qu'il avait à Seuchey, depuis la colline de *Baignols*. Les témoins de cet acte furent Durand, prêtre de Baissey, et un autre de Prangey. Vers l'an 1235, l'abbesse, nommée Anne, céda ces terres à l'évêque Robert de Torote, pour éteindre l'obligation que le monastère avait contractée de lui donner trois émines de blé tous les ans.

En 1137, Ponce, seigneur de Laferté-sur-Amance, Thomas son fils et Renaud son frère, ratifiés chevaliers, donnèrent à l'hôpital de Grosse-Sauve tout ce qu'ils possédaient à Seuchey et tout ce qu'ils pourraient acquérir dans la suite aux environs de ce lieu. L'évêque Godefroy confirma cet acte vers l'an 1145.

Telle fut l'origine des droits de la maison de Grosse-Sauve sur le territoire de Seuchey, droits qu'elle conserva jusqu'en 1790. Car, à cette époque, les Pères du séminaire de Langres, propriétaires de Grosse-Sauve, y percevaient des dîmes et y avaient des champs et des vignes. La maison dans laquelle ils venaient quelquefois pendant les vacances, et qui leur servait de vendangeoir, existe encore.

Il n'y a jamais eu d'église à Seuchey. Avant la révolution, il dépendait de la cure de Grenant; maintenant il est annexé à la paroisse de Saulles.

Quoique cette localité ne se compose que de dix feux et de quarante-six habitants, elle forme une commune. Elle a son maire, son adjoint, son conseil municipal, sa boîte aux lettres et son territoire.

TORCENAY.

Torcenay ou Tourcenay tire probablement sa dénomination d'un ancien donjon qui existait encore au commencement de ce siècle, et qu'on appelait *Tour de Cenay* ou *Tour Cenay*. Il était situé à côté de l'église. Le mot *Cenay* indique sans doute le nom du seigneur qui a fortifié cet endroit et sous lequel le village s'est formé.

On trouve sur le territoire plusieurs mares et des restes de camp romain, suivant la tradition.

Nous voyons un Huo de Torcenay, chevalier, en 1208, et Eudes, seigneur de Torcenay, qui fit, en 1297, une donation à l'hôpital de Grosse-Sauve. Othenain de Torcenay fut arbitre d'un différend élevé entre les sires d'Aigremont et de Vergy, en 1364.

Dans un dénombrement du 23 février 1465, l'évêque de Langres déclara au roi qu'il avait la haute justice à Torcenay. Aussi ce village était-il soumis à la prévôté seigneuriale, que l'évêché avait établie à Hortes.

En 1541, Torcenay appartenait à François de Livron, seigneur de Bourbonne, qui fut marié, cette année, à Bonne du Châtelet. Il assista, en 1555, à la rédaction de la Coutume de Sens, et mourut en 1563. Erard de Livron, son fils, épousa, en 1604, Gabrielle de Bassompierre, dame de Mandres et de Ville-sur-Illon. Il était qualifié du titre de baron de Bourbonne, seigneur de Torcenay, etc., et occupait des charges importantes dans les cours de France et de Lorraine. Son frère Nicolas, aussi seigneur de Torcenay et de Bourbonne, fut tué à la bataille de Montcontour. En 1650, Torcenay appartenait encore à un membre de cette famille, Charles de Livron.

A la fin de 1636, le duc de Saxe-Weimar, commandant des Suédois au service de la France, vint, à son retour de Franche-Comté, prendre ses quartiers d'hiver à Torcenay et aux villages d'alentour. Il y resta jusqu'au 15 décembre. « Et en suite de l'infection de son armée audict lieu, dit Mâcheret, moururent plusieurs paysans dudict Tourcenay, lesquels se pensant retirer dans leurs maisons, les trouvèrent toutes infestées de corruption que la guerre cause ordinairement. »

« L'année 1637, continue le même auteur, s'est trouvée à notre égard et humainement parlant, la plus cruelle que les hommes aient peut-être pu jamais voir ; car la cruauté des Croates nos ennemis jurés nous prenant continuellement prisonniers et ruynant et bruslant tout ; la perfidie des Suédois nos confédérés qui n'estoient de notre party que pour nous trahir, car ils ne craignoient les pauvres malades contagiés, les volloient entièrement tout ce qu'ils possédoient jusqu'à leur pain : et notre troisiesme ennemy qui estoit la peste tellement envenimée contre nous qu'elle sembloit avoir juré notre fin et notre ruyne, laquelle avec la guerre des deux susnommés, en ont moissonné plus de cinq mille personnes tant langrois que circonvoisins. »

Il n'y eut cette année, ni baptêmes ni mariages à Torcenay, parce que tous les habitants avaient abandonné ce village et s'étaient retirés à Langres et aux environs pour échapper au massacre.

« Le sabmedy sixiesme apvril, la nécessité du labourage a esté si grande en ce pays, que l'on a veu six hommes attelés à la charrue en forme et place de bestes et la tirer pour labourer au finage de Tourcenay, et pour confirmation de ce les sieurs

Raoux curé dudict Tourcenay et Hondry curé de Chalindrey y estoient présents. »

« L'an 1642, le jeudy 3 juillet, les Croates et autres de la garnison de Rupt se transportèrent au lieu de Tourcenay, et après avoir esté longtemps en embuscade estant à demy descouverts se jettèrent contre les jardins et barricades desquels ils furent vaillamment repoussés, et voyant qu'ils n'avoient rien faict, donnèrent un coup de sabre à une pauvre femme qu'ils rencontrèrent en leur chemin, de laquelle, Dieu aydant, l'on espère la santé, et s'en retournant menacèrent de brusler ledict village s'ils n'en recepvoient dans huict jours une contribution. »

Le château de Torcenay était du nombre de ceux que le roi avait donné ordre de défendre en 1636.

Au milieu du xviiie siècle, la terre de Torcenay appartenait, au moins en partie, à Philippe-Gabriel Profilet, écuyer, qui était aussi seigneur de Dardenay, Choilley, Balesmes, etc.

Ce village faisait partie du doyenné du Moge, de l'archidiaconé, du diocèse et du bailliage de Langres. La nomination du curé appartenait à l'évêque.

L'ancienne église contenait une chapelle dans laquelle on arrivait par un souterrain venant du château qui était à côté. Cette église, malsaine et insuffisante, fut démolie au mois de mai 1842, et l'on en construisit une autre sur les dessins de M. Péchinet, architecte à Langres. La bénédiction en fut faite par le curé, M. Lamontre, le 17 décembre 1843, et Mgr. l'évêque la consacra le 14 avril 1847, sous l'invocation de saint Martin, titulaire de l'ancienne.

Torcenay est situé à deux kilomètres de la gare de Culmont-Chalindrey, et traversé par le chemin de fer de Paris à Mulhouse. Il y a à côté du village un tunnel de 1080 mètres de long. Les travaux commencés en février 1855, ont duré trois ans. Une première voie a été ouverte au public le 22 février 1858. La commune et les particuliers ont cédé plusieurs terrains ; et huit maisons ont été démolies moyennant une indemnité.

Le village est mal bâti ; les rues sont irrégulières et les maisons couvertes en chaume, aussi il y a de fréquents incendies ; on en compte plus de douze dans les huit dernières années.

Le sol est assez fertile en blé. On y récolte peu de vin et beaucoup d'excellents fruits.

Hubert Poisot ou Poirot, né à Torcenay, fut regardé dans son siècle comme un homme de talent et de mérite. Nous le trouvons qualifié de doyen-officiant à Saint-Didier, chapelain de la chapelle de Saint-Vincent, secrétaire du chapitre cathédral de Langres, en 1503, greffier des quatre obédiences, en outre curé dans la Franche-Comté, chanoine de Saint-Mammès, scelleur, promoteur, référendaire et official (1).

Patrie du général Brayer, qui se distingua au siége de Dantzick.

TORNAY.

Tornay s'écrivait autrefois Toornay et Tournay, en latin *Tornaium* ou *Torneium*. On a trouvé dans le cimetière plusieurs cercueils de pierre blanche.

L'évêque Gauthier qui occupa le siége de Langres de l'an 1163 à l'an 1177, donna à l'abbaye de Belmont l'église de Tornay pour la posséder à perpétuité, à condition que l'abbesse aurait soin, après la mort du curé, de nommer un prêtre pour la desservir. Cette concession fut confirmée après la mort du prélat, par Robert, archidiacre. Depuis cette époque jusqu'en 1790, les abbesses exercèrent le droit de présentation à la cure de Tornay.

(1) Annuaire de 1811, et MMts de l'abbé Mathieu, tom. V, pag. 387.

En 1490, Tornay ressortissait de Fouvent-le-Château. Tornay et Fouvent-la-Ville avaient été unis par les commissaires du roi Charles VII et de Philippe-le-Bon, duc et comte de Bourgogne. Le bailli de Fouvent-le-Château siégeait pour ces deux villages à Fouvent-la-Ville. Les habitants étaient tenus au guet et à la garde du château de Fouvent.

La seigneurie était divisée en plusieurs fiefs, dont quelques-uns relevaient du château de Fayl-Billot, comme on le voit dans les dénombrements donnés par les seigneurs et les barons. Les autres appartenaient à divers seigneurs, comme Nicolas le Genevois, et Richard Féret, en 1663 : Jean Dubois et André Varney, écuyers, en 1683. Mais la famille prédominante était celle des Noirot. Robert Noirot, écuyer, avait usurpé à la faveur des guerres du XVIIe siècle, toutes les dîmes menues et vertes, celles de vin et moitié de celles des quatre grains, qui ne pouvaient être possédées par des laïques qu'à titre d'inféodation. Or les dames de Belmont, par acte du 19 décembre 1686, avaient cédé ces dîmes à leur aumônier, dom Philibert Payelle, religieux de Cîteaux, bâchelier en théologie de la faculté de Paris, nommé à la cure de Tornay. Pour cela celui-ci avait renoncé à la portion congrue que l'abbesse payait à ses prédécesseurs. Il forma une demande en justice, tendant à obtenir la restitution des dîmes à partir du jour où il avait pris possession de la dite cure. Robert Noirot fut condamné à les lui rendre.

Sa fille, Marguerite, épousa Pierre Girault, chevalier, seigneur de Vitry, garde du corps chez le roi, et mourut en 1733.

Tornay faisait partie du duché de Bourgogne et du bailliage de Dijon. Il était soumis à la subdélégation de Fayl-Billot.

Après la révolution, il fut annexé à Gilley, et vers l'an 1845, on l'érigea en succursale. L'église dediée à saint Loup, patron de la paroisse, a été restaurée quelque temps après.

VALLEROY.

Valleroy ou Vaulcroy vient peut-être du latin *Vallis regis* ou *regia*, vallée du roi.

On y a trouvé des débris d'anciennes constructions et des traces d'une voie romaine allant au camp de Morey.

D'après un terrier de l'an 1490, ce village ressortissait du bailliage de Fouvent, et les habitants étaient tenus au guet et à la garde du château de ce lieu.

Il appartenait à l'ordre de Malte. Un dénombrement du xviiie siècle nous apprend que le commandeur de la Romagne était seul seigneur de Valleroy. Il y avait la haute, moyenne et basse justice, et la faisait exercer par son bailli de Broncourt, ses lieutenant, juge, procureur fiscal, greffier, sergent, garde-forestier, etc.

En conséquence, il avait les droits d'épaves, d'aubaine, de confiscation, d'amende, etc.

Chaque habitant ayant bêtes tirantes ou portantes à la charrue, lui devait tous les ans pour chacune quinze deniers qui se payaient au jour de saint Remy ; et, afin que le receveur de la seigneurie pût percevoir ce droit plus régulièrement, les habitants étaient tenus, sous peine d'amende, de déclarer, à chaque saison, les bêtes qu'ils possédaient. De plus ils étaient redevables de trois corvées de charrue aux trois saisons ou de deux sous six deniers pour chaque corvée, payables le lendemain de Noël, sous peine de trois sous d'amende.

Ceux qui n'avaient point de bêtes de labourage devaient trois corvées de bras par an ou trois fois dix deniers, sous peine de trois sous d'amende.

Tous les habitants ayant charrue ou non, ainsi que les forains ayant des propriétés sur le territoire, devaient tous les ans à la fête de saint Remy dix flans et demi, sans distinction.

Le seigneur avait le droit de lots et ventes sur toutes les maisons et autres propriétés qui se vendaient. Pour cela l'acquéreur lui payait trois sous quatre deniers par livre. On était tenu de passer le contract de vente devant le tabellion du seigneur, et de lui donner trois sous quatre deniers par acte pour le droit de tabellionage. Ceux qui s'adressaient à un autre notaire étaient soumis au même droit, et obligés de fournir, en outre, un chapon ou trois sous quatre deniers, au choix du seigneur. Quant à ceux qui aliénaient des héritages avec faculté de réméré pour deux ans, ils n'étaient point soumis au droit de lots et ventes, s'ils les rachetaient dans le temps fixé.

Le seigneur avait également le droit de four banal à raison de vingt pains l'un. Pour cela et pour la place d'un étang acensé aux habitants, chaque ménage payait annuellement deux bichets et demi de froment, le fort portant le faible, sous peine de vingt sous d'amende. Par suite de cette redevance, il leur était permis d'avoir des fours chez eux et de faire *champoier* ledit étang.

La dîme de tous les grains, à raison de dix-sept gerbes deux, se partageait entre le commandeur et le curé de Gilley.

La commune possédait un canton de bois de soixante arpents, sis au-dessus du village et dans lequel le seigneur avait le droit de triage.

En 1781, le commandeur de la Romagne était M. Louis-Jacques de Vitasse-Gaucourt.

Avant la révolution, Valleroy était, sous le rapport religieux, annexé à Gilley. Maintenant il est desservi par M. le curé de Farincourt. L'église est sous le vocable de saint Brice.

François Laignelot, homme de lettres, né à Valleroy en 1748, fut membre *de l'assemblée constituante*. Il mourut à Versailles en 1830.

VONCOURT.

Au commencement du xvie siècle, ce village appartenait à la maison de Montarby. En 1533, l'on y comptait vingtet un chefs de famille et quatre veuves. Voici un acte daté de cette année, qui nous apprend quelles étaient alors les redevances des habitants envers leur seigneu.

L'an 1533, le 6 du mois d'octobre, par devant moi Claude Durand, notaire tabellion juré en cour royale, demeurant à Bussières, commissaire député de monseigneur le bailly de Sens ou son lieutenant pour mettre à exécution certaines lettres-royaux en forme de terrier, en ce qui est au bailliage de Sens, impétrées par Henry de Montarby, écuyer, seigneur de Voncourt et de Montz..., se sont comparus devant moi lesdits habitants et les forains parmi lesquels noble et vénérable personne maître Robert, chanoine de Langres et curé de Gilley, représenté par discrète personne messire Pierre Blondel son vicaire audit lieu, noble et discrète personne maître Claude Besançon, curé de Savigny, représenté par messire Nicolas Gay son vicaire.

Et premièrement ont confessé les dits habitants et forains leurs héritages non censables, étant au finage dudit Voncourt, être chargés et redevables envers ledit seigneur impétrant et ses successeurs chacun an et perpétuellement au jour de fête de saint Michel archange et de... à savoir : chacun journal de terre arable de deux sols tournois, les châts de maison de deux sols six deniers tournois; la fauchée de pré de trois sols tournois; un emplastre pour construire ou édifier maison d'un châtz, quinze deniers tournois. Et là où lesdits habitants ne paieront aux dits jours, est loisible audit seigneur et ses serviteurs et commis de faire barrer et arrêter leurs bêtes jusqu'à entière solution et paiement des sommes par eux dues de leurs héritages, à peine de soixante sols tournois d'amende.

Item plus ont confessé lesdits habitants et forains, labourant audit finage, être tenus et redevables envers ledit seigneur de faire chacun an trois corvées et journées de charrue, à savoir: l'une en la carême, l'autre au sombre, et l'autre en vain au semer. Et prendre, quand bon semblera audit seigneur de Voncourt pour chacune corvée et journée deux sols six deniers tournois au choix dudit seigneur. Et ceux qui n'ont charrues ou bêtes labourant doivent et sont tenus de faire chacun an trois corvées de bras ès saisons de fenaison et moisson, ou pour chacune journée dix deniers tournois au choix dudit seigneur.

Item plus ont confessé être tenus et redevables les dits habitants et forains tenant héritage audit finage dudit Voncourt envers ledit seigneur, de faire tous les ans une journée et corvée de faulx en fenaison ou pour chacune journée six blancs au choix du seigneur.

Item plus ont confessé lesdits habitants être sujets et tenus au guet, garde et réparation du château dudit Voncourt et..... selon la coutume du passé.

Item plus ont confessé lesdits habitants être sujets et tenus de moudre toutes graines au moulin banal dudit seigneur de Voncourt en payant la coupe et mouture accoutumées. Et là où ils seroient trouvés avoir fait le contraire, seront amendables de soixante sols tournois envers ledit seigneur, et sera confisquée la graine, s'il n'y a cause ou excuse légitime.

Item plus ont confessé les dits habitants être sujets redevables et tenus de cuire leur pain, fouasse et flans au four banal dudit seigneur ou à ses administrateurs et fermiers, de seize jusqu'à dix-huit pains......., et davantage pour le jour de Noël paieront de chacune fournée quatre pains sous peine de soixante sols tournois d'amende.

Item plus ont confessé les dits habitants ne pouvoir vendre vin en détail audit Voncourt depuis le jour de Noël jusqu'à la Chandeleur, sans payer le droit de banvin appartenant audit seigneur.

Item plus ont confessé lesdits habitants être tenus et sujets de passer toute lettre d'héritages, traités et autres communautés sous le tabellionage dudit seigneur de Voncourt, et ceux ainsi passés, sont tenus de les lever du tabellionage et faire sceller du scel dudit seigneur devant quarante jours après la réception d'iceux et de passer et faire enregistrer leurs dites lettres devant huit jours après le marché fait, et en avertir ledit seigneur ou tabellion à peine de soixante sols tournois d'amende.

Item plus ont confessé lesdits habitants être sujets, redevables et tenus de payer audit seigneur lots et ventes, à savoir pour chacune livre des héritages qu'ils vendront et qui seront censables trois sols quatre deniers tournois, et davantage que des maisons qu'ils vendront, seront et sont tenus de payer par dessus les dits lots et ventes une pièce de toile de vingt-quatre aulnes, et là où il n'y aurait que demie maison, ne paieront que demie pièce, etc...

Item plus ont confessé lesdits habitants et forains tenant héritages audit Voncourt être sujets et tenus de vendanger les vignes du domaine dudit seigneur audit Voncourt, et d'y mettre gens suffisants pour ce faire, et pour chacun défaillant payer trois sols tournois.

Item plus ont confessé les dits habitants ne pouvoir presser leurs vendanges ailleurs qu'au treuil ou pressoir banal dudit seigneur de Voncourt, à peine de l'amende de soixante sols.

Item plus ont confessé lesdits forains labourant vignes audit Voncourt qu'ils ne peuvent emmener leurs vendanges hors ledit Voncourt sans appointer audit seigneur pour le passage ou treuillage de leurs vendanges au treuil ou pressoir banal dudit seigneur à peine de soixante sols d'amende.

Item plus ont confessé lesdits habitants que ledit seigneur de Montarby impétrant est seigneur dudit Voncourt, et a justice haute, moyenne et basse sur tous les habitants résidant audit Voncourt, et puissance d'amender à son profit. Ses officiers ont pouvoir de connaître de toutes causes criminelles et civiles, e t a ledit seigneur signe patibulaire au finage dudit Voncourt. Il a un château et maison fort, environné de fossés fermant à ponts-levis, ensemble plusieurs jardins, meix et garennes, avec une basse cour où est assis un colombier de pierres, où sont un treuil et une grange de trois châtz, etc., etc.

En 1608, la seigneurie de Voncourt était possédée par Jean de Choiseul, baron de Francières et de Meuvy, gouverneur de Langres, lequel mourut en cette ville le 11 mai 1630.

A l'époque de la guerre de Franche-Comté, l'on mit au château de Voncourt une garnison commandée par Ducerf, capitaine langrois. Au mois de juin 1639, il alla avec le marqui de Francières, gouverneur de Langres, et les sieurs de Genevrières et de Montarby, guerroyer au comté de Bourgogne, et contribua à la prise de Montreuil-sur-Saône. En 1643, il fit une sortie contre les ennemis, qui s'emparèrent de sa personne et le conduisirent en prison à Gray.

La seigneurie passa dans la maison des Girault. Jean Girault, qui avait une sœur mariée à Guillaume de Montarby, écuyer, seigneur de Voncourt et de Changey, l'obtint soit par héritage, soit par acquisition. Il eut de sa femme Claudette de Maignen un fils, nommé François, qui était, en 1648, écuyer et seigneur de Voncourt. Il épousa Jacquette Piot, qui lui donna plusieurs enfants, entre autres François, Marguerite et Anne. 1° François eut une partie de la seigneurie de Voncourt. Il était écuyer, chevalier de Saint-Louis et capitaine de cavalerie au régiment Dauphin. Il mourut en 1729, et fut inhumé au chœur de l'église de Savigny, dans le tombeau de ses ancêtres. 2° Marguerite fut mariée à M. Thomas Petit, écuyer, qui devint ainsi seigneur en partie de Voncourt. Ils laissèrent leurs biens à leur fils Thomas, écuyer, capitaine au régiment de Champagne, marié à Mlle Marie-Marguerite d'Hémery. Celui-ci eut pour héritiers ses enfants, Thomas-Bernard aussi écuyer et lieutenant au même régiment, Marguerite-Françoise et Anne qu'on appelait Mlles de Voncourt. 3° Anne Girault épousa Jérôme Véron. De ce mariage naquirent Etienne, seigneur de Voncourt, lieutenant de cavalerie dans le régiment Vaudrey, Simon-Marie, écuyer, seigneur de Savigny, lieutenant de cavalerie au régiment Dauphin, Jean-Jérôme, écuyer, etc.

En 1737, M. Thomas Petit fit avec les habitants de Voncourt une transaction par laquelle il les déchargea à perpétuité du droit de guet et garde au château de ce lieu et des réparations, en vertu duquel chacun d'eux avait été jusqu'alors obligé de payer annuellement quinze sous au seigneur.

Dans l'acte de partage de la terre de Voncourt entre les enfants de M. Thomas Petit et de dame Marguerite D'Hémery, fait le 10 mai 1765, on lit : Le château, enclos et dépendances appartiendront, suivant la coutume, audit Thomas-Bernard Petit, par préciput ou droit d'aînesse. — Puis trois lots faits ensuite avec égalité et tirés au sort. — La justice sera rendue à frais communs. Les officiers de justice ne pourront être institués ou destitués que d'un commun consentement.

L'année suivante on nomma à Voncourt un nouveau juge, par un acte conçu en ces termes :

« Nous Marie-Marguerite d'Emery, veuve douairière de feu messire Thomas Petit, chevalier et seigneur de Voncourt et autres lieux, et en cette qualité usufruitière de cette terre, Françoise-Marguerite Petit et Anne Petit, filles et héritières dudit feu Thomas Petit, ayant en cette qualité la propriété des droit de haute, moyenne et basse justice dans la terre de

Voncourt, étant bien informées des vie, mœurs, et âges, Religion catholique, apostolique et romaine de sieur Pierre Douette, notaire royal demeurant à Fouvent-le-Châtel, juge de Gilley et Fouvent-le-Prieuré, et de son expérience au fait de la pratique, l'avons par ces présentes nommé et institué, nommons et instituons notre juge dans l'étendue de notre dite terre de Voncourt, pour par lui en faire les fonctions aux honneurs, fruits, profits et émoluments attribués audit office, à la charge par lui de se conformer aux ordonnances et règlements de la Cour. Mandons à nos justiciables de le reconnaître en ladite qualité de juge, de lui porter les honneurs tels qu'ils les doivent à nos officiers.

En foi de quoi nous nous sommes soussignées et avons fait apposer à la présente le cachet de nos armes.

Fait et donné en notre hôtel de Langres cejourd'hui 20 juin 1766. »

La terre passa ensuite par acquisition à M. Billerez, qui prit le titre de seigneur de Voncourt.

Ce village n'a jamais eu d'église. Il dépend de la paroisse de Savigny.

APERÇU GÉOLOGIQUE

SUR

LE CANTON.

L'agriculture, les arts, l'industrie sont trop directement les tributaires des richesses minérales que la terre recèle dans son sein, pour que nous ne jetions pas un coup-d'œil sur le sol de notre canton.

Si l'on examine la carte géologique de la Haute-Marne, que deux de nos compatriotes (1), après de longues et minutieuses études, viennent de terminer, et qu'il nous a été donné de consulter, on voit que les terrains qui composent le sol géologique de notre département, représentés par trente-six couleurs différentes, forment une série continue empruntée à l'échelle générale des terrains, à partir de la craie exclusivement jusqu'au grès bigarré inclusivement. Cette série est formée de haut en bas par

    le terrain crétacé inférieur,
    les trois étages du terrain oolithique,
    les quatre étages du terrain liasique,
    le terrain keupérien,
    le granit.

---

(1) MM. Royer, de Circy, et Barotte, de Brachay. C'est à M. Barotte que nous devons les documents qui composent cette notice.

Tous ces terrains, à l'exception du seul lambeau de granit qui apparaît à Bussières-les-Belmont, sont d'origine neptunienne. Tous, dans la partie du département qui, géologiquement parlant, **appartient** au bassin parisien, inclinent du sud-est au nord-ouest, leurs affleurements prenant une direction sud-ouest, nord-ouest, parallèle à la direction moyenne des deux chaînes des Vosges.

Les terrains sur lesquels est assis le canton de Fayl-Billot font exception à la loi générale qui régit l'inclinaison et la disposition d'ensemble des terrains du département. Nos terrains, fréquemment interrompus par des failles ou brisures du sol ayant elles-mêmes des directions différentes, inclinent sous des angles variables tantôt vers l'un, tantôt vers l'autre de ces accidents, et placent à des niveaux différents, sur des points très-rapprochés les uns des autres, des couches de même âge dont la solution de continuité a disparu.

En allant des terrains les plus modernes aux terrains les plus anciens, la série de ceux du canton de Fayl-Billot comprendra :

Terrain moderne.	Alluvions et terre végétale.
Terrain oolithique.	Forest-marble.
	Grande, oolithe.
	Fulleis-Earth.
	Oolithe inférieure.
Terrain liasique.	Lias supérieur.
	Lias moyen.
	Lias inférieur.
	Grès infra-liasique.
Terrain keuprique.	Marnes irisées.
	Muschelalk.
Terrain ancien ou de transition.	Granit ou gneiss.
Accidents géologiques.	Failles.

Disons aussi brièvement que possible par quoi et en quels lieux sont représentés ces différents étages géologiques. Commençons par les plus anciens et arrêtons-nous d'abord un instant sur ces failles qui jouent un si grand rôle dans l'étude géologique de nos contrées.

Failles.

Aucune partie du département n'offre d'exemples aussi multipliés et aussi caractérisés de ces sortes d'accidents que notre canton.

Ces failles ou brisures du sol sont toujours des dépendances de quelque grand phénomène qui a réagi sur la croûte du globe. Le plus souvent, elles sont la conséquence de l'apparition à la surface de la terre de quelque chaîne de montagnes. Celles que nous étudions en ce moment paraissent avoir cette origine; la plupart semblent se rattacher au soulèvement de la chaîne des Vosges et à celui de la Côte-d'Or. L'îlot granitique de Bussières-les-Belmont, s'il peut être considéré comme point de soulèvement, a probablement donné naissance à quelques-unes d'entre elles. Leur direction vers ce point remarquable et leur proximité pourraient le laisser supposer (1).

(1) M. Lacordaire, qui, le premier, a fait remarquer cette particularité à M. Elie de Beaumont, vers l'an 1827, regarde cela comme certain. Selon lui, le point granitique est un soulèvement du dernier éperon de la chaîne des Vosges. Des roches primitives, sorties à l'état incandescent, ont modifié les roches superposées. Ce bouleversement du sol a déterminé toute la géologie du canton.

M. Lacordaire (Jean-Auguste-Philibert-Alexandre) est né à Bussières-les-Belmont, le 1er mai 1789, d'une ancienne famille de médecins distingués. (Il est cousin germain du R. P. Lacordaire, le célèbre conférencier de Notre-Dame, dont le père est né et mort à Bussières).

En 1807, il entra à l'école polytechnique, et, deux ans après, à celle des ponts-et-chaussées. Il fut successivement ingénieur ordinaire à Gray, à Bor-

Ces failles, en changeant le plus ordinairement la position des strates de la terre, placent le plus souvent à des niveaux tres-différents chacune des parties de ces couches brisées, interrompent la continuité, et se traduisent quelquefois à la surface par une ligne qui sépare brusquement des terrains d'âge et de nature différents. Se présentant dans ces conditions, elles sont faciles à suivre et à étudier. Il n'en est pas de même lorsqu'elles apparaissent sous forme de plissements, ou que peu puissantes elles n'affectent que des terrains de même âge ou de même nature.

Celles de nos environs revêtent ces deux formes diverses, ces deux manières d'être. L'une d'elles appartient à la première catégorie, c'est celle qui, sortant de la Haute-Saône à Charmes-Saint-Valbert, traverse les territoires de Voncourt, Farincourt, Valleroy, Gilley, Tornay, Belmont, Saulles et Grenant pour entrer dans le canton de Longeau à Grandchamp. Elle se dessine nettement à la surface non-seulement par une arête des plus prononcées que forme sa lèvre méridionale, mais encore par la nature des terrains qu'elle sépare. Elle divise le canton en deux régions agricoles naturelles : au sud, des sols calcaires reposant sur les différents étages du terrain oolithique inférieur; au

---

deaux, à Vesoul et à Saint-Etienne. Appelé, en 1823, au canal de Bourgogne, il consacra, pendant onze ans, ses soins à cette vaste entreprise qui lui valut, en juin 1828, le titre d'ingénieur en chef. En janvier 1831, il reçut la croix de chevalier de la Légion d'honneur. En 1832, le collége électoral de Gray le nomma député. En 1846, il devint inspecteur-général des ponts-et-chaussées. Retraité depuis 1848, il est mort à Paris, le 24 juin 1860.

Dès l'an 1820, M. Lacordaire cultiva avec ardeur les études géologiques. Membre et fondateur de la société géologique de France, il a fait beaucoup d'expériences qui ont amené la découverte du ciment romain, à Pouilly (Côte-d'Or), pour laquelle il reçut une médaille d'or de la société d'encouragement. Ses recherches à Bussières ont abouti à la découverte de la carrière de gypse et d'un banc de houille d'une trop faible puissance pour être exploité fructueusement.

nord, des sols presque exclusivement argileux et siliceux reposant sur les différents étages du lias et du keuper.

Cette faille très-remarquable par ses allures qui sont des plus capricieuses, en contournant de sa lèvre sud les couches calcaires, donne lieu à une foule d'accidents naturels pleins d'intérêt pour le touriste et le savant.

Nous indiquerons les endousoirs de Grenant et la perte des ruisseaux de Farincourt et de Tornay qui, après avoir suivi un cours souterrain plus ou moins considérable, apparaissent de nouveau à Fouvent-le-Bas, sous forme de source importante capable de faire mouvoir une usine en sortant de terre.

Ces vallons desséchés et sans eau si fréquents sur les finages de Seuchey, Frettes, Tornay, Gilley et Valleroy, doivent très-probablement, en grande partie, leur manière d'être à la même cause.

La plupart des autres failles qui prennent naissance dans notre canton ou qui le traversent, appartiennent à la deuxième catégorie dont nous avons parlé. Affectant presque exclusivement les marnes irisées et les grès de l'infra-lias, elles sont, lorsqu'elles ont peu de puissance, d'une étude assez difficile. Nous n'en citerons que quelques-unes.

La principale passe au sud du lambeau de granit de Bussières, à peu près dans la direction S.-E. N.-O. Partant de la ferme de Veronne, près de laquelle elle se croise ou se réunit à la grande faille de Belmont, elle passe au nord de Bussières, affectant le plateau surbaissé, qui de ce bourg conduit aux carrières de granit, traverse le *Bois-Brûlé* et les bois *Ordinaires* de Fayl-Billot, dans lesquels elle se rend sensible par la dépression de terrain qu'elle produit, suit non loin de l'ancienne ferme de *Carbolot,* et va, en perdant de sa puissance et en infléchissant légèrement vers l'est, se jeter dans la vallée de l'Amance, au-dessous de Rougeux, après avoir traversé ce village.

Il en existe deux autres moins importantes, mais très-visibles sur certains points de leur parcours. La première, ayant une direction presque parallèle à la grande faille de Belmont, paraît partir des environs de Pressigny pour aboutir près du point granitique de Bussières. Elle traverse Poinson, dont elle suit la grande rue et longe la vallée du *Petit-Crot* et de la plâtrière de Bussières. La seconde, qui a une direction sensiblement parallèle à la grande faille de Bussières, se dirige, comme elle, vers la vallée de l'Amance, après avoir longé, au nord, les clos de Broncourt.

Nous n'en dirons pas davantage sur les failles. Nous laissons à ceux qui font une étude suivie de la croûte de notre globe, le soin de rechercher quel est leur âge, à quel phénomène elles doivent leur origine, et de décrire les accidents secondaires auxquels elles ont donné lieu.

Terrain ancien ou de transition.

Au fond du vallon qui, prenant naissance dans les bois de Champsevraine, descend à Bussières, le ruisseau a mis à découvert une roche peu connue dans nos contrées, qui, d'après certains géologues, serait du granit et, suivant d'autres, du gneiss. Dans la première hypothèse, elle appartiendrait aux terrains anciens ou d'irruption; dans la seconde, elle dépendrait des terrains de transition. Dans le premier cas elle serait d'origine ignée; dans le second, d'origine neptunienne. Nous nous contenterons de la décrire en quelques lignes.

Cette roche d'une faible importance n'apparaît que sur quelques ares de terrain. Elle est en blocs, très-fissurée, et présente une fausse stratification. D'un assez beau rouge, elle a pour éléments constitutifs ceux du granit, et paraît avoir beaucoup d'analogie avec celui de Fresse, décrit par M. Thirria dans sa statistique de la Haute-Saône. Elle n'a été jusqu'ici l'objet d'aucune exploitation suivie.

Ce granit ou ce gneiss est accompagné d'une roche d'une tout autre nature, qui lui est probablement subordonnée et paraît appuyée sur ses flancs. Cette roche, d'un gris noirâtre, très-siliceuse, d'une dureté et d'une ténacité peu communes, est très-fissurée et n'offre aucune apparence de stratification. Elle renferme dans ses fissures, des veinules de baryte, et des espèces de géodes remplies de cristaux de quartz. Elle a beaucoup d'analogie avec les eurites quartzifères, ou pourrait bien être une roche de transition, silicifiée par infiltration, et dont la stratification aurait été détruite par l'action du métamorphisme.

Terrain keuprique.

Ce terrain comprend, à la partie supérieure, les marnes irisées; à la partie inférieure, le muschelkalk, et à la base, le grès bigarré. Mais celui-ci n'apparaît nulle part dans notre canton.

1° *Muschelkalk*. Le muschelkalk, terrain composé de marnes et de calcaire magnésien à sa base et à sa partie moyenne, d'argile à sa partie supérieure, n'est constaté qu'en deux points du canton, sur le seul finage de Bussières : près le point granitique et dans la vallée du Saulon, sur la rive gauche de cette rivière, en face la ferme du *Pautet* et le *Martelo*, et jusqu'au confluent du petit vallon, dans lequel est située la ferme *Le Combé*.

Sur l'un et l'autre de ces points ce terrain n'occupe que peu d'étendue. Près du point granitique, dans les ornières des chemins qui montent dans le bois, sur la rive gauche du vallon, on remarque ces plaquettes cloisonnées de calcaire roussâtre que renferment à leur partie supérieure les argiles qui couronnent cette formation.

Près le Saulon, non-seulement les argiles existent dans toute leur puissance au point que nous avons indiqué, mais encore les calcaires magnésiens qui composent la plus grande partie de cet étage. C'est de ces calcaires, qui là ont peu d'importance et dont la stratification paraît dérangée, que sourde une source minérale et gazeuse.

2° *Marnes irisées.* Les marnes irisées tirent leur nom des nuances variées qu'elles offrent. Généralement elles sont peu schisteuses, très-peu effervescentes et assez friables. A leurs deux limites extrêmes, elles deviennent plus schisteuses, plus tenaces et plus uniformes de couleur, alternant à la base avec de petits bancs calcaires et à leur sommet avec de petits bancs de grès. Leurs couleurs variées et les plus ordinaires, souvent disposées par zônes et se fondant l'une dans l'autre, sont le violet, le brun, le rouge lie de vin, le gris bleuâtre, le gris verdâtre, le gris jaunâtre.

C'est de ce terrain que l'on tire, à des niveaux différents, les dolomies et la pierre à plâtre, dans la Haute-Marne; la houille, dans la Haute-Saône, et le sel gemme, dans certains départements de l'Est.

Ces marnes forment, on peut le dire, le massif d'une grande partie de notre canton. Nulle part, on ne les voit sur les sommets, parce que là elles disparaissent sous le grès de l'infra-lias; mais toutes les rampes de nos vallées sont constituées par elles. Les versants de la vallée du Saulon depuis la plaine de Chalindrey jusqu'à Bussières, des vallées de l'Amance et de Fayl-Billot avec leurs vallons tributaires; ceux des vallons des *Angles* et de la *Chapelle* sur le finage et dans les bois de Pressigny; celui de Voncourt, au-delà de ce village, en sont entièrement composés.

Elles sont sillonnées par des ravins quelquefois assez profonds qui prennent naissance à la base des grès superposés et laissent voir ordinairement de belles coupes, dans lesquelles alternent les dolomies et ces couches marneuses si variées de couleur.

Toujours elles sont couvertes d'une belle végétation, soit qu'elles portent de la vigne, des forêts ou des cultures ordinaires.

Le gypse ou pierre à plâtre que l'on exploite à Bussières et sur d'autres points du département, se trouve presque à la base de ce terrain. Son gisement n'est pas constant et il ne peut être regardé que comme un accident. Les marnes gypseuses sont ordinairement plus résistantes que les autres.

Les dolomies exploitées à Bussières et aux Loges, ainsi que sur la vallée de l'Amance, pour être converties par la calcination en chaux hydraulique, sont très-constantes aux différents niveaux auxquels on les rencontre. Elles peuvent varier de puissance, mais leur horizon ne change pas. La couche la plus puissante est celle qui est exploitée à Voncourt comme pierre de taille. Elle a ordinairement de quatre à cinq mètres d'épaisseur. On exploite ces dolomies encore comme moellons, et nous ne doutons point qu'on puisse ouvrir en maints endroits, où on ne les soupçonne pas, de fort belles carrières.

Ces dolomies ont une texture très-compacte, une cassure grenue, une couleur jaunâtre avec des taches rougeâtres ou bleuâtres. Quelquefois elles sont marneuses et ont une cassure terreuse. On en rencontre aussi qui ont un aspect saccharoïde, qui paraissent un peu siliceuses, à tissu fin et serré et à cassure esquilleuse.

Le plâtre qui, comme nous l'avons dit, n'est qu'un accident dans ce terrain, a une puissance aussi variable que son gisement et sa nature. Il est ordinairement très-argilleux, de couleur grisâtre et mélangé de veines ou poches de gypse saccharoïde rose ou blanc. Il est brûlé et broyé sur place et peut être employé aux constructions et au plâtrage des prairies artificielles (1).

Des sondages ont été faits par une compagnie aux environs de Bussières pour la recherche des houilles que l'on exploite dans la Haute-Saône. On trouva, en effet, un filon de houille analogue à celui de Gouhenans ; mais son épaisseur n'était pas assez grande pour qu'il fût exploité avec avantage ; on fut forcé d'abandonner l'entreprise. La houille et le sel gemme aussi bien que le gypse ne sont que des accidents dans ce terrain. Voilà pourquoi, à moins que des indices certains ne fassent espérer un heureux résultat, il ne faut pas se livrer à de pareilles recherches, qui entraînent dans des frais considérables.

Terrain liasique.

1° *Grès infra-liasique*. L'étage inférieur du terrain liasique, formé des grès de l'infra-lias, occupe dans notre canton la plus grande surface. Rarement recouvert par l'étage qui lui est superposé, celui du calcaire à gryphées, il recouvre lui-même et partout les marnes irisées.

Ces grès qui forment la base du lias correspondent au *quadersandstein* des Allemands (2). A leur base, ils alternent avec des bancs d'argile, et ces alternances les relient au terrain qui leur est inférieur. C'est de ces alternances que sortent ces sources multipliées qui alimentent les nombreuses fermes et les villages placés au sommet des côtes formées par les marnes irisées. Ce sont encore ces eaux qui forment la tête de ces nom-

---

(1) L'exploitation du gypse à Bussières remonte à l'an 1835. Elle se fait à l'aide de galeries souterraines.

(2) Ce mot vient de *quader*, taille ; *sand*, sable ; *stein*, pierre (pierre de taille de sable).

breux ravins quelquefois très-profonds qui sillonnent les flancs de ces mêmes marnes.

Ces grès en bancs qui ont de 5 à 80 centimètres d'épaisseur alternent aussi à leur partie moyenne avec quelques petits bancs de marne noire, schisteuse et sableuse. A leur partie supérieure, ces bancs ont généralement plus de puissance, sont meilleurs comme qualité, et donnent pour les constructions et pour certaines industries de bonnes matières premières.

Ils sont recouverts par une couche d'argile très-compacte, très-tenace, ordinairement d'un rouge sang très-foncé, dont la puissance fort variable est quelquefois au-delà de 3 mètres. Cette argile conserve parfaitement les eaux, et c'est à elle que l'on doit de voir quelquefois, sur des plateaux couronnés de grès, d'excellents prés.

Ces grès sont composés de grains de quartz très-forts, réunis par un ciment silico-argileux, parfois argilo-calcaire, qui est peu abondant, souvent même invisible. Il renferme quelques paillettes de mica blanc, et ses couleurs les plus ordinaires sont le gris, le blanc, le jaune; quelquefois dans ses bancs inférieurs et près ou dans les alternances, il prend une couleur rouge lie de vin très-foncée. Longtemps exposées aux influences atmosphériques, ses couleurs claires s'altèrent, disparaissent et font place à une couleur rousse sale, lui donnant l'apparence du grès bigarré altéré. La puissance totale de cet étage que nous n'avons pu apprécier qu'approximativement, ne dépasse pas 15 mètres, en y comprenant les alternances et les argiles supérieures.

Ces grès forment le sous-sol des terrains sablonneux de Corgirnon, Rougeux, Charmoy, Pierrefaite, Broncourt, Pressigny, Savigny, Bussières, les Loges et Fayl-Billot. Ils sont exploités à Bussières et à Fayl-Billot comme pierre réfractaire, et sur les autres finages comme pierre à bâtir. Ils fournissent aussi, par la désagrégation, d'excellents sables, qui pourraient être avantageusement employés pour la confection des mortiers.

2° *Lias inférieur proprement dit ou Calcaire à gryphées.* L'étage liasique inférieur, représenté par ce calcaire bleu, quelquefois roussâtre, que l'on exploite en différents points de notre canton, est reconnaissable par l'abondance des fossiles qu'il renferme, notamment d'ammonites et de gryphées qui s'y trouvent en nombre tellement considérable qu'elles lui ont donné leur nom.

Nous n'avons pu mesurer exactement ce calcaire dont la puissance est très-variable, quoique peu considérable. On le rencontre superposé au grès dans deux positions différentes. Souvent il se trouve sur le bord des failles, où ses stratifications discordent avec le grès, comme sur les territoires de Fayl-Billot, Broncourt, Poinson et Bussières. En ces divers endroits, il est en petites poches sur le bord des dépressions formées par ces accidents. En d'autres lieux, on le trouve dans sa position normale relativement aux autres terrains, comme à Corgirnon, aux Loges, sur différents points des environs de Fayl-Billot. Il forme une longue zône qui, partant des environs de Bussières, se dirige en suivant le sommet du versant gauche du ruisseau de *Volavril* vers Voncourt, passant par Genevrières et Savigny. Cette bande est recouverte par le lias moyen.

3° *Lias moyen.* Cet étage représenté par une zône comprise entre la faille de Belmont et la bande des calcaires à gryphées que nous venons d'indiquer, couvre une très-faible surface. Il est composé de marnes, d'argiles et de calcaires. Les différentes parties de cet étage paraissent beaucoup moins puissantes que dans les environs de Langres, dans les tranchées du chemin de fer à Culmont.

4° *Lias supérieur.* Cet étage, si puissant et si étendu dans certaines parties du département, n'existe que par lambeaux dans notre canton, composé d'une masse considérable d'argiles bleuâtres, couronnées de minerais de fer oolithiques. On le remarque en un seul endroit recouvrant le lias moyen, près de la faille de Belmont sur le finage de Gilley, au pied du monticule appelé la *Roche*. On le voit en plusieurs autres endroits, mais au sud de cette même faille et partout où l'oolithe inférieure qui le recouvre, le laisse affleurer, comme à Voncourt, à Tornay et dans toute la vallée du Saulon sur les finages de Saulles et de Grenant. Les minerais de fer qui couronnent cet étage sont exploités en grand à Saulles et à Voncourt; ils alimentent l'usine de Farincourt.

Terrain oolithique.

Les différents étages de ce terrain que nous avons à constater dans notre canton sont, comme nous l'avons vu, en allant de bas en haut, l'oolithe inférieure, le Fulleis-Earth, la grande oolithe et le forest-marble. Ces quatre étages sont séparés des autres terrains décrits jusqu'alors, par la faille de Belmont au sud de laquelle on les trouve.

1º *Oolithe inférieure.* Les minerais de fer qui couronnent le lias se terminent à leur partie supérieure par des couches calcaro-marneuses, un peu schisteuses, qui passent insensiblement aux calcaires oolithiques proprement dits. Ces derniers, à leur base, comprennent des couches de calcaire sublancellaires, d'un gris rougeâtre, d'un calcaire ordinairement très-compacte, gris de fumée, d'un calcaire pétri en certains endroits de polypiers en fragments. Au-dessus de cette série de couches et toujours dans le même étage, apparaît le calcaire à entroques, pétri d'articulations de crinoïdes qui lui donnent un aspect sublancellaire. Viennent enfin des calcaires compactes à cassure conchoïde, qui eux-mêmes sont recouverts par des calcaires oolithiques schisteux, grisâtres, à oolithes concentriques très-distinctes, réunies entre elles par un ciment calcaire peu abondant, et qui sont, sur plusieurs points, employés comme laves. Ce premier étage des terrains oolithiques, dont la puissance ne nous est pas parfaitement connue, paraît avoir 40 à 50 mètres.

Cet étage donne d'excellents matériaux de construction, soit comme moellons, soit comme pierres de taille, soit comme pierres à couvrir les bâtiments. On l'exploite partout où il existe. C'est dans le calcaire à entroques qu'ont été ouvertes ces gigantesques carrières de Grenant dont la pierre a servi pour la construction du chemin de fer.

Ces calcaires de l'oolithe inférieure forment la lèvre méridionale de la faille de Belmont à peu près dans tout son parcours à travers le canton. Ils servent de sous-sol aux plateaux surbaissés de Voncourt, Farincourt, Valleroy et Gilley. Ils forment le fond du vallon sans eau, qui va de Tornay à Argillères, et de celui qui, dans les mêmes conditions, est parcouru, à partir de la faille de Belmont, par la route de Genevrières à Frettes. Le plateau de Belmont, les bois du *Charmois,* les vallons des environs de Seuchey, le bas des versants de la vallée de Saulles et la plaine inclinée, qui de Grenant conduit à la *Combe-aux-Chèvres,* sont encore formés par ces mêmes calcaires.

2° *Fulleis-Earth.* Immédiatement au-dessus de ce premier étage oolithique apparaissent des marnes roussâtres ou bleuâtres, très-calcaires et faisant une vive effervescence au contact des acides. Elles sont mélangées à des plaquettes d'oolithes qui ont la forme d'un pépin de raisin. Au-dessus de ces marnes, qui ont de 2 à 3 mètres, vient une série de calcaires tantôt compactes, tantôt fissiles et oolithiques, quelquefois marneux. Ils ont une teinte généralement roussâtre, quelquefois parsemée de taches bleuâtres. Les oolithes qu'ils contiennent ne sont pas généralement rondes, mais ont la forme de celles que renferment les marnes.

Ces marnes et ces calcaires qui ont certains caractères pétrologiques communs renferment aussi les mêmes fossiles en plus ou moins grande abondance. Ils forment le second étage du terrain oolithique inférieur que l'on désigne sous le nom de Fulleis-Earth, nom anglais qui signifie terre à foulon. Sa puissance totale est d'environ 15 mètres.

Ce terrain fournit peu de matières premières à l'industrie locale. Les calcaires compactes seuls pourraient donner de bonnes pierres de construction. Quant aux calcaires roussâtres oolithiques, ils sont généralement gélifs. Les marnes qui se trouvent à sa base sont un bon niveau d'eaux souterraines.

Il forme les buttes qui reposent sur l'oolithe inférieure, soit complètement quand il n'est pas recouvert par les terrains qui lui sont supérieurs, comme entre Gilley et le vallon de Tornay, soit servant de point d'appui aux terrains superposés, comme entre Tornay et Frettes, et entre Frettes et Seuchey. Il borde aussi sur la rive droite le vallon de Seuchey, affleure sur les deux versants de la vallée de Saulles et constitue presque toute la partie supérieure de la côte de *Montanserme*. Les eaux de ses marnes alimentent exclusivement les villages de Seuchey et de Frettes.

3° *Grande oolithe*. La grande oolithe termine en quelques endroits les buttes formées par le terrain précédent dans le bois du *Ronchot* près Gilley, sur le *Mont-Rond* entre Seuchey et Saulles; elle forme deux petites calottes. Sur les côtes qui bordent la vallée de Frettes, sur les deux versants de la vallée du Saulon, à partir de Saulles jusqu'à Coublanc, elle affleure sous le forest-marble.

Ces calcaires, d'un aspect très-blanc, ont peu de puissance dans notre canton et sont peu employés. Ils sont formés de petites oolithes rondes, à couches concentriques, de la grosseur de grains de millet, très-blanches et agglutinées par un ciment marneux compacte peu résistant à la gelée.

4° *Forest-Marble* (1). Cet étage couronne la côte de Frettes, celle du bois *Lessu*, les sommets de la côte du *Bois-Brûlé* et de *Mont-Moyen* près Grenant, de la *Côte-aux-Rois* près Seuchey et de *Montanserme* près Saulles.

Les calcaires de ce terrain ont l'aspect lithographique, et quelquefois aussi sont suboolithiques. Les premiers sont compactes, quelquefois très-perforés, à cassure conchoïde et marbriforme. Les derniers sont schisteux grisâtres; les oolithes, qui sont d'une grosseur variable, se fondent dans la pâte ordinairement compacte qui les réunit.

Ils sont exploités sur un seul point, à Frettes. On en retire de très-beaux matériaux que l'on exporte dans les pays voisins sous le nom de *Charmiron*.

Terrain moderne.

1° *Alluvions*. On nomme alluvions les terrains qui sont venus niveler le fond des vallées postérieurement à leur formation. Elles sont généralement peu importantes dans notre canton. Elles tiennent de la nature des roches au milieu desquelles les vallées ont été creusées. Nos plus considérables sont celles qui sillonnent le terrain des marnes irisées. Leur remblai est composé ou de marnes qui ont coulé ou de grès qui sont descendus du sommet de leurs versants; quelquefois c'est un mélange de ces deux roches différentes. Dans le premier cas, elles donnent des prairies produisant beaucoup de fourrages de médiocre qualité. Ces alluvions sont parfois assez marécageuses pour

---

(1) Mot anglais, signifiant marbre des forêts.

que l'on soit obligé de les convertir en plantations diverses.

2° *Terre végétale*. La terre végétale n'est ordinairement qu'une dépendance de la roche sous-jacente. Ce n'est le plus souvent que cette dernière altérée et métamorphosée en un terreau plus ou moins fertile par les influences atmosphériques et une végétation première. Ainsi la roche sous-jacente est-elle marneuse ou argilleuse? nous avons à la surface un sol arable compacte. Est-elle siliceuse? nous avons des terres sablonneuses ordinairement assez peu fertiles. Est-elle calcaire? nous avons un sol léger et calcaire, fertile lorsqu'il est assez profond.

Toutes les terres végétales peuvent être classées dans ces trois catégories. Les roches formant le sous-sol étant argileuses ou marneuses, siliceuses et calcaires, la réunion de nos terres cultivables offre une grande variété de sols qui sont la plupart très-fertiles.

Fossiles.

On nomme fossiles les restes d'animaux ou de végétaux qui vivaient soit à la surface de la terre, soit dans le sein des eaux, lorsque nos divers terrains stratifiés se déposaient dans le fond des anciennes mers. Les familles et les flores s'étant souvent renouvelées à la surface de la terre, les animaux dont nous constatons et étudions les restes ne sont pas les mêmes dans les terrains d'âge différent. Ils servent donc à caractériser les terrains, et sont pour le géologue ce que les médailles sont pour l'antiquaire.

Dans le canton de Fayl-Billot, ils sont relativement très-rares. Le muschelkalk, les marnes irisées, les grès infra-liasiques n'en donnent aucun. Les différents étages du lias en contiennent un assez grand nombre. Les deux étages supérieurs en présentent quelques-uns à l'état libre. L'étage inférieur en contient beaucoup; les gryphées, les pecten, les ammonites y abondent, mais sont le plus souvent très-compactes et difficiles à dégager.

Les différents étages oolithiques, l'oolithe inférieure surtout, renferment aussi des fossiles assez nombreux, mais toujours fragmentaires et presque toujours empâtés dans la roche. Les marnes du Fulleis-Earth en donnent quelques-uns à l'état libre, des pholadomies, des huîtres, des térébratules, ordinairement dans un assez mauvais état de conservation.

N'ayant pas à notre disposition de collection locale ni particulière à notre canton, il nous est impossible de donner ni des descriptions, ni la liste des fossiles que nos terrains renferment.

Sources.

En décrivant l'étage des degrés de l'infra-lias, nous avons déjà fait connaître ce niveau d'eau constant, qui par ses nombreuses sources alimente les villages et fermes construits au-dessus des marnes irisées. Disons encore que les argiles qui surmontent les grès sont excellentes pour conserver les eaux. Non-seulement, comme nous l'avons vu, elles motivent ces nombreux prés que l'on rencontre sur les plateaux de grès, mais encore elles servent à abreuver plusieurs localités, entre autres Pierrefaite, Broncourt et Pressigny.

Les argiles des différents étages du lias sont capables aussi de donner quelques niveaux d'eaux; mais comme, dans notre canton, elles ne sont point ou presque pas recouvertes par des terrains perméables, elles ne fournissent que des sources sans importance.

Enfin nous avons les marnes du Fulleis-Earth, déjà cité comme bonne couche aquifère. Les eaux qu'elle conserve sont d'autant plus abondantes et d'autant plus constantes que la couche est plus considérable.

Comme sources ayant quelques propriétés spéciales et sortant des conditions ordinaires, nous citerons la belle source de Saulles dont les eaux sont très-ferrugineuses, et celle qui jaillit vis-à-vis la ferme du Pautet, dont les eaux ont un goût particulier et dégagent d'abondantes bulles de gaz.

Autrefois il y avait sur le territoire de Corgirnon deux fontaines célèbres par les nombreuses guérisons de malades qui buvaient de leurs eaux ou qui s'y lavaient. C'est un fait constaté dans un petit livre imprimé à Paris en 1603, et qui a pour titre : *Discours miraculeux de deux fontaines descouvertes à deux lieues près de la ville de Lengres, au village de Corgirenon, avec les noms de ceux qui ont receu guarison d'icelles fontaines.* Nous allons en donner un extrait :

APPENDICE.

Les fontaines de Corgirnon.

« Charles Descars evesque, duc de Lengres, pair de France et commandeur de l'ordre du St. Esprit, conseiller du roy en ses conseils d'estat et privé, à tous ceux qui ces présentes lettres verront, Salut. Nous ayant esté deuement par plusieurs fois advertis de quelque grande affluence de peuple qui se faisoit de toutes parts en un village de nostre diocèse nommé Corgirenon, dependant de la seigneurie de Messieurs le doyen et chanoynes de nostre église de Lengres sur le subject de deux fontaines lesquelles récemment s'y estoient ouvertes et en réputation de causer guérison aux malades et ulcérez qui beuvoient et se lavoient des eaux d'icelles. En outre ayant entendu que soubs pretexte du recouvrement de santé corporelle se commettoient quelques abus touchant le culte et l'honneur deu à Dieu et contre la coustume de cedit temps observée en l'église catholique, apostolique et romaine, estimant que c'estoit de nostre devoir de recognoistre le tout et donner ordre qu'aulcune chose ne s'y passast qu'avec l'honneur de Dieu, assistés de messire Maximilien Hubert, docteur theologal de nostre église de Lengres, archidiacre du Dijonnois, de M⁰ Noël Facenet bachelier en théologie, chanoyne de ladicte église, nostre grand vicaire, de maistre Jean Monjardet aussi chanoine et chancelier de ladicte église, secrétaire ordinaire en nostre evesché, de maistre Pierre Masovyer docteur en médecine, de maistre Jean de Guinant, maistre chirurgien de nostre ville de Lengres, de maistre Nicolas du Doyer nostre chirurgien ordinaire, nous nous sommes transportéz sur ledict lieu de Corgirenon, le dimanche 13ᵉ jour de Jeuliet 1603, et là premièrement avons fait celébrer la messe pour invoquer le nom de Dieu et sa saincte assistance, avons aussi par une prédication fait exhorter tout le peuple à ce qu'il eut par ses prières à invoquer le secours de la divine majesté, pour par ce moyen impétrer de luy lumière suffisante à cognoistre quelle estoit sa volonté touchant les susdites fontaines, et son ayde pour empescher qu'aucune fraude de l'ennemi commun de tout le genre humain ne s'immiscea en ceste affaire, puis après le service divin estant achevé, nous nous sommes acheminez vers le lieu où estoient lesdites fontaines et avons par l'invocation du nom de Dieu exhorcisé les eaux et avons recogneu là estre une grande affluence de peuple et en iceluy plusieurs malades desquels une partie s'est présentée à nous, finalement considérant que le tout requeroit un long séjour, lequel nos affaires ne permettoient que peussions faire là, avons délaissé nos susdits assistants pour prendre garde à tout et dresser procès-verbal de ce qui seroit nécessaire pour assoir jugement de mesme force et valeur comme si nous mêmes eussions esté présents en personne.

Nous donc cy-dessus dénommez suyvant le mandement de Monseigneur de Langres, faisant séjour au lieu de Corgirenon pour recognoistre tout ce qui s'y estoit passé et passoit touchant les susdites fontaines, avons jugé qu'il estoit nécessaire de faire premièrement remarquer la situation desdites fontaines et faire espreuve des eaux par les moyens instituez de nature, ce qu'avons fait ainsi que s'ensuyt.

En ceste présente année 1603, environ le temps de Pasques quelques passans s'apperçeurent qu'en un lieu du finage dudit Corgirenon nommé vulgairement *Thouillon* distant dudit village d'environ 165 toises, s'estoient ouvertes deux fontaines qui jamais ne s'y estoient veues, séparées l'une de l'autre de sept toises et demie, sortant d'un mesme champ qui lors estoit ensemencé de froment; la place d'icelles est pleine et seulement s'eslèvent à l'environ un bien peu les terres, ormis du costé de l'occident où elles fluent. La terre du lieu est blanche comme de sable ou arbue; au bas d'icelles fontaines du costé d'occident y a une petite source d'eau de toute ancienneté de mesme saveur que les susdites fontaines, laquelle ne s'est ny augmentée ny diminuée par la production de celles que nous parlons, et ne se trouve que de bien loing d'icelle y aye autre eaue soit de fontaine, ruisseau, marécage ou autre d'où l'on puisse conjecturer ces fontaines avoir pris leur origine veu que toute cette contrée est destituée d'eau; elles mesmes ne communiquent point leurs eaux l'une à l'autre, comme l'on a cogneu en ce que l'une estant troublée, l'autre ne laisse d'estre fort claire, et mesme sont différentes en couleur et saveur, d'autant que celle qui tire le plus du costé de l'orien est toujours plus espesse, et conséquemment retenant plus de terre. Au reste toutes deux jetent l'eau en telle abondance que ny les sécheresses qui ont esté grandes les mois passéz, ny la multitude des peuples qui toujours en puysent abondamment y apporte aucune diminution. En outre avons, tant nous qu'autres, gousté les susdictes eaux et avons recogneu qu'elles n'ont aucune saveur extraordinaire, ains commune à toutes les autres eaux, excepté que, comme dit est, celle qui tire plus du costé d'orient sent plus le limon de la terre : nous les avons fait cuire jusques à la subsidence et cendre et avons gousté que le reste ne sent que la terre. Estant alambiquées n'ont apporté autre saveur que celle qu'elles avoient auparavant : pesées à l'encontre d'autres, elles se sont trouvées de mesme poids : seulement l'eau de la fontaine qui regarde plus l'orient semble un peu grasse et unctueuse quand on s'en lave, mais cela se peut rapporter à la mixtion de la terre qui la rend toujours trouble comme dit est, ce qu'avons esprouvé en meslant de l'eau de l'autre fontaine avec la terre du lieu.

Ces fontaines donc estant apparues au temps qu'avons dit cy dessus et estant telles que les avons descriptes, ont acquis la réputation d'apporter guérison aux malades et ulcérez par la manière qui s'ensuit.

Jeanne Chevalier, vesve de feu Nicolas Varney, aagée d'environ 50 ans demeurant au village de Corgirenon interrogée par nous le lundy 14e jour de juillet an que dessus a dit que le lendemain de la Pentecoste dernièrement passée estant audevant de son logis avec ses voisines, entendit que quelque nouvelle fontaine s'estoit levée en la contrée de Thouillon proche le village et à ce sujet résolue avec ses compagnes de les aller veoir, où estant allées en burent et treuvèrent l'eau bonne. Mais elle en particulier déposante dit : J'ay une douleur au bras, il faut que je sache si cette fontaine auroit vertu de me guérir. Elle print donc de l'eau et en lava son bras dextre qui lors luy faisoit grande douleur, et dès l'hiver auparavant ne s'en estoit peu servir pour filler. Puis après, s'en retournant avec ses voisines estant à peine esloignée des fontaines de 5 passées, s'apperçeut que la douleur de son bras estoit cessée, qui fut cause qu'elle retourna soudainement à ladite fontaine pour esprouver si elle pourroit de mesme guérir son genouil gauche enflé qui luy faisoit aussi grande douleur et ne permettoit qu'elle prit repos la nuit. Et l'ayant lavé sentit peu de temps après sa douleur appaisée, son genouil s'estant désenflé, ce qu'aussitost elle dit à ses compagnes, et quelques jours après à une femme du Fayl, nommée la Grande Marie qui passoit par Corgirenon, et se plaignoit de ce qu'elle avoit de grandes douleurs aux yeux et quelque feublesse et débilité aux iambes, tellement qu'elle disoit ne pouvoir retourner ce jour jusques au Fayl lieu de sa demeurance quoiqu'il ne soit distant de Corgirenon que d'une lieue, lors ladite déposante luy raconta comme elle avoit receu la guérison susdite, se lavant ès fontaines de Thouillon et que si elle y aloit, elle s'en pourroit bien treuver. Ce qu'elle fit, et ayant beu de ladite eau se trouva bien de ses yeux et iambes. Le mesme iour avons interrogé ladite grande Marie Gady, demeurant au Fayl, laquelle nous a affermé la chose s'estre passée ainsi que nous a esté déclaré par ladite Jeanne cy-dessus, de sorte qu'elle se porte très-bien et de ses yeux et de ses jambes, comme il nous est apparu, quoyque lesdits yeux fussent auparavant tellement troublez qu'à peine pouvoit-elle veoir aucune chose. Dès lors le bruit s'espancha, par tous les lieux à l'environ, de la vertu et faculté de ces fontaines.

En conséquence donc et suytte de ce bruit sont arrivez incontinent plusieurs à ces fontaines et sont ensuyvis les effets tant ceux qui auparavant nostre arrivée icy se sont veuz manifestement, que ceux qui depuis nostre arrivée. »

Suit le procès-verbal de quelques-unes des guérisons constatées par divers témoignages, et d'autres opérées sous les yeux des commissaires, qui firent garder les fontaines afin qu'aucun malade ne s'en approchât avant d'avoir été visité par eux. On y voit les noms de plusieurs personnes venues exprès des lieux les plus éloignés de la Champagne, des deux Bourgogne et de la Bresse, entre autres M. Moisson, curé de Saint-Médard, prévôt et chanoine de Saint-Etienne de Dijon, qui éprouvait de grandes douleurs à l'estomac, aux reins et aux jambes.

« Nous médecin et chirurgiens susnommés estant employez à la recherche des vertus et propriétés des susdites fontaines, depuis le 12 du présent mois de juillet jusques au 17 d'iceluy, avons recogneu par les effets d'icelles eaux à l'endroit des malades qui se sont trouvez au lieu de Corgirenon pendant ledit temps, qu'icelles ont quelque prérogative et signalée vertu, tant en la guérison de plusieurs ulcères serpigineux et cacoëthes, que débilités de membres, convulsions de nerfs, douleurs flatueuses des jointures, érésipèles et inflammations, comme il appert par le rapport des malades par nous visitez cy-dessus escrit, en sorte qu'estimons icelles avoir quelque particulière vertu plus que les eaux communes et pouvoir apporter quelque utilité au bien public. En tesmoing de quoy avons signé le présent rapport, ce jourd'hui 17 juillet 1603.

Signé : MOSOVYER, docteur en médecine.

DE GUINANT,   DU DOYER.

« Nous Charles d'Escars evesque, duc de Langres, pair de France, commandeur de l'ordre du S. Esprit et conseiller du roy en ses conseils d'Estat et privé, après avoir bien considéré ce que dessus et avoir veu nous mesmes par plusieurs fois tout ce qui s'est passé ès susdites fontaines, assistez comme dit est, avons déclaré et déclarons que l'on se peut approcher et user des susdites fontaines, sans soubçon d'aucun maléfice ou fraude. Deffendons néantmoins qu'aucune superstition ou vaine observance s'y commettent par ceux qui s'en approcheront, les exhortans rapporter le tout à la gloire de Dieu qui par tant de façons espanche ses bienfaits sur les hommes.

Faict à Grosse-Saulve proche le village dudit Corgirenon, le 17 juillet 1603.

Signé : **Charles d'Escars**, duc de Langres.

FACENET,   HUBERT,   MONJARDET.

Cette partie du territoire qu'on appelait *Thouillon* est aujourd'hui désignée sous le nom de *Pré de la belle fontaine*. On y a érigé une croix de pierre.

PIÈCES JUSTIFICATIVES.

1.

Charte d'affranchissement de la commune.

« A touz ceulz qui ces presentes lettres verront et orront Guiz de Chastillon sires dou Fay et de Morey Salut sachent tuit que nous oye la supplicacion et complainte de la communaute de notre ville dou Fay faisens mencion que li terretoires diceli estoit si povres et les tailles que il nous dement deuz fois lan a notre voulance leur estient si grevables que se remedes ny estoit mis la ville estoit en point de defaire et pluseur s'en estient ia parti et partient de jour en jour pour povrete nous enforme de la valeur dou terretoire et considere le lieu qui siet en marche et que pluseur de forrin pourrient venir demourer au lieu et yceli remplir se franchise y avoit. Et sur tout ce pour grant deliberacion hen conseil a nos amis et a plusieurs auctres sages avons afranchi et afranchissons la dicte communaute dou Fay devant dit a touiourz pour nous et pour nos hoirs en mettent sus les tailles par les manieres qui sensuient c'est assavoir que chascuns feuz de la dicte ville payera a nous et a nos hoirs au jour de la feste de toussainz trois solz chascun an. Et chascune beste armerine trayens a charrue payera au dit jour de la toussains quatre solz. Et chascuns chevaux trahans a charrue payera au dit jour sis solz. Et chascuns aisemans de charrue paiera au dit jour quatre solz et se uns homs ne mettoit bestes trahans a charrue et il achetoit un journaul darrure il payeroit douze deniers ou de deux journaux deux solz et se il en avoit trois ne payeroit il que deux solz. Et se plus en y avoit il payeroit leschief dun buef cest assavoir quatre solz et avec tout ce nous payeront nos gelines de caresmes prenent les corvees de la grange la forche ou le rastel et le charroy, lost et la chevauchie grant et petite et les amandes anciennes en la maniere quil a este ades acoustume. Et ne seront li clerc de riens tenu a payer ne gelines ne corvees ne aucuns servitutes fors laichie dessus dicte. Et se aucuns receloit aucunes des rentes dehues a nous si comme devant est dit, il seroit encheuz a nous en lamande de vint solz et en payeroit ce quil auroit recele. Et se aucuns ne payoit au dit jour de toussainz combien quil fust cognoissans de devoir la dicte rente ou rentes il payeroit a nous trois solz damande, et pour ce ne seroit pas quites de la dicte rente ainsois la payeroit. Et parmy les choses dessus dictes nous Guiz dessus diz la dicte comunaute avons quitte et afrenchi quitons et afrenchissons de toutes tailles de toutes prises et de toutes autres servitutes quelles que elles soient, pourveu que il promice ne se pourront advoer d'autres seigneurs ne traire a eux ne dessouz eux par garde ne par bourgoisie se ce nest par deffaut de droit ou par appel de mauves jugement. Et se il y avoit aucuns qui par fraude cessassent a tenir bestes armerines li sires y metroit remede convenable. Et avons promis et promettons leaument en bonne foy par notre sairement a tenir fermement et touiourz senz aler encontre ne faire aler par nous ne par autruy en apert ne en requoi, et ou cas que nous feriens le contraire que ja ne soit nous voulons que nous ou notre hoir qui le feriens fussions contraint par notre chier seigneur le duc de Bourgoigne dou quel nous tenons la dicte terre, a tenir les choses dessus dictes toutes et chascune dicelles, ou par notre tres chier seigneur le roy de France au cas que notres chiers sire le duc defaurroit de la dicte contrainte. Et pour ce que les choses dessus dictes soient fermes et estables pour durer a touz jourz, nous Guiz de Chastillon dessus diz avons mis notre grant seel de certenne science en ces lettres presentes par lesquelles nous les promettons a tenir et garder en touz leurs bons usages, et a plus grant fermete de ces choses avons suplie et requis a notre tres chier et redoute seigneur et pere monss Gauthier de Chastillon conte de Portien et connestable de France que il meist son grant seel en ces présentes lettres avec le notre. Et nous Gauthiers de Chastillon cuens de Portien et connestable de France a la requeste dou dit Guy notre fil avons mis notre scel en ces lettres avec le sien. Qui furent faites en lan de grace mil trois cenz vint et quatre le vintesme jour dou mois de juign. »

L'original de cette charte est conservé aux archives de la ville; mais nous n'avons pas trouvé les deux sceaux des sires de Châtillon qui y étaient suspendus. Sur le plus grand, Gauthier était représenté à cheval, tenant de la main droite une épée et de la main gauche un écu, où l'on voyait ses armes qui étaient : *De gueules à trois pals de vair, au chef d'or chargé d'une merlette de sable sur le premier canton.* On lisait autour de ce sceau : GALTER DE CASTILLO COMES STABVLIS FRANCIE ; sur l'autre sceau l'on voyait les armes de Châtillon entourées d'ornements gothiques, et pour légende : *GVYOT DE CHASTILLON ESCVIER.*

2.

Confirmation de la charte d'affranchissement.

« Nous Eudes duc de Bourgoigne facons savoir a touz que nous havons vehues unes lettres seelees des seelz de haut hommes et poissanz monseigneur Guy de Chastillon seigneur dou Fay et de Morey et de monseigneur Gauthier de chastillon conte de Portien et connestauble de France noz chiers cosins. Contenan de mot a mot la forme qui suit. »

Ici se trouve la charte de 1324

« Lesqueles chouses dessus dictes toutes et chascune pour soy sont et movent de notre fie, et yceles pour la maniere queles sont ci dessus devisees comme sires dou fie. Voulons. loons. Ratiffions.

Appuons. conformons. et nous y consantons en tant comme il nous touche et puet appartenir. Sauf a nous. et es notres retenu es dictes chouses. notre ressort. notre subverenete et notre baronnie. et sauf le droit d'autruy. En tesmoin de laquel chouse nous havons fait mettre notre seaul en ces presentes lettres qui furent faites. et donnees a Villers le duc. le samedi jour de loictave saint martin deste. Lan de grace. mil. trois centz vint et sept. ou mois de juillet. »

(*Original en parchemin revêtu du sceau d'Eudes, duc de Bourgogne.*)

3.

Lettres ordonnant de mettre la charte à exécution.

Guys de Chastillon chevaliers sires de Fere et dou Fayl a noz amez nostre bailli et nostre receveur de nostre terre de Bourgoinne salut. Nous vous mandons et commandons. et se mestiers est commettons aucunes chartres de franchise donnees de nous a noz gens de nostre ville dou Fayl laquelle il vous apparait estre scelee de nostre grant seel. Ensemble le seel de nostre chier seigneur et pere ou dieux pardont et conformee de tres haut prince et poissant nostre tres chier et redoutez seigneur mons le duc de Bourgoinne douquel nous tenons la dicte ville et fye. Vous ycelles chartres tenez et gardez de point en point et faites tenir a tous noz autres justiciers et officiers selont leur teneur. Et se aucuns de vos devanciers ou de vous avez errey en aucune meniere encontre les dictes chartres, Nous volons que vous les remetez en estat dehu. Encore volons de grace especial que se es dictes chartres hai aucuns poins qui soient en doute, il soient aclercy toutes foiz que il ou aucuns de leur le requerront en nostre hostel par nostre conseil et par saages. Et rendez ces présentes lettres a nos dictes gens en retenant copie dicelles par devers vous. Donney a Fere soubz nostre seel le lundy devant la feste de la Nativitey notre Dame en septembre. Lan de grâce corrant mil trois cens trante et nuef.

(*Original en parchemin.*)

4.

Charte concernant les fours banaux et le droit d'usage dans les bois du seigneur.

A touz ceux qui verront et ouiront ces présentes lettres Gauthiers de chastillon seigneur de Fere et dou Fayl salut. Saichient tuit que comme nostre prudomme et habitants de nostre ville dou Fay nous haient humblement supplie et requis que comme il hussient accoustumey ou temps passey de apourter bot en nos fours dou Fayl pour cuire leur pain et pour ce il ne paoient chascuns dune fournee macques ung pain et ensin chascun un pain de ce que il y avoit ou cas quil passoient quinze pains. Et sour ce nous ont supplie et requis commant y nous plaihnest que li diz fours fuissient afournes de nos bois et que nous fiessenz afornier par nos fourniers ou par ceux que nos fours tanrient par tel condition que chascuns qui cuiroit a nos diz fours nous paieroit de vint pains ung pain, et ensin qui en cuiroit jusques a vingt a quaitre ung pain et ensin se il ne en cuioit que quinze ung pain et se il en cuist plus de vingt a quaitre ou moins de quinze il en paie a lavenant dou plus plus et dou moins moins. Et cil qui feroit pain a vandre paiessient de vint a cinq ung pain. Et ensin que cil qui soicheroient advene paiessient par la meniere que il ont escostumey ou temps passey. Item nous ont eux supplie et requis que comme il ne peussient coper en nos bois dou dit Fayl nulles meniere de bois sans admande se il y sont trovey, qui nous plaihnst a lour donney perpetuemant pour lour et pour lour hoirs usaige de tranchier le morbot en nos diz bois dou Fayl cest a savoir en toutes menieres de bois excepte foul (1) chasne pommier et poirier sanz paier admande pour ce est il que nous Gauthiers seigneur dou Fayl dessuz diz a la supplicacion et priere de nos diz prudommes et habitans et par grant deliberacion de nostre consoil tant pour ce que il nous samble que ce soit notre proffiz comme pour les bons et aggreables services que nostre dit pru-

---

(1) Fouteau ou hêtre.

domme nous ont fait ou temps passey et ceux nous feront ou temps advenir lour avons donney et outroie pour nous et pour nos hoirs perpetuelmant pour leur et pour lour hoirs les chouses dessuz dictes par la forme et meniere que elles sont escriptes et devisees excepte que il ne pranront point de mort bot en notre boiz que on dit le bot bannaul et en touz nos autres boiz nous leur avons donney et outroie leur usaige ou mort boiz sycomme dessuz est diz et promettons leaumant en bone foy et par nostre sairement pour nous et pour nos hoirs de tenir ferme et estauble par la meniere quil nous ha estey suppliez et requis sycomme il est dessuz escripts sans jemais auler au contraire par nous ne par nos hoirs en requoy ne en espert ne soffrir a auler. En tesmoing de ce nous avons mis nostre grant seel en ces presentes lettres qui furent faictes et donnees le mardi apres la chandeleure l'an de grace mil troiz cens sexante et cinc.

(*Original en parchemin.*)

5.

Charte de Philippe-le-Bon, duc de Bourgogne, concernant le privilége du sel.

Phelipes par la grace de Dieu duc de Bourgongne de Brabant et de Lembourg conte de Flandres Dartois de Bourgongne palatin de Haynault de Holande et Zelande et de Namur marquis du Saint empire seigneur de Frise de Saline et de Maline a noz amez et feaulz les gens de la chambre de noz comptes a Dijon et a notre recepveur de Dijon present et avenir salut et dilection de la partie des habitans de la ville du Fayl assise en notre duchie de Bourgongne nous a este expose que anciennement la dicte ville estoit bonne ville et bien peuplee scituee a quatre lieues pres de la ville et cite de Langres et a quatorze lieues de nostre ville de Dijon et avoient accoustumes iceulx habitans pranre sel pour leur usage en noz greniers a sel du dict lieu de Dijon et pour ce que ce leur estoit chose tres sumptueuse attendu la grant distance dentre icelle ville du Fay et nostre dicte ville de Dijon de aller pranre sel au dict lieu de Dijon fut des long temps a traictie et accorde entre les officiers de noz predecesseurs ducs de Bourgongne et lesdiz habitans que moiennant la some de douze francs que iceulx habitans saroient tenuz paier par chacun an au jour de la Nativite saint Jehan Baptiste a nostre recepte du dict lieu de Dijon ils useroient et pouroient user des lors en avant de tel sel que bon leur sembleroit et des lors lesdiz habitans ont toujours paie a ceste cause chacun an la dicte some de XII fr. jusques a dix huit ans ou environ que pour la tres grand pauvrete et diminution des diz habitans et de la dicte ville du Fay qui duranz les guerres et les divisions de ce royaume ont este couruz pilliez et robez et la dicte ville arse et bruslee par plusieurs fois iceulx habitans ont cesse de payer la dicte some de XII fr. et considere leur pauvre estat et que oultre les maulx dessuz diz plusieurs routiers ont depuis et naguieres este logez en la dicte ville par plusieurs foiz et y ont fait maulx et domages irreparables et aussi que icelle ville est situee en pais tres povre et sterile il est impossible a iceulx habitans de payer la dicte some XII fr. par chacun an comme dict est et neantmoins ils doubtent que noz gens et officiers les vueillent contraindre de payer par chacun an la dicte some et les arerages escheues par le temps de dix huict ans passez ensembles les peines et amendes esquelles ils sont encheuz par default de paiement lesquelles choses monteroient a si grandes somes que si on les contraignoit au plus tost laisseroient et habandonneroient la ville que ils les peussent paier soustenir pourquoy la dicte ville demourroit du tout inhabitee et lesdiz habitans destruiz et deserts se sur ce ne leur estoit pourveu ; de notre grace si comme ils disent requerans humblement que leur veuillons lesd. arrerages pour dix huit ans dernierement passez et aussi les peines et amendes quils pouroient devoir pour cause de paiement non fait quitter et remettre et en oultre attendu que lad. ville du Fay est moins peuplee de plus de la moytie que elle estoit au temps dudict traicte et accord et afin que iceulx habitans se peussent remettre sus et que icelle ville se peust repeupler nous leur veuillions ladicte somme de XII fr. moderer a la somme de six francs pour chacun an pour le temps a venir et sur ces choses leur estendre nostre grace.

Pourquoy nous voulans estre acertenez des choses dessus dictes et de lestat de la ditte ville et des habitans en icelle avons mande sur ce faire information, laquelle faicte par aucuns nos officiers a ce commis et ordenez par vous les gens de noz diz comptes ait este renvoie ensemble ladvis sur ce diceulx nos officiers par devers les gens de nostre conseil estant a Dijon et devers vous les gens de noz diz comptes. Et sur icelle information eu les advis de nostre dit conseil, estant lez, nous avons par la deliberation dicellui aux diz habitans donne remise et quitte donnons quittons et remettons de grace especial par ces presentes lesdiz arrerages quilz pevent devoir a cause des diz XII fr. pour diz huit annees derrenierement passees ensemble les paines et amendes esquelles ilz pevent estre encheux pour cause dudit paiement non fait voulans et leur ottroians que diceulx arrerages peines et amendes ilz soient et demeurent quittes et paisibles. Et avecques ce de nostre ditte grace et pour consideration des choses dessus dictes a iceulx habitans avons ottroie et ottroions que pour le temps et terme de dix ans avenir commencant le lendemain du jour de la Nativite saint Jehan Baptiste derniere passée et continuellement autres suivans ils soient tenuz et demeurent quittes de la moittie de la ditte somme de XII francs et icelle moittie leur avons donne remise et quitte donnons quittons et remettons des maintenant en paiant par chacun au lesdiz dix ans durant au dit jour et terme de la nativite saint Jean Baptiste a vous receveur présent et a venir pour nous pour lautre moittie dicelle somme de XII francs la somme de six francs seulement sy vous mandons, commandons et expressement enjoingnons et a chacun de vous si comme a lui apartiendra que lesdiz habitans vous fassiez souffriez et laissiez jouir et user de nostre dite grace don octroi et quittance plainement et paisiblement en les tenant et faisant tenir quittes et paisibles desdiz arrerages peines et amendes pour ledit temps passe et de la moittie de la ditte somme de XII francs par chacun an durant ledit temps et terme de dix ans en paient par chacun diceulx dix ans l'autre moittie comme dit est sans les contraindre travaillier ou molester, souffrir contraindre travaillier ou molester aucunement au contraire et par rapportant ces presentes ou vidimus d'icelles fait soubz seel autentique ou copie collationnee et signee de l'un de noz secretaires ou en nostre ditte chambre des comptes et recognoissance desdiz habitans quilz auront este et seront tenuz quittes et paisibles de la moittie desdiz XII francs. Nous voulons et mandons a vous receveur en faisant mention en voz comptes desditz arrerages peines et amendes par nous quittes et remises les faisant par chacun an durant lesditz ans recepte de la moittie des ditz francs et soient tenuz quittes et dechargez en voz comptes et que la ditte moittie des diz douze francs par nous donne soit par chacun an durant lesdits dix ans alouez avouez et rabatuz de vostre recepte par vous les diz gens de noz comptes sans aucun contredit ou difficulte nonobstant quelconque mandement ou défence a ce contraire. Fait en nostre hostel de Hesdin le sixieme jour de septembre l'an de grace mil quatre cens quarante huit.

Par monss le duc Levesque de Tournay et le sire
de Croy présent.
GILLET.

6.

Lettres patentes de Henri III, confirmant le privilége du sel.

Henry par la grâce de Dieu roy de France et de Polongne à tous présents et advenir salut scavoir faisons avoir receu lhumble supplicacion des manans et habitans des villaiges de Meuvy, Marey, Bassoncourt et Vaulx scis et scitués au dedans de notre duche de Bourgongne contenant que par nos predecesseurs roys et ducs de Bourgongne en considération de ce que les dits villaiges sont assis vers et tout proches le duché de Lorraine comte de Bourgongne et de Bassigny esloignés de dix huict grandes lieues de notre ville de Dijon et aux misères ruynes calamités et combustions que par diverses fois lesdicts villaiges on eus et soufferts par les guerres leur auroient donne et octroie plusieurs privilèges libertes exemptions coustumes et aultres droicts au long contenus et declares en plusieurs lettres de chartre quils avoient obtenues de nos dicts predecesseurs lesquelles lorque larmée du feu duc des deux Ponts entra en France qui fut en lannée mil cinq cens soixante huict icelle armée passant et séiournant esdict villaiges mesmes en celluy du dict Meuvy ou estoient iceulx titres et chartres y furent avec tous leurs aultres papiers concernant leurs communaultés brules pilles et spolies et entre aultres droicts et privileges estant esdictes lettres nos dicts predecesseurs leur auroient octroie ceste liberte et franchise duser et leur famille de tel sel et le prendre ou et en quels lieux et pais que bon leur sembleroit sans permission licences impost gabelle ny aucune charge de greniers a sel de nostre royaulme ny mesmes dudict duche de Bourgongne sinon de la somme de dix livres tournois que par chacun an lesdicts quatre villaiges paieront a nostre recepte des aydes audict Dijon de quoy ils auroient tousiours immemoriablement jouy et use et paie les dictes dix livres tournois jouissent et usent encores a present, quils craignent que pour ce que comme dict est quils ont perdu leurs dicts titres et aussi au moyen de l'edit de création par nous faict des regratiers et revendeurs de sel en chacun ville et villaige de nostre royaulme lon les vueille empescher et troubler en la jouissance diceulx privileges en faisant pourveoir aulcungs esdicts, estats esdicts villaiges qui seroit les frustrer et priver de la liberte a eux ainsi octroie par nos dicts prédécesseurs ce qui les a faict recourir a nous et très humblement supplie et requis leur octroier nos lettres de confirmation diceulx.

Pour ces causes desirant bien et favorablement traicter les dicts suppliants et les maintenir conserver et entretenir en la possession et jouissance de leurs dicts privileges droicts usaiges coustumes franchises et libertes iceulx leur avons continues et confirmes et de nostre certaine science plaine puissance et auctorite royale continuons et confirmons voullons et nous plaist que diceulx ils et leurs successeurs jouissent et usent plainement paisiblement et perpetuellement tout ainsi et par la mesme forme et maniere quils et leurs dicts predecesseurs en ont cy devant bien et deuement et justement jouy et use jouissent usent encores de présent nonobstant quils ne facent apparoir de leurs lettres et confirmations de nos dicts predecesseurs roys et ducs de Bourgongne pour avoir este brusles comme dict est dont de nos puissance et auctorite que dessus nous les avons releves et relevons par ces presentes par lesquelles donnons en mandement a nos ames et feaulx les gens de nostre court de parlement a Dijon tresoriers de France généraulx de nos finances establis audict lieu bailly de Dijon ou son lieutenant et a tous nos aultres justiciers et officiers quil appartiendra que apres quil leur sera apparu les dicts exposants avoir bien et deuement jouy des dicts privileges et libertez que de nostre présente continuation et confirmation diceulx ils facent souffrent laissent jouyr et user plainement paisiblement et perpetuellement iceulx comme ils en ont jouy et use cy devant jouissent et usent encores a présent mesmes de la dicte liberte et franchise duser et leur famille de tel sel et le prendre ou et en quels lieux et pais que bon leur semblera sans permission licence impost gabelle ny autre charge des greniers a sel de nostre royaulme ny dudict duche sinon de la dicte somme de dix livres quils ont tousiours paie et paieront chacun an comme dict est cessant et faisant cesser tous troubles et empêchements au contraire ny souffrir d'avoir esdicts villaiges aucuns regratiers et revendeurs de sel car tel est nostre plaisir. Et afin que ce soit chose ferme et stable a tousiours nous avons faict mettre nostre scel a ces presentes. Donne a Paris au mois de juillet lan de grace mil cinq cent soixante dix huict et de nostre regne le cinquieme.

7.

Autres lettres patentes du même roi.

Henry par la grace de Dieu roi de France et de Pologne a nos ames et feaulx les gens de nos comptes a Dijon salut et dilection suivant nostre arrest y attaché soubz nostre contrescel cejourdhui donné en nostre conseil privé sur la requeste a nous presentée en icelluy par nos chers et bien amés les habitans des villaiges du Fay, la Bussieres, Meuvy, Merrey, Bassincourt et Vaulx enclavez es comtez de Champaigne, Bourgongne et duché de Bar. Nous mandons ordonnons et enjoignons procedder a la veriffication des lettres de confirmation quils ont obtenues au mois de juillet mil cinq cent soixante diz huit du privilege a eulx cy devant accordé par les ducs de Bourgongne de prandre du sel ou bon leur semblera pour leur usaige seullement a la charge toutes fois que en considération de la creue et augmentation de la gabelle advenue es années dernieres sur nos aultres subjets les dicts habitans seront tenuz doubler la redevance quils ont accoustumé den faire et la payer es mains du grenetier de Dijon, assavoir les dicts habitans du Fay et Bussieres vingt quatre livres tournois et ceulx de Bassoncourt, Merey Meuvy et Vaulx vingt livres tournois par chacun an et a ce faire vous donnons pouvoir auctorité permission et mandement spécial nonobstant que les dictes lettres de confirmation soient surannées et ne soient a vous adressantes et de present nous avons relevé et relevons les dictz habitans. Car tel est nostre plaisir. Donné a Paris le XXVe jour de septembre lan de grace mil cinq cent soixante dix neuf et de nostre règne le dixième.

8.

Lettres patentes de Henri IV.

Henry par la grace de Dieu roi de France et de Navarre. A tous présens et advenir salut noz chers et bien amez les manans et habitans des villaiges du Fay, Meuvy, Marey, et Boussoncourt en nostre duche de Bourgoigne, nous ont faict dire et remonstrer que les feuz Roys nos predecesseurs et ducs de Bourgoigne, en consideration de ce que lesdicts villaiges sont assis et scituez vers et tout proche le duche de Loraine et comtez de Bourgoigne et de Bassigny esloignez de diz huict grandes lieues de notre ville de Dijon et des miseres ruynes calamitez et combustions par eux souffertes durant les guerres leur auroit donne et octroye outre plusieurs aultres privileges, franchises libertez, exemptions, ceste liberte et franchise d'user et leurs familles de tel sel et le prendre ou bon leur sembleroyt pour leur usaige seulement lesquelz privileges leur ont esté continuez et confirmez de temps en temps et mesmes par le feu roi Henry nostre tres honnore seigneur et frere que Dieu absolve ores quilz n'en eussent peu faire apparoir pour avoir este bruslez et pillez lorsque l'armee du duc des Deux-Pontz entra en France en l'annee mil cinq cens soixante huict a la charge que les habitans dudict villaige du Fay et Bussieres payeroient par chacung an es mains du grenetier de Dijon la somme de vingt quatre livres et ceux de Bassoncourt Marey Meuvy et Vaux vingt livres dont ilz ont tousiours paisiblement jouy use et paye chascung sa part et portion afferante de la dicte somme jouissent et usent encores de present, toutesfois ilz creignent qu'a cause quilz n'ont obtenu continuation et confirmation de nous depuis nostre advenement a la couronne et quilz ont comme dict est perdu leurs dictz privilleges et lettres de confirmation et continuation l'on les veuille troubler et empescher en la jouissance diceux privilleges ce qui les a faict recourir a nous et tres humblement supplie et requis leur octroyer nos lettres de confirmation et continuation d'iceux. *Pour ces causes* nous inclinans liberalement a la supplication et requeste des dicts manans et habitans des dictz villaiges du Fay, Meuvy, Marey et Bassoncourt et pour ces causes et considerations qui ont meu nos prédécesseurs roys de leur octroyer lesdicts privilleges, franchises et exemptions, iceux leur avons continuez et confirmez et de nostre certaine science plaine puissance et authorite royal, continuons et confirmons, pour en jouyr par eux et leurs successeurs plainement et paisiblement tout ainsi et en la mesme forme et manière quilz et leurs prédécesseurs en ont cy devant bien et duement jouy et use, jouyssent et usent encores de présent, sy donnons en mandement a noz amez et feaux les gens tenans nostre cour de parlement a Dijon, tresoriers de France, generaux de nos finances establis au dict lieu, bailly de Dijon ou son lieutenant et a tous aultres justiciers et officiers quil appartiendra quils facent souffrent et laissent jouyr et user plainement et paisiblement les dicts habitans et leurs successeurs du contenu cy dessus comme ilz en ont jouy et use cy devant jouissent et usent encores a present mesmes de la dicte liberté et franchise duser et leur famille de tel sel que bon leur semblera sans permission licence impost gabelles ny aulcunes charges de grenier a sel de ce royaume ny dudict duche de Bourgoigne, sinon que de la somme de douze livres pour le villaige du Fay et vingt livres pour les villaiges des dicts Marey Bassoncourt et Meuvy quilz ont tousiours paye et payeront par chacung an comme dict est es mains du grenetier de Dijon cessans et faisans cesser tous troubles et empeschements au contraire ny souffrir d'avoir ausdictz villaiges aucungz regratiers et revendeurs de sel, car tel est nostre plaisir et affin que ce soit chose ferme et stable a tousiours avons faict mettre notre sel a ces dictes presentes. Donne a Paris, au mois de mars lan de grace mil six cens neuf et de nostre regne le vingtiesme.

9.

Lettres patentes de Louis XIII.

Louis par la grace de Dieu roy de France et de Navarre a tous présens et advenir salut Nos chers et bien amez les manans et habitans des villages du Fay, Meuvy, Marey et Bassoncourt scituez en nostre duché de Bourgongne, Nous ont faict dire et remonstrer que les feuz roys nos predecesseurs et ducs de Bourgongne, qu'en consideration tant de ce que les dictz villages sont assis et scituez proche le duche de Lorraine et comté de Bourgongne et de Baissigny distantz de diz huict grandes lieues de nostre ville de Dijon que des miseres, ruynes calamités et combustions par eux souffertes durant les guerres civiles dernieres leur auroient entre aultres privileges, libertez et exemptions donné et octroye pouvoir et franchise d'user ensemble leurs familles de tel sel quils vouldroient et iceluy prendre ou bon leur sembleroit pour leur usage seullement sans aulcuns permission licence impost, gabelles ny aultres charges de grenier a sel de ce royaume ny mesme dudict duché sans pour ce payer aultre chose que scavoir pour ledict village du Fay la somme de douze livres, pour les villages de Meuvy, Marey et Bassoncourt vingt livres par chacun an lesquelles sommes ilz seront tenuz mettre en mains de nostre grenetier de nostre dicte ville de Dijon sans que les dicts villages fussent tenus de souffrir aulcuns regrattiers et revendeurs de sel et iceux lesquelz privileges leur auroient este coutumez et confirmez de temps en temps mesmes par lettres patentes du feu roy Henry le grand nostre tres honore Seigneur et pere (que Dieu absolve) veriffiees ou besoing a este le tout cy attache soubz le contrescel de nostre chancellerie, mais craignant que pour navoir obtenu confirmation de nous desdicts privileges depuis nostre advenement a la couronne lon les voullust cy apres troubler ou empescher en la jouissance diceux ilz ont eu recours vers nous pour leur octroyer noz lettres de continuation et confirmation desdicts privileges humblement requerans icelles a ces causes de l'advis de nostre conseil qui a veu lesdicts privileges octroyez cy devant ausdicts manans et habitans des villages du Fay Meuvy Marey et Bassoncourt et les motifs et considerations qui ont meu noz predecesseurs roys a leur octroyer iceux a vous ausdicts manans et habitans desdicts villages susdictz de nostre plaine puissance et auctorité royalle octroye continue et confirme octroyons continuons et confirmons par ces presentes lesdicts privileges franchises et exemptions duser et leurs familles de tel sel que bon leur semblera sans aucune permission impost gabelles ny aultres charges des greniers a sel de ce royaume ny du duche de Bourgongne et sans quilz soient tenus souffrir esdicts villages aulcuns regratiers et revendeurs de sel en payant les douze livres par le village de Fay et les vingt livres par les villages de Meuvy Marey et Bassoncourt en mains de nostre granetier de nostre ville de Dijon par chacun an pour en jouyr par eux et leurs successeurs plainement et paisiblement tout ainsi et en la mesme forme et manière queux et leurs predecesseurs en ont cy devant bien et duement jouy et use, jouissent et usent encores a présent si Donnons en mandement a noz amez et feaux conseillers les gens tenans nostre cour de parlement a Dijon, trésoriers de France generaux de noz finances establiz au dict lieu, bailly de Dijon ou son lieutenant et a tous noz aultres justiciers et officiers quil appartiendra quilz facent souffrent et laissent jouyr et user plainement et paisiblement lesdictz habitans et leurs successeurs du contenu cy dessus comme ilz an ont cy devant bien et duement jouy et use jouissent et usent encore de present sans pour ce souffrir leur estre mis ou donnes aulcuns trouble ou empeschement au contraire nonobstant tous edits ordonnances et règlement et lettres au contraire ausquelles pour ce regard nous avons dérogé et dérogeons par ces présentes car tel est nostre plaisir. Donne a Paris au moys de janvier lan de grâce mil six cens quinze et de nostre regne le cinquiesme.

10.

Lettres patentes de Louis XIV.

Louis par la grace de Dieu roi de France et de Navarre a tous présent et avenir salut nos chers et bien amez les manans et habitans des villages du Fay, Meuvy, Marey et Bassoncourt scituez en nostre duche de Bourgogne nous ont faict dire et remonstrer que les feuz roys nos predecesseurs et ducs de Bourgogne en consideration tant de ce que lesdicts villages sont assis et scituez proche le duche de Lorraine et comte de Bourgogne et de Bassigny distant de diz huict grandes lieues de nostre ville de Dijon. Que les miseres ruines et combustions par eux souffertes durant les guerres civiles dernieres, leur auroint entre autres privileges, libertez et exemptions donne et octroye pouvoir et franchise duser ensemble leurs familles de tel sel quils vouldroint et iceluy prendre ou bon leur sembleroit pour leur usage seulement sans aucune permission licence impost gabelles ny autres charges du grenier a sel de ce royaulme ny mesmes dudict duche sans pour ce paier autre chose que scavoir pour ledict village du Fay la somme de douze livres et pour les villages de Meuvy, Marey et Bassoncourt vingt livres par chacun an lesquelles sommes ils seront tenus mettre ez mains de nostre grenetier de nostre dicte ville de Dijon, sans que lesdicts villages de Meuvy, Marey et Bassoncourt fussent tenus de souffrir aucun regrattiers et revendeurs de sel en iceux lesquels privileges leur auroint este continuez et confirmez de temps en temps, mesmes par lettres patentes du feu roy Louis notre très honnoré seigneur et pere que Dieu absolve veriffiant ou besoing a este le tout cy attaché soubs le contrescel de notre chancellerie attendeu mesmes que depuis l'année mil seize cens trente cinq lesdicts lieux ont este pillés et brusles par les ennemis de nostre couronne. Mais creignant que pour n'avoir obtenu confirmation de nous desdicts privileges depuis nostre advenement a la couronne l'on les voulût cy après troubler ou empescher en la jouissance d'iceuz ilz ont eu recours a nous pour leur octroyer nos lettres de continuation et confirmation desdicts privilèges humblement requerans icelles. *A ces causes* de ladvis de nostre conseil qui a veu lesdicts privileges octroyez cy devant aus dicts manans et habitants des dicts villages susdicts du Fay, Meuvy, Marey et Bassoncourt et les motifs et considerations qui ont meu nos predécesseurs roys a leur octroyer iceux avons aux manans et habitans des susdicts villages de nostre plaine puissance et auctorite royalle octroye continue et confirme octroyons continuons et confirmons par ces présentes signées de nostre main lesdicts privileges franchises et exemptions, d'user et leurs familles de tel sel que bon leur semblera sans aucune permission impots gabelles ny autres charges des greniers a sel de ce royaulme ny du duche de Bourgongne et sans quils soint tenus souffrir es dicts vilages aucuns regratiers et revendeurs de sel en payant les douze livres par le village du Fay et les vingt livres par les villages de Meuvy, Marey et Bassoncourt ez mains de nostre grenetier de nostre ville de Dijon par chacun an pour en jouir par eux et leurs successeurs plainement et paisiblement tout ainsy et en la mesme forme et manière qu'euz et leurs predecesseurs en ont cy devant bien et deuement jouy et use jouissent et usent encores a présent *Sy donnons en mandement* a nos amez et feauz conseillers les gens tenants nostre cour de parlement a Dijon, trésoriers de France generaux de finances estably audict lieu, bailly de Dijon ou son lieutenant et a tous nos autres justiciers et officiers quil appartiendra quils facent souffrent et laissent jouir et user plainement et paisiblement lesdicts habitans et leurs successeurs du contenu cy dessus comme ils en ont cy devant bien et deuement jouy et use, jouissent et usent encores de présent sans pour ce souffrir leur estre mis ou donne aucun trouble ou empeschement au contraire, car tel est nostre plaisir. Donné a Paris au mois de juing l'an de grâce mil siz cens quarante siz et de nostre regne le quatrieme.

11.

Lettres patentes de Louis XV.

Louis par la grace de Dieu roi de France et de Navarre a tous presents et a venir salut Nos chers et bien amez les habitants des villages de Fay Billot, Meuvy, Marey et Bassoncourt en notre duché de Bourgogne nous ont fait remontrer que les anciens ducs de Bourgogne et les roys nos prédécesseurs considérants que les dicts villages sont situés sur les confins de Lorraine et de Bassigny exposés aux courses et au pillage des armées pendant les guerres, et qu'ils avoient été plusieurs fois anciennement bruslés, incendiés, et ruinés par les armées, ils leur auroient accordé plusieurs privilèges, libertés et exemptions, et notamment le pouvoir, franchise, et liberté d'user ensemble leurs familles de tel sel quils voudroient, et le prendre ou bon leur sembleroit, pour leur usage seulement, sans demander aucune permission ny licence, et sans aucun impost, gabelles, ny autres charges d'aucuns greniers a sel du royaume, ny même du duche de Bourgogne, sans pour ce payer autre chose qu'une redevance annuelle de la somme de douze livres pour le village de Fay Billot et celle de vingt livres par chacun an pour les villages de Meuvy, Marey et Bassoncourt, pour être lesdictes sommes payées par les exposants ès mains du grennetier au grenier a sel de notre ville de Dijon, et sans que les exposants fussent tenus de souffrir aucuns regrattiers ny revendeurs de sel dans lesdicts villages, lesquels privileges leur auroient été confirmés et continués par les roys nos predecesseurs, et notamment par notre tres honnore seigneur et bisayeul de glorieuse memoire par ses lettres patentes du mois de juin mil six cent quarante siz enregistrées en notre parlement de Dijon le treize mars mil six cent quarante sept qui ont été depuis éxécutées, mème les habitants du dit village de

Fay Billot y ont été nommément confirmés par l'article sept du titre treize de l'ordonnance des gabelles du mois de may mil six cent quatre vingt et depuis en exécution de la déclaration du vingt deux décembre mil sept cent huit, les exposants ont payé la finance pour l'affranchissement de leur redevance, lesquels privileges ils nous ont tres humblement fait suplier de leur vouloir confirmer, et de leur accorder nos lettres sur ce nécessaires. *A ces causes* après avoir fait voir a notre conseil lesdites lettres patentes accordées aux exposants par notre tres honnore seigneur et bisayeul au mois de juin mil six cent quarante siz cy attachées sous le contrescel de notre chancellerie avec celles de nos predecesseurs successivement accordées aux exposants depuis Philippes duc de Bourgogne du siz septembre mil quatre cent quarante sept, de l'avis de notre tres cher et tres amé oncle le duc d'Orléans regent, de notre très cher et très amé cousin le duc de Bourbon, de notre très cher et très amé oncle le duc du Maine, de notre tres cher et tres amé oncle le comte de Toulouze, et autres pairs de France, grands et notables personnages de notre royaume, et de notre grâce spéciale, pleine puissance et autorité royalle, nous avons continué, confirmé, et octroyé, continuons, confirmons et octroyons par ces présentes signées de notre main les privileges, franchises et exemptions desdits habitants dudit village de Fay Billot, de prendre et user du sel, eux et leurs familles conformément a l'article sept du titre treize de l'ordonnance des gabelles du mois de may mil six cent quatre vingt, et à l'égard desdits villages de Meuvy, Marey, et Bassoncourt, Nous les avons de notre même grâce et autorité que dessus pareillement confirmées dans leurs privileges d'user et leurs familles du sel ainsy qu eux et leurs predécesseurs en ont cy devant bien et duement jouy et use, en jouissent et usent encore a présent. *Si donnons en mandement* a nos amez et feaux conseillers les gens tenants notre cour de parlement a Dijon et autres nos justiciers et officiers qu'il appartiendra, que ces présentes ils aient a faire enregistrer et du contenu en icelles jouir et user lesdits habitants pleinement, paisiblement et perpetuellement, cessant et faisant cesser tous troubles et empeschements contraires, *car tel est notre plaisir.* Et affin que ce soit chose ferme et stable a toujours nous avons fait mettre notre scel a ces présentes. Donné a Paris au mois de février l'an de grâce mil sept cent seize, et de notre regne le premier.

LOUIS.

12.

Lettres patentes du même roi, confirmant l'établissement de l'hospice.

Louis par la grace de Dieu roi de France et de Navarre. A tous présens et a venir salut. Les curé, éschevins, habitans et communauté de la parroisse du Fayl-Billot de nôtre province de Bourgogne diocèse de Langres, et les sœurs de la Charité de la Congrégation de St Charles de Nancy, nous ont très humblement fait représenter, que le Fayl-Billot est un village des plus considérables du diocese de Langres, qu'il se trouve scitué sur la grande route de Paris en Allemagne, entre les villes de Langres et de Vezoul, à cinq lieues de l'une, a neuf lieuës de l'autre et a treize lieuës de la ville de Dijon. Qu il s'y tient quatre foires par année et un marché chaque semaine, ce qui joint au privilege du sel et au bois dont jouissent les habitans y attirent une infinité de personnes; que ce lieu est actuellement composé de plus de cinq cens cinquante feuz, mais que les habitans ne sont, pour la plupart, que de simples artisans et journaliers, de sorte qu en tout tems il sy trouvoit un très grand nombre de pauvres malades qui perissoient souvent faute de secours; les hopitaux des villes de Dijon et de Vezoul en étant trop eloignez pour pouvoir les y conduire, outre les autres inconveniens et risques du transport; que ces considerations ont engagé des l'annee mil sept cens trente nôtre amé Jean Seürot natif dudit lieu et un de nos conseillers sécrétaires en la chancelerie etablie pres nôtre chambre des comptes cour des aides et chambre du domaine a Dole, a projetter l'établissement dune maison de charité pour le soulagement des pauvres malades audit lieu du Fayl-Billot. Que d'un autre costé le soin de l'éducation des jeunes filles de ce lieu, lesquelles sont en grand nombre, depuis lâge de huit ans jusqu'a quinze paroissoit aussi mériter une attention particulière n'étant pas convenable de les envoyer confusement avec les garçons chez le recteur decole, et rien n'étant au contraire plus a propos que de les en separer pour charger du soin de leur conduite, des personnes qui pussent non seulement leur enseigner a lire et a écrire, mais encore qui fussent en état de leur inspirer de bonne heure les sentiments dune vraye et solide piété, que dans cette vûe les curé, echevins et habitans conjointement avec ledit s^r Seürot, auroient unanimement jetté les yeux sur les sœurs de la Congrégation de St Charles de Nancy, dont la capacité et le zèle pour le soulagement des pauvres malades et pour l'instruction de la jeunesse, leur étoient connus depuis longtems ; qu'en conséquence on s'adressa a nôtre amé et feal conseiller en nos conseils l'eveque de Toul et a l'écolatre et de l'eglise primatiale de Nancy, supérieurs de ladite Congrégation pour obtenir que trois desdites sœurs seroient envoyées au Fayl-Billot, deux desquelles s'occuperoient à préparer des remèdes et fournir des secours nécessaires aux pauvres malades et la troisième seroit chargée uniquement du soin d'enseigner a lire et a écrire auz jeunes filles et de les instruire des devoirs de la religion catholique apostolique et romaine sous le bon plaisir et la discipline de nôtre très cher et bien amé cousin l'evêque duc de Langres : que ledit s^r evèque de Toul ayant permis à la supérieure de lhopital de Nancy denvoyer deux des sœurs de sa communauté au Fayl-Billot pour visiter les lieux et prendre des mesures pour y former un établissement solide et durable, deux desdites sœurs se sont transportées dans ce lieu le trois may mil sept cens trente, qu'alors le s^r curé dudit lieu ayant convoqué une assemblée des principaux habitans, ledit s^r Seurot y promit de payer une somme de dix mil livres pour contribuer de sa part a une œuvre si pieuse, et qu'a son exemple une personne charitable qui ne veut pas être nommée contribua pareille somme de dix mil livres. Que dans la mème assemblée le s^r Maillard prêtre demeurant a Dijon natif du Fayl-Billot promit tant pour luy que pour les demoiselles ses sœurs de fournir sa vie durant et jusquau décès du dernier d'entr'eux une maison convenable jardin et enclos pour loger les trois sœurs de St Charles, aux lieux suffisants pour préparer les choses nécessaires au soulagement des pauvres malades et une classe pour y enseigner les jeunes filles : que de leur costé les habitans dudit lieu promirent de fournir aux trois sœurs tout le bois et le sel nécessaires pour la consommation de cette maison et promirent en outre sous le bon plaisir du s^r intendant et commissaire départy en nôtre province de Bourgogne de faire valoir annuellement les questes et aumones publiques jusqua deux ou trois cens livres par an déclarant quil leur restoit des lors entre les mains six cens livres des questes precedentes toutes lesquelles conditions et promesses furent redigées par acte que toutes les parties signèrent. Que ces suretés ayant paru suffisantes ausdites sœurs de St Charles, leur congrégation conjointement avec le s^r Nicolas chanoine ecolatre de Nancy envoyèrent leur procuration au s^r Fourel vicaire de la parroisse du Fayl-Billot pour régler tous les art. concernant cet etablissement avec le s^r cure dudit lieu, le s^r Seurot, le s^r Maillard prêtre et les principaux habitans qui par le traité qui fut fait en consequence et passé devant Blancheville notaire royal au Fayl-Billot le six juillet mil sept cens trente les sœurs de ladite communauté de St Charles se sont obligées d'envoyer audit lieu trois sœurs pour y vivre suivant leur institut, soulager les pauvres malades et instruire les jeunes filles, que par cet acte le s^r Seurot s'oblige de donner la somme de dix mil livres pour être employée en constitution de rente ou achapt de fonds et les habitans de Fayl a fournir ce qui avoit été stipulé dans l'acte du six may précédent sous condition que le tout seroit agrée par nôtre dit cousin levêque duc de Langres qui y a donné son approbation et consentement par acte du neuf du même mois de juillet auquelle le s^r evêque comte de Toul accéda le dix sept dudit mois, qu'ensuite de ce traité et des consentements cy dessus trois desdites sœurs s'étant rendues audit lieu du Fayl billot avec lobedience de leurs supérieurs, on leur fournit d'abord un logement convenable et plusieurs particuliers firent dit on des ameublemens, lits, linges, batterie de cuisine et autres choses nécessaires; que lapoticairerie fut même fournie et assortie des drogues et ustanciles convenables pour la préparation des médicamens ; quil fut aussi fourny des lors une partie des draps de lits, matelas et couvertures nécessaires aux malades les plus indigens et même un grand nombre de chemises, qu'on obtint tous ces avantages dans les trois premiers mois de cet établissement et que depuis ce tèms la jusqu'a présent il s'est toujours soutenu de manière que les pauvres malades tant du lieu qu'étrangers et même les soldats malades de nos troupes y ont été reçus et y ont trouvé tous les secours possibles ; que les jeunes filles du lieu y reçoivent journellement une éducation chrétienne, au grand contentement de leurs familles et de tous les supérieurs. Quil y a lieu d'espérer de la bonté divine qu'elle repandra de plus en plus ses grâces et ses bénédictions sur un œuvre si pieuse ; qu'on sen appercoit même assez manifestement puisque les questes qu'on fait annuellement vont toujours en s'augmentant et que les charitez ont été si abondantes qu'on n'a point été obligé d'entamer les six cens livres danciennes aumônes qui furent remises entre les mains du receveur de la charité au commencement de l'établissement en question. Qu'enfin les administrateurs se sont vus en état de faire depuis peu l'aquisition d'une maison des plus logeables du lieu, au profit de cette charité, et qui lui est extrèmement convenable ; que cette aquisition qui monte a trois mil cinq cens livres a été faite en partie des libéralités dudit Seurot, lequel indépendemment des dix mil livres dont il a payé la rente de six mois en six mois fort régulièrement, a encore depuis peu donné quinze cens livres pour servir en partie a l'achapt de cette maison ; que le surplus provient des aumones de plusieurs autres personnes pieuses ; que l'on travaille actuellement a refaire une maison pour la mettre en bon état et quon y construit un nouveau bâtiment détaché du corps de logis qui formera une grande sale pour la classe des jeunes filles et un laboratoire pour la préparation des remèdes, pour tous lesquels ouvrages la charité a des fonds suffisants qu'enfin les villes ou il y a des hopitaux etant trop éloignées ainsi qu on l'a observé, on ne pourroit espérer dy trouver des secours pour les malades du Fayl-Billot, outre quil n'est pas certain qu'on les y put faire recevoir ; quainsi toute sorte de raisons concourent a faire désirer le soutien de l'établissement dont est question, Que pour l'affermir de plus en plus les suplians se sont depuis peu adressez au sr de Montmorin évêque duc de Langres et luy ont présenté requête tendant a ce qu'il luy plut donner son aprobation a cet établissement ; qu'il a rendû une ordonnance au bas de cette requête le vingt huit mars mil sept cens trente huit portant qu'elle seroit communiquée a son Promoteur, que ledit sr Promoteur ayant donné ses conclusions le premier jour d'avril suivant portant quil estimoit nécessaire qu'il fut informé de la comodité ou incomodité de ladite fondation par telle personne quil plairoit audit sr Evêque de commettre, le sr Philibert prêtre chapelain de l'eglise paroissiale de St Martin de Langres a été nommé a cet effet par ordonnance du sept dudit mois d'avril rendüe par le sr de Chambrulard grand vicaire général du diocèse de Langres, quil a été procédé par ledit sr Philibert a ladite information et a la visite des lieux composant ladite maison de charité ensemble des biens en dépendans et de tous les meubles et ustanciles y appartenans le tout en présence des notables et principaux habitans du lieu convoqués a cet effet dont et de quoy il a été dressé procès verbal ainsi que de leurs dires et requisitions le vingt neuf du même mois d'avril de ladite année, que sur le tout le sr Promoteur de Langres a donné ses conclusions définitives le cinq may suivant, et quenfin le quatorze du même mois ledit sr Evêque duc de Langres a par ordonnance définitive aprouvé et confirmé ledit établissement pour le soulagement des pauvres malades et l'instruction des jeunes filles dudit lieu du Fayl-Billot le tout néantmoins sous son autorité et direction spirituelle et temporelle. Que dans cet état il ne reste plus aux exposans qu'a nous suplier tres humblement de vouloir bien par nôtre autorité royale agréer, confirmer et autoriser ledit établissement, permettre aux directeurs et administrateurs de ladite maison de charité d'aquérir et posseder des biens fonds jusqu'a concurence de telle somme de revenu quil nous plaira de fixer leur permettre d'accepter tous dons, legs qui ont été ou pouront être faits en faveur de ladite maison et en conformité des règlements de notre conseil déclarer ladite maison et école de charité exempte de tous droits d'amortissemens indemnité lods et ventes et autres profits de fiefs droits de francfiefs, nouveaux acquets, droits d'enregistrement, centième et huitième deniers et autres droits qui pourroient nous être dus pour toutes les acquisitions, eschanges, dons, legs, constructions et reconstructions de bâtiments faits ou a faire et qui sont ou seront destinez et uniquement employez tant au logement desdites sœurs et des pauvres malades qu'a leur subsistance entretien et soulagement comme aussi a l'instruction gratuite des jeunes filles dudit lieu du Fayl-Billot. A ces causes voulant favoriser les pieuses intentions des personnes charitables qui ont fourny les fonds nécessaires pour l'établissement de ladite maison et école de charité au Fayl-Billot de l'avis de nôtre conseil qui a vu ledit acte de conventions du six juillet mil sept cens trente approuvé par ledit s^r evêque duc de Langres le neuf du même mois et par le s^r évêque comte de Toul le dix sept dudit mois comme aussi le procès verbal de *comodo et incomodo* dressé de l'autorité dudit s^r evêque duc de Langres du vingt neuf avril mil sept cens trente huit ensemble son aprobation et consentement du quatorze may en suivant et autres pièces, le tout cy attaché sous le contrescel de nôtre chancelerie nous avons de nôtre grâce spéciale pleine puissance et autorité royale approuvé, loüé et autorisé, approuvons, loüons et autorisons l'établissement fait audit lieu du Fayl-Billot d'une maison et école de charité desservie par les sœurs de la Congrégation de St Charles de Nancy pour y recevoir et soulager les pauvres malades et pour y enseigner gratuitement aux jeunes filles dudit lieu a lire, a écrire et les principes de la religion, catholique apostolique et romaine, sous l'autorité et inspection spirituelle et temporelle de nôtre cousin l'Evêque duc de Langres et de ses successeurs. Voulons que ladite maison et école de charité soit régie et administrée conformément aux articles contenus audit acte du six juillet mil sept cens trente et a l'acte de consentement et approbation dudit s^r evêque de Langres du quatorze may de la présente année et de la même grace et autorité que dessus Permettons aux directeurs et administrateurs de ladite maison et école de charité d'accepter pour et au nom d'icelle, tous dons, gratifications, legs universels ou particuliers, aumônes et autres dispositions soit par testamens, donations entrevifs, et a cause de mort ou autrement en telle sorte et manière que ce soit a condition cependant que le tout ne pourra exceder la somme de quinze cens livres seulement de revenu annuel en biens fonds outre les biens qui sont actuellement attachéz a cette maison et les rentes constituées qu'elle pourra acquérir de ses revenus et epargnes ; approuvons et confirmons les dons, acquisitions, gratifications, legs, donations et autres dispositions qui ont été faites jusqu'a présent en faveur dudit etablissement. Si donnons en mandement a nos amez et feaux conseillers les gens tenant nôtre cour de parlement a Dijon et autres nos officiers et justiciers quil appartiendra que ces présentes ils ayent a faire registrer et éxécuter et de leur contenu jouir et user lesdits curé, eschevins, habitans et communauté du Fayl-Billot pleinement, paisiblement et perpétuellement, cessant et faisant cesser tous troubles et empeschemens et nonobstant toutes choses a ce contraires ausquelles nous avons dérogé et derogeons a cet égard seulement et sans tirer a conséquence. Car tel est nôtre plaisir et afin que ce soit chose ferme et stable a toujours nous avons fait mettre nôtre scel a cesdites présentes. Données a Fontainebleau au mois de novembre l'an de grâce mil sept cens trente huit et de nôtre règne le vingt quatrième.

LOUIS

Par le Roy   *Visa*
PHELYPEAUX   DAGUESSEAU

Pour confirmation d'establissement dune maison et escole de charité a Fayl Billot, signées Phelypeaux.

Veu au conseil

(Archives de l'hospice.)

13.

Lettres patentes de Louis XVI au sujet de l'hospice.

Louis par la grâce de Dieu, roi de France et de Navarre, à tous présens et à venir salut. Nos chers et bien amez les directeurs et administrateurs de la maison de charité du Fayl-Billot en Bourgogne nous ont représenté que la situation de ce bourg sur la grande route de Paris en Allemagne en fait un passage très fréquenté; Qu'il est d'ailleurs peuplé de plus de deux mille habitans presque tous pauvres et hors d'etat de se procurer les secours dont ils ont besoin dans leurs maladies. Que ces considérations déterminèrent en mil sept cent trente l'établissement dans ce bourg d'une maison de charité qui est desservie par trois sœurs dont deux prennent soin des malades et la troisième tient les écoles pour les jeunes filles. Que le feu roi notre très honoré seigneur et ayeul par ses lettres patentes du mois de novembre mil sept cent trente huit avoit confirmé cet etablissement et les différens dons qui lui avoient été faits et qui montoient alors à mille livres de revenu. Mais que ce revenu n'ayant pas été jugé suffisant, les mêmes lettres patentes permirent aux administrateurs de recevoir d'autres dons et legs jusqu'a concurrence de quinze cens livres de revenu outre les biens dont cette maison jouissait déja et les rentes constituées quelle pourroit acquérir de ses revenus et épargnes. Que l'édit de mil sept cent quarante neuf a empêché que ces lettres patentes ne pussent avoir tout leur effet, parce qu'à l'époque de cet édit, ils n'avoient pu se procurer qu'environ deux cens livres de revenu sur les quinze cens livres qu'ils étoient autorisés a acquérir, que par ce moyen ladite maison ne se trouve avoir que douze cens livres de rente, ce qui ne peut suffire pour la grande quantité de malades qui y sont journellement reçus. Que dans cet état ils nous suplioient de vouloir bien 1° confirmer ledit établissement, 2° confirmer pareillement les acquisitions qu'il a faites, 3° l'autoriser a recevoir des dons et legs et a faire des acquisitions jusqu'a concurrence de treize cens livres de revenu pour completter les qninze cens livres accordées par les lettres patentes de mil sept cent trente huit. A ces causes de l'avis de notre conseil qui a vu copie collationnée desdites lettres patentes du mois de novembre mil sept cent trente huit ci attachée sous le contrescel de notre chancellerie, nous avons approuvé et confirmé, et par ces présentes signées de notre main approuvons et confirmons en tant que besoin ladite maison de charité établie au bourg du Fayl Billot, ainsi que l'établissement qui y a été fait de trois sœurs de la congrégation de St Charles de Nancy pour prendre soin des malades et tenir école gratuite pour les jeunes filles dudit bourg. Approuvons pareillement et autorisons les acquisitions précédemment faites par ladite maison en fonds et en rentes constituées sur particuliers. Permettons en outre a ladite maison de recevoir des dons et legs jusqu'a concurrence de la somme de treize cens livres de revenu. Voulons néanmoins que lesdits dons et legs ne puissent lui être faits qu'en effets permis par l'édit du mois d'aoust mil sept cent quarante neuf; et que dans le cas ou il seroit légué a ladite maison quelques immeubles, lesdits administrateurs soient tenus de s'en défaire dans l'année, pour le prix d'iceulx être pareillement employé en effets permis. Dérogeons pour le surplus a tous édits, déclarations, arrêts et réglements a ce contraires. Si donnons en mandement à nos amés et féaux conseillers les gens tenans notre cour de Parlement à Dijon que ces présentes ils ayent à enregistrer et du contenu en icelles faire jouir et user les exposans et ladite maison de charité pleinement, paisiblement et perpétuellement. Car tel est notre plaisir; et afin que ce soit chose ferme et stable à toujours, nous avons fait mettre notre scel a ces dites présentes. Donné a Versailles au mois de juillet, l'an de grace mil sept cent soixante dix neuf et de notre regne le sixième.

LOUIS.

Par le Roy
AMELOT

Enregistré au greffe du Parlement en exécution de l'arrêt du douze janvier mil sept cent quatre vingts.

CHAMBAIN.

(Archives de l'hospice.)

14.

Arrêt du conseil d'Etat confirmant l'exemption des droits d'aides.

(Extrait des Registres du conseil d'Etat.)

Vu par le roi en son conseil la réponse faite par Sa Majesté aux articles VI et VII du cahier des Etats de Bourgogne, présenté en mil sept cens cinquante-cinq, et par laquelle Sa Majesté, ayant égard aux représentations desdits Etats, contenue esdits articles, auroit accordé l'exemption des droits d'aydes, tant pour les vins du cru de Tanlay qui en sortent pour être voiturés et consommés dans les autres lieux de la province de Bourgogne, qui sont exemts desdits droits d'aydes, que pour ceux que les habitans de Fayl-Billot font venir des duché et comté de Bourgogne pour leur besoin et consommation, quoique lesdits vins, pour arriver à leur destination, passent par des pays sujets aux droits d'aydes, à condition néanmoins d'observer par les propriétaires, voituriers et conducteurs desdits vins, les formalités qui seroient prescrites à cet effet : Vu aussi les mémoires des fermiers généraux, contenant différentes précautions à observer par raport audit passage de vins, les réponses fournies audits mémoires par les Etats de Bourgogne, ensemble l'avis du sieur intendant et commissaire départi en ladite province de Bourgogne; ouï le raport du sieur Boullongne, conseiller au conseil royal, controlleur général des finances, *le roy en son conseil*, en confirmant en tant que de besoin, l'exemption des droits d'aydes accordée par Sa Majesté sur les vins allant du lieu de Tanlay dans les autres lieux de la Bourgogne, et sur ceux tirés des duché et comté de Bourgogne, pour la consommation des habitans du Fays-Billot, qui empruntent passage par les pays sujets auxdits droits d'aydes, *a ordonné et ordonne* que les propriétaires, marchands, commissionnaires, conducteurs et voituriers desdits vins, seront tenus de prendre des lettres de voitures passées pardevant notaire, dont lesdits voituriers et conducteurs seront porteurs, contenant la quantité des vins, les noms et demeures de ceux à qui ils sont destinés, les lieux par où devront passer lesdits voituriers et conducteurs, avec leur soumission de raporter dans trois mois le certificat du déchargement desdits vins au lieu de la destination, signé par les commis des traites, et à défaut, par un officier de la justice du lieu, lesquelles lettres de voitures seront tenus lesdits voituriers et conducteurs, de représenter et déposer au premier bureau des aydes qui se rencontrera sur leurs routes, pour leur en être donné une ampliation; le tout à peine de payer le quadruple desdits droits d'aydes.

Fait au Conseil d'Etat du roi, tenu à Versailles le vingt-neuf aout mil sept cens cinquante-huit.

Signé : **DEVOUGNY**.

INDICATION DES SOURCES.

Nous avons jugé à propos d'indiquer ici les sources où nous avons puisé les matériaux qui ont servi à la composition de ce volume, afin qu'on puisse y recourir plus tard, soit pour vérifier notre travail, soit pour en faire un meilleur.

1. Archives.

Archives départementales de l'Aube : Abbaye de Montiéramey, cartons $\frac{6 H}{6}$, $\frac{6 H}{5}$ et 205, liasse 297.

Archives de la Côte-d'Or : Recueil, affaires mêlées de la haute tour et fiefs du Dijonnois, tomes II, III, VII, X, XIV, XXVIII; B. 297, trav. 19, et B. 411, trav. 21.

Archives de la Haute-Marne : Abbaye de Belmont, etc.

Archives de la ville et de l'hospice de Fayl-Billot.

Archives des communes du canton.

Papiers de familles de Madame de Beaujeu, à Pierrefaite, et de M. de Tricornot, à Saulles.

2. Manuscrits.

Journal de ce qui s'est passé de mémorable à Lengres et aux environs, depuis 1628 jusqu'en 1658, par messire Clément Macheret, chapelain de Sainct Pierre, directeur de l'hospital du chapitre, curé d'Hortes. Mss. in-4° de 165 feuillets, appartenant à M. Thiberge, à Bussières-les-Belmont.

Manuscrits de l'abbé Mathieu, appartenant à la bibliothèque du grand séminaire de Langres.

Acta quorumdam Episcoporum Lingonensium, tomes I, II, et VI, à la bibliothèque de Chaumont.

Registre des résolutions de la Chambre de ville de Langres, de 1653 à 1662, folio 245 et 246.

Poleria diæcesis Lingonensis.

Registres des paroisses du canton.

3. Ouvrages imprimés.

Almanach historique de la ville et du diocèse de Langres, pour l'année 1787.

Annuaires du département et du diocèse.

Description du duché de Bourgogne, par Courtépée.

Discours miraculeux de deux fontaines découvertes à deux lieues près de la ville de Langres, au village de Corgirnon. Paris, 1603.

Essai sur Lavoncourt (Haute-Saône), par l'abbé Gousset.

Géographie historique de la Haute-Marne, par J. Carnaudet.

Géographie physico-médicale du Bassigny, par J.-J. Virey.

Histoire des évêques de Langres, par l'abbé Mathieu.

La Haute-Marne, revue champenoise.

La vie d'un solitaire inconnu, etc. Paris, 1699.

Les chroniques de l'évêché de Langres.

Mémoire pour les habitans du Fay-Billot, demandeurs en entérinement de lettres de requête civile contre les habitans de Poinson, défendeurs, in-folio de 187 pages. Dijon, chez A. de Fay, 1758.

Recherches historiques et statistiques sur les principales communes de l'arrondissement de Langres.

Recherches sur Neuchâtel au comté de Bourgogne, par l'abbé Richard.

FIN.

TABLE SOMMAIRE.

Préface.  v

CHAPITRE PREMIER.

DEPUIS L'ORIGINE DE FAYL-BILLOT JUSQU'A L'AFFRANCHISSEMENT DE LA COMMUNE (450—1324).

Antiquités romaines découvertes sur le territoire. Etymologie du nom de Fayl-Billot. Origine probable de la ville. Etablissement des tailles seigneuriales. Terre de franc-alleu. Doyenné de Pierrefaite. Paroisse de Charmoy. Fondation du prieuré de *Notre-Dame*. Construction d'une église. La *Réserve-Marie* et le *Bois-Prieur*. Construction du château-fort. Maison de Fouvent. Maison de Vergy. Reprise de fief. Maison de Vaudémont. Les sires de Châtillon. Fief de Bourguignon-les-Morey 1

CHAPITRE II.

DEPUIS L'AFFRANCHISSEMENT DE LA COMMUNE JUSQU'A LA GUERRE DE FRANCHE-COMTÉ (1324—1636).

§ Ier. *Affranchissement de la commune.* — Pauvreté des habitants. Abolition des tailles. Droits qui leur sont substitués. Avantages de la charte d'affranchissement. Elle est confirmée par Eudes, duc de Bourgogne. Guy de Châtillon en recommande l'observation à ses officiers. Il envoie un commissaire pour la faire respecter. Assemblée à ce sujet. Interprétation et explication des principaux articles de cette charte. Assentiment qu'y donnent le seigneur et les habitants. Bois communaux. Fours banaux. Droit d'usage dans les bois de la seigneurie. Administration communale. . 14

§ II. *Privilége du sel.* — Accroissement de la population. Privilége concernant le sel. Guerre des Anglais. Fayl est dépeuplé et ravagé. Les habitants adressent une requête à Philippe-le-Bon, duc de Bourgogne. Charte de ce prince. Réunion du duché à la couronne. Les rois de France confirment les priviléges de la commune. *Dénombrement du sel.* Conditions de l'adjudication du charroi et de la collecte du sel. 22

§ III. *Des seigneurs.* — Maison de Pointes, d'après le P. Vignier. Erreur de cet historien. Gauthier de Châtillon fait hommage de sa terre au duc de Bourgogne. Vente de la seigneurie à la maison de Montbéliard. Mariage d'Agnès de Montbéliard avec Thiébaud de Neuchâtel. Droits de Thiébaud sur les habitants. Justice haute, moyenne et basse. Foire et marché. Propriétés seigneuriales. Garde d'Arbigny et de Montlandon. Fiefs de la seigneurie. Procès avec la commune de Bussières. Hommage du seigneur de Bourguignon. Nouvelle reprise de fief. Vassaux de Thiébaud. Il soutient le parti des Anglais et des Bourguignons. Second mariage de Thiébaud VIII. Thiébaud IX, ses exploits et son testament. Claude de Neuchâtel. Ferdinand de Neuchâtel-Montaigu rend hommage à Louis XII. Main-mise sur la terre de Fayl. Marc de la Baume. Erection de la seigneurie en baronie. Prétentions de Marc de la Baume sur les terrains communaux. Enquêtes à ce sujet. Sentence provisionnelle du bailliage de Dijon. Jean de la Baume. Les habitants lui demandent la permission de construire des fours particuliers. Conditions auxquelles il l'accorde. Françoise de la Baume reprend le procès avec la commune, et se désiste enfin de ses prétentions. Elle favorise l'agriculture. Origine de la ferme de *Bonnay.* 28

§ IV. *Procès et transactions avec les communes voisines.* — Difficultés avec la commune de Rougeux. Assemblée communale. Transaction amiable. Autre transaction avec les habitants de Poinson. Différend entre les habitants de Fayl et l'abbesse de Belmont. Il est terminé par voie d'arbitrage. Bornage des territoires de Fayl et de Pierrefaite. Bornage des *Plains-Bois.* Procès avec les habitants de Poinson. Transaction avec la commune de Rougeux. Nouveau procès avec Poinson. Etat de Fayl-Billot en 1635. 44

CHAPITRE III.

GUERRE DE FRANCHE-COMTÉ (1636—1660).

§ 1er. *Du commencement de la guerre à la trève de 1643.* — Causes de la guerre. Entrée des Français en Franche-Comté. Siége infructueux de la ville de Dole. Force des ennemis. Défaite de l'avant-garde de Galas. Conseil de guerre. Galas établit son quartier-général à Fayl-Billot. Ravages qu'il y fait. Prise du château de Pressigny. Délibération des généraux ennemis. Leur défaite à Saint-Jean-de-Losne. Prise de Jussey et de Jonvelle. Les Suédois à Torcenay. Habitants de Fayl-Billot faits prisonniers. Ruine de Chaudenay. Vœu de Louis XIII. Incursion et échec des Francs-Comtois à Pressigny. Vols à Torcenay. Hommes attelés à la charrue. Défaite des ennemis à Rougeux. Prise des châteaux de la Franche-Comté. Le comte de Grancey devant La Mothe et à Dijon. Les ennemis veulent reconquérir leurs forteresses. Ils sont vaincus par le comte de Grancey. Ils continuent leur brigandage et leurs rapines. Incursions réciproques des Français dans leur pays. Trêve entre les deux Bourgogne. 55

§ II. *De la trêve de 1643 à la paix de 1659.* — Dépopulation de Fayl-Billot. Les brigands se retirent dans les bois. Incendies à Fayl-Billot. Croates battus et faits prisonniers. Le régiment de Turenne aux environs de Langres. Echec des ennemis à Pressigny. La sainte Vierge protège un soldat. Disette de 1652. Pillage de Poinson-les-Fayl. Assemblée de seigneurs à Saint-Pérégrin. Rapines et exactions de la garnison de Belfort. Souffrance du peuple. Prières publiques pour la paix. Procession solennelle de Fayl-Billot à Langres. Conclusions de la paix. 71

CHAPITRE IV.

DEPUIS LA FIN DE LA GUERRE DE FRANCHE-COMTÉ JUSQU'A LA FONDATION DE L'HOSPICE (1660—1730).

§ Ier. *Incendies.* — Fayl-Billot est ruiné par les flammes en 1668. Autre incendie en 1687. Le bourg est dépeuplé. 86

§ II. *Chapelle Sainte-Anne.* — Sa construction. Collation de ce bénéfice. Chapelains. Dévotion des fidèles. Cimetière des enfants morts sans baptême et des étrangers inconnus. Pillage, restauration et démolition de ce sanctuaire. 87

§ III. *Des barons.* — Maison de la Baume-Montrevel. Nicolas-Auguste de la Baume. François d'Argouges. Ses prétentions sur les bois communaux. Henri-Alexandre d'Argouges rend hommage pour la baronie. Les Jésuites de Langres achètent la ferme de Bonnay. Ils adressent une requête au bailli de Fayl. Les habitants entreprennent contre eux un procès. Vente de la baronie à François-Théodore de Custine de Wiltz. Procès et transaction avec la commune. Fiefs de Pointé et de Gésans. Vente de ces fiefs à M. Clerget. Prétentions de ce nouveau seigneur. Les religieux de Saint-Antoine forment opposition à la vente. Plaidoyer à ce sujet. Condamnation de M. Clerget. 89

§ IV. *Du prieuré et de la cure.* — Revenus de ces deux bénéfices. Dîmes. Donation de M. Baudot à l'hospice Sainte-Anne de Dijon. Legs à la fabrique et aux pauvres. MM. de Barjon et de Monclu. Passage de Stanislas, roi de Pologne. Derniers prieurs. Charmoy, annexe de Fayl-Billot. Chapelain de l'église *Notre-Dame.* 98

CHAPITRE V.

DEPUIS LA FONDATION DE L'HOSPICE JUSQU'A LA RÉVOLUTION (1730—1789).

§ Ier. *Hospice et école de filles.* — Accroissement de la population. Projet d'un hospice et d'une école de filles. Assemblée des notables à ce sujet. Délibération de la commune. Don de M. Seurrot et d'une autre personne. Promesse de M. Maillard. Offre de M. Barrois. Les religieuses de Saint-Charles traitent avec la paroisse. Règlement de l'établissement. Ratification des évêques de Langres et de Toul. Installation des sœurs. Dons divers. Donation de Mlle Delâge. Avantage de l'établissement. Acquisition d'une maison. Approbation de Mgr. de Montmorin. Lettres patentes de Louis XV. Ordonnance de Louis XVI. Acquisition d'un terrage à Coublanc. Legs de Mlle Maillard. Terrage de Charmoy. Legs de Mesdames Clerget. Donation de Mlle Barrois. Epidémie. Acquisition de la maison actuelle. Administration de l'hospice 106

§ II. *La baronie et ses droits.* — Mariage de M. d'Attricourt avec Mlle de Froment. Acquisition de la baronie. Dénombrement. Justice haute, moyenne et basse. Bailli et autres officiers. Fourches patibulaires. Droit de tabellionnage. Fiefs relevant de la baronie. Droits à Tornay, Genevrières, Bussières, Montlandon, Celsoy, Arbigny et Culmont. Foires et marché. Droits de coupe, de vente, de banvin et de péage. Bureau de traites-foraines. Vérification des poids et mesures. Mesures locales. Redevances des jeunes époux, des marchands, des bouchers, des laboureurs et de chaque ménage. Cens divers. Propriétés seigneuriales. Le château. Mort de M. d'Attricourt du Fayl. Ses enfants. M. Labbey de Sauvigney. Mort de la baronne. Enfants de M. de Sauvigney 116

§ III. *De la commune.* — Echevins. Chambre des notables. Assemblées générales des habitants. Subdélégation de Fayl-Billot. Perception des impôts. Situation financière. Procès avec la commune de Bussières. Partage de la *Grande-Montvaudie.* Procès avec la commune de Poinson. Partage du bois des *Fourneaux.* Procès avec le collège de Langres. Vente de la ferme de *Bonnay* 130

TABLE SOMMAIRE. 397

CHAPITRE VI.

DEPUIS LA RÉVOLUTION JUSQU'A NOS JOURS (1789—1860).

§ Ier. *Révolution.* — Convocation des Etats généraux. Troubles. Garde nationale. Disette. Abolition de la baronie. Organisation municipale. Fayl-Billot chef-lieu de canton. Justice de paix. Vente des biens ecclésiastiques. M. Viard, curé, remplacé par un intrus. Brigade de gendarmerie. Arbre de liberté. L'église dépouillée et le culte aboli. Fête de la raison. Fête de l'Etre-Suprême. Maladie épidémique. L'hospice déclaré propriété nationale. Les écoles supprimées. M. Viard reclus à Chaumont. Fêtes républicaines. Rétablissement du culte. Nouvelle organisation cantonale. Fête de l'empereur. Mort de MM. Viard et Peitieu, curés. Fonte et bénédiction des cloches 142

§ II. *Invasions.* — Cause des invasions. Terreur qu'elles inspirent. Le maréchal-des-logis et l'avant-garde. Entrée des Autrichiens. Capitulation de Langres. Les souverains de Russie, de Prusse et d'Autriche à Fayl-Billot. Déroute des ennemis. Traité de Chaumont. Abdication de l'empereur. Le typhus. Rétablissement de Louis XVIII. Seconde invasion. Famine de 1817. Acquisition de propriétés en faveur de l'hospice 156

§ III. *Faits contemporains.* — Révolution de juillet. Organisation de la garde nationale. Passage de Louis-Philippe. Translation du cimetière. Foire nouvelle. Admission des malades à l'hospice. Chapelle de cet établissement. Dons divers. Ouvroir. Construction de la halle. Le *Grand-Bas* et la *Rue-Brugnon.* Mort de M. Daubrive, curé. Disette de 1847. Révolution de février. Patriotisme de la garde nationale. Avénement de Napoléon III. M. Roy. Souscription pour une nouvelle église. Délibération municipale. Arrêté de M. le préfet. Institution d'un jury. Emplacement de l'église. Adoption du projet de M. Barbier. Approbation du conseil des bâtiments civils. Plan de l'église future. Etat de l'église actuelle. Construction de fontaines. Le choléra. Noble conduite de M. Truchot. Médailles d'honneur. Don de Mlle Lallement pour la salle d'asile. Fêtes à l'occasion des victoires de l'armée en Italie 163

CHAPITRE VII.

DOCUMENTS HISTORIQUES, STATISTIQUES, ADMINISTRATIFS, INDUSTRIELS, ETC., SUR LA VILLE ET LE CANTON.

§ Ier. *De la ville* 179
§ II. *Du canton* 202

TABLE SOMMAIRE.

Notices sur les villages du canton 211
Aperçu géologique sur le canton 335
Appendice sur les fontaines de Gorgirnon 353
Pièces justificatives 361
Indication des sources 391
Table sommaire 393

FIN DE LA TABLE SOMMAIRE.

Besançon. Imprimerie d'Outhenin-Chalandre fils.

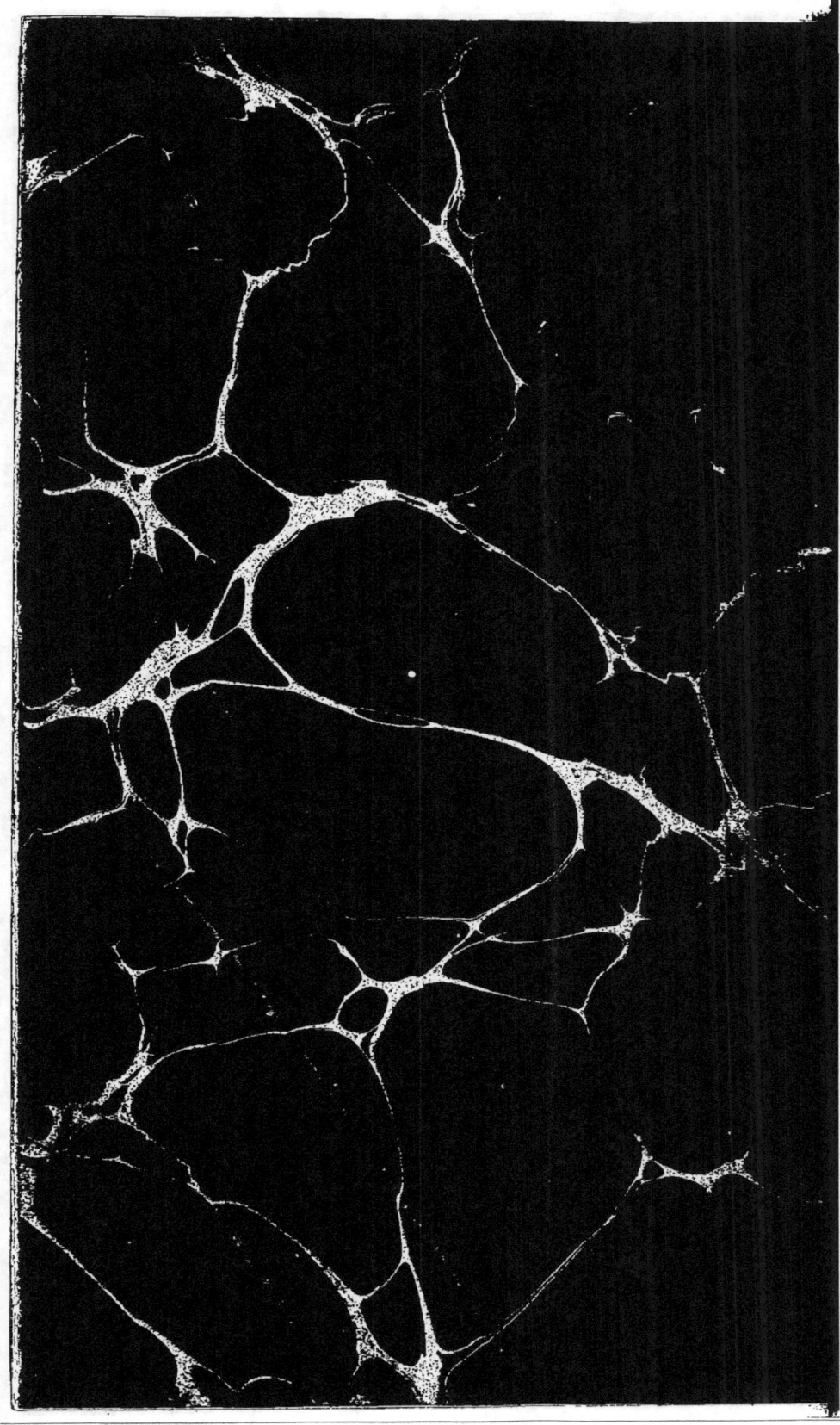

www.ingramcontent.com/pod-product-compliance
Lightning Source LLC
Chambersburg PA
CBHW072216240426
43670CB00038B/1526